Gerhard Buckner, Norbert Klein, Günter Müller

Vorbereitung auf die Abschlussprüfung
Kaufmann/Kauffrau für Spedition und Logistikdienstleistung

519 ungebundene Übungsaufgaben
115 gebundene Übungsaufgaben

2. Auflage

Bestellnummer 86293

 Bildungsverlag EINS

■ Haben Sie Anregungen oder Kritikpunkte zu diesem Produkt?
Dann senden Sie eine E-Mail an 86293_002@bv-1.de
Autoren und Verlag freuen sich auf Ihre Rückmeldung.

www.bildungsverlag1.de

Bildungsverlag EINS GmbH
Sieglarer Straße 2, 53842 Troisdorf

ISBN 978-3-427-**86293**-2

© Copyright 2010: Bildungsverlag EINS GmbH, Troisdorf
Das Werk und seine Teile sind urheberrechtlich geschützt. Jede Nutzung in anderen als den gesetzlich zugelassenen Fällen bedarf der vorherigen schriftlichen Einwilligung des Verlages.
Hinweis zu § 52a UrhG: Weder das Werk noch seine Teile dürfen ohne eine solche Einwilligung eingescannt und in ein Netzwerk eingestellt werden. Dies gilt auch für Intranets von Schulen und sonstigen Bildungseinrichtungen.

Vorwort

Die Prüfungen für den Ausbildungsberuf Kaufmann/Kauffrau für Spedition und Logistikdienstleistung sind neu gestaltet worden und berücksichtigen für die betriebliche Seite die neue Ausbildungsordnung und für den Berufsschulunterricht den neuen Rahmenlehrplan.

Daraus ergeben sich für die schriftliche Abschlussprüfung als wichtigste Änderungen:

▶ Das Fach Leistungserstellung in Spedition und Logistik ist in einen verkehrsträgerübergreifenden und einen verkehrsträgerspezifischen Teil gegliedert. Für alle Prüflinge verbindlich ist der erste Teil. Aus dem zweiten Teil kann, je nach Schwerpunkt der Ausbildung, ein Baustein gewählt werden. Neu ist für die Auszubildenden in den meisten Bundesländern, dass beide Teile nicht mehr programmiert geprüft werden, sondern Fragen, Arbeitsaufträge und Fälle bearbeitet werden müssen, wobei die Antworten in eigenen Worten frei zu formulieren sind.

▶ Im verkehrsträgerübergreifenden Teil – also für alle Prüflinge verbindlich – bildet die Logistik den Schwerpunkt.

▶ Die Prüfungsbereiche „Kaufmännische Steuerungen und Kontrolle" sowie „Wirtschafts- und Sozialkunde" werden wie bisher programmiert geprüft.

Der Grund für die Änderungen ist die Absicht, die Ausbildung und die Prüfungen in Bezug auf selbstständiges Planen, Durchführen und Kontrollieren weiter zu entwickeln.

Mit diesem Buch wollen wir Ihnen bei der Vorbereitung auf die neuen Anforderungen behilflich sein. Die Fragen, Arbeitsaufträge und Fälle sind meist so aufgebaut, dass Sie nicht nur in mehreren Sätzen antworten, sondern dabei auch Sachverhalte erklären und begründen bzw. entwickeln müssen.

Ein ausführlicher Lösungsteil – falls erforderlich mit weiteren Erläuterungen – ermöglicht Ihnen die Überprüfung Ihrer Antworten. Lassen Sie sich nicht dadurch entmutigen, dass Sie anders als in den Lösungen vorgesehen formulieren: Wichtig ist die fachliche Richtigkeit!

Bearbeiten Sie **alle Aufgaben des verkehrsträgerübergreifenden Teils**. Sie stehen in einem inneren Zusammenhang und sind so gestaltet, dass damit die wesentlichen Anforderungen der neuen Ausbildungsordnung abgedeckt sind:

– Überblick über die speditionelle Arbeit insgesamt
– besondere Berücksichtigung des Lkw-Verkehrs
– Verkehrsträgervergleich mit dem Ziel der Auswahl des „besten" Verkehrsmittels
– Grundkenntnisse in Lagerhaltung und Logistik

Im **verkehrsträgerspezifischen Teil** der Prüfung wird mehr als die Beherrschung der grundlegenden Kenntnisse und Fertigkeiten verlangt. Die komplette Abdeckung der möglichen Anforderungen in dieser Prüfungsvorbereitung ist leider nicht möglich, da dies den Umfang dieses Buches sprengen würde. Wir müssen daher Schwerpunkte setzen. Aus demselben Grund verzichten wir auf Linien und Tabellenvorlagen, die zum Ausfüllen gedacht sind. Verwenden Sie zum Lösen der Aufgaben bitte einen Notizblock.

Wir wünschen Ihnen viel Erfolg!

Gerhard Buckner
Heinz-Norbert Klein
Günter Müller

Inhaltsverzeichnis

	Seite
Vorwort	3
Wichtige Hinweise zur Prüfung	5
Wichtige Tipps zur Prüfungsvorbereitung	7
Ein Modellunternehmen stellt sich vor: Die Kabefra GmbH	9
1 Leistungserstellung in Spedition und Logistik – verkehrsträgerübergreifend	11
1.1 Tätigkeiten in einem Speditionsbetrieb	11
1.1.1 Organisation und Leistungen	11
1.1.2 Verträge, Haftung, Versicherung	12
1.1.3 Sammelgut- und Systemverkehre	13
1.1.4 Internationale Spedition	21
1.2 Das Transportmittel Lkw im Vergleich zu anderen Verkehrsmitteln	30
1.2.1 Verkehrsgeografie und Transportentscheidungen	30
1.2.2 Allgemeine Bestimmungen, Verkehrsmittelvergleich, Lkw-Frachtrecht	38
1.2.3 Internationaler Lkw-Verkehr	51
1.3 Lagerlogistik	56
1.4 Logistische Dienstleistungen	64
1.5 Gefahrgut	71
2 Leistungserstellung in Spedition und Logistik – verkehrsträgerspezifisch	78
2.1 Lkw-Verkehr	78
2.2 Eisenbahnverkehr	83
2.3 Luftfrachtverkehr	91
2.4 Binnenschifffahrt	98
2.5 Seeschifffahrt	114
3 Kaufmännische Steuerung und Kontrolle	132
Lösungen und Lösungshinweise	158
1 Leistungserstellung in Spedition und Logistik – verkehrsträgerübergreifend	158
2 Leistungserstellung in Spedition und Logistik – verkehrsträgerspezifisch	211
3 Kaufmännische Steuerung und Kontrolle	252
Sachwortverzeichnis	269

Wichtige Hinweise zur Prüfung

1. Wann wird man zur Abschlussprüfung zugelassen?

– Wenn die Ausbildungszeit (2 Jahre, 2,5 Jahre oder 3 Jahre) beendet ist.
– Wenn die Teilnahme an der Zwischenprüfung nachgewiesen wird.
– Wenn die vorgeschriebenen Berichtshefte (Ausbildungsnachweise) geführt wurden.

2. Kann die Prüfung vorzeitig durchgeführt werden?

Die Prüfung kann abweichend von den vertraglichen Vereinbarungen um ein halbes Jahr verkürzt werden, wenn die Leistungen des/der Auszubildenden dies rechtfertigen (in der Regel überdurchschnittliche Leistungen in Betrieb und Schule).

3. Wer kann auch ohne Ausbildungsverhältnis zugelassen werden?

Wer nachweist, dass er/sie mindestens das Zweifache der Zeit, die als Ausbildungszeit vorgeschrieben ist, in dem Beruf tätig war, in dem er die Prüfung ablegen will, oder glaubhaft macht, dass er/sie Kenntnisse und Fertigkeiten erworben hat, die die Zulassung zur Prüfung rechtfertigen (z. B. Teilnahme an Lehrgängen).

4. Wie erfolgt die Anmeldung?

Die Anmeldung erfolgt schriftlich durch den Ausbildungsbetrieb mit Zustimmung des (der) Auszubildenden. Bei Wiederholungsprüfungen meldet sich der/die Bewerber/in selbst an, falls kein Ausbildungsverhältnis mehr besteht. Dies gilt auch für Bewerber/innen, die keinen Ausbildungsvertrag hatten und die Zulassung beantragen.

5. Welche Unterlagen sind bei der Anmeldung einzureichen?

– Bescheinigung über die Teilnahme an der Zwischenprüfung
– Ausbildungsnachweis (Berichtsheft)
– letztes Zeugnis der zuletzt besuchten Schule
– tabellarischer Lebenslauf

6. Wer entscheidet über die Zulassung?

Über die Zulassung entscheidet die Kammer („zuständige Stelle"). Hält sie die Zulassungsvoraussetzung nicht für gegeben, so entscheidet der Prüfungsausschuss.

7. Wie ist die Prüfung gegliedert?

Die Prüfung besteht aus einem schriftlichen und einem mündlichen Teil in insgesamt vier Prüfungsfächern:
Prüfungsfächer der schriftlichen Prüfung sind:
1. Leistungserstellung in Spedition und Logistik, 180 Minuten, davon 120 Minuten verkehrsträgerübergreifend, 60 Minuten verkehrsträgerspezifisch
2. Kaufmännische Steuerung und Kontrolle, 90 Minuten
3. Wirtschafts- u. Sozialkunde, 60 Minuten

mündlich:
4. Praktische Übung, 30 Minuten
In einem Prüfungsgespräch von höchstens 30 Minuten Dauer soll der Prüfling auf der Grundlage einer von zwei ihm zur Wahl gestellten Aufgaben bzw. einem praktischen Fall aus dem Gebiet „Erbringen von speditionellen Leistungen" zeigen, dass er betriebliche und wirtschaftliche Zusammenhänge versteht sowie speditionelle Problemstellungen lösen kann. Dabei soll der Prüfling auch zeigen, dass er in der Lage ist, Gespräche mit Kunden systematisch und situationsbezogen vorzubereiten und zu führen. Hierbei sind die betrieblichen Ausbildungsschwerpunkte zu Grunde zu legen. Dem Prüfling ist eine Vorbereitungszeit von höchstens 15 Minuten einzuräumen.

8. Wann ist die Prüfung bestanden?

In jedem der 4 Prüfungsfächer können bis zu 100 Punkte erreicht werden, wobei folgender Notenschlüssel zu Grunde gelegt ist:
Die Höchstpunktzahl beträgt 100 Punkte.

       100–92 Punkte: Note 1 (sehr gut)
unter 92–81 Punkte: Note 2 (gut)
unter 81–67 Punkte: Note 3 (befriedigend)
unter 67–50 Punkte: Note 4 (ausreichend)
unter 50–30 Punkte: Note 5 (mangelhaft)
unter 30–0 Punkte: Note 6 (ungenügend)

Bestanden ist die Abschlussprüfung, wenn
– im Gesamtergebnis sowie
– in mindestens drei Prüfungsfächern, darunter dem
– Prüfungsbereich Spedition und Logistik (Sperrfach)

ausreichende Leistungen erbracht wurden.

Die Gesamtnote errechnet sich (mit ganzzahligen Werten, d.h. keinen Kommastellen, sowohl in der Niederschrift als auch auf dem Zeugnis):

Fach	Bewertung/Zeit	Maximale Punktzahl
Leistungserstellung Spedition und Logistik	verkehrsträgerübergreifend: 70 Punkte/120 Min. verkehrsträgerspezifisch: 30 Punkte/60 Min.	100
Kaufmännische Steuerung und Kontrolle	150 Min.	100
Wirtschafts- und Sozialkunde	60 Min.	100
Fallbezogenes Fachgespräch	30 Min.	100
Gesamtergebnis	**Geteilt durch 4**	**400 : 4 = 100**

Nach der Prüfung erhält der Prüfling von den Prüfern eine Bescheinigung über die bestandene oder nicht bestandene Prüfung. Das Prüfungszeugnis wird anschließend von der IHK gedruckt und an die Absolventen versandt bzw. im Rahmen des IHK-Zeugnistages persönlich überreicht.

9. Kann man eine „mangelhafte" schriftliche Prüfungsleistung verbessern?

Sind in der schriftlichen Prüfung die Prüfungsleistungen in bis zu zwei Fächern mit „mangelhaft" und in den übrigen Fächern mit mindestens „ausreichend" bewertet worden, so ist auf Antrag des Prüflings oder nach Ermessen des Prüfungsausschusses in einem der mit „mangelhaft" bewerteten Fächer die schriftliche Prüfung durch eine mündliche Prüfung von etwa 15 Minuten zu ergänzen, wenn diese für das Bestehen der Prüfung den Ausschlag geben kann. Das Fach ist vom Prüfling zu bestimmen. Bei der Ermittlung des Ergebnisses für dieses Prüfungsfach sind die Ergebnisse der schriftlichen Arbeit und der mündlichen Ergänzungsprüfung im Verhältnis 2:1 zu gewichten.

10. Kann die Prüfung wiederholt werden?

Eine Abschlussprüfung kann zweimal wiederholt werden.

11 Welche Folgen haben Rücktritt und Nichtteilnahme?

Der Rücktritt ist durch eine schriftliche Erklärung rechtzeitig vor Beginn der Prüfung möglich. Erfolgt der Rücktritt während der Prüfung, so können bereits erbrachte Leistungen nur anerkannt werden, wenn ein wichtiger Grund (z.B. Erkrankung) vorliegt. Über das Vorliegen des wichtigen Grundes entscheidet der Prüfungsausschuss. Verneint dieser das Vorliegen eines wichtigen Grundes, so gilt die Prüfung als nicht bestanden und kann noch zweimal wiederholt werden. Dies gilt auch, wenn der Prüfling ohne wichtigen Grund der Prüfung ganz ferngeblieben ist.

12. Kann der Prüfling Einsicht in die Prüfungsunterlagen nehmen?

Auf Antrag ist Einsicht zu gewähren. Die Prüfungsarbeiten sind zwei Jahre, Protokolle zehn Jahre aufzubewahren.

13. Kann der Prüfling das Ergebnis der Prüfung anfechten?

Dem Prüfling steht gegen die Entscheidung des Prüfungsausschusses der Rechtsweg offen. Er kann fristgemäß Widerspruch bei der Kammer einlegen. Bei Ablehnung des Widerspruches ist Klage vor dem Verwaltungsgericht möglich. Weitergehende Einzelheiten sind dem Berufsbildungsgesetz, der Prüfungsordnung der Kammer und der Ausbildungsordnung zu entnehmen.

Wichtige Tipps zur Prüfungsvorbereitung

Sie nähern sich mit Riesenschritten dem Abschluss Ihrer Ausbildung. Nun kommt es für Sie entscheidend darauf an, sich selbst (und anderen) mit einem guten Abschlusszertifikat zu beweisen, dass Sie Ihre Ausbildungszeit optimal genutzt haben. Unsere Tipps wollen Sie dabei unterstützen!

Sie legen eine schriftliche und eine mündliche bzw. praktische Prüfung ab. Die Prüfungsgebiete kennen Sie aus der Ausbildungsordnung Ihres Berufes. Machen Sie sich zunächst einmal den Sinn der beiden Prüfungsteile klar, denn beide verfolgen unterschiedliche Zielsetzungen. Die schriftliche Prüfung dokumentiert den Erfolg Ihrer Ausbildung, also eines abgelaufenen Zeitabschnittes. Die praktische Prüfung mit der situationsorientierten Aufgabe soll Rückschlüsse auf Ihr zukünftiges Verhalten als Fachkraft zulassen.

Wie plane ich meine Prüfungsvorbereitung?

Wenn Sie sicher in die Prüfung gehen wollen, ist das Wichtigste, dass Sie Ihr Selbstbewusstsein stärken. Das können Sie nur durch gezielte, auf Sie zugeschnittene Eigenarbeit schaffen, deren Erfolg Sie selbst kontrollieren (und durch Fremdkontrolle absichern).

Zur gezielten Arbeit gehört eine durchdachte Planung. Planen sollten Sie zunächst einmal das Schaffen von räumlichen, zeitlichen und körperlich-seelischen Voraussetzungen. Sie erreichen wenig, wenn die Rahmenbedingungen nicht stimmen.

Sie brauchen demnach einen ständigen und so weit wie möglich störungsfreien Arbeitsplatz im Betrieb wie auch zu Hause, mit richtigem Lichteinfall und stimmiger Raumtemperatur.

Gemessen am durchschnittlichen Leistungsvermögen bringt die Lernzeit zwischen 07:00 und 11:00 Uhr bis zu 50 Prozent erhöhte Leistungsfähigkeit, zwischen 17:00 und 21:00 Uhr bis zu 25 Prozent. Kurze Pausen von etwa 5 bis 10 Minuten haben den besten Erholungswert und sollten spätestens nach 30 bis 40 Minuten eingelegt werden, da dann die Konzentrationsfähigkeit nachlässt.

Neben der Beachtung Ihres Biorhythmus und ausreichendem Schlaf sollten innerhalb einer Woche feste Zeiten für die Vorbereitung reserviert bleiben. Das erleichtert die Einstellung zum Lernen. Für die Zielbestimmung selbst orientiert man sich besser an Lern*inhalten*, nicht an Lern*zeiten*. Wer sich an der Zeit misst, schaut öfter auf die Uhr; wer ein inhaltliches Ziel verfolgt, arbeitet in aller Regel mit größerer Konzentration.

Wie führe ich meine Prüfungsvorbereitung durch?

Stellen Sie zunächst fest, wo Ihre persönlichen Schwachpunkte liegen. Überprüfen Sie Ihren Leistungsstand vor Beginn der Prüfungsvorbereitung anhand Ihrer schulischen Leistungen oder zusammen mit Ihrem Ausbilder. Die Prüfungsanforderungen erfahren Sie in der Schule oder von Ihrem Ausbilder.

Eine der wichtigsten Voraussetzungen des Lernerfolgs ist das Strukturieren des Lernstoffes. Hier empfiehlt es sich, mit der gehirngerechten „Mind-Map-Technik" zu arbeiten. Dieser Technik liegt eine Baumstruktur zu Grunde: Das zu bearbeitende Thema wird in den Mittelpunkt gestellt (es bildet den Stamm); die einzelnen Aspekte des Themas werden als Äste und Zweige dem Stamm zugeordnet. So entsteht eine breitgefächerte, übersichtliche Struktur der verschiedenen Gedanken/Aspekte eines Themas, die sich leichter einprägt.

Gliedern Sie die Lernziele (die einzelnen Sachthemen), die Sie sich erarbeiten wollen in überprüfbare Feinlernziele (möglichst in kleinen Häppchen). Wechseln Sie die Lernbereiche: Vier Wochen Rechnungswesen hält niemand durch.

Wenn Sie „nach Buch" lernen, unterstreichen Sie Wichtiges. Das ist aber nur sinnvoll, wenn Sie so wenig wie möglich markieren. Ein Text mit vielen Unterstreichungen ist genauso unübersichtlich wie ein Text ohne Hervorhebungen. Als Richtschnur kann gelten: nur die Begriffe markieren, die Sie auf einen Spickzettel schreiben würden (der dann überflüssig ist). Alle unterstrichenen Begriffe oder Zusammenhänge sollten Sie mit eigenen Worten erklären können, das verschafft Sicherheit und Überblick.

Den so aufbereiteten und erarbeiteten Lernstoff sollten Sie nach etwa einer Woche wiederholen; dauerhaftes Speichern ist nur durch Wiederholung gegeben. In Ihre Zeitplanung müssen also regelmäßige Wiederholungsphasen eingebaut werden.

Wie kontrolliere ich den Erfolg meiner Prüfungsvorbereitung?

Natürlich anhand dieser Normtest-Broschüre!

Wie bestehe ich die mündliche/praktische Prüfung mit Erfolg?

Diese Prüfung verlangt von Ihnen, sich selbst darzustellen. Zum Gelingen dieser Selbstdarstellung gehört neben dem Fachlichen das „Sich-im-Griff-Haben". Bewertet wird nicht nur das Was (die Inhalte), sondern auch das Wie (die Präsentation). Sie stehen dabei sozusagen im Rampenlicht; Selbstdarstellung ist auch lernbar!

Bei den meisten kaufmännischen Abschlussprüfungen erhält der Prüfling zwei bis drei „praktische Situationen" zur Wahl. Auf die gewählte Situation können Sie sich in 15 Minuten einstimmen und vorbereiten. Im anschließenden Gespräch sollen Sie in ebenfalls 15 Minuten zeigen, dass Sie sich in der vorgegebenen Situation als Fachkraft bewähren. Proben Sie mit Kolleginnen und Kollegen im Rollenspiel!

Viele empfinden die mündliche Prüfung unangenehmer als die vorangegangene schriftliche. Wie kann man diesem Gefühl entgegenwirken?

– Respektieren Sie die Position des Prüfungsausschusses, der ja Ihre Leistung zu bewerten hat.

– Akzeptieren Sie, dass Sie in einer solchen Situation unter „Anspannung" stehen; dies ist völlig normal.

– Argumentieren Sie mit anschaulichen Beispielen (z. B. aus dem eigenen Betrieb), das baut Unsicherheiten ab!

– Fragen Sie zurück, wenn Sie etwas nicht verstanden haben. Sie gewinnen dadurch nicht nur Zeit zum Überlegen, sondern oftmals versucht der Prüfer dann die Frage verständlicher zu formulieren.

Wenn Sie sich diese Tipps zu eigen machen, werden Sie die Prüfung bestimmt bestens bestehen. Wir wünschen Ihnen dazu viel Erfolg!

Ein Modellunternehmen stellt sich vor: Die Kabefra GmbH

Die Aufgaben in dieser Broschüre orientieren sich an den Tätigkeiten und Geschäftsvorgängen eines typischen Speditions- und Logistikbetriebes. Als Beispiel eines solchen Modells haben wir die Kabefra GmbH, Internationale Spedition und Logistik, Frankfurt am Main, gewählt. Sie arbeitet als Dienstleistungsbetrieb kunden-, gewinn- und kostenorientiert.

Der Modellbetrieb ist neben der Geschäftsleitung in Stabs- und Verwaltungsabteilungen sowie in Erwerbsabteilungen gegliedert. Die Stabs- und Verwaltungsabteilungen übernehmen Organisations-, Kontroll- und Überwachungsfunktionen. Ebenso wie die Geschäftsleitung führen sie selbst keine Speditions- und Logistikgeschäfte durch und erwirtschaften auch keine Gewinne.

Die Erwerbsabteilungen arbeiten als Profit-Center und führen die Speditions- und Logistiktätigkeiten aus. Sie bearbeiten Speditions-, Logistik-, Transport- und Lagerungsaufträge für Dritte. Sie sind eigenständige Entscheidungsorgane und erwirtschaften zusammen das jährliche Betriebsergebnis. Sie bieten ihre Leistungen gegen Entgelt (Marktpreise) auf dem Verkehrsmarkt nicht nur fremden Verladern, sondern auch intern den anderen Erwerbsabteilungen des Betriebes an. So organisiert z.B. die Nahverkehrsabteilung (ob fremd mit Subunternehmern oder mit eigenen Fahrzeugen) die Abholungen oder Zustellungen gegen Entgelt für alle anderen Erwerbsabteilungen und rechnet auf Basis von Marktpreisen ab.

Während Erwerbsabteilungen und speziell die Ausgangsabteilungen aktiv handelnd Kontakte zu den Kunden pflegen und ausbauen, um Aufträge zu bekommen, nehmen die Eingangsabteilungen (sowie Importabteilungen) eine eher passive Stellung ein, weil sie abhängig sind von den Aktivitäten ihrer Vertragspartner und i.d.R. abwarten müssen, bis die Sendungen in ihren Wirkungsbereich gelangt sind.

Es bleibt natürlich jedem Speditionsbetrieb selbst überlassen, welche Abteilungsstruktur er wählt. Dennoch sollte jede Einteilung nach kosten- und leistungsorientierten Gesichtspunkten erfolgen.

Kabefra GmbH *Internationale Spedition und Logistik*

Seilerstraße 32 Telefon: 069/88 88 88 88
60313 Frankfurt/Main E-Mail: kabefraff@line.de

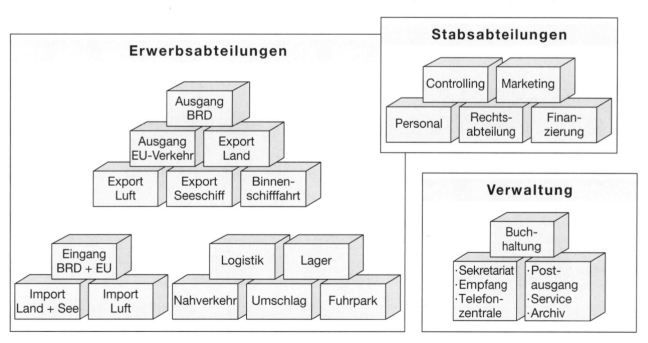

Die hier vorgegebene Struktur zeigt die übliche Abteilungsgliederung und Aufgabenverteilung eines *profitcenter-orientierten* großen Speditions- und Logistikbetriebes.

Leistungsbereiche der Erwerbsabteilungen:

BRD-Verkehr, Ausgang	Bearbeitung von Sendungen: über den Nahverkehrsbereich hinausgehender Verkehr innerhalb der BRD (innerdeutscher Fernverkehr)
EU-Verkehr, Ausgang	Bearbeitung von Sendungen: aus der BRD hinausgehender Verkehr innerhalb der EU (Land), z.B. nach Frankreich, Italien, Dänemark, Polen
EU-Verkehr, Eingang	Bearbeitung eingehender Sendungen innerhalb der EU, einschließlich der BRD (Land), z.B. LKW-Eingänge von Griechenland, Italien, Benelux, Polen etc. sowie LKW-Eingänge aus Hamburg, Berlin, München, Düsseldorf etc.
Nahverkehr	Bearbeitung von Beförderungsleistungen im Nahverkehrsbereich: Abholungen (Vorholungen) für die Ausgangsabteilungen (BRD, EU, Export) und Zustellungen (Auslieferungen) für Eingangsabteilungen (EU, Import)
Umschlag	Bearbeitung des Umschlages, Ent- und Beladung von Fahrzeugen
Export-Land	Bearbeitung ausgehender Sendungen nach Drittländern
Import-Land + See	Bearbeitung eingehender Sendungen, die per LKW oder Container aus Drittländern kommen (auf dem Land- oder Seewege), z.B. Sammelguteingänge aus der Türkei oder Russland, ebenso Containereingänge, die über den Seeweg via Land (LKW, Bahn) zu uns nach Frankfurt/Main kommen
Export-Luft	Bearbeitung ausgehender Sendungen für den Luftverkehr, Drittländer und EU
Import-Luft	Bearbeitung eingehender Sendungen des Luftverkehrs, Drittländern und EU
Logistik	Bearbeitung von Projekten, die über den Leistungsbereich des Auslieferungslagers (Lagerung, Kommissionierung, Zustellungen) hinausgehen
Lager	Dauerlagerung, Auslieferungslager, verfügte Lagerung
Binnenschifffahrt	Bearbeitung von Beförderungen mit dem Binnenschiff (Berg- und Talfahrt)
Seeverkehr	Bearbeitung von ausgehenden Sendungen bzw. Beförderungen mit dem Seeschiff (Container, Stückgut und Massengut)

1 Leistungserstellung in Spedition und Logistik – verkehrsträgerübergreifend

1.1 Tätigkeiten in einem Speditionsbetrieb

1.1.1 Organisation und Leistungen

Situation
Sie sind Auszubildende/r der Kabefra GmbH und nehmen in der Telefonzentrale eingehende Telefonate entgegen.

1. Aufgabe

Ein Kunde meldet sich und wünscht, eine Sendung mit zwei Kisten (550 kg) per Lkw von Frankfurt/Main nach Lissabon befördern zu lassen. An welche Abteilung leiten Sie den Anrufer weiter? Begründen Sie Ihre Antwort.

2. Aufgabe

Ein anderer Kunde aus Wiesbaden erwartet eine dringende Stückgutsendung aus Griechenland. Welche Abteilung kann ihm Auskunft geben, wann die Sendung voraussichtlich in Frankfurt/Main eintrifft? Begründen Sie Ihre Antwort.

3. Aufgabe

Ein Fahrer der Kabefra GmbH, Spedition u. Logistik, meldet sich am Telefon, weil er in Frankfurt/Main einen Abholauftrag von zwei Paletten Papier mit 300 kg für Rotterdam nicht mehr erledigen kann. Mit welcher Abteilung verbinden Sie ihn? Begründen Sie Ihre Antwort.

4. Aufgabe

Der Frachtführer Meier meldet sich am Telefon und reklamiert eine Rechnung. Eine Zahlung für einen Fernverkehrstransport nach Berlin sei bei ihm noch nicht eingegangen. Welche Abteilung kann Auskunft geben bzw. bearbeitet diesen Zahlungsvorgang? Begründen Sie Ihre Antwort.

5. Aufgabe

Wir haben einen Sammelgut-Lkw aus Ankara, der unter Carnet-TIR fährt, im Eingang. Welche Abteilung organisiert seine Entladung, Verzollung und die Weiterleitung an die einzelnen Empfänger? Begründen Sie die Antwort.

6. Aufgabe

Ein Kunde meldet sich am Telefon und beabsichtigt eine Sendung von drei Paletten Druckpapier nach Warschau zu versenden. Welche Abteilung organisiert diesen Transport? Begründen Sie Ihre Antwort.

7. Aufgabe

Ein Einzelhandelsbetrieb meldet sich am Telefon und berichtet, dass der spanische Rotwein wieder ausverkauft sei und er neuen abrufen wolle. An welche Abteilung leiten Sie den Anrufer weiter?

---

8. Aufgabe

Ein russischer Frachtführer meldet sich am Telefon und fragt an, ob wir für ihn eine Lkw-Ladung nach Russland vorliegen haben. Sein Sattelzug wird morgen Nachmittag in Aschaffenburg entladen und steht übermorgen leer zur Verfügung. An welche Abteilung leiten Sie den Anrufer weiter? Begründen Sie Ihre Antwort.

1.1.2 Verträge, Haftung, Versicherung

Situation
Sie sind Sachbearbeiter/in in der Abteilung Deutschland-Verkehr, Ausgang. Für Beförderungen setzen Sie fremde Frachtführer ein. Ein Kunde meldet sich am Telefon und beauftragt Sie, die Besorgung der Beförderung für eine Sendung von 750 kg nach Berlin durchzuführen. Sie treffen mit ihm eine Preisabsprache und teilen ihm mit, die Sendung am nächsten Tag zu übernehmen. Unmittelbar darauf sendet Ihnen der Kunde ein Fax mit allen vereinbarten Angaben.

9. Aufgabe

Ist hier ein Vertrag zustande gekommen? Begründen Sie die Antwort.

---

10. Aufgabe

In welcher Form ist der Vertrag zustande gekommen? Begründen Sie die Antwort.

---

11. Aufgabe

Welcher Vertrag ist zustande gekommen? Begründen Sie die Antwort.

---

12. Aufgabe

Als Ihr Nahverkehrsfahrzeug am nächsten Tag die Sendung übernimmt, wird dem Fahrer gleichzeitig unangemeldet – wie so oft – eine zusätzliche Stückgutsendung von zwei Kartons Lederschuhen für Stuttgart mit Speditionspapieren mitgegeben. Ist hier gleichfalls ein Vertrag zustande gekommen? Begründen Sie Ihre Antwort.

1.1.3 Sammelgut- und Systemverkehre

Situation 1

Sie sind in der Funktion des Versandspediteurs tätig und fertigen eine Sammelgut-Verladung nach Hannover ab. Der Transport wird von dem Lkw-Unternehmer Wertheimer, Hannover durchgeführt. Die Preisvereinbarung für drei Be- und drei Entladestellen ist 470,00 EUR. Entnehmen Sie weitere Informationen dem beigefügten Bordero Nr. 01/11/058/1-13 vom 17.11.20..

13. Aufgabe

Welche Hauptfunktion erfüllt das Bordero, d.h., welchen Auftrag beinhaltet es?

Abbildung zur 13. bis 27. Aufgabe

Leistungserstellung verkehrsträgerübergreifend

Kabefra GmbH — *Internationale Spedition und Logistik*
Seilerstraße 32 · 60313 Frankfurt/Main

Bordero 01/11/058/1-13
Verladetag: 17. 11. 20...
Frachtführer: Wertheimer KG, Hannover
Lkw Nr. H-RR 567, HB-LE 32

Empfangsspediteur:
Astheimer KG
Kaiserstr. 33–39
30012 Hannover

Pos.	Markierung	An-zahl	Art	Inhalt	Gewicht kg	Versender	Versendeort	Empf.	Bestimmungsort	Frankatur	vom Empf. zu erheben stpfl. EUR	vom Empf. zu erheben nicht stpfl. EUR	Rückrechnung Verteilerkosten Nachlauf	Rückrechnung Bemerkungen
01	Otti 1–4	4	Ki	Ersatzteil	710	Ottenb.	Frankfurt	Elber	Celle	frei Haus				
02	Vobis	19	Krt	Drucker	1400	Vobis	Dietzenb.	Kaff	Hannover	unfrei	211,50			
03	FW 1–10	10	Ball	Gewebe	390	Fewanger	Offenb.	Freser	Braunschweig	unfrei	101,50			
04	GS 1–15	15	Sack	Granulate	970	G. Schmitt	Hanau	Meier	Laatzen	frei Haus		900,00		
05	LPO	24	Krt	Lederw.	191	Lopes	Offenb.	Haller	Lehrte	frei Haus				
06	Papel	10	Pal	Papier	1445	Papier Pap.	Gr.-Gerau	Frede	Hannover	frei Haus				
07	HM	20	Hobb	Wasserfarb.	1710	Hch Müll	Höchst/O.	Käsebo	Hannover	unfrei	312,11			
08	Mirck	2	Vlg	Ersatzteile	190	Mirck AG	Darmst.	Selmer	Braunschweig	frei Haus				
09	Selm 1–50	50	Krt	Schuhe	2111	Selmik AG	Hattersh.	Mack	Braunschweig	unfrei	288,60			
10	Petro 1–15	15	Ki	Teile	744	Petrocelli	Langen	Nollick	Laatzen	frei Haus				
11	RM	7	Ki	Werkz.	610	Rob. Mellig	Oberursel	Fetter	Hannover	frei Haus				
	Stückgut	**176 Kolli**			**10471**									
12	direkt	255	lose	Reifen	5110	Danlip	Hanau	Weller	Celle	frei				
13	direkt	100	Ki	Kugellager	6870	Kugell. AG	Bd. Homb.	MAG	Wolfsburg	frei		900,00		
insgesamt		**531 Kolli**			**22451**						913,71	900,00		
									+ 19% USt.		173,61			
									+ Zwischensumme		1087,32			
									nicht steuerpfl.		900,00			
									Summe gesamt		1987,32			

Tätigkeiten in einem Speditionsbetrieb

14. Aufgabe

Auf dem Bordero ist eine Gesamtbelastung von 1 987,32 EUR festzustellen. Wer muss diese Summe an wen begleichen? Begründen Sie Ihre Antwort.

15. Aufgabe

Erläutern und unterscheiden Sie die auf dem Bordero unter den Positionen 03 und 04 eingetragenen Beträge.

16. Aufgabe

Wie unterscheiden sich die Stückgutsendungen von den so genannten Direktsendungen? Begründen Sie Ihre Antwort.

17. Aufgabe

Wie viele Stückgutsendungen sind auf dem Bordero aufgeführt? Begründen Sie Ihre Antwort.

18. Aufgabe

Wie viele Frachtbriefe mit welchen Bestimmungsorten benötigt der Frachtführer Wertheimer, um den Transport ordnungsgemäß durchzuführen? Begründen Sie Ihre Antwort.

19. Aufgabe

Schildern Sie den üblichen Verlauf der Sammelgutverladung (Disposition einer Gesamtverladung von Stückgut und Direktpartien). In welcher Reihenfolge disponieren Sie den Lkw bezüglich der Ladestellen? Begründen Sie Ihre Antwort.

20. Aufgabe

Sehen Sie eine Möglichkeit, die Sendung der Position 09 mit unserem Lkw anders zu disponieren bzw. zu verladen? Begründen Sie die Antwort.

21. Aufgabe

Auf dem Bordero finden Sie die Position 06 mit zehn Paletten Papier (1 445 kg) nach Hannover. Sie haben mit dem Versender einen „Haus-Haus-Preis" von 490,00 EUR (plus USt.) vereinbart. Welcher Vertrag ist abgeschlossen worden? Begründen Sie Ihre Antwort.

22. Aufgabe

Die Spedition Kabefra ist hinreichend haftungsversichert. Darüber hinaus wird von Ihnen die Sendung der Position 06 gemäß Auftrag des Kunden Papier Papel ordnungsgemäß transportversichert. Welche Versicherungen gewähren ihm Deckungsschutz? Begründen Sie Ihre Antwort.

23. Aufgabe

Beim Umschlag auf Ihrer Speditionshalle werden vier Paletten Papier mit insgesamt 580 kg der Position 06 (siehe Bordero) so sehr beschädigt, dass das Papier unbrauchbar geworden ist. Die Sendung über zehn Paletten Papier mit 1 445 kg hat einen Wert von 36 000,00 EUR. Der Kunde fordert für die vier beschädigten Paletten laut Schadensrechnung 7 000,00 EUR. Mit welchem Betrag haftet Ihre Spedition für den entstandenen Schaden? Begründen Sie Ihre Antwort.

Tätigkeiten in einem Speditionsbetrieb

24. Aufgabe

Auf Ihrer Umschlagshalle gehen vier Paletten mit insgesamt 580 kg der Sendung Position 06 zehn Paletten Papier mit 1 445 kg für Hannover verloren. Die Sendung hat einen Gesamtwert von 36 000,00 EUR und wurde von Ihnen (lt. Auftrag des Kunden) ordnungsgemäß warentransportversichert. Der Schaden beträgt laut Schadensrechnung 7 000,00 EUR. Stellen Sie fest, inwiefern die Kabefra GmbH als Schadensverursacher zum Schadensersatz herangezogen wird und in welcher Höhe der Kunde seinen Schaden ersetzt bekommt. Begründen Sie Ihre Antwort.

Situation 2

Bei der Sendung Position 02 (siehe Bordero) für Hannover wurde ordnungsgemäß eine Lieferfristvereinbarung getroffen, die nicht eingehalten werden konnte, weil sie durch den Empfangsspediteur versehentlich zu spät zugestellt wurde. Dem Kunden entstand durch die Verspätung nachweislich ein Schaden von 1 200,00 EUR.

25. Aufgabe

Wer haftet gegenüber dem Kunden für den entstandenen Schaden?

26. Aufgabe

Wie hoch ist der Schadensersatz, wenn keine Transportversicherung abgedeckt wurde?

27. Aufgabe

Kann der Schadensverursacher, der Empfangsspediteur Astheimer in Hannover, für den entstandenen Schaden in Regress genommen werden? Begründen Sie die Antwort.

Situation 3

Tarif für den Spediteursammelgutverkehr, empfohlen von der Vereinigung der Sammelgutspediteure im BSL auf Grundlage des § 22 Absatz 2 des Gesetzes gegen Wettbewerbsbeschränkungen

Entfernung in km	Gewichte in kg				
	401–500	501–600	601–700	701–800	801–900
	EUR	EUR	EUR	EUR	EUR
1– 100	142,80	166,30	194,70	222,90	232,00
101– 200	171,40	201,20	235,80	270,40	285,70
201– 300	176,00	207,00	242,60	278,40	294,60
301– 400	178,30	209,80	246,10	282,30	299,40
401– 500	180,80	212,70	249,40	286,10	303,70
501– 600	185,70	218,60	256,40	294,20	312,60
601– 700	195,10	230,20	270,20	310,10	330,70
701– 800	199,70	236,10	276,90	317,90	339,60
801–1000	209,30	247,60	290,70	333,80	357,60

Entfernung in km	Gewichte in kg					
	901–1000	1001–1250	1251–1500	1501–2000	2001–2500	2501–3000
	EUR	EUR	EUR	EUR	EUR	EUR
1– 100	258,00	281,30	305,00	313,80	314,50	315,20
101– 200	318,20	352,60	386,70	401,90	419,40	435,10
201– 300	328,20	364,60	400,50	416,60	436,90	455,10
301– 400	333,30	370,50	407,40	423,80	445,50	465,20
401– 500	338,20	376,50	414,30	431,20	454,30	475,10
501– 600	348,30	388,30	428,00	445,90	471,80	495,20
601– 700	368,30	412,10	455,20	475,20	506,70	535,10
701– 800	378,20	423,80	468,90	490,00	524,30	555,10
801–1000	398,30	447,70	496,20	519,50	559,20	595,00

28. Aufgabe

Erläutern Sie, welche Leistungen mit dem Haus-Haus-Preis abgegolten werden. Begründen Sie Ihre Antwort.

29. Aufgabe

Eine Stückgutsendung mit einem Gewicht von 425 kg wird per Sammelgut von Frankfurt/Main nach Hamburg (507km) versendet. Welches Haus-Haus-Entgelt stellt der Spediteur dem Versender bei einer Frei-Haus-Lieferung in Rechnung?

30. Aufgabe

Eine Sendung von 1510 kg wird unfrei per Sammelgut von Darmstadt nach Hannover (395 km) befördert. Welcher Haus-Haus-Preis wird bei der Auslieferung vom Empfänger nachgenommen?

31. Aufgabe

Eine Sendung, 4 Kisten, mit insgesamt 445 kg wird per Sammelgut von Hanau nach Düsseldorf (257 km) befördert. Jede Kiste hat folgende Maße: 1,10 m Länge, 0,85 m Breite, 0,90 m Höhe. Welches Haus-Haus-Entgelt kann der Spediteur dem Kunden berechnen? Stellen Sie dabei fest, ob die Sendung sperrig ist und begründen Sie Ihre Antwort.

Situation 4

Sie sind in der Abteilung „EU-Verkehr, Ausgang" tätig und fertigen einen Sammelgut-Lkw nach Paris/Frankreich ab. Mit Ihrem Kunden, dem Versender, haben Sie eine Lieferfristvereinbarung getroffen, die von Ihnen nicht eingehalten wurde. Die Sendung trifft einen Tag verspätet beim Empfänger in Paris ein. Durch diese Verspätung entsteht dem Kunden ein Schaden von 7000,00 EUR. Schadensverursacher ist der Frachtführer auf der Strecke nach Paris. Sendung: vier Paletten Papier, 1800 kg, Wert 18000,00 EUR, Frankatur: frei Haus. Das vereinbarte Speditionsentgelt für die Haus-Haus-Beförderung beträgt 580,00 EUR.

32. Aufgabe

Welche Haftungsgrundlage besteht im Verhältnis zwischen der Kabefra GmbH und dem Versender? Begründen Sie die Antwort.

Tätigkeiten in einem Speditionsbetrieb

33. Aufgabe

Der Versender hat uns für diese Sendung keinen Auftrag erteilt, eine Transportversicherung abzuschließen. Mit welchem Schadensersatz kann der geschädigte Kunde rechnen? Aus welchem Grund?

34. Aufgabe

Inwiefern ist es sinnvoll, hier eine Transportversicherung abzuschließen? Begründen Sie Ihre Antwort.

Situation 5

Sie sind Sachbearbeiter/in der Spedition Kabefra GmbH, Frankfurt/Main, und in der Abteilung Deutschland-Ausgang mit einer Sammelgutabfertigung nach Hannover beschäftigt. Sie rechnen anhand Ihres Haustarifes ab.

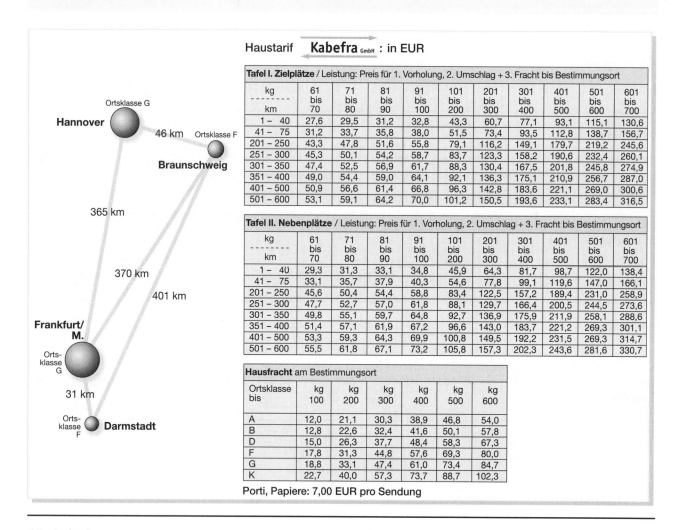

35. Aufgabe

Auftragsdaten:
Sendung mit 190 kg, abgeholt in Darmstadt, als Sammelgut verladen ab Frankfurt/Main nach Hannover, dort entladen und im Nahverkehr zum Empfänger nach Braunschweig gebracht. Frankatur: frei Haus. Sie erstellen anhand der Unterlagen die Ausgangsrechnung. Welche Kosten stellen Sie dem Kunden in Rechnung? Ermitteln Sie die Gesamtkosten mit Endbetrag (ohne Versicherung, Maut und USt.)

Fracht	
Hausfracht	
Porti/Papiere	
Summe (ohne USt.)	

Tätigkeiten in einem Speditionsbetrieb

Situation 6
Sie sind Mitarbeiter/in in der innerdeutschen Eingangs-Abteilung. Sie erhalten ein Fax, mit dem der nachstehend genannte Eingang avisiert wird.

ASTHEIMER KG Internationale Spedition 30012 Hannover					Sammelbordero 01/04/058/1-13 Empfangsspedition: Kabefra GmbH, Frankfurt Verladetag: 17.06.20.., H-RR 567, HB-LE32					
Pos.	Zeich.	Anz.	Art	Inhalt	Gewicht kg	Versende-ort	Empf.	Best.-Ort	Frankatur	FrachtNN Euro
01	Otti	4	Ki	Ersatzteil	710	Celle	Elber	Hanau	frei Haus	
02	Vobis	19	Krt	Drucker	1400	Hannover	Kaff	Offenbach	unfrei	111,50
03	FW	10	Ball	Gewebe	390	Braunsch.	Freser	Frankfurt	unfrei	85,50
04	GS	15	Sack	Chem.	970	Laatzen	Meier	Dietzenb.	frei Haus	
05	LPO	24	Krt	Lederw.	191	Lehrte	Haller	Bd Hombg.	frei Haus	
06	Papel	10	Pal	Papier	1445	Hannover	Frede	Oberursel	frei Haus	
07	HM	20	Hobb	Lacke	1710	Hannover	Käsebo	Darmstadt	unfrei	160,11
08	Mirck	2	Vlg	Teile	190	Braunsch.	Selmer	Gr.-Gerau	frei Haus	
09	Selm.	100	Krt	Schule	2111	Braunsch.	Mack	Mühlheim	unfrei	144,60
10	Petro	15	Ki	Teile	744	Laatzen	Nollick	Obertshau	frei Haus	
11	RM	7	Ki	Werkz.	610	Hannover	Fetter	Mainz	frei Haus	
		226	Kolli		10471					
12	**direkt**	255	lose	Reifen	5110	Celle	Weller	Offenb.	frei	
13	**direkt**	100	Ki	Kugell.	6870	Wolfsburg	MAG	Frankfurt	frei	
insges.: 581 Kolli					22451 kg					501,71 EUR

---

36. Aufgabe

Informieren Sie Ihren Abteilungsleiter über fünf wichtige Inhalte des im Bordero dargestellten Gesamteingangs.

---

37. Aufgabe

Beschreiben Sie die Aufgaben der Eingangsabteilung:Deutschland-EU.

---

38. Aufgabe

Die angeführten Frachtnachnahmen (Frachtpreise) wurden durch den Versandspediteur Astheimer KG dem gültigen KSE-Sammelguttarif (Kundensatzentgelte) entnommen. Es handelt sich dabei um Haus-Haus-Entgelte. Welche Leistungen beinhalten die Frachtnachnahmen?

Tätigkeiten in einem Speditionsbetrieb

39. Aufgabe

Für den Sammelguteingang muss die Eingangsabteilung die so genannte „Rückrechnung" erstellen. Welche Funktion hat sie und welche Leistungen werden darin in Rechnung gestellt?

40. Aufgabe

Sie wollen den Erfolg (Bruttospeditionsgewinn) des Gesamteingangs messen. Ergänzen Sie die nachstehende Tabelle mit den Ausgaben und Einnahmen.

	Ausgaben (Kosten)		Einnahmen (Erlöse)
1.	Bordero-Nachnahme der Sped. Astheimer (501,71 EUR)	1.	Frachtnachnahmen an die UNFREI-Kunden (501,71 EUR)
2.		2.	
3.			x x x x x x x x x x x
			Rohgewinn (oder Verlust)/Bruttospeditionsgewinn

41. Aufgabe

Welche Haftungsprinzipien gelten für den Empfangsspediteur bei einem möglichen Güterschaden, der auf seinem Umschlagslager verursacht wird?

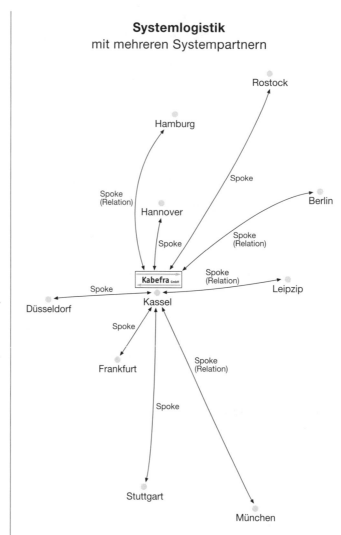

Situation 7
In der obigen Grafik wird das „Hub-and-Spoke-" („Nabe- und Speiche-") System dargestellt.

42. Aufgabe

Versuchen Sie in eigenen Worten dieses System zu erläutern und berücksichtigen Sie dabei die Bedeutung der Pfeile bzw. des Hub (Kassel).

43. Aufgabe

Begründen Sie, warum heute der wettbewerbsfähige Sammelgutspediteur neben seinem regulären Sammelgutverkehr nicht mehr auf das Hub-and-Spoke-System verzichten kann.

Situation 8
Just-in-time-Bedarfsdeckung und bestandslose Warenverteilung haben das Bestellverfahren von Industrie und Handel grundlegend verändert. Die Bestellungen werden immer kleiner, die Wiederbeschaffungszeiträume verkürzen sich. Um Lagerkosten zu sparen, müssen die Waren täglich bedarfsgerecht angeliefert werden. Kurier-, Express- und Paketdienste, die so genannten KEP-Dienste, haben zweifelsohne als Erste diese Veränderungen auf den Beschaffungs- und Absatzmärkten erkannt und für sich nutzbar gemacht.

44. Aufgabe

Welches Verhalten der Verlader hat dazu geführt, dass sich neben den Sammelgutverkehren die sogenannten KEP-Dienste (Kurier-, Express- und Paketdienste) auf dem europäischen Verkehrsmarkt ausgebreitet haben?

45. Aufgabe

Stellen Sie fest, in welchen Bereich der Sammelgutspediteur heute den KEP-Diensten Paroli bieten kann.

46. Aufgabe

Welchen Vorteil bieten Sammelgutverkehre gegenüber den KEP-Diensten?

1.1.4 Internationale Spedition

47. Aufgabe

Ein Industriebetrieb in Palermo bietet einem Interessenten in Hamburg Waren mit der Lieferkondition FOB Palermo an. Erläutern Sie, wer die Beförderungskosten trägt und an welcher geografischen Stelle die Gefahr (das Risiko des Verlustes oder der Beschädigung) auf den Käufer übergeht.

48. Aufgabe

Welche Incoterm-Klauseln haben den Kosten- und Gefahrenübergang an unterschiedlichen Orten?

Tätigkeiten in einem Speditionsbetrieb

49. Aufgabe

Wie ist die Kostenübernahme sowie das Risiko bei der Lieferklausel CIF geregelt?

50. Aufgabe

Ein Exporteur in Alexandria verschifft einen Container Südfrüchte in die USA. Als Klausel wurde „CFR New York" vereinbart. Auf dem Hauptlauf sinkt das Schiff. Wer trägt das Schadensrisiko dieser Sendung?

51. Aufgabe

Der Verkäufer will bei einer Exportsendung alle Kosten, einschließlich der Verladung und der Fracht bis zum Bestimmungshafen, übernehmen. Der Käufer soll Gefahr/Risiko und Kosten der Transportversicherung ab Verschiffungshafen tragen. Welche Incoterm-Klausel ist zu vereinbaren?

52. Aufgabe

Eine Kiste Ersatzteile mit 500 kg wird im internationalen Lkw-Verkehr befördert. Laut Vereinbarung ist die Ware vom Hersteller FCA zu übergeben. Bis zu welchem Ort übernimmt der Verkäufer Kosten und Gefahr?

53. Aufgabe

Der Absender eines Containers, der im Vorlauf per Lkw von Frankfurt/Main nach Hamburg und von dort per Seeschiff nach New York und im Nachlauf wiederum per Lkw zum Zielort transportiert werden soll, hat CFR New York vereinbart. Welche Kosten übernimmt der Käufer?

54. Aufgabe

Im Kaufvertrag soll geregelt werden, dass der Verkäufer für die verkaufte Ware die Kosten und Gefahr bis zum genannten Grenzübergang trägt. Der Käufer übernimmt ab diesem Ort dann Kosten und Gefahr und sorgt für die Importabfertigung und den Weitertransport. Welche Incoterm-Klausel ist hier zu vereinbaren?

55. Aufgabe

Im Kaufvertrag wird vereinbart: frei Haus verzollt, Kairo. Welcher Klausel der Incoterms entspricht dies?

56. Aufgabe

Welche Zahlungsmodalität ist im internationalen Güterverkehr für den Verkäufer am günstigsten?

57. Aufgabe

Wer haftet dem Exporteur für die Zahlung aus dem unbestätigten Akkreditiv?

58. Aufgabe

Welche Zahlungform bietet im Außenhandel dem Verkäufer im Versandland und dem Käufer im überseeischen Bestimmungsland die größte Sicherheit?

59. Aufgabe

Für ein Überseegeschäft ist die Klausel Cash on delivery, COD (Zahlung bei Ablieferung) vereinbart. Welches Risiko birgt die Klausel für den Verkäufer?

60. Aufgabe

Bringen Sie die folgenden Arbeitsschritte bei der Eröffnung und Abwicklung eines bestätigten Akkreditivs in die richtige Reihenfolge, indem Sie die Ziffern 1 bis 9 in die Kästchen einsetzen.

Abschluss eines Kaufvertrages zwischen Verkäufer und Käufer, Vereinbarung des Akkreditivverfahrens	1
Die Akkreditivbank eröffnet das Akkreditiv und informiert die Außenhandelsbank des Käufers als Avisbank durch Telex, Fax oder Zusendung des Akkreditivs.	4
Die Akkreditivbank prüft die Bonität des Antragstellers und den Kaufvertrag.	3
Die Avisbank benachrichtigt den Verkäufer und übergibt eine Kopie des Akkreditivs.	5
Beginn der Vorbereitungen zum Versand, Beschaffung der vereinbarten Dokumente, Beauftragung eines Spediteurs	7
Besorgung der Frachtdokumente durch den Spediteur, Einreichen mit den übrigen Dokumenten des Absenders bei der Avisbank	8
Der Käufer beauftragt bei einer Akkreditivbank die Eröffnung des Akkreditivs.	2
Überprüfung des Akkreditivs durch den Verkäufer auf Übereinstimmung mit dem Kaufvertrag	6
Überprüfung der Dokumente durch die Avisbank auf Vollständigkeit und Genauigkeit, Weiterleitung an die Akkreditivbank, Auszahlung des Rechnungsbetrages an den Verkäufer.	9

61. Aufgabe

Bringen Sie die folgenden Vorgänge bei der Zahlungsabwicklung durch Dokumentenakkreditiv in die richtige Reihenfolge, indem Sie die Ziffern 1 bis 9 in die Kästchen eintragen.

Übergabe der Beförderungsdokumente (z. B. Konnossemente) an den Verkäufer	4
Übergabe der Ware an den Verfrachter	3
Die Avisbank zahlt das Geld an den Verkäufer.	6
Benachrichtigung der Akkreditivbank an die Bank des Verkäufers (Avisbank)	2
Übergabe der Transportdokumente an die Bank des Verkäufers (Avisbank)	5
Der Verfrachter übergibt die Ware an den Käufer.	9
Übergabe der Dokumente an den Käufer	7
Der Käufer legt die Transportdokumente dem Verfrachter vor.	8
Auftrag an die Akkreditivbank durch den Käufer	1

Situation 1
Sie erhalten eine Importsendung, die im Seeverkehr von Kairo nach Hamburg und im Nachlauf mit dem Lkw nach Frankfurt/Main versendet wurde. Sie ordnen die beigefügten Papiere.

62. Aufgabe

Auf den Frachtpapieren steht die Zahlungskondition Cash on Delivery. Welche Bedeutung hat dieser Hinweis?

63. Aufgabe

Ebenso befindet sich ein weiteres Spediteurdokument darunter, das FCR (Forwarding Agents Certificate of Receipt)-Dokument. Handelt es sich dabei um ein Wertpapier oder ein so genanntes Sperrpapier?

64. Aufgabe

Ein Kollege behauptet, dass es sich bei dem FCR um ein Dokument handele, das im L/C nicht ausdrücklich genannt werden müsse. Die Akkreditivbank würde es auch dann akzeptieren, wenn es als allgemeines Transportdokument bezeichnet und gefordert wird. Argumentiert Ihr Kollege richtig?

65. Aufgabe

Bei den Unterlagen befindet sich ein weiteres Dokument, das FWR (FIATA Warehouse Receipt). Welche Funktion hat es?

66. Aufgabe

Welches Dokument ist ein Wertpapier für den kombinierten Güterverkehr? Begründen Sie Ihre Antwort.

67. Aufgabe

Als Export- bzw. Importsachbearbeiter der Spedition Kabefra GmbH mit Sitz in Frankfurt (Main) haben Sie drei Transportfälle zu bearbeiten, die das Gebiet der EU betreffen: Um welche Außenhandelsformen handelt es sich dabei aus deutscher Sicht?
a) um einen Seetransport von Rostock nach Tanger
b) um eine Luftverkehrsbeförderung von Tokio nach Frankfurt (Main)
c) um einen Lkw-Transport von Moskau über München nach Zürich

Situation 2
Ein Handelsunternehmen meldet sich bei Ihrer Importabteilung und erkundigt sich über nachstehend genannte Fragestellungen.

68. Aufgabe

Wo und wie werden die Daten für die EU-Statistik INTRASTAT erfasst? Welche Information geben Sie?

69. Aufgabe

Ab welchem Jahreswert (Grenzwert von 2009) der Versendung und des Eingangs unterliegen Unternehmen der Abgabe einer statistischen Meldung (INTRASTAT)?

70. Aufgabe

Ein deutscher Textilhersteller lässt eigene Stoffe in Albanien zu Herrenhemden verarbeiten und führt anschließend die Fertigprodukte wieder in Deutschland ein. Welche Bedeutung hat in diesem Zusammenhang die Differenzverzollung?

71. Aufgabe

Welche Form staatlicher Zusammenschlüsse ist dadurch gekennzeichnet, dass zwischen den Mitgliedstaaten keine bzw. niedrige Binnenzölle bestehen, die Mitgliedstaaten aber unterschiedlich hohe Außenzölle haben?

72. Aufgabe

Durch welche(s) Abkommen wird die weltweite Beseitigung von tarifären und nicht tarifären Handelshemmnissen angestrebt?

73. Aufgabe

Eine Werkzeugmaschine mit insgesamt 750 kg wird per Lkw von Völklingen (Saar) nach St. Petersburg verbracht, um auf der dortigen Industriemesse ausgestellt zu werden. Erklären Sie kurz, welches Zolldokument Sie verwenden und wie bei Messen das entsprechende Verfahren abgewickelt wird!.

74. Aufgabe

Es sollen Leopardenfelle aus dem Kongo in Deutschland eingeführt werden. Nennen Sie spezielle internationale und deutsche Rechtsvorschriften, die hierbei zu beachten sind.

75. Aufgabe

Ein Exporteur beabsichtigt, eine Druckmaschine mit 400 kg nach Ankara auszuführen. Von welchem Merkmal ist es abhängig, ob er eine Ausfuhranmeldung erstellen muss? Begründen Sie Ihre Antwort.

76. Aufgabe

Auf welchen Blättern des Einheitspapieres kann die Abfertigung zum freien Verkehr vorgenommen werden?

77. Aufgabe

Auf welche Abgabe bezieht sich die ID-Nummer und in welchem Bereich des internationalen Handels wird sie benötigt?

78. Aufgabe

Die Spedition Kabefra GmbH fertigt eine Einfuhrsendung ab, die von der Firma Toolex Inc., Minneapolis (USA), an die Baumärkte GmbH, Minden (Westfalen), geliefert wird. Nach zehn Tagen zahlt der Käufer den Rechnungspreis unter Berücksichtigung der in der Handelsrechnung angegebenen 2% Skonto (Zahlung innerhalb 14 Tagen). Darf der Import-Sachbearbeiter der Spedition Kabefra GmbH im Verzollungsantrag den um den Skontobetrag gekürzten Rechnungspreis ansetzen?

Tätigkeiten in einem Speditionsbetrieb

Situation 3

Die Sendung wird in New York verschifft und ab Rotterdam mit dem Lkw nach Hanau befördert. Die Verzollung findet in Hanau statt. Auf die Ware wird ein Zollsatz von 11% und ein EUSt.-Satz von 19% erhoben. Die Kosten und Fracht von Abgangsort bis Empfangsort betragen: Seefracht: New York bis Rotterdam 12 000,00 EUR; Lkw-Fracht: Rotterdam bis Venlo (deutsche Grenze) 650,00 EUR; Lkw-Fracht: Venlo bis Hanau 500,00 EUR. (Siehe Invoice Nr. 104/00) (Kurs: 1,00 EUR = 1,25 $)

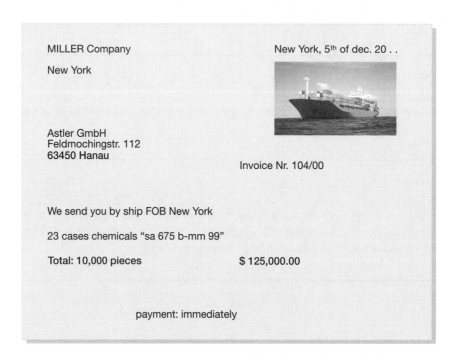

MILLER Company
New York

New York, 5th of dec. 20 . .

Astler GmbH
Feldmochingstr. 112
63450 Hanau

Invoice Nr. 104/00

We send you by ship FOB New York

23 cases chemicals "sa 675 b-mm 99"

Total: 10,000 pieces $ 125,000.00

payment: immediately

79. Aufgabe

Ermitteln Sie den Zollwert der Sendung und erklären Sie Ihre Berechnung.

80. Aufgabe

Ermitteln Sie den daraus abzuleitenden Zoll und begründen Sie die Antwort.

81. Aufgabe

Ermitteln Sie den statistischen Wert und begründen Sie Ihre Antwort.

82. Aufgabe

Ermitteln Sie den EUSt.-Wert der Sendung und erklären Sie den Rechenweg.

83. Aufgabe

Ermitteln Sie die Einfuhrumsatzsteuer (EUSt. 19%).

84. Aufgabe

Ermitteln Sie die Einfuhrabgaben insgesamt.

Tätigkeiten in einem Speditionsbetrieb

Situation 4
Die Sendung wird per Luftfracht von Philadelphia nach Frankfurt/Main befördert. Die Verzollung findet am Zollamt-Flughafen in Frankfurt/Main statt. Auf die Ware wird ein Zollsatz von 9% und EUSt.-Satz von 19% erhoben. Die Luftfracht für die Gesamtstrecke Philadelphia–Frankfurt/Main beträgt: 6700,00 $ (Anteil bis zum Verbringungsort 87%; Kurs: 1,00 EUR = 1,25 $).

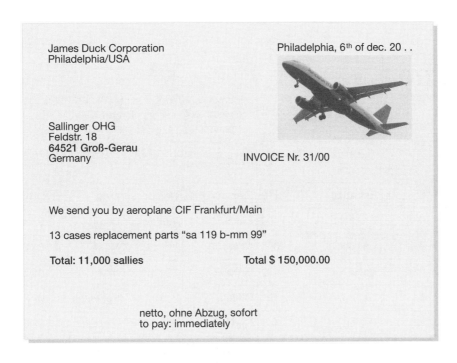

85. Aufgabe
Ermitteln Sie den Zollwert der Sendung und erklären Sie den Rechenweg.

86. Aufgabe
Ermitteln Sie den abzuleitenden Zollbetrag.

87. Aufgabe
Ermitteln Sie den statistischen Wert und begründen Sie Ihre Lösung.

88. Aufgabe
Ermitteln Sie den EUSt.-Wert der Sendung und erläutern Sie den Rechenweg.

89. Aufgabe
Ermitteln Sie die Einfuhrumsatzsteuer (19%) für die Sendung.

90. Aufgabe
Ermitteln Sie die Einfuhrabgaben für die Luftfrachtsendung.

Weitere Aufgaben Luftfrachtverkehr Seiten 91 ff.

Situation 5

Sie sind Sachbearbeiter/in in der Kabefra GmbH, Frankfurt/Main, Exportabteilung, Relation Norwegen und haben den laut Bordero angeführten Sammelgut-Lkw nach Oslo abgefertigt. Sie organisieren die zollamtliche Abfertigung in Frankfurt/Main, sodass der Lkw unter Raumverschluss mit Nämlichkeitssicherung nach Oslo fahren kann.

Kabefra GmbH
Seilerstraße 32
60313 Frankfurt/Main

Sammelbordero/Ladeliste: 0506/11/020/1-13
Empfangsspedition: Norden A/B, Oslo
Verladetag: 14.05.20.., Lkw: OS-12833

Pos.	Zeich.	Anz.	Art	Inhalt	Gewicht kg	Versendeort	Empf.	Best.-Ort	Frankatur	Fracht NN
01	Otti	4	Ki	Ersatzteil	710	Frankfurt	Norder	Oslo	DDU	
02	Vobis	19	Krt	Drucker	1400	Dietzenb.	Indrida	Bergen	EXW	530,00
03	FW	10	Ball	Gewebe	390	Offenb.	Keflö	Moss	EXW	350,75
04	GS	15	Sack	Chem.	970	Hanau	Sccaj	Nittedal	DDU	
05	LPO	14	Krt	Lederw.	191	Offenb.	Fjord	Honefoss	DAF norw.	250,00
06	Papel	10	Pal	Papier	1445	Gr.-Gerau	Flanda	Stryken	DDU	
07	HM	20	Hobb	Lacke	1710	Höchst/O.	Sessvö	Oslo	EXW	738,15
08	Mirck	2	Vlg	Teile	190	Darmst.	Snalac	Drammen	EXW	296,25
09	Selm.	100	Krt	Schuhe	2111	Hattersh.	Drypar	Horten	DAF dt.	355,50
10	Petro	15	Ki	Teile	744	Langen	Fjelsa	Oslo	DDU	
11	RM	7	Ki	Werkz.	610	Oberursel	Ödlvjk	Oslo	DDU	
Stückgut: 216 Kolli					10471 kg				Zwischensumme: 2523,65 EUR	
12	**direkt**	255	lose	Reifen	5110	Hanau	Svenik	Trondheim	DDU	
13	**direkt**	100	Ki	Kugellager	6870	B. Hombg.	Horten	Oslo	DDU	
insges.: 571 Kolli					**22451 kg**				Borderonachnahme: 2523,65 EUR	

91. Aufgabe

Wie viele Frachtbriefe erstellen Sie, damit der Lkw im Zielgebiet seine Sendungen entladen kann? Begründen Sie Ihre Antwort.

92. Aufgabe

Welches Zollversandpapier muss der Lkw beim Transport mit sich führen? Begründen Sie Ihre Antwort.

93. Aufgabe

Nennen Sie Städte und Grenzübergänge, die auf der möglichen Transportroute passiert werden.

94. Aufgabe

Zu Position 09, Sendung 2 111 kg, DAF deutsche Grenze, von Hattersheim nach Horten. Wer belastet wem die angeführte Frachtnachnahme?

95. Aufgabe

Zu Position 09, Sendung 2 111 kg, DAF deutsche Grenze, von Hattersheim nach Horten. Für welche Strecke (von bis?) wird die Frachtnachnahme erhoben?

96. Aufgabe

Zu Position 09, Sendung 2 111 kg, DAF deutsche Grenze, von Hattersheim nach Horten. Die Sendung ist hier als Stückgut verladen worden. Erläutern und begründen Sie eine weitere Möglichkeit, die Sendung anders zu verladen (auch mit dem gleichen Hauptlauf-Lkw), um Speditionskosten zu sparen.

97. Aufgabe

Bei der angeführten Lieferkondition handelt es sich um eine Klausel der Incoterms. Erläutern Sie Funktion und Inhalt der Klausel DAF.

98. Aufgabe

Der norwegische Sammelgutpartner in Oslo unterhält mit Ihrer Spedition einen regen Sammelgut-Linienverkehr. Auch er fertigt Sammelgut-Lkws nach Frankfurt am Main ab. Welche Zollversandpapiere muss der Partner in Oslo seinem Fahrer mitgeben, wenn er einen Lkw unter Raumverschluss nach Frankfurt am Main abfertigt?

Situation 6
Sie sind Sachbearbeiter/in in der Export-Abteilung Türkei (Kabefra GmbH, Internationale Spedition, Frankfurt/Main) und fertigen einen Sammelgut-Lkw nach Ankara ab.

99. Aufgabe

Welche Zollversandpapiere müssen erstellt und dem Fahrer mitgegeben werden, wenn der Lkw ab Frankfurt am Main mit so genanntem Raumverschluss als Nämlichkeitssicherung abgesichert werden soll? Begründen Sie Ihre Antwort.

100. Aufgabe

Welche Voraussetzungen müssen gegeben sein, damit ein Lkw-Transport mit Carnet TIR durchgeführt werden kann?

101. Aufgabe

Wer verfügt über ein so genanntes Carnet-TIR-Heft und wo ist die Ausgabestelle des Heftes? Begründen Sie Ihre Antwort.

Weitere Aufgaben Sammelgut Seiten 20 und 132 ff.

1.2 Das Transportmittel Lkw im Vergleich zu anderen Verkehrsmitteln

1.2.1 Verkehrsgeografie und Transportentscheidungen

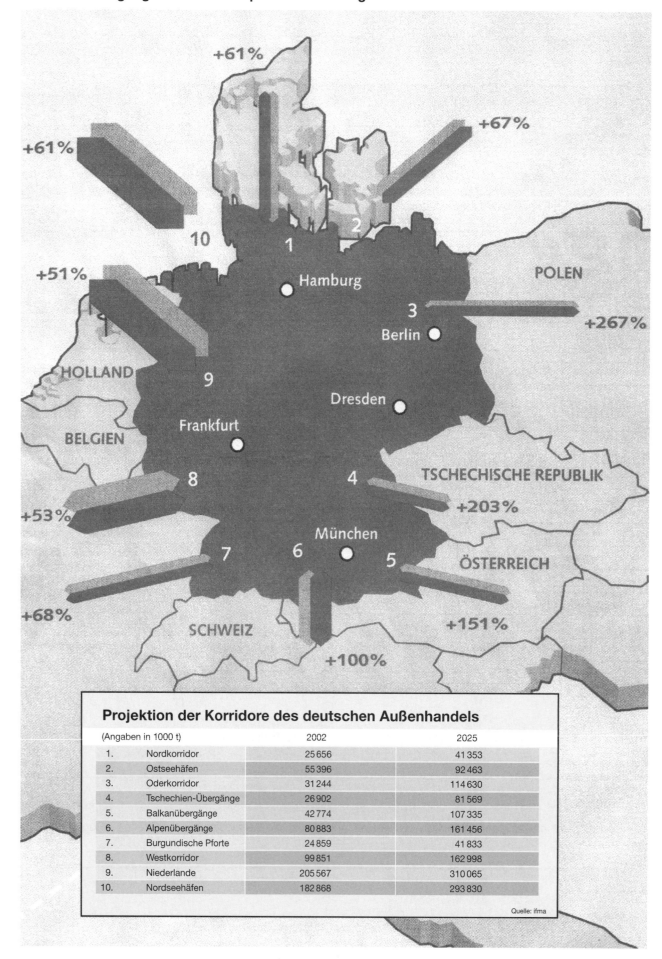

Projektion der Korridore des deutschen Außenhandels

(Angaben in 1000 t)		2002	2025
1.	Nordkorridor	25 656	41 353
2.	Ostseehäfen	55 396	92 463
3.	Oderkorridor	31 244	114 630
4.	Tschechien-Übergänge	26 902	81 569
5.	Balkanübergänge	42 774	107 335
6.	Alpenübergänge	80 883	161 456
7.	Burgundische Pforte	24 859	41 833
8.	Westkorridor	99 851	162 998
9.	Niederlande	205 567	310 065
10.	Nordseehäfen	182 868	293 830

Quelle: ifma

102. Aufgabe

Sie planen eine Lkw-Tour von Basel nach Frankfurt am Main. Bringen Sie die folgenden Städte an oder in unmittelbarer Nähe der A 5 in die richtige geografische Reihenfolge.

Städte alphabetisch	Geografische Reihenfolge
Darmstadt	
Freiburg im Breisgau	
Heidelberg	
Karlsruhe	
Müllheim/Neuenburg	
Offenburg	
Weil am Rhein	

103. Aufgabe

Der Lkw fährt auf der A 5 von Frankfurt am Main weiter nach Hamburg. Ergänzen Sie den Tourenplan um fehlende größere Städte:

Frankfurt am Main
Gambacher Kreuz
Alsfeld
Kassel
Northeim
Dreieck Walsrode
Hamburg

104. Aufgabe

Über das Autobahnkreuz Walsrode werden nicht nur Transporte nach Hamburg abgewickelt, sondern es sind auch noch andere Nordseehäfen zu erreichen. Führen Sie drei Autobahnverbindungen auf.

Das Transportmittel Lkw im Vergleich zu anderen Verkehrsmitteln

105. Aufgabe

Exporte/Importe über See mit Ursprung/Bestimmung Rheinland, z.B. Köln, werden nicht nur über Rotterdam/Antwerpen abgewickelt, sondern auch über die deutschen Seehäfen. Ergänzen Sie die Autobahnverbindungen dorthin um die fehlenden Städte:

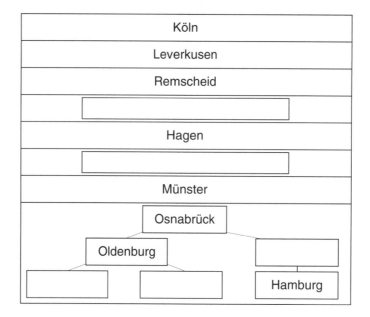

106. Aufgabe

Ein Lkw, beladen mit Sammelgut aus Polen, fährt über Frankfurt an der Oder in die Bundesrepublik ein. Die Ladung ist für Amsterdam bestimmt. Das Fahrzeug benutzt die Autobahn bis Osnabrück und weiter über Bad Bentheim in die Niederlande. Überprüfen Sie die angegebene Streckenführung und tragen Sie die richtige Reihenfolge in den Tourenplan ein.

	Tourenplan
Frankfurt an der Oder	Frankfurt an der Oder
Brandenburg	
Potsdam	
Berlin	
Magdeburg	
Hannover	
Braunschweig	
Helmstedt	
Osnabrück	
Bad Bentheim	Bad Bentheim

107. Aufgabe

Stellen Sie für eine Lkw-Fahrt von Gießen über Erfurt und Dresden nach Görlitz den Tourenplan auf. Bringen Sie die Orte und Städte in die geografisch richtige Reihenfolge.

Bad Hersfeld	Bad Hersfeld
Bautzen	
Chemnitz	
Dresden	
Eisenach	
Erfurt	
Gera	
Görlitz	
Gotha	
Jena	
Weimar	Görlitz

108. Aufgabe

Sie stellen den Tourenplan eines Transports von Kassel über Passau nach Wien auf. Tragen Sie die Städte in der geografisch richtigen Reihenfolge ein.

Kassel	
Fürth/Erlangen	
Fulda	
Nürnberg	
Passau	
Regensburg	
Würzburg (Kreuz Biebelried)	

109. Aufgabe

Ein Lkw-Transport soll von Hannover nach Dresden auf der Autobahn durchgeführt werden. Nennen Sie vier bedeutende Städte zwischen Abgangs- und Zielort.

110. Aufgabe

Welche Alpenübergänge stehen Ihnen für Transporte zwischen Deutschland und Italien zur Verfügung? Zählen Sie die vier wichtigsten Übergänge auf und nennen Sie ihre Besonderheiten.

Das Transportmittel Lkw im Vergleich zu anderen Verkehrsmitteln

111. Aufgabe

Ergänzen Sie die Brenner-Route um die fehlenden Städte:

Rosenheim
Kiefersfelden
Brixen
Trento
Verona
Mailand

112. Aufgabe

Sie schicken einen Lkw von Mannheim über den St. Gotthard nach Mailand. Tragen Sie die für die Routenbeschreibung erforderlichen Orte in die Tabelle ein.

	Routenbeschreibung
Airolo	
Basel	
Bellinzona	
Bern	
Chiasso	
Freiburg	
Genf	
Genua	
Luzern	
Mailand	
Stuttgart	

113. Aufgabe

Sie planen verschiedene Lkw-Touren von Deutschland nach Frankreich. Ihre Fahrzeuge benutzen die Autobahnen. Geben Sie jeweils eine markante deutsche oder französische Stadt an der Grenze an:

Von Köln über Belgien nach Paris	
Vom Rhein-Main-Gebiet nach Paris	
Von Süddeutschland nach Südfrankreich (Marseille)	

114. Aufgabe

Sie organisieren wöchentlich mehrere Lkw-Transporte zwischen verschiedenen Städten der Bundesrepublik und dem Raum Moskau. Sie planen Ihre Touren hauptsächlich auf der Standardstrecke, die ab Berlin über Frankfurt (Oder) und Polen weiter nach Russland führt. Die Details der Streckenplanung überlassen Sie Ihren Fahrern bzw. Subunternehmern, geben Ihnen aber als Orientierung einige große Städte vor. Vervollständigen Sie Ihre Tourenplanung:

Staat	Städte	ca.
Deutschland	Berlin	km 0
Deutschland	Frankfurt (Oder)	–
Polen		–
Polen		km 600
Grenze Polen/Belarus		km 200
Belarus		km 350
Russland		–
Russland	Moskau	km 700
zusammen	–	km 1 850

Situation 1

Von Rotterdam aus sind für einen Empfänger in Karlsruhe 3600 t Getreide zu verladen. Sie erhalten den Auftrag, die verschiedenen Transportmöglichkeiten zu prüfen und den entsprechenden Laderaum preisgünstig zu beschaffen. Das Lager des Empfängers hat einen Gleisanschluss und liegt direkt am Wasser. Es besitzt die für die Getreidelagerung und den Getreideumschlag erforderlichen Einrichtungen.

115. Aufgabe

Erörtern Sie, welche verschiedenen Transportmöglichkeiten infrage kommen.

116. Aufgabe

Beschreiben Sie den Wasserweg von Rotterdam nach Karlsruhe durch die Angabe von mindestens einer Stadt in den Niederlanden und fünf Städten in der Bundesrepublik.

117. Aufgabe

Nennen Sie mindestens fünf große Wirtschaftsräume, die unmittelbar durch den Rhein oder seine für die Schifffahrt bedeutenden Nebenflüsse mit den Rheinmündungshäfen verbunden sind.

Das Transportmittel Lkw im Vergleich zu anderen Verkehrsmitteln

Situation 2
Die Frankfurter Hafenstatistik weist für 2007 aus, dass insgesamt 36 000 Container umgeschlagen wurden, davon 70% Export/Import.

Abbildung zu Aufgabe 23   Binnenwasserstraßen in derDeutschland

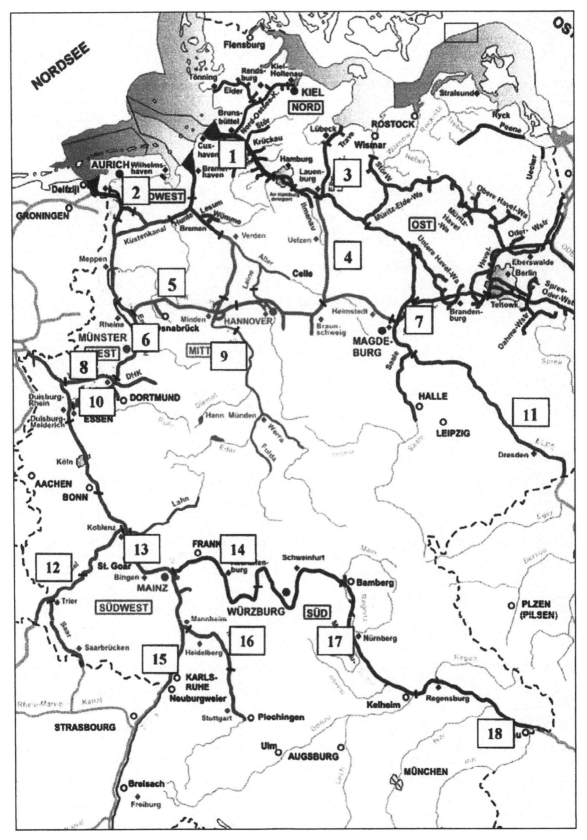

Das Transportmittel Lkw im Vergleich zu anderen Verkehrsmitteln

118. Aufgabe

Welche Einsatzmerkmale haben die in der Statistik genannten Container?

119. Aufgabe

Wie viele 20-Fuß-Container können mit einem Hänger- oder auch Sattelzug auf der Straße befördert werden?

120. Aufgabe

Die Beförderungszeiten für Containertransporte zwischen Rotterdam und Frankfurt am Main (ca. 460 Straßenkilometer) betragen flussabwärts (Talfahrt) zwei und flussaufwärts (Bergfahrt) drei Tage. Inwieweit beeinflusst dies Ihre Entscheidung für oder gegen den Wasserweg?

121. Aufgabe

Werten Sie die Zahlen in der Aufgabenstellung aus. Wie viele Lkw-Transporte wären notwendig, um die Export-/Import-Container zu befördern, wenn das Bruttogewicht eines beladenen Containers 18 t beträgt?

122. Aufgabe

Viele Betriebe rechnen mit 250 Arbeitstagen im Jahr. Berechnen Sie, wie viele Container arbeitstäglich in den Frankfurter Häfen durchschnittlich umgeschlagen werden.

123. Aufgabe

Ein Binnenschiff wird in Regensburg mit Ziel Hamburg beladen. Zählen Sie in der richtigen Reihenfolge die Wasserstraßen auf, die es befahren muss.

124. Aufgabe

In der Wasserstraßenkarte sind die schiffbaren Flüsse und Kanäle mit Zahlen versehen. Geben Sie jeweils an, um welche Wasserstraße es sich handelt.

1	
2	
3	
4	
5	
6	
7	
8	
9	
10	
11	
12	
13	
14	
15	
16	
17	
18	

Weitere Aufgaben Binnenschifffahrt Seiten 97 ff.

Das Transportmittel Lkw im Vergleich zu anderen Verkehrsmitteln

1.2.2 Allgemeine Bestimmungen und Verkehrsmittelvergleich

Situation 3
Als Fuhrparkdisponent der Geschäftsstelle Frankfurt der Kabefra GmbH, Internationale Spedition und Logistik, die im Nah- und Fernverkehr sowohl eigene als auch fremde Fahrzeuge einsetzt, sind Sie für die Auswahl und den Einsatz der für die jeweilige Komplettladung optimalen Fahrzeuge verantwortlich. Die Kabefra verfügt über eine Bahnabteilung und hat eigenen Gleisanschluss.

125. Aufgabe

Nennen Sie mindestens sechs Argumente, die für den Einsatz eigener Fahrzeuge sprechen können.

126. Aufgabe

Welche Überlegungen hinsichtlich Organisation und Kosten können dazu führen, überwiegend fremde Fahrzeuge einzusetzen? Nennen Sie mindestens acht Argumente.

127. Aufgabe

Sie suchen auf dem Markt für Lkw-Laderaum täglich mehrere Fahrzeuge für den Transport von hochwertigem Stückgut unter Zollverschluss aus der Bundesrepublik über die Balkanroute nach Griechenland und in die Türkei im Carnet-TIR-Verfahren. Für jede Fahrt ist jeweils nur eine Be- und Entladestelle vorgesehen. Folgende Züge werden auf dem Markt angeboten:

– Standard-Hängerzüge mit Plane und Spriegel
– Standard-Hängerzüge mit Kofferaufbauten
– Sattelzüge mit Kofferaufbauten
– Standard-Curtainsider

Welche Fahrzeuge wählen Sie aus und aufgrund welcher Überlegungen kommen Sie zu Ihrer Entscheidung?

128. Aufgabe

Welche Außenmaße in Zentimetern darf ein klassischer, aus Motorwagen und Hänger bestehender Lastzug haben, wenn er nicht für Sendungen mit Lademaßüberschreitungen eingesetzt wird? Tragen Sie Ihre Lösung in die Tabelle ein.

Länge	
Breite	
Höhe	

129. Aufgabe

Die Fahrerkabine eines Hängerzugs hat eine Länge von 2,35 m[1], als Kupplungsabstand werden mindestens 0,75 m benötigt. Wie viel Meter Ladefläche (Ladelänge) bleiben für den Zug unter Einschluss der Bordwände ungefähr übrig? Welche Rechnung stellen Sie an?

Hinweis:

[1] Es wird natürlich versucht, das Fahrerhaus möglichst kurz zu konzipieren, damit mehr Lademeter zur Verfügung stehen. Dem sind aber Grenzen durch technische Vorschriften und der Notwendigkeit gesetzt, den Fahrern von Fernverkehrs-Lkws den erforderlichen Arbeitsplatz zu sichern. In der Regel sind Fahrerkabinen daher nicht kürzer als 2,35 m.

130. Aufgabe

Welche Außen- und Ladelängen haben Motorwagen und Hänger eines Zuges, wenn beide außen gleich lang sind?[1] Bitte tragen Sie Ihre Ergebnisse in die Tabelle ein.

	Außenlänge in m	Ladelänge in m
Motorwagen		
Hänger		

Hinweis:
[1] jeweils abzüglich der vorderen und hinteren Ladebordwand

131. Aufgabe

Der Motorwagen eines Lastzugs hat eine Ladelänge von 6,65 m. Wie viele Euro-Paletten kann er befördern und wie sollen die Paletten im Lkw geladen werden? Die Paletten können nicht gestapelt werden.

132. Aufgabe

Der Motorwagen eines Lastzugs hat eine Nutzlast von 7,5 t[1] und eine Ladelänge von 6,65 m. Wie viele Euro-Paletten im Einzelgewicht von 500 kg brutto kann er befördern? Die Paletten können nicht gestapelt werden. Bitte begründen Sie Ihre Lösung.

Hinweis:
[1] Der normale zweiachsige Motorwagen hat bei einem höchstzulässigen Gesamtgewicht von 18 t je nach Bauart (Motor, Fahrerhaus, Aufbauten, Felgen und Reifen, mitgeführte Benzintanks usw.) eine Nutzlast bis zu 7,5 t.

133. Aufgabe

In der Regel wird ein leichter, zweiachsiger Motorwagen (Nutzlast 7,5 t) zusammen mit einem schweren dreiachsigen Hänger (Nutzlast bis zu 18 t) eingesetzt. Wie viele Euro-Paletten können in einen solchen Zug verladen werden, wenn der Motorwagen eine Ladelänge von 6,65 m und der Hänger von 8,95 m hat? Die Paletten haben ein Einzelbruttogewicht von 250 kg und können nicht gestapelt werden. Stellen Sie Ihre Rechnung dar und beschreiben Sie die Art der Verladung auf den Ladeflächen.

134. Aufgabe

Der Stückgutverkehr zwischen den fünfzehn Geschäftsstellen der Kabefra untereinander und dem zentralen Hub in derDeutschland wird bisher mit Sattelzügen abgewickelt. Erklären Sie die Nachteile dieses Verfahrens und erläutern Sie dann ausführlich, welche organisatorischen Vorteile eine Umstellung auf Wechselbrückenverkehr bringen kann.

135. Aufgabe

Die Umstellung des Stückgutverkehrs auf Wechselbrückenverkehr erfordert zunächst die Umrüstung des Fuhrparks auf Wechselbrückentragfahrzeuge und die Anschaffung einer genügend großen Anzahl von Wechselkoffern. Welche beiden Koffergrößen sind zurzeit am meisten verbreitet? Geben Sie die Längen in m und cm an.

136. Aufgabe

Ist die Beförderung von zwei großen Wechselkoffern auf einem Zug möglich? Bitte begründen Sie Ihre Antwort.

Das Transportmittel Lkw im Vergleich zu anderen Verkehrsmitteln

137. Aufgabe

Welche Außenmaße in Zentimetern darf ein im Stückgutverkehr eingesetzter Sattelzug (nicht Kühlverkehr) haben, wenn er nicht für Sendungen mit Lademaßüberschreitungen eingesetzt wird? Tragen Sie Ihre Lösung in die Tabelle ein.

Länge	
Breite	
Höhe	

138. Aufgabe

Wie unterscheiden sich Kühlfahrzeuge von den sonstigen im Stückgutverkehr eingesetzten Hänger- und Sattelzügen? Nennen Sie mindestens vier Unterschiede.

139. Aufgabe

Welche Innenmaße hat ungefähr der Laderaum eines Sattelaufliegers mit Kofferaufbau? Bitte tragen Sie die Zahlen in Metern und Zentimetern in die Tabelle ein.

Länge	
Breite	
Höhe	

140. Aufgabe

Aus dem Internet haben Sie sich die folgenden Informationen über einen gedeckten Güterwagen beschafft (vgl. Abbildung, S. 41). Überprüfen Sie, ob dieser Wagen mit Paletten beladen werden kann und begründen Sie Ihr Ergebnis.

141. Aufgabe

Erläutern Sie, ob sich der Güterwagen von seinen sonstigen Eigenschaften her für den Transport von Stückgut eignet.

142. Aufgabe

Überprüfen Sie anhand der Anlage, ob die Größe des Laderaums und die angegebenen Lastgrenzen des Güterwagens ausreichen, um die Sendung als Ganzes befördern zu können und begründen Sie Ihr Ergebnis.

143. Aufgabe

Eine weitere Internetsuche ergibt viel versprechende Informationen über Schiebewandwagen mit verriegelbaren Trennwänden (vgl. Abbildung, S. 42). Ist einer der vorgestellten Wagen geeignet, die komplette Sendung von 34 Paletten mit einem Gesamtgewicht von 33259 kg aufzunehmen?

144. Aufgabe

Beurteilen Sie anhand der vorliegenden Unterlagen die Eignung von Schiebewandwagen für den Stückguttransport (vgl. Aufgabe 143).

Das Transportmittel Lkw im Vergleich zu anderen Verkehrsmitteln

Abbildung zu Aufgabe 140

Gattung G: Gedeckte Güterwagen

Ladebreite (B) in mm	2600[1)
Ladehöhe (H) in mm gemessen bis	
Oberkante Seitenwand	2275
Unterkante Dachspriegel	2680[2)/2790
Ladefläche in m^2	33,2
Max. Laderaum in m^3	80,0
Seitenwandtüröffnung in mm	
Breite	2500
Höhe	2150
Fußbodenhöhe	1240
Wagenhöhe (WH) in mm	4080
Anzahl der Radsätze	2
Abstand der Radsätze (a) in mm	8000
Feststellbremse	Mit/Ohne
Länge über Puffer (LüP) in mm	14520/14020
Durchschnittliches Eigengewicht in kg	14000/13500
Ladelänge (L) in mm	12720

Verfügbare Wagen
- Gbs 263
- Gbs 264
- Gbs 265

Wagenausrüstung
- Schiebetüren
- Lüftungseinrichtungen
- Zwei Radsätze
- Lüftungseinrichtungen

Eine wetterfeste Sache: Mit ihrem kastenförmigen Laderaum, Tonnendach, Holzfußboden und Seitenwänden mit Lade- und Lüftungsklappen sowie Befestigungsringen im Wageninnern eignen sich diese Wagen zum Transport witterungsempfindlicher Güter.

Dazu zählen Säcke, Kisten, Kartons, Gefäße aller Art verpackt oder unverpackt – palettiert oder nicht palettiert. Auch für den Transport von Obst und Gemüse sind diese Wagen geeignet. Durch breite Schiebetüren in den Seitenwänden kann die Ladefläche mit Gabelstaplern befahren werden.

Wagenskizze

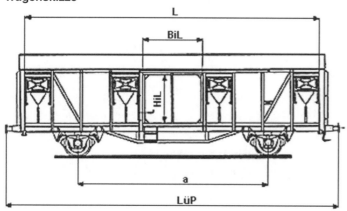 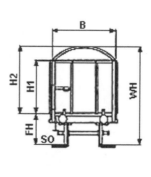

Lastgrenzen in t

	A	B	C
S	18,5	22,5	26,5

** Lastgrenzen des Gbs 263, Gbs 264 und Gbs 265

Anmerkung zu den Lastgrenzenrastern: Wegen der unterschiedlichen technischen Ausrüstung dieser Wagen können die Lastengrenzen geringfügig höher oder niedriger sein.

Das Transportmittel Lkw im Vergleich zu anderen Verkehrsmitteln

Abbildung zu Aufgabe 143

Gattung H: Schiebewandwagen mit zwei Radsätzen, mit einer verriegelbaren Trennwand

Wagenskizze

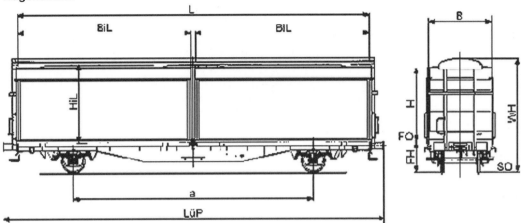

Schiebewandwagen mit zwei Radsätzen, mit einer verriegelbaren Trennwand

Wenn's empfindlich wird: Diese gedeckten Güterwagen zeichnen sich vor allem durch ein großes Ladevolumen sowie verschieb- und verriegelbare Trennwände aus, die eine optimierte Ladungssicherung gewährleisten.

Technische Spezifikationen

Gattungszeichen mit Bauartnummer	Hbis-tt 293	Hirrs-tt 325	Hbbins-tt 309	Himmrs-tt 326
Ladelänge (L) in mm	12776[1]	2 × 12776[1]	14636[1]	2 × 14636[1]
Ladebreite (B) in mm	2570 bis 2590	2590	2580–2600	2580–2600
Ladehöhe bis Oberkante Transportschutzeinrichtung (H) in mm	3050	3050	3050	3050
Ladefläche in m^2	33,0	2 × 33,0	37,7	2 × 37,7
Max. Laderaum in m^3	100,0	2 × 100,5	115,0	2 × 115,0
Schiebewandöffnung in mm				
Breite (BiL)	6313	6313	7218	7218
Höhe (HiL)	3050	3050	3050	3050
Fußbodenhöhe	1200	1200	1200	1200
Wagenhöhe	4590	4590	4652	4652

Lastgrenzen in t

	A	B	C	
S	16,5	20,5	25,5	**
120	0,00			

Lastgrenzen des Hbis-tt 293

	A	B	C	
S	32,0	40,0	50,0**	
120	0,00			

Lastgrenzen des Hirrs-tt 325

	A	B	C	D	
S	15,5	19,5	24,5	28,5	**
120	0,00				

Lastgrenzen des Hbbins 309

	A	B	C	D	
S	31,0	39,0	49,0	57,0	**
120	0,00				

Lastgrenzen des Himmrs-tt 326

Verfügbare Wagen

- Hbis-tt 293
- Hbbins-tt 309
- Hirrs-tt 325
- Himmrs-tt 326

Wagenausrüstung

- Eine verriegelbare Trennwand
- Zwei Radsätze

Situation 4

Die Kabefra GmbH führt für ihre Kunden, die keinen Bahnanschluss haben und die meist auch nicht wissen, ob die Empfänger über solche verfügen, verschiedenartige Transportaufträge im Gewicht bis ca. 26 t mit von Fall zu Fall wechselnden Belade-/Entladestellen in Deutschland aus, wobei die Kunden zusätzlich großen Wert auf Schnelligkeit und Flexibilität sowie niedrige Kosten des Transportablaufs und der Ladevorgänge legen. Werten Sie die beigefügten Informationen über den Einzelwagenverkehr von Railion aus.

Abbildung zu den Aufgaben 145 bis 148

Die Produktmerkmale der Einzelwagen-Produkte im Überblick

	Classic	Quality	Prime
Übliche Transportzeit innerh. Deutschlands, Mo. bis Fr.	Innerhalb 48 h	Innerhalb 48 h	Innerhalb 24 h
Transportdauerzusage (Erfüllung zu 95 % übers Jahr)	Nein	Ja (für Vertragsjahr und Relation)	Ja (für Vertragsjahr und Relation)
Monatl. Qualitätsreport	Nein	Ja	Ja
Proaktive Kundeninfo	Nein	Ja	Ja
Reservierungspflicht	Nein	Nein	Ja (Jahresabo. Bei Zusatzbedarf bis 17 h Vortag)
Auftragserteilungsfrist	Bis 2 h vor Abholung	Bis 2 h vor Abholung	Bis 2 h vor Abholung
Abholzeitpunkt	Gemäß Bedienplan	Gemäß Bedienplan	Gemäß Bedienplan
Entgeltfreie Stornierungsmöglichkeit des Transportauftrages	Ja	Ja	Ja (bis 17 h Vortag)
Mindestanzahl Wagen	Nein	Nein	2 Wagen/Tag und 50 Wagen/Monat
Relationen	Deutschlandweit	Nur auf ausgewählten Relationen	Nur auf ausgewählten Relationen

Stinnes AG, 20.07.2005

---

145. Aufgabe

Können Sie die Nutzung des Einzelwagenverkehrs der DB empfehlen?

146. Aufgabe

Nennen Sie sechs Voraussetzungen für die sinnvolle Nutzung des Einzelwagenverkehrs.

Das Transportmittel Lkw im Vergleich zu anderen Verkehrsmitteln

147. Aufgabe

Welche drei Einzelwagen-Produkte bietet die DB an und wie unterscheiden sie sich?

148. Aufgabe

Welche Bedeutung haben Ganzzugangebote der DB für Stückgutspediteure und welche Bedeutung können sie für industrielle Großbetriebe und für Spediteure als Logistiker haben?[1]

149. Aufgabe

Welche Maße haben Industrie-Paletten? Wie viele können in einen Sattelzug verladen werden, wenn die Gewichtsgrenzen eingehalten werden?

150. Aufgabe

Stellen Sie in der folgenden Tabelle zusammen, welche Höchstgeschwindigkeiten Sie als Disponent bei der Planung von Lkw-Touren zu beachten haben.

innerörtlich		km/h
auf Landstraßen		km/h
auf Autobahnen		km/h

151. Aufgabe

Ihr Fuhrparkleiter teilt Ihnen mit, dass Sie sich bei der Tourenplanung nicht an den möglichen Höchstgeschwindigkeiten, sondern an der Reisegeschwindigkeit orientieren sollen. Was bedeutet dies für Ihre Zeitkalkulation?

152. Aufgabe

Sie organisieren Lkw-Verkehre zwischen der Bundesrepublik über Polen und Weißrussland nach Russland. Welche Gesetze, Verordnungen oder internationalen Vereinbarungen zu den Sozialvorschriften für Ihr deutsches Fahrpersonal haben Sie hierbei zu berücksichtigen?

153. Aufgabe

Welche fünf Aufgaben übernehmen entweder Sie als Disponent/in oder ein anderer hierzu beauftragter Angestellter Ihrer Abteilung bei der Überwachung der Einhaltung der Sozialvorschriften zu Gunsten Ihrer Fahrer?

154. Aufgabe

Für eine Lkw-Fahrt ab München über Frankfurt am Main nach Weilburg an der Lahn haben Sie eine Autobahnentfernung von 400 km und eine Entfernung auf Landstraßen von 80 km ermittelt. Beurteilen Sie folgende Zeitplanung:

Von	Bis	Dauer	km	
7:00 Uhr	11:15 Uhr	4 1/2 Std.	360	Fahrt auf der Autobahn München–Frankfurt
11:15 Uhr	12:00 Uhr	45 Min.		Pause
12:00 Uhr	13:30 Uhr	1 1/2 Std.	120	40 km Autobahn, 80 km Landstraße
Lenkzeit insgesamt		6:00 Std.		

---

[1] Weitere Aufgaben zum Eisenbahnverkehr siehe Seiten 83 ff.

Das Transportmittel Lkw im Vergleich zu anderen Verkehrsmitteln

155. Aufgabe

Als Disponent stellen Sie Tourenpläne auf, deren Zeiten so knapp bemessen sind, dass sie von den Fahrern nur dann eingehalten werden können, wenn die Höchstgeschwindigkeiten überschritten und die vorgeschriebenen Pausen und Ruhezeiten nicht eingehalten werden. Bei einer Straßenkontrolle fällt ein Fahrer auf und es wird auch das Schaublatt des laufenden Tages kontrolliert, das dies dokumentiert. Sie sind der Meinung, dass es ausschließlich Aufgabe der Fahrer ist, die für sie geltenden Vorschriften einzuhalten und Sie sich als Disponent/in dafür nicht zu interessieren brauchen. Wie ist die Rechtslage? Müssen Sie mit Rechtsfolgen rechnen?

156. Aufgabe

Sie und Ihr Chef sind angezeigt worden, weil Sie angeordnet haben, Kontrollgeräte zu verfälschen und Schaublätter vorsätzlich falsch einzusetzen. Mit welchen Folgen müssen Sie rechnen?

157. Aufgabe

Ihr Fahrer übernimmt einen ladebereit gestellten Lkw um 8:00 Uhr und überwacht die Beladung. Die Abfahrt erfolgt um 9:00 Uhr. Wann muss der Fahrer unter Berücksichtigung der vorgeschriebenen Pausen nach EG-Recht spätestens seine Arbeit beenden? In der laufenden Woche hat er noch keine Fahrt durchgeführt.

158. Aufgabe

Ein Tourenplan sieht für einen Fahrer eine Tageslenkzeit von zehn Stunden vor. Wie viele Minuten Pause müssen Sie als Disponent/in einplanen?

159. Aufgabe

Der Fahrer eines Sattelzugs im EG-Verkehr hat in einer Woche bereits 47 Stunden Lenkzeit erbracht. Wie viele Stunden darf er in der folgenden Woche nach EG-Recht leisten?

160. Aufgabe

Die Autobahnentfernung zwischen zwei Orten beträgt 444 km. Wie viele Stunden und Minuten für Lenkzeiten und Pausen müssen Sie als Disponent/in mindestens einplanen, wenn die Regelungen über Höchstgeschwindigkeiten und die Pausen eingehalten werden sollen und Sie erwarten, dass die Reisegeschwindigkeit 7,5% unter der Höchstgeschwindigkeit liegt?

	Std.	Min.
Lenkzeit		
Pause		

161. Aufgabe

Welche drei Voraussetzungen nach GüKG muss Ihr Betrieb erfüllen, um die Erlaubnis für den gewerblichen Güterkraftverkehr zu erhalten?

162. Aufgabe

Wie viele Erlaubnisurkunden erhält Ihr Betrieb, wenn er den Nachweis der Eignung nach GüKG erbracht hat, und wie sind die Urkunden einzusetzen?

163. Aufgabe

Sie disponieren einen Lkw von Frankfurt am Main über Frankreich und Spanien nach Portugal. Welche Fahrtgenehmigung(en) müssen Sie mitgeben?

Das Transportmittel Lkw im Vergleich zu anderen Verkehrsmitteln

164. Aufgabe

Sie planen eine Lkw-Tour von der Bundesrepublik aus über die Schweiz nach Italien. In der Schweiz soll ein Teil der Ladung abgeliefert werden. Welche Genehmigung(en) oder Lizenz(en) müssen Sie dem Fahrer für die Fahrten in derDeutschland, der Schweiz und dann Italien mitgeben? Bitte begründen Sie Ihre Antwort.

165. Aufgabe

Sie organisieren Lkw-Verkehre in alle in der Tabelle angegebenen Länder. Nennen Sie die Länder, für die eine EU-Lizenz nicht ausreicht und geben Sie an, welche Genehmigungen Sie den Fahrern in diesen Fällen mitgeben müssen.

Belgien	Irland	Rumänien
Belarus	Italien	Russland
Bulgarien	Lettland	Schweden
Dänemark	Litauen	Slowakei
Deutschland	Luxemburg	Slowenien
Estland	Malta	Spanien
Finnland	Niederlande	Tschechische Republik
Frankreich	Österreich	Ukraine
Griechenland	Polen	Ungarn
Großbritannien	Portugal	Zypern

166. Aufgabe

Für welche Länder wird die CEMT-Genehmigung benötigt und welche zwei Bedingungen enthält sie?

167. Aufgabe

Wo können Sie für Ihren Betrieb CEMT-Genehmigungen beantragen und vor welchen Schwierigkeiten stehen Sie hierbei?

168. Aufgabe

Russland ist ein europäisches, aber kein EU-Land und Sie könnten Fahrten dorthin mit einer CEMT-Genehmigung durchführen, besitzen aber keine. Welche Möglichkeiten haben Sie, wenn Sie unbedingt ein eigenes Fahrzeug einsetzen wollen?

169. Aufgabe

Sie kontrollieren die Liste der persönlichen Papiere und Unterlagen, die ein ausländischer Fahrer bei einer Fahrt innerhalb der EU mitzunehmen hat. Ergänzen Sie die Aufstellung um die fehlenden Papiere/Unterlagen.

Personalausweis/Pass
Sozialversicherungsausweis
GGVS-ADR-Befähigungsnachweis

170. Aufgabe

Ihnen liegt die Liste der Fahrzeugpapiere vor, die für eine Fahrt innerhalb der Bundesrepublik benötigt werden. Für eine Fahrt aus der Bundesrepublik über Österreich, durch Serbien und Mazedonien nach Griechenland ergänzen Sie die Zusammenstellung um die Papiere, die zusätzlich benötigt werden.

Kraftfahrzeugschein
Anhängerschein
Kfz-Versicherungsnachweis
EU-Lizenz

171. Aufgabe

Ihre Hänger- und Sattelzüge mit vier und mehr Achsen besitzen die Schadstoffklasse Euro 3. Es wird überlegt, sie mittelfristig durch neue Fahrzeuge der Schadstoffklassen Euro 4 oder Euro 5 zu ersetzen. Aus welchen Gründen?

172. Aufgabe

Ihre schweren Fahrzeugkombinationen legen im Schnitt pro Jahr 150 000 km zurück. Wie viel Euro Maut können Sie pro Jahr und Fahrzeug durch den Wechsel von Euro 3 auf Euro 4 oder 5 einsparen?

Situation 5

Als Disponent/in der Fuhrparkabteilung der Kabefra GmbH erhalten Sie von der Firma Nagler, Weingut und Weinhaus in 65368 Johannisberg im Rheingau den Auftrag, 15 Euro-Paletten Wein (Kartonware) im Gewicht von je 525 kg zu übernehmen und die ganze Sendung im Hotel Imperial in Hannover in einer Fußgängerzone „frachtfrei" abzuliefern. Der Auftraggeber verlädt das Gut mit eigenem Gabelstapler, während der Empfänger über keine Ladeeinrichtungen verfügt. Es wird deshalb vereinbart, dass der Fahrer die Paletten im Hof absetzt. Der Absender zahlt die vereinbarte Fracht von 425,00 EUR und ein Entgelt von 30,00 EUR für das Absetzen auf dem Hof. Die Entfernung Johannisberg–Hannover beträgt 420 km. Die Sendung darf nicht später als 17:00 Uhr des Versandtages beim Empfänger in Hannover ankommen, weil sie dann nicht mehr angenommen werden kann. Sie erstellen nach den Angaben des Absenders einen Frachtbrief.

173. Aufgabe

Welches Fahrzeug müssen Sie bereitstellen und welche Vorkehrungen müssen Sie hinsichtlich der Entladung treffen?

174. Aufgabe

Wann muss der Lkw bei der Firma Nagler in Johannisberg spätestens abfahren, wenn Sie mit einer durchschnittlichen Reisegeschwindigkeit für die ganze Strecke von 60 km/h rechnen?

Std.	Min.

Anlage zu den Aufgaben 173–180

1	Absender Name und Postanschrift	Versandort/ Lieu		**FRACHTBRIEF** für den gewerblichen Güterkraftverkehr
2	Expediteur Weingut Johann Nagler	Beladestelle Hof Johannisberg		
3	65368 Johannisberg			
4				
5	Empfänger Name und Anschrift	Bestimmungsort/ Lieu Hannover		**Nr.**
6	Destinataire Hotel Imperial	Entladestelle Hotel Imperial, Burgdorfer Damm		km Entfernung
7	Burgdorfer Damm			Amtl. Kennz. LKW / Nutzlast
8	30625 Hannover			Anh.
9	Erklärungen, Vereinbarungen (ggf. Hinweis auf Spezialfahrzeug) Conventions particulières	Weitere Beladestellen		LKW
10	Lkw mit Hubladebühne und			Anh.
11	Gabelhubwagen stellen **A**	Weitere Entladestellen		Fahrzeugführer
12				Begleiter
13	Beförderung mit offenem Fahrzeug ☐ ja ☐ nein	Wechsel in		
14	Anz./Verp. Kammer / Inhalt/Bezeichnung der Sendung Güterart-Nr. / Gefahrenklasse/Ziffer / Gefahr-Nr. / Stoff-Nr. / Gefahr-Zettel / Bruttogewicht/kg Volumen m³			**BELADUNG** Fahrzeug bereitgestellt
15			7875	Tag / Stunde
16	(15) Euro-Paletten à 525 kg mit je 48 Kartons Wein JOH-Nagler 001–015			Beladung beendet Tag / Stunde
17	( )			
18	( ) **B**			**ENTLADUNG** Fahrzeug bereitgestellt
19				Tag / Stunde
20				Entladung beendet Tag / Stunde
21	Freivermerk Frachtfrei / Nachnahme xxxx			
22	Ort und Tag der Ausstellung	Empfang der Sendung bescheinigt	Gut und Frachtbrief übernommen	
23	, den	, den	, den	
24	**C**	**D**	**E**	
25				
26	Vorbehalte bei Übernahme			
27	(kurze Begründung)			
28	**F**	Ort Datum Unterschrift		
29	Frachtberechnung Gewicht kg	errechnete Fracht/netto	vereinbarte Fracht/netto	Summe/netto
30				
31				
32				
33	Auftrag zum Tausch ☐ ja ☐ nein		**Nebenleistungen**	
34	**Absender** / **Anzahl**	**Empfänger** / **Anzahl**		
35	Euro-Paletten	Euro-Paletten		
36	Gitterbox-Paletten	Gitterbox-Paletten		
37	Einfach-Paletten **G**	Einfach-Paletten **H**		
38	getauscht	getauscht		
39	nicht getauscht	nicht getauscht	**I**	
40	Unterschrift	Unterschrift		
41	Datum	Datum		

Das Transportmittel Lkw im Vergleich zu anderen Verkehrsmitteln

175. Aufgabe

Unser Fahrer legt Herrn Nagler den vorbereiteten Frachtbrief vor. In welchem Feld (siehe Abbildung) bestätigt der Absender die Vereinbarungen des Transportvertrags? Welche Form des Ausstellungsvermerks ist die eindeutigste?

176. Aufgabe

Welche Verpflichtungen übernimmt unser Kunde Nagler, wenn er das Frachtdokument ohne Einschränkungen unterschreibt?

177. Aufgabe

Welche Pflichten hat geht unser Fahrer, wenn er die Eintragungen in Feld B liest, bevor er in Feld E ohne weitere Vermerke im Frachtpapier unterschreibt?

178. Aufgabe

Wenn ein Fahrer auf Paletten verladene Kartons nachzählen muss, kostet dies die Firma Kabefra zusätzliche Arbeitszeit, ganz besonders, weil ein genaues Nachzählen in vielen Fällen das Abpacken und anschließendes Wiederaufpacken bedingt. Welche zwei Möglichkeiten gibt es, diese zeitraubende Mehrarbeit zu vermeiden?

179. Aufgabe

Bei der Übernahme stellt der Fahrer fest, dass auf Palette Joh-Nagler 005 die unteren acht Kartons durchnässt sind. Er bittet Sie um Weisung. Wie hat er sich zu verhalten?

180. Aufgabe

Nehmen Sie nun im Frachtbrief die Eintragungen des Fahrers vor.

181. Aufgabe

Als der Fahrer sich bei Herrn Nagler meldete, um ihm den vorbereiteten Frachtbrief zu übergeben und die Sendung zu übernehmen, äußerte sich Herr Nagler folgendermaßen: „Ach, ein Frachtbrief wäre doch nicht notwendig gewesen, die Kabefra ist doch ein vertrauenswürdiger Geschäftspartner!" Wie beurteilen Sie diese Äußerung?

182. Aufgabe

Die Sendung kommt nicht am 16. bis 17:00 Uhr, sondern am 17. um 13:30 Uhr an. Welche Eintragung ist im Frachtpapier vorzunehmen, um eventuelle Schadenersatzansprüche des Hotels Imperial zu wahren?

183. Aufgabe

Da die Sendung erst am darauf folgenden Tag angekommen ist, macht die Leitung des Hotels einen nachgewiesenen Verspätungsschaden von 7 500,00 EUR geltend. Wie viel EUR beträgt die Entschädigung nach HGB? Begründen Sie Ihre Lösung.

184. Aufgabe

Bei der Ankunft des Fahrzeugs in Hannover kann der Fahrer nur 14 der 15 Paletten abliefern. Für die fehlende Palette macht das Hotel einen nachgewiesenen Güterschaden von 4 500,00 EUR geltend. Wie viel EUR beträgt die Entschädigung nach HGB (1 SZR = 1,21169 EUR)? Begründen Sie Ihre Lösung.

Das Transportmittel Lkw im Vergleich zu anderen Verkehrsmitteln

185. Aufgabe

Die Kabefra GmbH in Frankfurt am Main wird von der Export GmbH in Darmstadt telefonisch beauftragt, für 13 Lademeter nach Leipzig einen Sattelzug zu besorgen. Mit der Durchführung wird der Fernverkehrsunternehmer Schalldorf beauftragt. Beschreiben Sie, welche vertraglichen Beziehungen zwischen den drei genannten Firmen bestehen.

186. Aufgabe

Ergänzen Sie die folgende Zusammenstellung nur dort, wo Abweichungen der Bestimmungen der CMR gegenüber denen des HGB bestehen.

	HGB	vom HGB abweichende Bestimmungen der CMR
Nach welcher Zeit gilt ein Gut als verloren?	Wenn es weder innerhalb der Lieferfrist noch innerhalb eines weiteren Zeitraums abgeliefert wird, der der Lieferfrist entspricht, mindestens aber 20 Tage, bei grenzüberschreitenden Beförderungen 30 Tage.	
Wie groß ist die Haftung bei Verlust oder Beschädigung pro Kilogramm?	8,33 SZR pro kg Rohgewicht (= Bruttogewicht)	
Bis zu welcher Obergrenze wird bei Verspätungsschäden gehaftet?	bis zum dreifachen Betrag der Fracht (§ 431, 3 HGB)	
In welcher Höhe haftet der Frachtführer bei Nichteinziehung einer Nachnahme?	Der Frachtführer haftet bis zum Betrag der Nachnahme (§ 422 HGB).	
In welcher Höhe wird bei sonstigen Vermögensschäden gehaftet?	bis zum Dreifachen des Betrags, der bei Verlust zu zahlen wäre (§ 433 HGB)	
Sind die Schadensfeststellungskosten in den Haftungshöchstbeträgen enthalten?	Nein, sie werden über die Grenzen von 8,33 SZR hinaus erstattet.	
Welche Regelungen sind hinsichtlich des Ersatzes sonstiger Kosten getroffen?	Haftet der Frachtführer bei Verlust oder Beschädigung, so hat er über die zu zahlende Höchstentschädigung von 8,33 SZR hinaus alle weiteren aus Anlass der Beförderung entstandenen Kosten zu erstatten (Fracht, öffentliche Abgaben, sonstige Kosten). (§ 432 HGB)	

187. Aufgabe

Geben Sie bei den Verkehrsträgern jeweils an, welche gesetzlichen Rechtsgrundlagen im deutschen Verkehr gelten und welche Rechtsgrundlagen ihnen im internationalen Verkehr entsprechen.

Güterkraft-/Straßenverkehr		
Bahn-/Schienenverkehr		
Luftverkehr		
Binnenschiffsverkehr		–
Seeverkehr		–

Das Transportmittel Lkw im Vergleich zu anderen Verkehrsmitteln

188. Aufgabe

Geben Sie jeweils zunächst das geltende Haftungsprinzip und dann die Höchstbeträge für Sachschäden und Zeitschäden an.

	Haftungsprinzip	Höchsthaftung bei	
		Sachschäden	Zeitschäden
Güterkraftverkehr			
Bahnverkehr			
Luftverkehr			
Binnenschifffahrt			
Seeverkehr			

1.2.3 Internationaler Lkw-Verkehr

189. Aufgabe

In welcher Institution haben sich die Staaten 24, 25 und 26 zusammengeschlossen? Wie unterscheidet sich diese Gemeinschaft von der EU?

190. Aufgabe

Um welche Staaten handelt es sich?

24	
25	
26	
–	Liechtenstein

191. Aufgabe

Durch den Zusammenschluss selbstständiger Wirtschaftsgebiete der Länder der EU im Jahre 1993 zu einem gemeinsamen Binnenmarkt ergeben sich für Handel und Verkehr zwischen den Mitgliedsländern viele Vereinfachungen. Zählen Sie mindestens sieben auf.

192. Aufgabe

Welche Staaten gehören zum EWR (Europäischen Wirtschaftsraum)? Welche Bedeutung hat er für den internationalen Gütertransport?

Abbildung zu den Aufgaben 189 und 190

Das Transportmittel Lkw im Vergleich zu anderen Verkehrsmitteln

Situation 6

Die Kabefra GmbH, Internationale Spedition, Niederlassung Stuttgart, wird von ihrem Kunden, der Kurt Haas GmbH, beauftragt, eine in Kürze in Bremerhaven eintreffende Sendung Textilien, 16 t, verladen in einem 20-Fuß-Container, aus Hongkong im Seehafen zu übernehmen, mit dem Lkw nach Stuttgart transportieren zu lassen und hierfür ein zollamtliches Versandverfahren zu beantragen, damit die Einfuhrabfertigung dort vorgenommen werden kann. Die Kabefra Stuttgart beauftragt ihre Niederlassung in Bremerhaven, die Aufgaben im Seehafen zu übernehmen.

193. Aufgabe

Welche Unterlagen und Informationen muss die Firma Haas unverzüglich an die Kabefra Bremerhaven übermitteln, damit die Sendung dort übernommen und nach Stuttgart abgefertigt werden kann?

194. Aufgabe

Die Kabefra GmbH nimmt am vereinfachten ATLAS-Versand-Verfahren, dem deutschen Verfahren innerhalb des NCTS (New Computerized Transit System), teil. Wie wird das Verfahren abgewickelt?

195. Aufgabe

Welche Änderungen im Verfahrensablauf ergeben sich, wenn die Kabefra zwar am ATLAS-Verfahren, nicht jedoch am vereinfachten Verfahren teilnimmt?

196. Aufgabe

Mit welchen vier Argumenten empfehlen Sie dem Kunden Haas, die Container durch die Kabefra abfertigen zu lassen, statt dies selbst zu tun?

197. Aufgabe

Der Empfänger in Stuttgart bittet Sie, die Ware nicht in Stuttgart verzollen zu lassen, sondern per Lkw über die Schweiz nach Italien weiter zu befördern und dort einem Empfänger in Mailand auszuliefern. Welche Ladungs- bzw. Zollbegleitpapiere müssen Sie dem Fahrer des Lkw in diesem Fall mitgeben?

Ladungspapiere	Zollpapiere

198. Aufgabe

Welche Genehmigung bzw. Lizenz müssen Sie dem Fahrer beim Transport durch die Schweiz mitgeben? Begründen Sie Ihre Aussage.

199. Aufgabe

Nennen Sie drei weitere Besonderheiten, die Sie bei der Planung einer Lkw-Fahrt durch die Schweiz berücksichtigen müssen.

Das Transportmittel Lkw im Vergleich zu anderen Verkehrsmitteln

200. Aufgabe

Wie viel Euro beträgt die Schwerverkehrsabgabe für die Strecke Basel - Chiasso (291 km) eines beladenen 25-t-Zugs (Euro 3 Norm) bei einer Abgabe von 2,667 Rp./tkm und einem Kurs von Sfr. 1,516?

201. Aufgabe

Sie stehen bei der Planung jeder Lkw-Fahrt nach oder von Italien vor der Frage, ob Sie Ihre Fahrzeuge über die Schweiz oder Österreich fahren lassen wollen. Sind bei Fahrten über Österreich Ökopunkte oder die Zahlung einer Schwerverkehrsabgabe erforderlich? Beschreiben Sie die derzeitige Situation.

202. Aufgabe

Welche beiden Verfahren werden bei der Mauterhebung für schwere Lkws bei Fahrten durch Österreich angewendet? Welche technischen Einrichtungen sind am Fahrzeug erforderlich?

203. Aufgabe

Ihr Lkw hat EU-Gut geladen, welches von Deutschland nach Italien gebracht werden soll. Welches Zollversanddokument müssen Sie dem Fahrer mitgeben, wenn der Lkw über Österreich bzw. die Schweiz fahren soll? Begründen Sie Ihre Antwort.

204. Aufgabe

Die Beneluxstaaten sowie Dänemark und Schweden haben noch keine Maut eingeführt. Mit welchen Straßenbenutzungsgebühren muss in diesen Ländern gerechnet werden?

205. Aufgabe

Um welche Staaten handelt es sich (vgl. folgende Abbildung)?

1	
2	
3	
4	
5	
6	
7	
8	
9	
10	
11	

Abbildung zu Aufgabe 205

Das Transportmittel Lkw im Vergleich zu anderen Verkehrsmitteln

206. Aufgabe

Sie fertigen einen Lkw ab, der Maschinen aus der Bundesrepublik in den Raum Moskau bringen soll. Der Empfänger will die Zollabfertigung in Moskau selbst organisieren. Welche Zollversandverfahren gibt es und für welches entscheiden Sie sich? Begründen Sie Ihre Entscheidung.

207. Aufgabe

Welche Vorteile bietet Ihnen als Spediteur und Ihrem Kunden die Abfertigung mit Carnet-TIR?

208. Aufgabe

Nennen Sie drei Anforderungen, die hinsichtlich des Lkw erfüllt werden müssen, damit Güter im TIR-Verfahren befördert werden dürfen.

209. Aufgabe

Nennen Sie die vier Mindestvoraussetzungen, welche die Kabefra GmbH erfüllen muss, damit sie von ihrem Landesverband des Bundesverbandes Güterkraftverkehr und Logistik ein Carnet-Heft erhält.

210. Aufgabe

Welche Regeln über die Gültigkeit eines Carnet-TIR sind zu beachten?

211. Aufgabe

Beschreiben Sie die Abwicklung des Carnet-TIR-Verfahrens durch die Kabefra und die beteiligten Zolldienststellen. Erläutern Sie dabei auch die Verwendung der einzelnen Blätter des Carnet.

212. Aufgabe

Welche Waren können nicht im Carnet-TIR-Verfahren befördert werden und was sind die Gründe hierfür?[1]

1.3 Lagerlogistik

Situation 1
Die Kabefra GmbH betreibt im Frankfurter Osthafen ein großes und modernes Getreidelager. Von einem großen Mühlenbetrieb in Würzburg, Hersteller von Mehl- und sonstigen Getreideprodukten, erhält sie die Anfrage, ob sie in ihrem Getreidedauerlager 50 000 t Getreide aufnehmen und auf Abruf in Binnenschiffe nach Würzburg verladen kann.

213. Aufgabe

Beschreiben Sie ein typisches Getreidedauerlager und seine Einrichtungen.

214. Aufgabe

Sie gehen davon aus, dass der Würzburger Hersteller von Ihnen ganz oder teilweise die Übernahme der üblichen Lagerfunktionen erwartet.

A	B	C	D
Ausgleichsfunktion	Sicherungsfunktion	Umformungsfunktion	Spekulationsfunktion

Erläutern Sie die einzelnen Funktionen.

---

[1] Weitere Aufgaben Lkw-Verkehr Seiten 78 und 142 ff.

Lagerlogistik

215. Aufgabe

Neben der Getreidelagerung betreibt die Kabefra an jedem Standort auch noch große Stückgutlager. Welche Hauptlagerleistungen können Sie dort Ihren Kunden anbieten?

216. Aufgabe

Zählen Sie mindestens acht wichtige Lagernebenleistungen auf, die von einem gut ausgestatteten und geführten Stückgutlager angeboten werden können.

217. Aufgabe

Erläutern Sie an Beispielen Vorteile für Kunden, wenn sie die Lagernebenleistungen nicht selbst, sondern durch eine Fachspedition erbringen lassen.

218. Aufgabe

Erläutern Sie, welche wirtschaftliche Bedeutung das Erbringen von Nebenleistungen für die Läger der Kabefra hat.

219. Aufgabe

Beschreiben Sie ein großes, modernes Stückgut-Umschlaglager mit seinen Einrichtungen.

220. Aufgabe

Wie unterscheidet sich ein modernes Dauerlager (Palettenhochregallager) von einem Umschlaglager?

221. Aufgabe

Die Kabefra stellt Vorüberlegungen an, ein neues verkehrsgünstig gelegenes Auslieferungslager zu bauen, entsprechend einzurichten und hierfür neue Kunden zu werben. Können Sie beschreiben, welche Anforderungen an den Bau und die Einrichtung eines solchen Lagers gestellt werden müssen?

222. Aufgabe

Machen Sie Vorschläge, welche Läger für folgende Güter am besten geeignet sind und begründen Sie Ihre Antworten.

Baumaterialien: Steine, Splitt, Kies, Sand	
Zement, Fertigputz, Kalk, Gips	
Stahlträger, Stabstahl, Bleche	
Fleisch, Fisch	
Obst, Gemüse	
Sonstige trockene Lebensmittel wie Mehl, Zucker usw.	

Lagerlogistik

223. Aufgabe

Erläutern Sie die Unterschiede zwischen Dauerlagerung von Stückgut im Palettenhochregal und Fachbodenregal.

224. Aufgabe

Beschreiben Sie kurz „Barcodetechnik" und „RFID" in der Versandkette.

Auszug aus den ADSp

Ziff. 3 ADSp

Auftrag, Übermittlungsfehler, Inhalt, besondere Güterarten

3.1 Aufträge, Weisungen, Erklärungen und Mitteilungen sind formlos gültig. Nachträgliche Änderungen sind als solche deutlich kenntlich zu machen.
Die Beweislast für den Inhalt sowie die richtige und vollständige Übermittlung trägt, wer sich darauf beruft.

3.2 Soweit für Erklärungen die Schriftform verlangt wird, steht ihr die Datenfernübertragung und jede sonst lesbare Form gleich, sofern sie den Aussteller erkennbar macht.

3.3 Der Auftraggeber hat dem Spediteur bei Auftragserteilung mitzuteilen, dass Gegenstand des Verkehrsvertrags sind:
– gefährliche Güter
– lebende Tiere und Pflanzen
– leicht verderbliche Güter
– besonders wertvolle Güter und diebstahlgefährdete Güter

3.4 Der Auftraggeber hat im Auftrag Adressen, Zeichen, Nummern, Anzahl, Art und Inhalt der Packstücke, Eigenschaften des Guts im Sinne von Ziffer 3.3 den Warenwert für eine Versicherung des Gutes und alle sonstigen erkennbar für die ordnungsgemäße Ausführung des Auftrags erheblichen Umstände anzugeben.

3.5 Bei gefährlichem Gut hat der Auftraggeber bei Auftragserteilung dem Spediteur schriftlich die genaue Art der Gefahr und – soweit erforderlich – die zu ergreifenden Vorsichtsmaßnahmen mitzuteilen. Handelt es sich um Gefahrgut ... oder sonstige Güter, für deren Lagerung besondere Vorschriften bestehen, so hat der Auftraggeber alle für die Art der Durchführung des Auftrags erforderlichen Angaben, insbesondere die Klassifizierung nach dem einschlägigen Gefahrgutrecht, mitzuteilen.

3.6 Der Auftraggeber hat den Spediteur bei besonders wertvollen oder diebstahlgefährdeten Gütern, (...) sowie bei Gütern mit einem tatsächlichen Wert über 50,00 EUR/kg schriftlich zu informieren (...).

3.8 Der Spediteur ist nicht verpflichtet, die nach Ziffer 3.3 bis 3.5 gemachten Angaben nachzuprüfen oder zu ergänzen.

3.9 Der Spediteur ist nicht verpflichtet, die Echtheit der Unterschriften auf irgendwelchen das Gut betreffenden Mitteilungen oder sonstigen Schriftstücken oder die Befugnis der Unterzeichner zu prüfen, es sei denn, dass an der Echtheit oder der Befugnis begründete Zweifel bestehen.

Verwenden Sie den Auszug aus den ADSp.

Situation 2

Sie sind Lagersachbearbeiter/in der Kabefra GmbH und werden von der Druckerei Hofmann in Bad Homburg telefonisch beauftragt, monatlich ca. acht Paletten mit je ca. 850 kg Drucksachen abzuholen, einzulagern und in Einzelsendungen zwischen 10–25 kg zu kommissionieren und zu versenden. Die entsprechenden Lieferscheine für die Auslieferung werden Ihnen jeweils zugestellt. Der Wert der Drucksachen beträgt 25,00 EUR/kg.

225. Aufgabe

Ist es zulässig, nach Lageraufträgen zu arbeiten, die ausschließlich telefonisch erteilt werden? Belegen Sie Ihre Antwort am Text der ADSp.

226. Aufgabe

Falls die Möglichkeit besteht: Halten Sie es in diesem Fall für sinnvoll, nach telefonischem Auftrag zu handeln? Begründen Sie Ihre Antwort ausführlich. Welche Probleme könnten sich für die Kabefra ergeben?

227. Aufgabe

Die Kabefra und der Kunde haben einen mittelfristigen Vertrag abgeschlossen, in dem alle notwendigen Fragen schriftlich geklärt sind. Mit einem Nahverkehrsfrachtbrief/Abholauftrag erfolgt die Anlieferung der ersten acht Paletten mit 6800 kg Drucksachen. Muss die Kabefra als Lagerhalter die Angaben im Frachtpapier nachprüfen? In welchem Umfang haftet sie, wenn ihr Lagermeister mit Ort, Tag und Unterschrift quittiert?

228. Aufgabe

Bei der Nachprüfung an Ort und Stelle durch den Lagermeister wird jedoch festgestellt, dass eine Palette von 850 kg fehlt. Beschreiben Sie, wie er zu verfahren hat.

229. Aufgabe

Welche Maßnahmen hat jetzt der Lagersachbearbeiter unverzüglich zu treffen?

230. Aufgabe

Beschreiben Sie den normalen Handlungsablauf bei der Beauftragung, Abholung und Einlagerung einer Sendung in ein Dauerlager.

231. Aufgabe

Welche Lagerpapiere können den Kunden der Kabefra als Nachweis der Übernahme der Lagergüter ausgestellt werden? Beschreiben Sie ihre besonderen Funktionen und die Unterschiede zwischen den Papieren.

Methodischer Hinweis: Es handelt sich um eine „mehrstufige" Prüfungsfrage. Zumindest wird erwartet, dass die gebräuchlichen Lagerpapiere aufgezählt werden. Dann sollten sie beschrieben und ihre Funktionen erklärt werden. In einem dritten Schritt sollten dann die Unterschiede zwischen den Papieren ausführlich erläutert werden. Dies kann jeweils noch aus der Sicht der Kabefra und ihrer Kunden geschehen.

232. Aufgabe

Sie haben einen Lagerempfangsschein ausgestellt und den korrekten Empfang von zehn beladenen Paletten quittiert. Nach einigen Tagen kommt ein Ihnen unbekannter Fahrer eines Ihnen unbekannten Transportunternehmens mit diesem Lagerpapier, um die Sendung abzuholen. Wie verhalten Sie sich richtig? Begründen Sie Ihr Verhalten.

Situation 3

Nach Aufträgen der Firma Hofmann holt die Kabefra GmbH die Paletten in Bad Homburg zu ihrem Lager in Frankfurt am Main ab, lagert die Güter dort in ihrem Palettenhochregallager ein und liefert sie nach Auftrag an diverse Kunden im Bundesgebiet wieder aus. Einlagern, Lagern, Auslagern/Kommissionieren werden bereits bei der Einlagerung berechnet. Preise sind für angefangene 100 kg vereinbart. Umsatzsteuersatz 19%.

Ansonsten sind zwischen der Druckerei Hofmann in Bad Homburg und der Kabefra folgende Vereinbarungen getroffen:

Mit der Firma Hofmann vereinbarte Preise:			
Frachten für Abholen und Zustellen im Nahbereich			
kg	EUR	kg	EUR
50	5,00	800	36,00
100	6,00	900	41,00
200	11,00	1 000	46,00
400	16,00	1 500	55,00
500	21,00	2 000	60,00
600	26,00	2 500	70,00
700	31,00	3 000	80,00
Lagergeld in EUR pro angefangene 100 kg			
Einlagern	2,20		
Lagern	1,90		
Auslagern und Kommissionieren	2,80		

Lagerlogistik

233. Aufgabe

Am 3. Mai beträgt der Lagerbestand 4005 kg. Nehmen Sie die Lagergeldabrechnung vor.

	Berechnung	Sätze in EUR	EUR
Abholen/Zustellen			
Einlagern			
Lagern			
Auslagern/Kommissionieren			
Summe netto			
Umsatzsteuer			
Bitte überweisen Sie			

234. Aufgabe

Am 13. Juni werden bei der Firma Hofmann drei Paletten, zusammen brutto 2450 kg, abgeholt und eingelagert. Führen Sie die Abrechnung durch.

	Berechnung	Sätze in EUR	EUR
Abholen/Zustellen			
Einlagern			
Lagern			
Auslagern/Kommissionieren			
Summe netto			
Umsatzsteuer			
Bitte überweisen Sie			

235. Aufgabe

Am 27. Juni werden 1750 kg kommissioniert, ausgeliefert und zugestellt. Führen Sie die Abrechnung durch.

	Berechnung	Sätze in EUR	EUR
Abholen/Zustellen			
Einlagern			
Lagern			
Auslagern/Kommissionieren			
Summe netto			
Umsatzsteuer			
Bitte überweisen Sie			

Lagerlogistik

Situation 4

Für den Gerätehersteller A. Pfaff in Oberursel ist die Kabefra GmbH zwar schon mehrfach als Spediteur tätig gewesen, nicht jedoch als Lagerhalter. Jetzt besprechen Sie mit ihm das Abholen, Lagern und Ausliefern von 15 t palettierter Kartonware, die relativ empfindlich gegen Beschädigungen ist und einen Wert von 9,25 EUR/kg hat. Die Ware kann palettiert abgeholt werden, ist aber beim Transport und der Lagerung nicht stapelfähig. Eine einzelne beladene Palette wiegt 250 kg brutto.

236. Aufgabe

Beraten Sie den Kunden, ob für seinen Fall eine Blocklagerung auf dem Hallenboden oder eine Lagerung im Stückguthochregallager (chaotische Lagerung) besser geeignet ist, und stellen Sie die erforderlichen Argumente zusammen.

237. Aufgabe

Informieren Sie den Kunden über die Haftung der Kabefra als Lagerhalter und erläutern Sie ihm die Unterschiede zum Speditionsgeschäft.

238. Aufgabe

Ihr Kunde Pfaff macht den Vorschlag, den Lagervertrag nicht nach ADSp, sondern ausschließlich nach HGB abzuwickeln. Welche Folgen können sich für Sie haftungsrechtlich daraus ergeben? Sind Sie in Anbetracht der wirtschaftlichen Folgen mit dem Vorschlag einverstanden?

239. Aufgabe

Zwischen der Kabefra und der Firma Pfaff wird vereinbart, den Vertrag doch nach ADSp abzuwickeln. Welche Risiken entstehen Ihrem Kunden bei Verlust oder Beschädigung seiner Güter? Müssen Sie für ihn eine zusätzliche Versicherung abschließen? Gibt es solche Versicherungen?

Situation 5

Die Statistik der Lagerbewegungen im Stückgutlager (Festplatzsystem) der Kabefra GmbH weist folgende Zahlen über die Palettenumsätze ihrer Kunden im Jahr 2005 aus und wird von Ihnen bearbeitet und ausgewertet:

Kunde	Palettenzahl			Bewertung	
	Eingänge	Ausgänge	Umsatz	Rangfolge	Kategorie
Konrad, Offenbach	15	14	29		
Großkurth, Ffm-Ost	122	110	232		
Selbmann, Hanau	72	61	133		
Bethge, Raunheim	28	25	53		
Anthes, Frankfurt-West	440	410	850		
Albert, Bockenheim	2100	1950	4050		
Kasperzyk, Isenburg	410	490	900		
Leppert, Frankfurt	10	8	18		
Karmann, Langen	62	55	117		
Felbert, Ffm-Ost	3600	3210	6810		
Zielke und Voss	480	440	920		
Zellekens, Frankfurt	85	81	166		
Ebenrath und Weise	43	38	81		
	7467	6892	14359		

---

240. Aufgabe

Weisen Sie allen Kunden entsprechend ihrer Wichtigkeit für die Kabefra eine Rangfolgezahl zu. Beginnen Sie beim größten Kunden.

---

241. Aufgabe

Führen Sie nun mithilfe der Tabelle eine ABC-Analyse durch und begründen Sie Ihre Zuordnungen.

---

242. Aufgabe

Ermitteln Sie, wie groß der prozentuale Anteil der A-Kunden am Gesamtumsatz ist.

---

243. Aufgabe

Welche Wertschätzung der Kunden und welche weiteren Maßnahmen ergeben sich aus der ABC-Analyse für die einzelnen Kundengruppen?

Lagerlogistik

1.4 Logistische Dienstleistungen

Situation 1

Die Kabefra als großer Spediteur ist in der gesamten Breite der speditionellen und logistischen Lagerung tätig. Von der Zuckschwert AG in Butzbach (40 km bis zu Ihrem Standort) erhalten Sie den Auftrag, ab der zurzeit einzigen Kopframpe des Kunden 18 t nicht palettierte Kartonware „im Nahverkehr" abzuholen und einzulagern, weil die Lagerkapazität des Kunden erschöpft und eine Produktionsausweitung erforderlich ist.
Beim Lagergut handelt es sich um Spezialreinigungs- und -pflegemittel, das in Kartons (50 × 40 × 25 cm) abgepackt ist und in bis zu vier Lagen gestapelt werden kann. Ein gefüllter Karton wiegt jeweils ca. 10 kg. Der Wert der Ware beträgt 2,50 EUR/kg.
Aus Erfahrung wissen Sie, dass bei Kartons im Gewicht von 10 kg manuell pro Stunde höchstens 600 kg umgeschlagen oder gepackt werden können, beim Umschlag mit Gabelhubwagen jedoch bis zu 15 Paletten, mit Gabelstapler bis zu 20 Paletten.

244. Aufgabe

Nennen Sie den Verantwortlichen für das Be- und Entladen, wenn keine Vereinbarungen getroffen werden.

245. Aufgabe

Erklären Sie den Unterschied zwischen einer Kopf- und einer Seitenrampe.

246. Aufgabe

Ermitteln Sie rechnerisch, welche Ladelänge Sie für das Abholen benötigen. Stapeln Sie dabei so, dass eine möglichst geringe Ladelänge benötigt wird.

247. Aufgabe

Berechnen Sie die Zeit, die für das Verladen beim Absender und entsprechend das Ausladen bei der Kabefra benötigt wird.

248. Aufgabe

Sie haben die erforderliche Ladelänge und Ladezeit ermittelt. Schildern Sie nun Ihre Planungsüberlegungen zur möglichst rationellen Gestaltung der Ladevorgänge und des Fahrzeugeinsatzes.

249. Aufgabe

Der Auftraggeber teilt Ihnen mit, dass er wegen Personalmangels kein Ladepersonal stellen kann und Sie bittet, für ihn das Be- und Entladen zu übernehmen und hierfür einen Kostenvoranschlag zu erstellen. Schildern Sie Ihre neuen Überlegungen.

250. Aufgabe

Sie planen, jeweils 36 Kartons à 10 kg hochkant in vier Schichten auf einer Euro-Palette stauen zu lassen. Die gepackten Paletten können nicht aufeinander gestapelt werden. Wie viel Paletten müssen Sie dem Auftraggeber stellen?

251. Aufgabe

Welche Fahrzeuge wählen Sie aus und welche Überlegungen müssen Sie hierbei anstellen?

252. Aufgabe

Welche Ladezeiten veranschlagen Sie nun für das Abholen und den anschließenden Umschlag aus den Lkw in das Lager der Kabefra, wenn ein Gabelhubwagen mitgeführt wird (jeweils auf volle halbe Stunde aufrunden)?

Situation 2

Sie wollen die Kartons im Betrieb des Absenders durch Ihr Ladepersonal auf Paletten packen lassen. Da der Hallenboden des Absenders befahrbar ist, arbeitet Ihr Ladepersonal mit einem Gabelhubwagen. Die Kabefra hat folgende Preise vereinbart:

Angebot der Kabefra GmbH	
Leistungen	EUR
Abholen und Zustellen pro Fahrzeug	300,00
Lager- und Ladepersonalstunde	22,00
Gabelhubwagen pro Einsatzstunde	5,00
Bebändern einer Palette	2,00
Preis einer gebrauchten Palette	6,50

253. Aufgabe

Kalkulieren Sie nun den Auftrag einschließlich der Paletten, des Packens, des Bebänderns, des Be- und Entladens der Lkw und der Transportpreise.

Leistungen der Kabefra	Einzelpreis in EUR	Gesamtpreis in EUR

Logistische Dienstleistungen

Situation 3

Ihr Auftraggeber ist über den hohen Preis verärgert und teilt Ihnen mit, dass er keine weiteren Geschäftsbeziehungen mit der Kabefra GmbH wünscht. Auf Ihren ausdrücklichen Wunsch erhalten Sie dennoch einen Besuchstermin, in dem Sie dem Kunden erläutern und vorrechnen wollen, dass ein großer Teil der bei diesem einzelnen Auftrag entstehenden Kosten ausschließlich vom Kunden selbst verursacht und durch organisatorische Maßnahmen in Zukunft vermeidbar ist und dass bei einer Planung und Durchführung weiterer Transport- und Lageraufträge durch die Kabefra GmbH zusätzliche Kostenersparnisse eintreten.

254. Aufgabe

Stellen Sie in der nachstehenden Tabelle zusammen, welche Maßnahmen des Kunden zu welchen Verbesserungen in seinem Betriebsablauf und zu welchen Kostenersparnissen führen.

Maßnahme (Beispiele)	Erzielbare Ersparnis am Beispiel dieser Sendung in EUR
Summe der möglichen Ersparnis	
Kostenersparnis in %	

255. Aufgabe

Falls Sie den Kunden überzeugen, die mit Reinigungsmitteln gefüllten Kartons sofort auf Paletten zu stauen: Nennen Sie ihm mindestens vier Vorteile für seine Lagerhaltung und seinen Versand.

256. Aufgabe

Bisher führt der Kunde die Kommissionierung seiner Produkte im eigenen Lager aus. Nennen Sie dem Kunden mindestens zehn Leistungen, die Sie ihm zusätzlich anbieten können, wenn er die Kommissionierung seiner Produkte im Lager der Kabefra vornehmen lässt.

257. Aufgabe

Erklären Sie, welche Pflichten Sie übernehmen, wenn Sie die Lagerung und die Reihenfolge der Kommissionierung nach FIFO, LIFO oder HIFO zusagen, und welchen Zweck es hat, wenn der Auftraggeber eine solche Klausel mit Ihnen vereinbart.

Logistische Dienstleistungen

Situation 4

Die Unternehmensführung der Zuckschwert AG in Butzbach denkt darüber nach, den gesamten Versand, die Lagerung der verkaufsfertigen Produkte und die Kommissionierung durch die Kabefra GmbH als Spediteur und Lagerhalter durchführen zu lassen, welche ebenfalls an einer Ausweitung der Geschäftsbeziehung im Rahmen einer logistischen Kooperation interessiert ist.

258. Aufgabe

Erklären Sie den Begriff Logistik.

259. Aufgabe

Beschreiben Sie, welche Aufgaben und Leistungen die Kabefra z.B. zusätzlich übernehmen muss, damit aus einem Unternehmen als Spediteur/Lagerhalter/Frachtführer ein Logistikunternehmen wird.

260. Aufgabe

Erläutern Sie den Begriff Outsourcing.

261. Aufgabe

Überzeugen Sie die verantwortlichen der Zuckschwert AG von den Vorteilen des kompletten Outsourcings von Kommissionierung und Versand an die Kabefra.

262. Aufgabe

Erläutern Sie Ihrem Kunden, wie er durch ECR und Just-in-time-Lieferungen seine Lagerbestände verringern und damit seine Kosten senken kann.

263. Aufgabe

Logistische Aufträge an die Kabefra können im Push- oder Pull-Verfahren abgewickelt werden. Erläutern Sie die beiden Verfahren und die Konsequenzen, welche die Anwendung des einen oder des anderen Verfahrens für die Kabefra bringt.

264. Aufgabe

Welche Bedenken können von Auftraggebern der Spedition und den Spediteuren selbst gegen eine enge logistische Kooperation vorgetragen werden? Nennen Sie jeweils mindestens vier Bedenken.

Bedenken von Kunden der Spedition (Beispiele)	Bedenken der Spediteure selbst (Beispiele)

Logistische Dienstleistungen

265. Aufgabe

Erklären Sie das Supply-Chain-Management und führen Sie aus, welche Stellung Speditionsbetriebe in diesem System übernehmen.

Abbildung zu den Aufgaben 267 bis 273

Auszug aus den ADSp	Auszug aus den VBGL
Ziff. 2.1 Die ADSp gelten für Verkehrsverträge über alle Arten von Tätigkeiten, gleichgültig ob sie Speditions-, Fracht-, Lager- oder sonstige üblicherweise zum Speditionsgewerbe gehörende Geschäfte betreffen. Hierzu zählen auch speditionsübliche[1] logistische Leistungen[2], wenn diese mit der Beförderung oder Lagerung von Gütern in Zusammenhang[3] stehen. [1] Ob etwas üblich ist, richtet sich nicht nach dem einzelnen Speditionsbetrieb, sondern nach der Gesamtheit der Betriebe im Speditionsgewerbe. [2] Die Grenzen zwischen Speditions- und Logistikgeschäft sind eng zu ziehen. [3] Alle Tätigkeiten, die eine Spezialausbildung erfordern, erfüllen diese Anforderungen nicht.	**§ 1** Diese Bedingungen gelten für Unternehmer, die – (…) – (…) – als Logistikunternehmer Dienstleistungen erbringen, die mit der Beförderung oder Lagerung von Gütern in Zusammenhang stehen, auch insoweit, als sie nicht speditionsüblich sind (z.B. Aufbügeln von Konfektion, Montage von Teilen, Veränderung des Gutes).

DTV-Verkehrshaftungsversicherungs-Bedingungen für Frachtführer, Spedition und Lagerhalter 2003

1.1 Verkehrsverträge
Gegenstand der Versicherung sind Verkehrsverträge (Fracht-, Speditions- und Lagerverträge) des Versicherungsnehmers als Frachtführer im Straßengüterverkehr, als Spediteur oder Lagerhalter, wenn und soweit die damit zusammenhängenden Tätigkeiten in der Betriebsbeschreibung ausdrücklich dokumentiert sind.

1.3 Falls nichts anderes vereinbart ist, gilt die Versicherung nicht für Verträge, die ganz oder teilweise zum Inhalt haben:
Produktionsleistungen, werkvertragliche oder sonstige nicht speditions-, beförderungs- oder lagerspezifische vertragliche Leistungen im Zusammenhang mit einem Verkehrsvertrag, die über die primäre Vertragspflicht eines Frachtführers, Spediteurs und Lagerhalters gemäß dem deutschen Handelsgesetzbuch (HGB) hinausgehen.

Verwenden Sie für die folgenden Aufgaben die Auszüge aus den ADSp und VBGL.

Situation 5

Die Kabefra GmbH wird in Zukunft als Logistikunternehmen für die Textinex GmbH in Offenbach tätig sein und die gesamte Einfuhr, Lagerung und den Versand von Herren- und Damenoberbekleidung aus China in die EU übernehmen. Im Einzelnen sind das folgende Aufgaben: Annahme der Textilien als Luftfrachtsendungen mit Einfuhrabfertigung, Auspacken, Wareneingangskontrolle, Lagern, Neutralisieren, Beseitigung von Produktionsfehlern wie z. B. lose Futter, Bearbeiten (Annähen der Knöpfe, Einnähen neuer Etiketten, Aufbügeln, Aufhängen auf Bügel, Einpacken in Folie, Aufhängen in Versandregale, usw.), Garantieren einer einwandfreien äußeren Warenqualität sowie die gesamte Absatzlogistik.

266. Aufgabe

Überprüfen Sie anhand des Auszugs aus den ADSp, ob diese Geschäfte nach ADSp abgewickelt werden können. Begründen Sie Ihre Antwort mit den entsprechenden Textstellen.

267. Aufgabe

Angenommen, die Kabefra legt allen ihren Logistikgeschäften immer nur die ADSp als fertig bereitliegende Vertragsordnung zu Grunde: Nennen Sie die Rechtsgrundlagen, welche dann herangezogen werden, wenn vor Gericht festgestellt wird, dass die Beseitigung von Produktionsfehlern keine speditionsübliche Leistung ist.

268. Aufgabe

Nennen Sie die Folgen für die Kabefra, wenn HGB und Produkthaftungsgesetz angewendet werden.

269. Aufgabe

Überprüfen Sie nun anhand des Textauszugs der VBGL, ob es günstiger ist, die Vertragsbedingungen für den Güterkraftverkehrs-, Speditions- und Logistikunternehmer (VBGL) statt der ADSp als allgemeine Geschäftsbedingungen zu verwenden. Geben Sie eine ausführliche Begründung.

270. Aufgabe

Nennen Sie zwei Gründe, warum es für jeden Spediteur wichtig ist, auch in der Logistik entweder nach ADSp oder VBGL zu arbeiten.

271. Aufgabe

Ein Spediteur arbeitet nach ADSp oder VBGL. Erläutern Sie ausführlich anhand des Textes der Bedingungen über die Verkehrshaftungsversicherung, ob Logistikschäden versichert oder versicherbar sind.

272. Aufgabe

Führen Sie aus, welche Erwartungen viele kleine und mittlere Speditionen und Logistikunternehmen an die Logistik-AGB des Jahres 2006 knüpfen?

Logistische Dienstleistungen

Situation 6

Für die Firma Reiler & Schopf betreibt die Kabefra GmbH ein Kommissionslager für Tierfutter, welches in Kartons zu 0,5 kg verpackt ist. Der Wert der Ware beträgt 0,90 EUR/kg. Je 400 Kartons sind auf einer Euro-Palette in fünf Schichten insgesamt 1,25 m hoch gestapelt und in Folie verschweißt.

Zu Monatsbeginn führt die Kabefra bereits 90 Paletten als Lagerbestand. Zum Ende eines jeden Monats – meist um den 26. herum – erfolgen zwei Nachlieferungen von insgesamt 60 Paletten. Nach Anweisungen Ihres Auftraggebers Reiler & Schopf kommissionieren Sie die Ware. Dieser Vorgang ist relativ einfach, weil immer nur ganze Paletten ausgeliefert werden, im Durchschnitt drei Paletten pro Arbeitstag. Sie arbeiten fünf Tage in der Woche und 240 Tage im Jahr und rechnen mit 20 Arbeitstagen bzw. vier Wochen pro Monat. Eine besondere Versicherung des Guts unterbleibt wegen des geringen Werts. Mit dem Auftraggeber haben Sie folgende Entgelte vereinbart:

Entgeltvereinbarung zwischen der Kabefra GmbH und Reiler & Schopf pro Palette und angefangenem Monat	
Umschlag, Einlagern	5,50 Euro
Lagern	6,00 Euro
Kommissionieren, Auslagern, Umschlag	6,50 Euro

273. Aufgabe

Berechnen Sie den Monatsendbestand für den Monat Januar.

274. Aufgabe

Ermitteln Sie den durchschnittlichen jährlichen Lagerbestand, wenn monatliche Inventur bzw. Abrechnung zu Grunde gelegt wird.

275. Aufgabe

Beurteilen Sie, ob ein durchschnittlicher Lagerbestand in dieser Größe aus der Sicht des Kunden erforderlich ist.

276. Aufgabe

Überlegungen zur Sicherstellung der Belieferung der Kunden von Reiler & Schopf, aber auch der Zwang zur Verringerung der Lagerkosten erfordern die Überprüfung der Lieferbereitschaft ab Kommissionslager. Ermitteln Sie die Lagerreichweite in Tagen für den Monat März.

277. Aufgabe

Sie haben die Kennziffer für die Lagerreichweite ermittelt. Informieren Sie den Kunden Reiler & Schopf über die Lieferbereitschaft des Kommissionslagers und über die Folgen, die er daraus für die Produktion ziehen muss.

278. Aufgabe

Ihr Kunde Reiler & Schopf hat ebenfalls eine Kennzahl für seine Lieferbereitschaft ermittelt. Er ist der Meinung, dass der monatliche Anfangsbestand eine gute Richtzahl ist, und hat den monatlichen Anfangsbestand von 90 Paletten durch den durchschnittlichen täglichen Abgang von drei Paletten geteilt. Deshalb ist er zu dem ihn befriedigenden Ergebnis von 30 Tagen gekommen. Tragen Sie ihm die Argumente vor, die für und gegen diese Zahl sprechen und wie entschieden werden kann.[1]

---

[1] Weitere Aufgaben Lager und Logistik Seiten 144 ff.

Logistische Dienstleistungen

1.5 Gefahrgut

Situation 1
Als Lkw-Disponent/in wollen Sie einen eigenen 40-t-Sattelzug, beladen mit Gefahrgut, nach Osteuropa schicken.

279. Aufgabe

Erstellen Sie eine Checkliste, welche Gefahrgutausrüstung das Fahrzeug besitzen muss, damit Sie es für diesen Transport einsetzen dürfen.

1	
2	
3	
4	
5	
6	
7	
8	
9	

280. Aufgabe

Stellen Sie nun alle Papiere zusammen, die der Fahrer beim Transport von Gefahrgut für sich, für das Fahrzeug und für die Ladung unterwegs nach ADR benötigt.

281. Aufgabe

Der für den Transport vorgesehene eigene Fahrer Werner Lutz teilt Ihnen mit, dass er seinen Gefahrgutführerschein bereits seit vier Jahren besitzt und bisher noch nicht an einem Auffrischungskurs teilgenommen hat. Erläutern Sie, inwieweit Sie den Fahrer für diesen Transport einsetzen können und was Sie ggf. zusätzlich zu veranlassen haben.

282. Aufgabe

Die Ladung des Lkw ist für Smolensk bestimmt. Erläutern Sie, welche Gefahrgutpapiere und -unterlagen Sie vom Auftraggeber anfordern müssen, um den Bestimmungen der ADR zu genügen. Wäre es für die Kabefra nicht sinnvoller, diese Unterlagen selbst zu erstellen?

283. Aufgabe

Für die Fahrt nach Smolensk setzen Sie Ihren deutschen Fahrer Werner Lutz und zusätzlich einen lettischen Fahrer ein. Wie viele Gefahrgutmerkblätter müssen Sie mitgeben?

Gefahrgut

Muster eines CMR-Frachtbriefs

Verwenden Sie für die folgenden Aufgaben das Muster des CMR-Frachtbriefs und aus den ADR einen Auszug aus Tabelle A, Verzeichnis der gefährlichen Güter.

Situation 2
Die Ladung des 40-t-Zugs besteht aus Klebstoff in Dosen, jeweils 30 Stück in Kartons verpackt und jeweils 30 Kartons verstaut auf einer Europalette in Folie verschweißt. Die ganze Ladung umfasst 25 Paletten und wiegt 23250 kg brutto. Jede Palette ist bezeichnet mit der Markierung D-FRA-LOSS (15) 1–25.

284. Aufgabe

Bei dem Klebstoff handelt es sich laut Absender um gefährliches Gut mit der UN-Nummer 1133 ohne besondere Angaben zu Dampfdruck und Entflammbarkeit. Nehmen Sie im CMR-Frachtbrief die korrekte Bezeichnung des Guts nach ADR vor.

285. Aufgabe

Welche weiteren Eintragungen nach Gefahrgutrecht werden im Frachtbrief verlangt, auch wenn sie in der Regel schon durch andere Rechts- und Vertragsgrundlagen erforderlich werden?

286. Aufgabe

Was könnten die Gründe sein, warum der Gesetzgeber bei Gefahrgut ausdrücklich vorschreibt, dass der Absender in das Frachtpapier eingetragen wird?

287. Aufgabe

Auch der Empfänger ist im Frachtpapier benannt und übernimmt damit bestimmte gefahrgutrechtliche Verpflichtungen. Nennen Sie mindestens drei Verpflichtungen.

288. Aufgabe

Die Kabefra als Spediteur und Frachtführer übernimmt beim Versand mit dem Lkw nach Russland ebenfalls eine Reihe von Verpflichtungen im Rahmen des Gefahrgutrechts. Stellen Sie diese in einer Tabelle zusammen.

289. Aufgabe

Wählen Sie anhand der Tabelle A der ADR und dem Auszug aus den ADR Ziffer 5.2 aus welches Gefahrzettelmuster der Sendung Klebstoff nach Smolensk mitgegeben werden muss und erläutern Sie Ihr Ergebnis.

UN-Nummer	Benennung und Beschreibung	Klasse	Klassifizierungscode	Verpackungsgruppe	Gefahrzettel	Sondervorschriften	Begrenzte und freigestellte Mengen		Verpackung			ortsbewegliche Tanks und Schüttgut-Container	
									Anweisungen 4.1.4	Sondervorschriften 4.1.4	Zusammenpackung 4.1.10	Anweisungen 4.2.5.2 7.3.2	Sondervorschriften 4.2.5.3
3.1.2		2.2	2.2	2.1.1.3	5.2.2	3.3	3.4.6/ 3.5.1.2						
(1)	(2)	(3a)	(3b)	(4)	(5)	(6)	(7a)	(7b)	(8)	(9a)	(9b)	(10)	(11)
1112	AMYLNITRATE	3	F1	III	3		LQ7	E1	P001 IBC03 LP01 R001		MP19	T2	TP1
1113	AMYLNITRITE	3	F1	II	3		LQ4	E2	P001 IBC02 R001		MP19	T4	TP1
1114	BENZEN	3	F1	II	3		LQ4	E2	P001 IBC02 R001		MP19	T4	TP1
1120	BUTANOLE	3	F1	II	3		LQ4	E2	P001 IBC02 R001		MP19	T4	TP1 TP29
1120	BUTANOLE	3	F1	III	3		LQ7	E2	P001 IBC02 LP01 R001		MP19	T2	TP1
1123	BUTYLACETATE	3	F1	II	3		LQ4	E2	P001 IBC02 R001		MP19	T4	TP1
1123	BUTYLACETATE	3	F1	III	3		LQ7	E2	P001 IBC02 LP01 R001		MP19	T2	TP1
1125	n-BUTYLAMIN	3	FC	II	3+8		LQ4	E2	P001 IBC02		MP19	T7	TP1
1126	1-BROMBUTAN	3	F1	II	3		LQ4	E2	P001 IBC02 R001		MP19	T4	TP1
1127	CHLORBUTANE	3	F1	II	3		LQ4	E2	P001 IBC02 R001		MP19	T4	TP1
1128	n-BUTYLFORMIAT	3	F1	II	3		LQ4	E2	P001 IBC02 R001		MP19	T4	TP1
1129	BUTYRALDEHYD	3	F1	II	3		LQ4	E2	P001 IBC02 R001		MP19	T4	TP1
1130	KAMPFERÖL	3	F1	III	3		LQ7	E1	P001 IBC03 LP01 R001		MP19	T2	TP1
1131	KOHLENSTOFFDISULFID	3	FT1	I	3+6.1		LQ0	E0	P001	PP31	MP7 MP17	T14	TP2 TP7
1133	KLEBSTOFFE, mit entzündbarem flüssigem Stoff	3	F1	I	3		LQ3	E3	P001		MP7 MP17	T11	TP1 TP8 TP27
1133	KLEBSTOFFE, mit entzündbarem flüssigem Stoff (Dampfdruck bei 50 °C größer als 110 kPa)	3	F1	II	3	640C	LQ6	E2	P001	PP1	MP19	T4	TP1 TP8
1133	KLEBSTOFFE, mit entzündbarem flüssigem Stoff (Dampfdruck bei 50 °C höchstens 110 kPa)	3	F1	II	3	640D	LQ6	E2	P001 IBC02 R001	PP1	MP19	T4	TP1 TP8
1133	KlEBSTOFFE, mit entzündbarem flüssigem Stoff	3	F1	III	3	640E	LQ7	E1	P001 IBC03 LP01 R001	PP1	MP19	T2	TP1
1133	KLEBSTOFFE, mit entzündbarem flüssigem Stoff (mit einem Flammpunkt unter 23 °C und viskos gemäß 2.2.3.1.4) (Dampfdruck bei 50 °C größer als 110 kPa, aber höchstens 175 kPa)	3	F1	III	3	640G	LQ7	E1	P001 LP01 R001	PP1	MP19	T2	TP1

Gefahrgut

Auszug aus den ADR, Ziffer 5.2

(Nr. 2.3)
Giftige Gase
Symbol (Totenkopf mit gekreuzten Gebeinen): schwarz auf weißem Grund; Ziffer «2» in der unteren Ecke

**Gefahr der Klasse 3
Entzündbare flüssige Stoffe**

(Nr. 3)
Symbol (Flamme): schwarz oder weiß auf rotem Grund; Ziffer «3» in der unteren Ecke

**Gefahr der Klasse 4.1
Entzündbare fest Stoffe, selbstzersetzliche Stoffe und desensibilisierte explosive Stoffe**

**Gefahr der Klasse 4.2
Selbstentzündliche Stoffe**

**Gefahr der Klasse 4.3
Stoffe, die in Berührung mit Wasser entzündbare Gase entwickeln**

(Nr. 4.1)
Symbol (Flamme): schwarz auf weißem Grund mit sieben senkrechten roten Streifen; Ziffer «4» in der unteren Ecke

(Nr. 4.2)
Symbol (Flamme): schwarze auf weißem (obere Hälfte) und rotem Grund (untere Hälfte); Ziffer «4» in der unteren Ecke

(Nr. 4.3)
Symbol (Flamme): schwarz oder weiß auf blauem Grund; Ziffer «4» in der unteren Ecke

**Gefahr der Klasse 5.1
Entzündend (oxidierend) wirkende Stoffe**

**Gefahr der Klasse 5.2
Organische Peroxide**

(Nr. 5.1)
Ziffer «5.1» in der unteren Ecke

Symbol (Flamme über einem Kreis): schwarz auf gelbem Grund;

(Nr. 5.2)
Ziffer «5.2» in der unteren Ecke

Gefahrgut

ADR: begrenzte Mengen

Code	zusammengesetzte Verpackungen[a] (höchstzulässige Nettomenge)		Innenverpackungen, die in Trays mit Dehn- oder Schrumpffolie enthalten sind[a] (höchstzulässige Nettomenge)	
	je Innenverpackung	je Versandstück[b]	je Innenverpackung	je Versandstück[b]
(1)	(2)	(3)	(4)	(5)
LQ 0	Keine Freistellungen nach den Vorschriften des Abschnittes 3.4.2.			
LQ 1	120 ml		120 ml	
LQ 2	1 l		1 l	
LQ 3[c]	500 ml	1 l	nicht zugelassen	nicht zugelassen
LQ 4	3 l		1 l	
LQ 5	5 l	unbegrenzt	1 l	
LQ 6[c]	5 l		1 l	
LQ 7[c]	5 l		5 l	
LQ 8	3 kg		500 g	
LQ 9	6 kg		3 kg	
LQ 10	100 ml		500 ml	
LQ 11	500 g		500 g	
LQ 12	1 kg		1 kg	
LQ 13	1 l		1 l	
LQ 14	25 ml		25 ml	
LQ 15	100 g		100 g	
LQ 16	125 ml		125 ml	
LQ 17	500 ml	2 l	100 ml	2 l
LQ 18	1 kg	4 kg	500 g	4 kg
LQ 19	3 l		1 l	
LQ 20	(bleibt offen)	(bleibt offen)	(bleibt offen)	(bleibt offen)
LQ 21	(bleibt offen)	(bleibt offen)	(bleibt offen)	(bleibt offen)
LQ 22	1 l		500 ml	
LQ 23	3 kg		1 kg	

290. Aufgabe

Als zuständige/r Lkw-Disponent/in haben Sie Zweifel, ob Sie die Bestimmungen der ADR richtig auslegen. Welche Person im Betrieb ist der kompetente Partner, um dieses Problem fachkundig zu besprechen?

Gefahrgut

291. Aufgabe

Welche behördlichen Vorschriften zur Ernennung eines Sicherheitsberaters bestehen? Welche Stellung hat der Gefahrgutbeauftragte gegenüber der Firmenleitung?

292. Aufgabe

Zählen Sie mindestens sechs Aufgaben des Sicherheitsberaters auf.

293. Aufgabe

Aus dem Verzeichnis der gefährlichen Güter (Tabelle A) entnehmen Sie aus Spalte (7) bei „Klebstoffe mit entzündbarem flüssigem Stoff", UN-1133 den Vermerk „LQ 7". LQ bedeutet „Limited Quantities". Erklären Sie die Bedeutung anhand der Tabelle über die Beförderung von in begrenzten Mengen verpackten gefährlichen Gütern.

294. Aufgabe

Zählen Sie die drei wichtigsten Quellen des Gefahrgutrechts für Lkws auf und skizzieren Sie jeweils mit wenigen Stichworten den Inhalt.

295. Aufgabe

Nennen Sie nun die drei wichtigsten Rechtsgrundlagen für die Beförderung von Gefahrgut mit der Eisenbahn und skizzieren Sie stichwortartig den Inhalt.

296. Aufgabe

Skizzieren Sie nun in gleicher Weise die Gefahrgutvorschriften des Seeverkehrs.

297. Aufgabe

Erläutern Sie die entsprechenden Gefahrgutvorschriften der Binnenschifffahrt.

Situation 3

Der Absender einer Luftfrachtsendung übergibt Ihnen einen vorbereiteten Luftfrachtbrief mit folgender Sendungsbezeichnung: „1 Pal. 4 Fässer Essigsäureanhydrid der Gefahrgutklasse 8, 240 kgs".

298. Aufgabe

Was haben Sie als Luftfrachtdisponent/in zu veranlassen?

299. Aufgabe

Sie rufen Ihren Auftraggeber an und teilen ihm mit, dass diese Angaben nicht genügen, worauf er Ihnen am Telefon folgende zusätzliche Angaben macht: Essigsäureanhydrid ist ein Gefahrgut der Klasse 8. Es sind Gefahrzettel der Klassen 8 und 3 erforderlich. Die UN-Nummer lautet 1715, Verpackungsgruppe 2. Die Kabefra soll bitte die Shipper's Declaration ausstellen. Dürfen Sie die Deklaration ausstellen? Wenn ja, unter welchen Voraussetzungen? Ist dies für die Kabefra sinnvoll?

300. Aufgabe

Nennen Sie nun die beiden formal richtigen Bezeichnungen des gefährlichen Guts.

2 Leistungserstellung in Spedition und Logistik – verkehrsträgerspezifisch

2.1 Lkw-Verkehr

Fahrzeugkalkulation eines Hängerzuges in EUR		
Fahrzeugdaten		
01 Fahrzeugart	Motorwagen	Hänger
02 zul. Gesamtzuggewicht	40 000 kg	
03 Leistung in kW/PS/Hubraum	315/430/121	
04 Motorart	Turbodiesel	
05 Reifenzahl	6 × 12/R 22,5	6 × 385/65 R 22,5
Berechnungsbasis		
06 Listenpreis netto	135 000,00	35 000,00
07 Anschaffungspreis netto	107 591,00	30 000,00
08 Ersatzpreis Reifen	2 914,00	1 841,00
09 Kalkul. Kraftstoffverbr./100 km in Litern	34	0,00
10 Kraftstoffpreis	0,80 EUR	0,00
11 Kalkulatorischer Zins	8,0 %	8,0 %
12 Zeit-/Leistungsabschreibung	30/70	100/0
13 Einsatztage im Jahr	240	240
14 Auslastung %	100	100
15 Nutzungsdauer in Monaten	72	120
16 Jahreslaufleistung km/Jahr	200 000	200 000
17 Reifenlaufleistung in km	145 000	136 000
18 Wartungs-/Reparaturkosten	8 500,00	2 600,00
Variable Kosten EUR/100 km		
19 Leistungsabschreibung		
20 Kraftstoffkosten		
21 Schmierstoffkosten		
22 Reifenkosten		
23 Wartungs-/Reparaturkost.	10,23	1,30
24 Summe variable Kosten		
Fixkosten EUR/Jahr		
25 Zeitabschreibung		
26 Kalkulatorischer Zins		
27 Kfz-Steuer	665,00	650,00
28 Haftpflichtversicherung	3 900,00	49,00
29 Kaskoversicherung	1 835,00	390,00
30 Sonstige Kosten	1 320,00	0,00
31 Summe Fixkosten		
Auswertung		
32 Fixkosten in EUR/Tag		
33 Gesamtkosten/Jahr		
35 Gesamtkosten/Tag		

Nach Nutzfahrzeuge-Katalog 04/05, Vogel-Verlag, 2005

Situation 1

Als Fahrzeugdisponent/in bieten Sie Lkw-Frachtraum auf dem Markt an und berücksichtigen dabei die Fahrzeugkosten. In der abgebildeten Tabelle haben Sie die Basisdaten eines Lastzugs zusammengestellt und ermitteln nun die für spezielle Lkw-Kalkulationen erforderlichen Daten.

301. Aufgabe

Erklären Sie den Zusammenhang zwischen dem Standard oder der Qualität der von Ihnen angebotenen Transportleistungen, der Höhe der Kosten Ihres Betriebs, den Marktpreisen und den von Ihnen kalkulierten Kostenpreisen.

302. Aufgabe

Berechnen Sie, wie viele Kilometer dieser Lastzug pro Arbeitstag zurücklegt.

303. Aufgabe

Erläutern Sie die Zahlen der Zeile „Zeit-/Leistungsabschreibung" des Motorwagens und begründen Sie die Entscheidung des Unternehmers für diese Form der Abschreibung.

304. Aufgabe

Welcher Wert der Tabelle dient als Basis sowohl für die zeitliche als auch die Leistungsabschreibung?

305. Aufgabe

Berechnen Sie nun die Leistungsabschreibung pro 100 km des Motorwagens und tragen Sie den Wert in die Kalkulationstabelle ein.

306. Aufgabe

Ermitteln Sie nun die Kraftstoffkosten pro 100 km und tragen Sie den Wert in die Tabelle ein.

307. Aufgabe

Als Schmierstoffkosten werden in der Regel 3% der Kraftstoffkosten veranschlagt. Ermitteln Sie den Wert und tragen Sie ihn in die Kalkulationstabelle ein.

308. Aufgabe

Errechnen Sie die Reifenkosten pro 100 km und tragen Sie den Wert in die Tabelle ein.

309. Aufgabe

Ermitteln Sie nun die Summe der variablen Kosten des Motorwagens für 100 km und tragen Sie die Lösung in die Tabelle ein.

Lkw-Verkehr

310. Aufgabe

Ermitteln Sie nun die variablen Kosten der Zeilen 19–24 des Hängers.

311. Aufgabe

Ermitteln Sie die Zeitabschreibung pro Jahr des Motorwagens, tragen Sie das Ergebnis in die Tabelle ein und erklären Sie, warum es sich hierbei um Fixkosten handelt.

312. Aufgabe

Berechnen Sie für den Motorwagen die kalkulatorischen Zinsen und tragen Sie die Werte in die Tabelle ein.

313. Aufgabe

Errechnen Sie nun die Summe der Fixkosten für den Motorwagen und tragen Sie die Zahlen in die Tabelle ein.

314. Aufgabe

Ermitteln Sie nun die fehlenden Fixkostenwerte sowie ihre Summe für den Hänger.

315. Aufgabe

Wie viel EUR betragen die Fixkosten jeweils für den Motorwagen und den Hänger pro Tag? Tragen Sie die Werte in die Tabelle ein.

316. Aufgabe

Ermitteln Sie nun die Gesamtkosten pro Jahr für Motorwagen und Hänger und ergänzen Sie die Tabelle.

317. Aufgabe

Ermitteln Sie nun jeweils für Motorwagen und Hänger die Gesamtkosten pro Tag unter der Annahme, dass der Lastzug wirklich im Jahr genau 200 000 km eingesetzt wird. Ergänzen Sie die Tabelle.

318. Aufgabe

Erklären Sie, wann das Kalkulieren mit Gesamtkosten pro Tag zu rechnerisch falschen Ergebnissen führt.

319. Aufgabe

Wie viel EUR Fixkosten pro Tag entstehen insgesamt für diesen Zug?

320. Aufgabe

Zählen Sie die Kosten eines Lkw-Betriebs auf, die bisher in der Fahrzeugkalkulation des Zugs nicht erfasst sind, und erläutern Sie, ob es sich um fixe oder variable Kosten handelt und welche Rolle sie für den Lkw-Betrieb bei der Kalkulation spielen.

Situation 2

Als Mitarbeiter/in der Kabefra GmbH, Internationale Spedition und Logistik werden Sie beauftragt, für die *Relation Frankfurt–Köln–Frankfurt* einen Tourenplan mit Hin- und Rückladung aufzustellen und ein Angebot für die Gestellung einer Zugmaschine mit Sattelauflieger zu erarbeiten (Schadstoffklasse S 3). Als große Spedition und Frachtführer verfügen Sie über genügend Lkws und jederzeit über Fahrer. In der Regel können Sie Ihre Fahrzeuge rund um die Uhr einsetzen. Den Einsatzplan entnehmen Sie bitte der folgenden Tabelle:

Tourenplan der Fahrt Frankfurt–Köln–Frankfurt

Uhrzeit von	bis	Schichtzeit Std./Min.	Lenkzeiten Std./Min.	Pausen/ Ruhezeiten Std./Min.	km	Tätigkeit
03.00	03.15	–	15	–	–	Übernahme
03.15	02.30	–	15	15	10	Anfahrt Flughafen
03.30	04.30	1	–	–	–	Beladen, Übernahme Flughafen
04.30	07.30	3	–	3	195	Fahrt Autobahn nach Köln
07.30	08.30	–	15	45	–	Entladen/Pause
08.30	09.30	1	–	–	–	Wiederbeladen
09.30	12.30	3	–	3	195	Fahrt Autobahn nach Frankfurt
12.30	13.15	–	45	–	–	Entladen
13.15	13.30	–	15	15	10	Fahrt Firma
13.30	13.45	–	15	–	–	Übergabe Lkw
Summe		10	–	6 30	45	410

Die Kabefra kalkuliert mit folgenden Kosten:

	Zugmaschine	Sattelauflieger
fixe Kosten pro Tag in EUR	79,00	26,00
variable Kosten pro 100 km in EUR	43,00	2,75
Lohnkosten	17,50 EUR pro Stunde	
Maut	S3, S4 = 0,204 EUR/km	
Verwaltungskostenaufschlag	15 %	
Gewinnaufschlag	5 %	
Berücksichtigung der EU-Sozialvorschriften	Die Ankunfts- und Abfahrzeiten müssen garantiert werden.	

321. Aufgabe

Ermitteln Sie die Einsatzzeit des Fahrzeugs und die Gesamtarbeitszeit des Fahrers. Begründen Sie Ihre Lösung.

322. Aufgabe

Ermitteln Sie die fixen Fahrzeugkosten der Tour und begründen Sie Ihre Entscheidung über die Höhe der Fixkosten ausführlich.

323. Aufgabe

Stellen Sie ausführlich die Ermittlung der variablen Kosten der Tour dar.

324. Aufgabe

Ermitteln Sie die Lohnkosten der Tour.

325. Aufgabe

Welchen Preis unter Berücksichtigung Ihrer Gewinnerwartung müssten Sie auf dem Markt erzielen? Bitte verwenden Sie die vorbereitete Tabelle.

Fahrzeugkosten	
Einsatzkosten der Tour	
Summe	
kalkulierter Gesamtpreis ohne USt.	

326. Aufgabe

Können Sie die Tour zum Preis von 400,00 EUR netto durchführen? Es handelt sich um einen Auftrag, der über mehrere Monate läuft. Stellen Sie Ihre Überlegungen ausführlich dar.[1]

---

[1] Weitere Aufgaben Lkw-Verkehr siehe Seiten 44 und 142 ff.

Lkw-Verkehr

2.2 Eisenbahnverkehr

Situation 1

Die Kabefra GmbH als internationale Spedition mit Hauptsitz in Frankfurt am Main organisiert täglich eine Reihe von Containertransporten aus dem Rhein-Main-Gebiet und den angrenzenden Regionen über die Seehäfen nach Übersee. Die Container – im Schnitt täglich zwischen vier bis sechs – werden in der Regel von der Kabefra bei den Auftraggebern abgeholt und mit Lkws in die Seehäfen gefahren. Da die Kabefra einen Bahnanschluss hat, überlegen Sie, ob für den Landtransport ab Frankfurt der Schienentransport infrage kommt.

327. Aufgabe

Nennen Sie jeweils vier Argumente, die aus der Sicht der Kabefra für oder gegen einen Schienentransport von Einzelwagen oder Wagengruppen zu den Seehäfen sprechen.

Beispiel:

Argumente, die für den Schienentransport sprechen	Argumente, die gegen den Schienentransport sprechen

328. Aufgabe

Wer ist normalerweise Ihr Ansprechpartner, wenn Sie sich über die Angebote des Schienenverkehrs informieren wollen?

329. Aufgabe

Welche Stellung hat „Schenker Rail Deutschland AG" im DB-Konzern?

330. Aufgabe

Die Kabefra ist eine Spedition. Sie will deshalb verhindern, dass andere Speditionen, wie z. B. Schenker als Verkäufer von Schienentransportleistungen, Einblicke in ihr Verkehrsaufkommen und ihre Kundenstruktur erhalten. Nennen Sie vier nichtspeditionelle Partner, die bei der Planung und Vorbereitung von Schienenverkehren angesprochen werden können.

Situation 2

Die Kabefra GmbH organisiert täglich den Transport von vier bis sechs 40-Fuß-Containern bzw. bis zu zwölf 20-Fuß-Containern per Lkw zu deutschen, niederländischen und belgischen Seehäfen.

331. Aufgabe

Kann für diese Transporte ein Ganzzugangebot der Eisenbahn genutzt werden? Begründen Sie Ihre Antwort, indem Sie auch die besonderen Eigenarten dieser Schienenleistung beschreiben.

332. Aufgabe

Welche weiteren Möglichkeiten für den Transport der Container auf der Schiene können geprüft werden?

333. Aufgabe

Erläutern Sie, welche Voraussetzungen gegeben sein müssen, damit die Kabefra das Einzelwagenangebot von Railion nutzen kann, welche Relationen bestehen und welche Bestimmungsorte erreicht werden.

334. Aufgabe

Nennen Sie die drei Angebote von Railion im Einzelwagenverkehr sowie die drei Hauptkriterien ihrer Unterscheidung.

Situation 3

Dem Internet entnehmen Sie folgende Informationen über das Standardprodukt Einzelwagenverkehr Classic:

Der Classic ist das Angebot für alle preissensiblen und flexiblen Kunden. Für den Classic gilt die übliche Transportzeit, die für die Mehrzahl der arbeitstäglich bundesweit ausgelieferten Güterwagen bis zu 48 Stunden beträgt.
Die Übergabezeiten bei Versand und Empfang sind abhängig von den örtlich geltenden versand- und empfangsseitigen Bedienungsregelungen. Dadurch und in Abhängigkeit von Relation, Entfernung und Transportaufkommen kann die Transportzeit auch kürzer oder länger sein.
Eine besondere Transportdauerzusage bietet der Classic nicht. Das heißt, auf bestimmten Relationen bzw. bei Kapazitätsengpässen können sich auch längere Transportzeiten ergeben.

335. Aufgabe

Für Dienstag, den 25. Juli, drucken Sie sich nun den Fahrplan für die von Ihnen ins Auge gefassten Transporte ab Ihrem Standort im Frankfurter Osthafen nach Hamburg-Waltershof Container Terminal Altenwerder aus (vgl. Abbildung). Welche Abhol-, Ankunfts- und Beförderungszeiten ergeben sich aus den Unterlagen?

Abbildung zu Aufgabe 335

☐ Anfrage ☐ Verbindungen

Ihre Anfrage

von:	Frankfurt (Main) Osthafen	Umgebungsplan	Güterbahnhöfe
nach:	Hamburg-Waltershof Cont-T Altenwerder	Umgebungsplan	Güterbahnhöfe
Datum:	Di, 25.07.06		
Zeit:	00:00 (Abfahrt)		
Produktwahl:	Classic		

[Anfrage ändern] [Neue Anfrage] [Gegenrichtung] [UmweltTransportCheck]

Ihre Verbindungen - Übersicht

Versandort/Empfangsort	Datum	Zeit	Dauer	Bemerkungen
Frankfurt (Main) Osthafen Hamburg-Waltershof Cont-T Altenwerder Übersichtskarte	Di, 25.07.06 Do, 27.07.06	ab 17:20 Uhr bis 12:58 Uhr	43:38	Verkehrstage: Mo - Do Streckenklasse: *D4
		Später		Drucken

Transportanfrage

Wenn Sie Interesse an einem Transport haben, können Sie uns hier Ihre Anfrage übermitteln.

Transportanfrage stellen

Erklärungen

Abfahrt/Ankunft: Die Vereinbarung der genauen Bereitstellzeiten im Versand- oder Empfangsgleisanschluss erfolgt in Absprache mit Ihrem Kundenberater. Die aufgeführten Fahrplanzeiten stellen keine Qualitätszusage dar, sondern zeigen die fahrplantechnischen Beförderungsmöglichkeiten vorbehaltlich der verfügbaren Kapazitäten. Entsprechend zeigen die unter Quality und Prime aufgeführten Relationen die Möglichkeit, dort diese Produkte zu vereinbaren. Dafür bitten wir Sie, sich mit Ihrem zuständigen Kundenberater in Verbindung zu setzen.

---

336. Aufgabe

Können Sie Ihren Kunden mitteilen, dass sie ihre Container bis 17:20 Uhr beladen können? Begründen Sie Ihre Antwort.

337. Aufgabe

Welche Vor- und Nachteile bieten die ermittelten Abhol- und Ankunftszeiten in Frankfurt und Hamburg für die Kabefra und ihre Auftraggeber?

338. Aufgabe

Den Informationen über das Einzelwagenprodukt Classic entnehmen Sie folgende Information: „Auftragserteilungsfrist: Bis 2 Stunden vor Abholung". Genügt es, Railion am Dienstag bis 15:20 Uhr mitzuteilen, dass Sie in Ihrem Gleisanschluss Güterwagen benötigen, um diese bis 17:20 Uhr beladen mit Containern zum Transport zu übergeben? Stellen Sie Ihre Überlegungen dar.

Eisenbahnverkehr

339. Aufgabe

Wo können Sie Güterwagen bestellen und welche Zeiten für die Bestellung und Bereitstellung müssen Sie einplanen?

340. Aufgabe

Stellen Sie in einer Aktennotiz die für die Kabefra erforderlichen Informationen zum Einzelwagenprodukt Classic zusammen.

341. Aufgabe

Erklären Sie, wodurch sich das Einzelwagenangebot Quality vom Angebot Classic hinsichtlich der Transportdauer, Transportdauerzusage, proaktiver Kundeninformation und Qualitätsreport unterscheidet.

Situation 4
Anhand des Fahrplanausdrucks überprüfen Sie für das im Vergleich zu Classic höherwertige Angebot Quality die Transportzeiten ab Frankfurt (Main) Osthafen nach Hamburg-Waltershof, allerdings nicht für Dienstag, sondern Freitag.

☐ Anfrage ☐ Verbindungen

Ihre Anfrage

von:	Frankfurt (Main) Osthafen	Umgebungsplan	Güterbahnhöfe
nach:	Hamburg-Waltershof Cont-T Altenwerder	Umgebungsplan	Güterbahnhöfe
Datum:	Di, 25.07.06		
Zeit:	00:00 (Abfahrt)		
Produktwahl:	Quality		

[Anfrage ändern] [Neue Anfrage] [Gegenrichtung] [UmweltTransportCheck]

Ihre Verbindungen – Übersicht

Versandort/Empfangsort	Datum	Zeit	Dauer	Bemerkungen
Frankfurt (Main) Osthafen Hamburg-Waltershof Cont-T Altenwerder Übersichtskarte	Di, 25.07.06 Do, 27.07.06	ab 17:20 Uhr bis 12:58 Uhr	43:38	Verkehrstage: Mo - Do Streckenklasse: *D4
		Später		Drucken

342. Aufgabe

Welche Abhol-, Ankunfts- und Beförderungszeiten ergeben sich aus den Unterlagen?

343. Aufgabe

Erklären Sie, warum man bei dieser Fahrplanverbindung von einer A-C Verbindung spricht.

Eisenbahnverkehr

344. Aufgabe

Garantiert Ihnen die DB Schenker Rail in Anbetracht dieses Güterfahrplans für den Quality-Verkehr die Auslieferung am Donnerstag bis 12:58 Uhr?

345. Aufgabe

Ermitteln Sie, welche Transportdauer Railion für diesen Transport garantiert und wie der Termin bestimmt wird, bis zu dem Railion die Wagen bereitstellen muss, um die Garantieverpflichtung einzuhalten.

346. Aufgabe

Auch Kunden, die über keinen Gleisanschluss verfügen, können über den kombinierten Verkehr die Vorteile des Schienenwegs nutzen. Welche Ladeeinheiten können im Rahmen dieser Verkehre befördert werden? Ergänzen Sie die Tabelle.

	rollende Landstraße
	unbegleiteter kombinierter Verkehr

347. Aufgabe

Welche Merkmale haben der begleitete kombinierte Verkehr und der Huckepackverkehr?

348. Aufgabe

Beschreiben Sie das Angebot der Transfracht International im unbegleiteten kombinierten Verkehr.

349. Aufgabe

Welche Bedeutung hat der Umschlag- und Rangierbahnhof Maschen im Netz der Transfracht?

350. Aufgabe

Welche Aufgabe übernimmt die Kombiverkehr KG und wer sind ihre Gesellschafter?

Situation 5

Sie werden beauftragt, für den Transport eines beladenen 40-Fuß-Übersee-Standard-Containers von Ludwigshafen nach Verona (Italien) zu sorgen, und beschließen, den Hauptlauf mit Kombiverkehr abzuwickeln. Für den Straßentransport stehen Ihnen Sattelzüge mit einer Nutzlast von 26 t zur Verfügung. Der Container, der ein Bruttogewicht von 30 t hat, muss spätestens am Freitag um 9:00 Uhr abladebereit sein.

351. Aufgabe

Verwenden Sie die als Anlage abgebildete Profiltabelle des Kombiverkehrs und den Fahrplanauszug. Ermitteln Sie die Kennzahl für das Profil. Prüfen und begründen Sie, ob der Container auf dieser Strecke im kombinierten Verkehr befördert werden kann. (Anlage s. S. 88)

Eisenbahnverkehr

Anlage zu den Aufgaben 351 bis 353

Auszug aus dem Kombiverkehr-Fahrplan

LUDWIGSHAFEN (Fortsetzung)

	von Ludwigshafen				nach Ludwigshafen				Profile			
	Abfahrtstage	Annahmeschluss	Empfangstag	Abladebeginn	Abfahrtstage	Annahmeschluss	Empfangstag	Abladebeginn	Sattelanhänger ≤ 2,50 m Breite	Sattelanhänger ≤ 2,60 m Breite	Wechselbehälter ≤ 2,55 m Breite	Wechselbehälter ≤ 2,60 m Breite
E-Constantí (Tarragona)	1 - 4	18:00	C	8:00	1 - 4	19:00	C	6:45	P 45	P 359	C 45	C 364
E-Constantí (Tarragona)	5	18:00	D	8:00	5	19:00	D	6:45	P 45	P 359	C 45	C 364
E-Constantí (Tarragona)	6	12:15	D	8:00	-	-	-	-	P 45	P 359	C 45	C 364
E-Granollers (Barcelona)	1 - 4	18:00	C	8:00	1 - 4	20:00	C	6:45	P 45	P 359	C 45	C 364
E-Granollers (Barcelona)	5	18:00	D	8:00	5	20:00	D	6:45	P 45	P 359	C 45	C 364
E-Granollers (Barcelona)	6	12:15	D	8:00	-	-	-	-	P 45	P 359	C 45	C 364
E-Irun (keine örtliche Bedienung)	1 - 5	20:45	C	-	1 - 4	-	C	2:15	-	-	-	-
E-Irun (keine örtliche Bedienung)	-	-	-	-	5	-	D	2:15	-	-	-	-
via E-Irun zu weiteren Terminals in E-Spanien und P-Portugal												
E-Madrid	1 - 3	20:45	D	8:00	2, 3	20:00	D	2:15	P 45	P 359	C 45	C 364
E-Madrid	4	20:45	E	8:00	4	20:00	D	23:00	P 45	P 359	C 45	C 364
E-Madrid	5	20:45	D	8:00	5	20:00	F	5:00	P 45	P 359	C 45	C 364
E-Madrid	-	-	-	-	6	12:00	E	5:00	P 45	P 359	C 45	C 364
F-Bayonne	1 - 4	20:45	C	6:00	1 - 4	20:00	C	2:15	P 45	P 359	C 45	C 364
F-Bayonne	5	20:45	D	6:00	5	20:00	C	23:00	P 45	P 359	C 45	C 364
I-Busto Arsizio	2 - 5	3:30	A	20:30	2 - 5	2:30	A	22:45	P 50	P 380	C 50	C 380
I-Busto Arsizio	1 - 5	10:15	B	3:00	1 - 5	10:00	B	2:30	P 50	P 380	C 50	C 380
I-Busto Arsizio	1 - 5	16:00	B	7:00	1 - 4	14:30	B	9:00	P 50	P 380	C 50	C 380
I-Busto Arsizio	1 - 4	20:00	B	12:30	1 - 5	21:00	B	13:30	P 50	P 380	C 50	C 380
I-Busto Arsizio	5	20:00	D	5:00	6	2:30	B	22:45	P 50	P 380	C 50	C 380
I-Busto Arsizio	6	3:15	C	5:00	6	11:00	C	5:30	P 50	P 380	C 50	C 380
I-Busto Arsizio	6	12:15	C	11:00	6	11:00	C	12:30	P 50	P 380	C 50	C 380
via I-Busto Arsizio zu weiteren Terminals in I-Italien und nach GR-Patras												
I-Verona Q.E.	1 - 4	18:45	B	11:30	1 - 5	13:00	B	6:15	P 70	P 400	C 70	C 400
I-Verona Q.E.	5	18:45	D	0:15	6	11:30	B	23:00	P 70	P 400	C 70	C 400
I-Verona Q.E.	1, 2, 4	18:45	B	15:20	1, 3	21:00	B	16:30	P 70	P 400	C 70	C 400
I-Verona Q.E.	6	12:15	C	9:40	6	11:30	C	14:00	P 70	P 400	C 70	C 400
via I-Verona zu weiteren Terminals in I-Italien und nach GR-Patras												

PROFILTABELLE

Sattelanhänger (2,50 m breit)								Wechselbehälter (2,50 m breit)							
Profil	Eckhöhe*	Profil	Eckhöhe*	Profil	Eckhöhe*	Profil	Eckhöhe*	Profil	Eckhöhe*	Profil	Eckhöhe*	Profil	Eckhöhe*	Profil	Eckhöhe*
P00	330	P20	350	P40	370	P60	390	C00	245	C20	265	C40	285	C60	305
P01	331	P21	351	P41	371	P61	391	C01	246	C21	266	C41	286	C61	306
P02	332	P22	352	P42	372	P62	392	C02	247	C22	267	C42	287	C62	307
P03	333	P23	353	P43	373	P63	393	C03	248	C23	268	C43	288	C63	308
P04	334	P24	354	P44	374	P64	394	C04	249	C24	269	C44	289	C64	309
P05	335	P25	355	P45	375	P65	395	C05	250	C25	270	C45	290	C65	310
P06	336	P26	356	P46	376	P66	396	C06	251	C26	271	C46	291	C66	311
P07	337	P27	357	P47	377	P67	397	C07	252	C27	272	C47	292	C67	312
P08	338	P28	358	P48	378	P68	398	C08	253	C28	273	C48	293	C68	313
P09	339	P29	359	P49	379	P69	399	C09	254	C29	274	C49	294	C69	314
P10	340	P30	360	P50	380	P70	400	C10	255	C30	275	C50	295	C70	315
P11	341	P31	361	P51	381	P71	401	C11	256	C31	276	C51	296	C71	316
P12	342	P32	362	P52	382	P72	402	C12	257	C32	277	C52	297	C72	317
P13	343	P33	363	P53	383	P73	403	C13	258	C33	278	C53	298	C73	318
P14	344	P34	364	P54	384	P74	404	C14	259	C34	279	C54	299	C74	319
P15	345	P35	365	P55	385	P75	405	C15	260	C35	280	C55	300	C75	320
P16	346	P36	366	P56	386	P76	406	C16	261	C36	281	C56	301	C76	321
P17	347	P37	367	P57	387	P77	407	C17	262	C37	282	C57	302	C77	322
P18	348	P38	368	P58	388	P78	408	C18	263	C38	283	C58	303	C78	323
P19	349	P39	369	P59	389	P79	409	C19	264	C39	284	C59	304	C79	324
						P80	410							C80	325

352. Aufgabe

Der Container soll Ludwigshafen so spät wie möglich verlassen, aber am Freitag um 9:00 Uhr beim Empfänger in Verona zur Entladung bereitstehen. Welchen Annahmeschluss im Container-Terminal Ludwigshafen müssen Sie wählen?

353. Aufgabe

Prüfen Sie, ob der Annahmeschluss am Freitag um 18:45 Uhr gegenüber Samstag um 12:15 Uhr einen zeitlichen Vorteil bietet. Begründen Sie Ihre Antwort.

354. Aufgabe

Ein Straßentransport des Containers mit einem Gewicht von 29 t von Ludwigshafen nach Verona wäre viel schneller. Nennen Sie zwei der wichtigsten Gesichtspunkte für die Nutzung der angegebenen Verbindungen im kombinierten Verkehr.

355. Aufgabe

Die Preise des Kombiverkehrs enthalten die Kosten des Umsetzens bzw. des Absetzens im Container-Terminal in Hamburg. Wie muss der Zahlungsvermerk lauten, wenn der Absender im Einzelwagenverkehr diese Kosten neben der Schienenfracht übernehmen will?

356. Aufgabe

Welche Vorteile gegenüber einer Lkw-Beförderung hat der Absender, wenn er im Schienenverkehr der Railion private Paletten, Ladegeräte und Lademittel oder EUR-Paletten zum Tausch aufliefert?

357. Aufgabe

Eine Sendung wird im Einzelwagenverkehr „Quality" befördert. Skizzieren Sie die Haftung von Railion für Güterschäden (Verlust und Beschädigung) und vergleichen Sie dabei mit der Haftung im gewerblichen Güterfernverkehr.

358. Aufgabe

Wann gilt im Schienenverkehr der Railion eine Sendung als verloren? Vergleichen Sie mit den Regelungen im Lkw-Verkehr.

359. Aufgabe

Erläutern Sie die Zusammenhänge zwischen Transportdauerzusage und Lieferfristen bei den Einzelwagenprodukten von Railion. Welche gesetzlichen und vertraglichen Regelungen sind zu berücksichtigen?

Eisenbahnverkehr

360. Aufgabe

Welche Entschädigungen gewährt Railion den Kunden bei Überschreitung der Lieferfristen bzw. der garantierten Transportzeiten?

Auszug/Preise und Konditionen der DB Schenker Rail AG

Standgeld			
	Standgeldsätze je angefangene 24 Stunden und Güterwagen		
	Spalte A	Spalte B	Spalte C
	1.–7. Tag	ab dem 8.–30. Tag	bei hohem Wagenbedarf
Wagengattungen	EUR	EUR	EUR
E, G, K, L, O, T	21,00	24,00	31,00
Ea, F, Ga, H, I, Lg, Rmm, Remm, Rimm, Tb, Td, U, Z	30,00	34,00	45,00
Fa, Ha, Hbb, Ki, La, R, Sl, Ta	38,00	43,00	56,00
Facns 133, Fal, Habb, Habi, Hi(i)(m)rrs-tt, Ia, Laa, Rb, Rn, S, Tadg, Tagnoo, Tamn, Ta(l)n, Ua, Za	45,00	52,00	68,00
Faal, Falrr, Fan, S(d)gg	57,00	66,00	86,00

Die Zuordnung einer Wagengattung zu einer Preisklasse wird durch die Abfolge der Gattungs- und Kennbuchstaben bestimmt. Sollte die betreffende Wagengattung nicht explizit aufgeführt sein, so fällt sie in die Preisklasse der übergeordneten Wagengattung (Beispiel: Wagengattung „Habbi" wird der Wagengattung Habb und somit der Preisklasse 4 zugeordnet).

Bei Ladefristüberschreitungen von mehr als 30 Tagen wird ab dem 31. Tag der in der Spalte A oder Spalte C angegebene Standgeldsatz/24 Stunden verdoppelt.

Wagengattungen mit hohem Wagenbedarf teilt Ihnen unser Kunden-ServiceZentrum mit.

361. Aufgabe

Verwenden Sie den Auszug aus den Preisen und Konditionen von DB Schenker Rail. Die Ladefrist für die im Gleisanschluss der Kabefra gestellten Güterwagen endet täglich mit dem im Bedienplan vorgesehenen Zeitpunkt des Abholens um 16:00 Uhr.
Mit einem Kunden haben Sie vereinbart, dass drei 20-Fuß-Container am Dienstag bis 16:00 Uhr auf einen Containertragwagen Sgns 691 abholbereit verladen werden. Durch Probleme in der Produktion des Kunden sind die Container jedoch erst am Mittwoch abholbereit. Wie viel EUR Wagenstandgeld sind an Railion zu entrichten?

362. Aufgabe

Der Eisenbahnfrachtbrief kann auch die Funktion eines Sperrpapiers übernehmen. Erklären Sie die Funktion eines Sperrpapiers. Erläutern Sie, wie die Sperrfunktion durch den Frachtbrief oder seine Kopie (Doppel) ausgeübt wird.[1]

---

[1] Weitere Aufgaben Eisenbahnverkehr siehe Seiten 40ff.

2.3 Luftfrachtverkehr

Situation 1
Sie sind bei der Kabefra GmbH, Internationale Spedition und Logistik, 60313 Frankfurt am Main, Seilerstraße 32, in der Abteilung Export/Luft tätig.

Sie erhalten heute – am Tag „1" – ein Fax Ihres Kunden „Polypyro AG":

POLYPYRO AG
FABRIK FÜR FEUERWERKSKÖRPER

PolyPyro AG / Wasserweg 21 / 60888 Frankfurt am Main

Spedition
Kabefra GmbH
Seilerstraße 32
60313 Frankfurt

PolyPyro AG
Fabrik für Feuerwerkskörper
Wasserweg 21
60888 Frankfurt am Main

Telefon/Fax: 06912345

Speditionsauftrag Nr. 6666   Frankfurt, Tag 1, 08:00 Uhr

Sehr geehrte Damen und Herren,

wir beauftragen Sie mit der Beförderung als Luftfracht nach Rio de Janeiro/Brasilien von:

10 Kisten Raketen, Zeichen und Nummern: PO 1–10	
Maße jeder Kiste:	Länge 150 cm, Breite 90 cm, Höhe 110 cm
Gewicht jeder Kiste:	82,3 kg (Inhalt: 65 kg)
Inhalt jeder Kiste:	500 Stück Rakete „Himmelszauber"
Verkaufspreis pro Rakete:	0,80 €
Empfänger: Tradaro S. A., Rio der Janeiro, Rua Amazonas 123, Brasil	

Wir fügen eine von uns unterschriebene Handelsrechnung mit der Ursprungserklärung bei.

Wir bitten sicherzustellen, dass uns im Schadensfall der volle Wert erstattet wird.

Die Lieferung erfolgt **CPT Rio de Janeiro**. Die Sendung ist in unserem Werk am Tag 5, ab 16:00 Uhr, zu übernehmen. Wir bitten um Übersendung eines FCR-Dokuments.

Freundliche Grüße

PolyPyro AG
Versandabteilung
ppa. Ingo Meier

Anlage: Handelsrechnung

363. Aufgabe

Klären Sie, welche Aufträge Sie bekommen haben und wie diese zueinander in Beziehung stehen. (stichwortartige, schematische Darstellung möglich)

364. Aufgabe

Schreiben Sie ein Dispositionsblatt zum Speditionsauftrag von „Polypyro AG", in dem Sie die Abwicklungsschritte und Maßnahmen zeitlich ordnen und fehlende Dokumente vermerken.

365. Aufgabe

Erklären Sie die Bedeutung der „Speditionsnummer" (Sped.-Nr.).

366. Aufgabe

Erklären Sie den Unterschied zwischen „Speditionsnummer" und „Kundennummer" (Kd.-Nr.).

367. Aufgabe

Erklären Sie die Bedeutung des „Speditionsbuchs".

368. Aufgabe

Erklären Sie, was in der Luftfrachtspedition unter „labeln" und „reißen" verstanden wird.

369. Aufgabe

Ermitteln Sie sowohl die Spediteurhaftung als auch die Frachtführerhaftung der Fluggesellschaft für Güterschäden (Beschädigung oder Verlust).

370. Aufgabe

Schreiben Sie dem Kunden einen Brief zur Auftragsklärung und Dokumentenanforderung.

371. Aufgabe

Begründen Sie, weshalb für die Sendung Raketen, die CPT Rio de Janeiro gestellt ist, eine Transportversicherung für den Versender Polypyro AG nicht (unbedingt) erforderlich ist.

372. Aufgabe

Nennen Sie die erweiterte Lieferungs- und Zahlungsklausel, wenn sich der Verkäufer Polypyro AG zum Abschluss einer Transportversicherung vertraglich verpflichten soll.

373. Aufgabe

Ordnen Sie die Klauseln „CPT" und „CIP" in die Incoterms ein.

374. Aufgabe

Benennen Sie die Abkürzungen „ADSp", „IATA", „WA", „HP" und „MA" (im Briefbogen Kabefra) im Klartext.

Luftfrachtverkehr

375. Aufgabe

Ordnen Sie das FCR-Dokument den (verkehrsträgerbezogenen) Sparten der Spedition zu.

---

376. Aufgabe

Erläutern Sie Bedeutung und Verwendung des FCR-Dokuments durch den Versender Polypyro AG.

---

377. Aufgabe

Erklären Sie die Bedeutung und Verwendung der vom Versender Polypyro AG auszustellenden „Shipper's Declaration for Dangerous Goods".

---

378. Aufgabe

Bestimmen Sie die Klasse der Feuerwerks-Raketen und den entsprechenden Aufkleber (Label), der auf jede der zehn Kisten aufgebracht werden muss.

Klasse 1	Explosivstoffe
Klasse 2	Gase: verdichtet, verflüssigt, unter Druck gelöst oder tiefgekühlt
Klasse 3	entzündliche Flüssigkeiten
Klasse 4	entzündbare Feststoffe; Substanzen, die zur Selbstentzündung neigen
Klasse 5	Oxidträger; organische Peroxide
Klasse 6	giftige (toxische) Stoffe und Krankheitserreger
Klasse 7	radioaktive Stoffe
Klasse 8	ätzende Stoffe
Klasse 9	verschiedene gefährliche Güter

Situation 2

Noch am Tag „1", um 14.00 Uhr, erhielten Sie von der Polypyro AG die Gefahrgutdaten der Sendung nach Rio de Janeiro zugefaxt: UN-Nummer 0337, Feuerwerkskörper Typ D (= „Feuerwerkskörper, die im verpackten Zustand keine bedeutsame Gefahr darstellen"), Klasse 1, Unterklasse 4. Der Blick ins DGR verrät Ihnen, dass der Aufkleber „Explosive 1.4 S" zu verwenden ist, die Sendung bei diesen Gewichten nur auf Frachtflugzeugen befördert werden darf, die Verpackungsvorschriften Nr. 150 für Explosivstoffe in Kisten für die Außenverpackung auch „Vollholz normal" und für die Innenverpackung sogar lediglich „Kraftpapier" verlangen und das maximale Nettogewicht pro Packstück gerade noch unterschritten ist. Alle Gefahrgut-Vorschriften sind somit vom Versender her eingehalten.
Am Tag „2" buchen Sie die Sendung. Vorbereitend informieren Sie sich im „TACT".

---

379. Aufgabe

Erläutern Sie die inhaltlichen Schwerpunkte des „TACT".

380. Aufgabe

Gliedern Sie die Raten des TACT – ohne Unterscheidung in „nationale" (domestic) und „internationale" Raten – hierarchisch (Gewichtsraten nach „Ratenpriorität") in der Grafik.

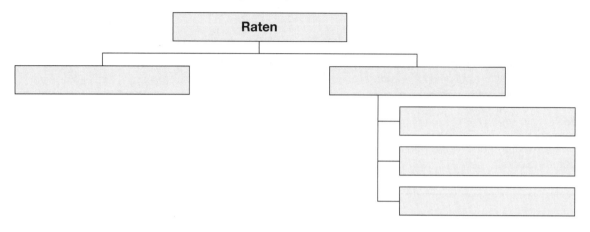

381. Aufgabe

Übersetzen und erklären Sie die Abkürzungen und Nummern im IATA-Luftfrachttarif TACT.

From:	FRANKFURT	DE	FRA
To:	RIO DE JANEIRO		BR
item	min. wght.		local curr. EUR
	M		150,00
	N		26,52
	45		20,00
	100		15,87
	300		12,35
	500		9,67
1199	800		5,67
4203	300		7,89
9338	2 000		0,55

382. Aufgabe

Berechnen Sie das Raumgewicht der Sendung „Feuerwerkskörper für Rio".

383. Aufgabe

Erläutern Sie, inwieweit eine „Warenklassenrate" für die Rio-Sendung anzuwenden ist.

384. Aufgabe

Berechnen Sie die für Ihren Kunden Polypyro AG günstigste Fracht nach dem „TACT".

385. Aufgabe

Nennen Sie den Begriff, der anstelle von „Volumengewicht" gebraucht werden kann.

386. Aufgabe

Begründen Sie, weshalb bei „Sperrigkeit" das höhere Volumengewicht zu Grunde zu legen ist.

Situation 3

Am Tag „4" schreiben Sie den Luftfrachtbrief (AWB = Air Waybill). Sie blättern im AWB. Sie lesen den in Englisch gedruckten AWB und klären einige Begriffe. Dann informieren Sie sich – wiederum im TACT (rules) – über die Ausfüllhinweise und die Bedeutung des Frachtbriefs.

387. Aufgabe

Benennen Sie die Abkürzung „AWB" deutsch und englisch.

388. Aufgabe

Unterscheiden Sie die verschiedenen Blätter (Ausfertigungen) des Luftfrachtbriefes (AWB).

389. Aufgabe

Erklären Sie die aufgedruckte (oder zugeteilte) Nummer des Luftfrachtbriefs (AWB).

390. Aufgabe

Füllen Sie die erste Zeile im Abriss des Luftfrachtbriefs (AWB-Nummer „234 – 1234 5678") aus.

Prefix	Issued at	AWB-Number		Complete AWB-Number
Shipper's Name and Address		Shipper's account Number	Not negotiable **Air Waybill** (Air Consignment note) Issued by	

Luftfrachtverkehr

391. Aufgabe

Füllen Sie den Luftfrachtbrief (der „Flughansa") aufgrund des Speditionsauftrags vollständig aus.

Luftfrachtverkehr

392. Aufgabe

Nennen Sie die englische und deutsche Bezeichnung der eingetragenen Abkürzung „NVD".

393. Aufgabe

Erläutern Sie die unterschiedliche Bedeutung der Eintragung „NVD" (no value declared = keine Wertangabe) in den Feldern (a) „Declared value for carriage" und (b) „Amount of Insurance".

394. Aufgabe

Erläutern Sie die Klausel „not negotiable" im Kopf des Luftfrachtbriefs (AWB).

395. Aufgabe

Erläutern Sie die Rechtsfolgen, wenn Sie die Sendung nach Rio ohne Frachtbrief abgefertigt hätten.

396. Aufgabe

Nennen Sie vier Funktionen des Luftfrachtbriefs (AWB).

Situation 4
Sie legen den ausgefüllten Frachtbrief (AWB) Ihrem Chef vor. Ihr Vorgesetzter bemängelt, dass Sie „SSC", „FSC" und „SCI" vergessen haben. Sie informieren sich über die Bedeutung der Abkürzungen.

397. Aufgabe

Was ist unter „SSC" zu verstehen?

398. Aufgabe

Was ist unter „FSC" zu verstehen?

399. Aufgabe

Welche Organisation ist für Ordnung, Sicherheit und Freiheit in der Luftfahrt zuständig?

400. Aufgabe

Wie ist die ICAO funktional und organisatorisch zu definieren und auf welches Abkommen gründet sich die ICAO?

401. Aufgabe

Was ist unter „SCI" zu verstehen?

402. Aufgabe

Welcher SCI-Eintrag (Zollstatusvermerk) ist im AWB für die Sendung der „Polypyro" nach Rio de Janeiro/Brasilien vorzunehmen?

2.4 Binnenschifffahrt

403. Aufgabe

Zählen Sie vier Nebenflüsse des Rheins auf, die als Wasserstraßen ebenfalls eine bedeutende Rolle spielen.

404. Aufgabe

Verwenden Sie die Karte auf Seite 99.
Das Rheinstromgebiet ist durch Kanäle mit anderen schiffbaren Flüssen wie Ems, Weser und Elbe verbunden. Benennen Sie die entsprechenden Kanäle und geben Sie einen Ort oder eine Wasserstraße am Beginn und Ende der Kanalstrecke an.

Kanal	von	bis

Abbildung zu Aufgabe 404

Westdeutsches Kanalnetz

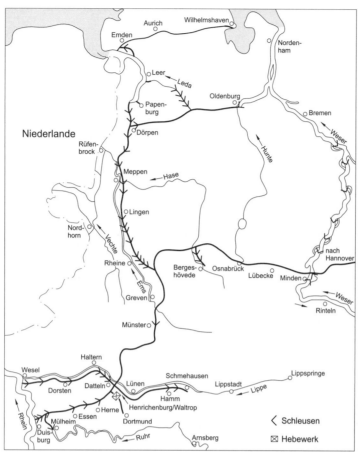

Handbuch Güterverkehr Binnenschifffahrt, LUB-Consulting im Auftrag des Bundesministeriums für Verkehr, 2005

Situation 1
Als Partikulier besitzen Sie das Motorschiff „MS Lilly", das eine Nutzlast von 1 350 t hat. Sie bereiten die Zahlen für Transportangebote vor und stellen die erforderlichen Werte zusammen.

405. Aufgabe
Zählen Sie die fünf Kostengruppen auf, aus denen sich die Gesamtkosten eines Binnenschifftransportes zusammensetzen.

406. Aufgabe
Erläutern Sie die Bedeutung der Bereithaltungskosten und erklären Sie den Unterschied zu den Fortbewegungskosten. Verwenden Sie dabei auch die Begriffe, die Ihnen von der Lkw-Kalkulation bekannt sind.

407. Aufgabe
Erklären Sie, warum die Personalkosten mit 120 750,00 EUR hier relativ hoch angesetzt sind. Welche Unterschiede bestehen zur Lkw-Kalkulation (Abb. zu den Aufgaben s. S. 100)?

408. Aufgabe
Nennen Sie mindestens sechs Kostenarten, die unter die Position „sonstige Kosten" fallen.

Binnenschifffahrt

409. Aufgabe

Ermitteln Sie die Jahresabschreibung und tragen Sie den Wert in die Tabelle ein.

Abbildung zu den Aufgaben 407–412

	Bereithaltungskosten	
	Zeitwert des Schiffs	650 000,00 EUR
	Einsatztage pro Jahr	300
	restliche Abschreibungsdauer	13 Jahre
	Tageseinsatzzeit	14 Std.
	Gasölverbrauch pro Stunde	50 l
	Schmierölverbrauch in % des Gasölverbrauchs	5
	Gasölpreis pro Liter	0,85 EUR
	Kostenarten	Euro
1	Personalkosten	120 750,00
2	Reparaturkosten[1]	21 000,00
3	Versicherung	17 800,00
4	sonstige Kosten	11 500,00
5	Abschreibungen[2]	
6	Zinsen 8 %	
7	**Summe Bereithaltungskosten**	
8	**Tageskostensatz (300 Einsatztage)**	
10	**Stundensatz (14 Einsatzstunden pro Tag)**	

[1] Als Durchschnitt der letzten fünf Jahre, um einen Ausgleich zwischen hohem und niedrigem Reparaturaufwand zu erreichen.
[2] Die restliche Nutzungsdauer des Schiffs wird auf 13 Jahre geschätzt.

410. Aufgabe

Als Zinssatz für eingesetztes Eigen- und Fremdkapital werden 8 % veranschlagt. Ermitteln Sie die kalkulatorische Zinsbelastung des Partikuliers für dieses Schiff und tragen Sie den Wert in die Tabelle ein.

411. Aufgabe

Ermitteln Sie nun die Summe der jährlichen Bereithaltungskosten und tragen Sie den Wert in die Tabelle ein.

412. Aufgabe

Berechnen Sie nun den Tageskostensatz, tragen Sie den Wert in die Tabelle ein und erklären Sie seine Bedeutung für die Kostensituation des Schiffs.

413. Aufgabe

Tragen Sie nun den Wert des Stundensatzes in die Tabelle ein.

414. Aufgabe

Erläutern Sie, warum in der Binnenschifffahrt mit einer größeren Zahl von Einsatztagen als im Lkw-Verkehr gerechnet wird.

415. Aufgabe

Von seiner Bauart her beträgt die Höchstgeschwindigkeit der MS Lilly elf Knoten. Wie viele Kilometer können Sie rein rechnerisch – ohne Berücksichtigung der Besonderheiten der jeweiligen Wasserstraße – pro Stunde zurücklegen?

Situation 2
Verwenden Sie die Entfernungstabelle „Ausgewählte Entfernungen ..." und begründen Sie Ihre Aussagen. Ihr Schiff befindet sich zurzeit in Köln und soll zur Ladungsübernahme nach Rotterdam fahren.

416. Aufgabe

Verwenden Sie das Ergebnis der vorhergehenden Aufgabe. Mit welcher Fahrzeit rechnen Sie (Abb. s. S. 102)?

417. Aufgabe

Stellen Sie Überlegungen darüber an, ob Sie einem Auftraggeber in Rotterdam für die Leeranfahrt Fracht berechnen.

418. Aufgabe

Ihr Schiff wird in Rotterdam mit 980 t Trockenfracht beladen. Können Sie auf dem Rückweg flussaufwärts mit der gleichen Geschwindigkeit rechnen? Begründen Sie Ihre Aussage.

Verwenden Sie für die folgenden Aufgaben die abgebildete Entfernungstabelle.

Situation 3
In Rotterdam bekommen Sie den Auftrag, die Güter nicht in Köln, sondern in Würzburg abzuliefern.

419. Aufgabe

Welche Entfernung auf dem Rhein zwischen Rotterdam und Mainz entnehmen Sie der Entfernungstabelle (Abb. s. S. 102)?

420. Aufgabe

Ermitteln Sie nun die Entfernung und Fahrzeit Rotterdam – Mainz flussaufwärts bei einer Reisegeschwindigkeit von 13 km/h.

421. Aufgabe

Erklären Sie, welche Besonderheiten gegenüber der Fahrt auf dem Rhein die Binnenschifffahrt auf dem Main aufweist und wie sich dies auf die Reisegeschwindigkeit eines Schiffes auswirkt.

Binnenschifffahrt

Abbildung zu den Aufgaben 416, 419, 422

Ausgewählte Entfernungen zwischen Binnenhäfen und Angaben über Anzahl der Schleusen

	Basel	Kehl/Straßb.	Karlsruhe	Mannheim	Heilbronn	Stuttgart	Mainz	Frankfurt	Aschaffenburg	Würzburg	Bamberg	Salzig	Koblenz	Trier	Metz	Wesseling	Köln	Düsseldorf	Dbg.-Rahrort	Dortmund	Datteln	Hamm	Münster	Wesel	Emmerich	Dordrecht	Rotterdam	Amsterdam	Gent	Antwerpen
Basel	●	8	10	10		33	10	13	17	30	44	10	10	19	28	10	10	10	10	16	15	15	15	10	10	10	10	12	14	12
Kehl/Straßburg	126	●	2	2	13	25	2	5	9	22	36	2	2	11	20	2	2	2	2	8	7	7	7	2	2	2	2	4	6	4
Karlsruhe	190	64	●	–	11	23	–	3	7	20	34	–	–	9	18	–	–	–	–	6	5	5	5	–	–	–	–	2	4	2
Mannheim	258	132	68	●	11	23	–	3	7	20	34	–	–	9	18	–	–	–	–	6	5	5	5	–	–	–	–	2	4	2
Heilbronn	370	244	180	112	●	12	11	14	18	31	45	11	11	20	29	11	11	11	11	17	16	16	16	11	11	11	11	13	15	13
Stuttgart	446	320	258	188	76	●	23	26	30	43	57	23	23	32	41	23	23	23	23	29	28	28	28	23	23	23	23	25	27	25
Mainz	327	201	137	69	181	257	●	3	7	20	34	–	–	9	18	–	–	–	–	6	5	5	5	–	–	–	–	2	4	2
Frankfurt	362	236	172	104	216	292	35	●	4	17	31	3	3	12	21	3	3	3	3	9	8	8	8	3	3	3	3	5	7	5
Aschaffenburg	412	286	222	154	266	342	85	50	●	13	27	7	7	16	25	7	7	7	7	13	12	12	12	7	7	7	7	9	11	9
Würzburg	577	451	387	319	431	507	250	215	165	●	14	20	20	29	38	20	20	20	20	26	25	25	25	20	20	20	20	22	24	22
Bamberg	713	587	523	455	567	643	386	351	301	136	●	34	34	43	52	34	34	34	34	40	39	39	39	34	34	34	34	36	38	36
Salzig	396	270	206	138	250	326	69	104	154	319	455	●	–	9	18	–	–	–	–	6	5	5	5	–	–	–	–	2	4	2
Koblenz	422	296	232	164	276	352	95	130	180	345	481	26	●	9	18	–	–	–	–	6	5	5	5	–	–	–	–	2	4	2
Trier	606	480	416	348	460	536	279	314	364	529	665	219	184	●	9	9	9	9	9	15	14	14	14	9	9	9	9	11	13	11
Metz	719	593	529	461	573	649	392	427	477	642	778	323	297	113	●	18	18	18	18	24	23	23	23	18	18	18	q8	20	22	20
Wesseling	501	375	311	243	355	431	174	209	259	424	560	105	79	263	376	●	–	–	–	6	5	5	5	–	–	–	–	2	4	2
Köln	517	391	327	259	371	447	190	225	275	440	576	121	95	279	392	16	●	–	–	6	5	5	5	–	–	–	–	2	4	2
Düsseldorf	573	447	383	315	427	503	246	281	331	496	632	177	151	335	448	72	56	●	–	6	5	5	5	–	–	–	–	2	4	2
Dbg.-Ruhrort	610	484	420	352	464	540	283	318	368	533	669	214	188	372	485	109	93	37	●	6	5	5	5	–	–	–	–	2	4	2
Dortmund	674	548	484	416	528	604	347	382	432	597	733	278	252	436	549	173	157	101	64	●	1	1	1	7	7	7	7	9	11	9
Datteln	665	539	475	407	519	595	338	373	423	558	724	269	243	427	540	164	148	92	55	21	●	–	–	6	6	6	6	8	10	8
Hamm	699	573	509	441	553	629	372	407	457	622	758	303	277	461	574	198	182	126	89	55	36	●	–	6	6	6	6	8	10	8
Münster	712	586	522	454	566	642	385	420	470	635	771	316	290	474	587	211	195	139	102	68	47	83	●	6	6	6	6	8	10	8
Wesel	643	517	453	385	497	573	316	351	401	566	702	247	221	405	518	142	126	70	33	81	60	96	107	●	–	–	–	2	4	2
Emmerich	682	556	492	424	536	612	355	390	440	605	741	286	260	444	557	181	165	109	72	120	99	135	146	39	●	–	–	2	4	2
Dordrecht	806	680	616	548	660	736	479	514	564	729	865	410	384	568	681	305	289	233	196	244	223	259	270	163	124	●	–	1	4	2
Rotterdam	830	704	640	572	684	760	503	538	588	753	889	434	408	592	705	329	313	257	220	268	247	283	294	187	148	24	●	1	4	2
Amsterdam	816	690	626	558	670	746	489	524	574	739	875	420	394	578	691	315	299	243	206	254	233	269	280	173	134	95	115	●	5	3
Gent	945	819	755	687	799	875	619	653	703	868	1004	549	523	707	820	444	428	372	335	383	362	398	409	302	263	139	163	234	●	2
Antwerpen	910	784	720	652	764	840	583	618	668	833	969	514	488	672	785	409	393	337	300	348	327	363	374	267	228	104	128	199	100	●

Entfernungen in km

Handbuch Güterverkehr Binnenschifffahrt, S. 14, hrsg. im Auftrag des Bundesministeriums für Verkehr, 2005

Binnenschifffahrt

Abbildung zu Aufgabe 422

Fahrzeiten- und Entfernungstabelle Main

Main und Main-Donau-Kanal	Entfernung in km	km/h	Mündung in den Rhein	Frankfurt	Hanau	Aschaffenburg	Würzburg	Bamberg	Nürnberg	
km/h	✕	✕	12						11	
Mündung in den Rhein	✕		✕	5,8	10,3	14,0	20,7	65,2	77,2	Beladen zu Tal
Frankfurt	35	9	6,3	✕	4,4	8,2	34,9	59,4	71,4	
Hanau	22		11,5	5,0	✕	3,8	30,5	54,9	67,0	
Aschaffenburg	25		16,2	9,5	4,5	✕	26,7	51,2	63,2	
Würzburg	170		48,5	41,8	32,1	29,6	✕	24,5	36,5	
Bamberg	136	10	72,6	65,9	60,8	56,4	26,8	✕	12,0	
Nürnberg	70		85,3	73,6	73,6	69,1	39,5	12,7	✕	

Beladen zu Berg

Main und Main-Donau-Kanal	Entfernung in km	km/h	Mündung in den Rhein	Frankfurt	Hanau	Aschaffenburg	Würzburg	Bamberg	Nürnberg	
km/h	✕	✕	13						11	
Mündung in den Rhein	✕		✕	5,5	9,8	13,4	39,0	62,6	73,7	Leer zu Tal
Frankfurt	35		5,8	✕	4,2	7,9	33,5	57,1	68,2	
Hanau	22	12	10,3	4,4	✕	3,7	29,3	52,8	64,0	
Aschaffenburg	25		14,0	8,2	3,8	✕	25,6	49,2	61,3	
Würzburg	170		40,7	34,9	30,5	26,7	✕	23,6	35,7	
Bamberg	136		55,2	39,4	54,9	51,2	24,5	✕	12,1	
Nürnberg	70	11	77,3	71,5	67,1	63,3	36,6	12,1	✕	

Leer zu Berg

Handbuch Güterverkehr Binnenschifffahrt, im Auftrag des Bundesministeriums für Verkehr, 2005

Binnenschifffahrt

422. Aufgabe

Verwenden Sie die Abbildung „Fahrzeiten- und Entfernungstabelle Main" und die Tabelle „Ausgewählte Entfernungen …" und ermitteln Sie jeweils die Entfernung von der Mainmündung bzw. von Mainz nach Würzburg. Erklären Sie, wie die „Fahrzeiten- und Entfernungstabelle Main" zu benutzen ist.

Tabelle	km
Fahrzeiten- und Entfernungstabelle Main	
Ausgewählte Entfernungen	

423. Aufgabe

Welche Fahrzeit zwischen der Mainmündung und Würzburg lesen Sie für das beladene Motorschiff Lilly aus der Tabelle ab?

424. Aufgabe

Ermitteln Sie in der folgenden Tabelle die Gesamtentfernung und die Gesamtfahrzeit der Fahrt Köln–Rotterdam–Würzburg. Verwenden Sie für die Mainstrecke die Fahrzeiten- und Entfernungstabelle Main, für die Rheinstrecke die ungerundeten Werte der Ergebnisse der Aufgaben 14 und 18. Rechnen Sie bei den Fahrzeiten mit zwei Dezimalstellen.

Strecke	km	Std.
Köln–Rotterdam		
Rotterdam–Mainz		
Mainmündung–Würzburg		
Summe		

Verwenden Sie den Auszug aus der Verordnung über die Lade- und Löschzeiten sowie das Liegegeld in der Binnenschifffahrt (BinSchLV).

Situation 4
Ihr Schiff kommt am Freitag um 10:00 Uhr im Würzburger Hafen an. Unverzüglich verständigen Sie den Empfänger telefonisch, dass er die Ladung von 980 t Sojaschrot entladen kann. Es sind keine Sondervereinbarungen getroffen. Das Schiff hat eine Tragfähigkeit von 1 350 t.

425. Aufgabe

Stellen Sie fest, wann die Ladezeit beginnt und welche Bedeutung in diesem Fall der Meldetag hat. Begründen Sie Ihre Ergebnisse. (Anlage zu den Aufgaben)

426. Aufgabe

Erklären Sie, welche Lade- und Löschzeiten Ihren Kunden zur Verfügung stehen und wie diese Zeiten vergütet werden.

427. Aufgabe

Berechnen Sie das Ende der Ladezeit.

Binnenschifffahrt

Anlage zu den Aufgaben 425–426

Verordnung über die Lade- und Löschzeiten sowie das Liegegeld in der Binnenschifffahrt (BinSchLV)

Aufgrund des § 412 Abs. 4 des Handelsgesetzbuches, der durch Artikel 1 Nr. 3 des Gesetzes vom 25. Juni 1998 (BGBl. I S. 1588) eingefügt worden ist, verordnet das Bundesministerium der Justiz im Einvernehmen mit dem Bundesministerium für Verkehr, Bau- und Wohnungswesen:

Abschnitt 1. Trockenschifffahrt

§ 1. Beginn der Ladezeit

(1) Hat der Frachtvertrag die Beförderung von anderem als flüssigem oder gasförmigem Gut zum Gegenstand, so beginnt die Ladezeit nach Ablauf des Tages, an dem der Frachtführer die Ladebereitschaft dem Absender oder der vereinbarten Meldestelle anzeigt.

(2) Haben die Parteien vereinbart, dass der Zeitpunkt der Ladebereitschaft voranzumelden ist, so beginnt die Ladezeit abweichend von Absatz 1 zwei Stunden nach dem in der Voranmeldung genannten Zeitpunkt. Voraussetzung ist jedoch, dass die Voranmeldung mindestens acht Stunden vor dem angemeldeten Zeitpunkt dem Absender oder der vereinbarten Meldestelle zugeht und der Frachtführer zum angemeldeten Zeitpunkt ladebereit ist.

(3) Wird an dem Tag, an dem der Frachtführer seine Ladebereitschaft anzeigt, oder wird bei einer Voranmeldung noch vor Ablauf der Frist von zwei Stunden nach dem angemeldeten Zeitpunkt der Ladebereitschaft geladen, so beginnt die Ladezeit mit dem Beginn des Ladens.

§ 2. Dauer der Ladezeit

(1) Die Ladezeit beträgt eine Stunde für jeweils 45 Tonnen Rohgewicht der für ein Schiff bestimmten Sendung. Als ein Schiff im Sinne von Satz 1 ist auch ein Schub- oder Koppelverband anzusehen.

(2) Bei der Berechnung der Ladezeit kommen folgende Zeiten nicht in Ansatz:

1. Sonntage und staatlich anerkannte allgemeine Feiertage an der Ladestelle,
2. an Werktagen die Zeit zwischen 20.00 Uhr und 6.00 Uhr.
3. die Zeit, in der aus Gründen, die dem Risikobereich des Frachtführers zuzurechnen sind, das Verladen jeder Art von Gut unmöglich ist.

(3) Absatz 2 Nr. 1 und 2 ist nicht anzuwenden, soweit der Frachtführer während der darin genannten Zeiten vereinbarungsgemäß oder auf Weisung des Absenders oder der Meldestelle ladebereit ist.

---

428. Aufgabe

Der Empfänger teilt Ihnen mit, dass die Entladung am Montag erst um 20:00 Uhr beendet ist. Berechnen Sie das anfallende Liegegeld. (vgl. Aufgabe 430)

Tragfähigkeit des Schiffs	Standgeld (Liegegeld) pro angefangene Std.
bis zu 1500 t	0,05 EUR pro Tonne Tragfähigkeit
über 1500 t	75,00 EUR + 0,02 EUR für jede über 1500 t liegende Tonne

---

429. Aufgabe

Sie haben den Empfänger in Würzburg am Freitag um 10:30 Uhr verständigt, dass die MS Lilly ladebereit ist. Mit Ihrer Zustimmung beginnt die Entladung bereits eine halbe Stunde später um 11:00 Uhr. Wann endet die Ladezeit?

---

430. Aufgabe

Zwischen Absender und Schiffer ist vereinbart, dass die Ankunft des Schiffs beim Empfänger in Würzburg vorangemeldet wird. Donnerstags um 9:00 Uhr verständigt deshalb der Schiffer den Empfänger telefonisch, dass sein Schiff am Freitag um 6:00 Uhr zur Entladung bereit ist. Ermitteln Sie anhand des Textauszugs Beginn und Ende der Ladezeit.

Situation 5

Sie haben für die Tour Köln–Rotterdam–Mainz–Würzburg bei Aufgabe 424 die benötigten Kilometer und Stunden zusammengestellt. Fehlende Werte entnehmen Sie den allgemeinen Angaben der Tabelle der Bereithaltungskosten bei Aufgabe 406 ff. Beachten Sie die folgenden Tabellen zu den Aufgaben 431–433.

Daten zur Ermittlung der Fortbewegungskosten (Aufgaben 431–433)

Strecke	Kilometer	effektive Fahrzeit in Std.
Köln–Rotterdam	313	15,65
Rotterdam–Mainz	503	38,70
Main–Würzburg	252	48,50
Summe	1068	102,85

	Bereithaltungskosten	
	allgemeine Angaben	
	Zeitwert des Schiffs	650 000,00 EUR
	Einsatztage pro Jahr	300
	restliche Abschreibungsdauer	13 Jahre
	Tageseinsatzzeit	14 Std.
	Gasölverbrauch pro Stunde	50 l
	Schmierölverbrauch in % des Gasölverbrauchs	5
	Gasölpreis pro Liter	0,85 EUR
	Kostenarten	**Euro**
1	Personalkosten	120 750,00
2	Reparaturkosten	21 000,00
3	Versicherung	17 800,00
4	sonstige Kosten	11 500,00
5	Abschreibungen	50 000,00
6	Zinsen 8 %	26 000,00
7	**Summe Bereithaltungskosten**	247 050,00
8	**Tageskostensatz**	823,50
10	**Stundensatz**	58,82

431. Aufgabe

Ermitteln Sie die Treibstoffkosten. Bei der Berechnung bitte auf volle Stunden aufrunden.

Binnenschifffahrt

432. Aufgabe

Ermitteln Sie die Schmierstoffkosten.

---

433. Aufgabe

Ermitteln Sie nun die Summe der Fortbewegungskosten.

---

434. Aufgabe

Die Transporte auf dem Rhein sind von Binnenschifffahrtsabgaben befreit. Prüfen Sie anhand unten stehender Bestimmungen, ob dies auch für den Main gilt.

Befahrungsabgaben und Schleusengebühren (Aufgabe 434)

Tarifstelle (TS)	
020*	Schiffahrtsabgaben werden als Befahrungsabgaben oder als Schleusengebühren erhoben. Für bestimmte Fahrzeugarten können die Schifffahrtsabgaben pauschaliert erhoben werden. Den Befahrungsabgaben liegt die **Fahrstrecke** oder die Tragfähigkeit zu Grunde.
021	**Befahrungsabgaben** (Teil C Abschnitt I und Teil D) werden erhoben für a) **Gütertransporte** (ausgenommen Container) **nach Gewicht und Art** der beförderten Güter. ... d) **beladene Container** unabhängig von Gewicht und Art der beförderten Güter **nach Anzahl und Größe der Container**.
023	**Schleusengebühren** für Schleusungen **außerhalb** der festgesetzten Schleusenbetriebszeit (Teil C Abschnitt II Nr. 2) werden – auch neben den Schifffahrtsabgaben – für jede Schleusendurchfahrt erhoben für a) Güterschiffe, leer oder beladen. b) Fahrgast- und Fahrgastkabinenschiffe mit oder ohne Fahrgäste. c) alleinfahrende Schlepper und Schubboote. d) sonstige unter TS 021 und TS 022 genannte Fahrzeuge.

Situation 6
Für die Ermittlung der Befahrungsabgaben auf dem Main gilt ein eigenes Tarifwerk der Wasser- und Schifffahrtsdirektion Südwest in Mainz.

---

435. Aufgabe

Prüfen Sie anhand des Tarifauszugs, ob auch für leere Binnenschiffe und leere Container Befahrungsabgaben zu entrichten sind. Geben Sie die jeweilige Tarifstelle an.

Befreiung von den Schifffahrtsabgaben

Tarifstelle (TS)	
	2. **Befreit** von **Befahrungsabgaben** im Geltungsbereich des Tarifes sind.
1003*	**Güterschiffe ohne Ladung**, soweit sie nicht anderweitig gewerblich genutzt werden.
1008	**Leere Container** (Gkl. V: Nr. 9911, 9912).
1010	**Wasserballast**, soweit das Gewicht des Wassers vom Schiffsführer nachgewiesen wird.

Binnenschifffahrt

436. Aufgabe

Verwenden Sie den Auszug aus der Entfernungstafel Main (Abbildung zu Aufgabe 422), die bei Flusskilometer 0 an der Mainmündung beginnt. Ermitteln Sie die Tarifentfernung ab Mainmündung bis Würzburg-Flusshafen.

Situation 7
Verwenden Sie die folgenden Abbildungen und ermitteln Sie die Befahrungsabgaben. Bei der Ladung von 980 t Trockenfracht handelt es sich um Sojaschrot.

Anlage zu den Aufgaben 437 und 440

Auf dem Main und dem Main-Donau-Kanal in Richtung Donau

Für die nachstehend genannten Güter sind abweichend von den nach den Tarifstellen 054 bis 056 festgesetzten Regelsätzen, soweit die Güter auf dem Main und auf dem Main-Donau-Kanal in Richtung Donau befördert werden, je Gewichtstonne (1 000 kg) und je Kilometer zu entrichten:

Tarif-stelle (TS)	Güterart und Geltungsbereich	Für Güter der Güterklasse			
		I/II Cent	III/IV Cent	V Cent	VI Cent
616 617	**Futtermittel, pflanzlich und mineralisch** (Gkl. V: Nr. 1712, 12720, 1791, 1792) im Verkehr nach Häfen – zwischen Tarif-km 148 (Schleuse Faulbach) und Tarif-km 301 (Schleuse Gerlachshausen) – oberhalb Tarif-km 301 (Schleuse Gerlachshausen) (soweit nicht nach Tarifstelle 618 – Sojaschrot, Calciumphosphat – ein niedrigerer Abgabensatz gilt)	– –	– –	0,291 0,205	– –
618	**Sojaschrot, Calciumphosphat** (Gkl. V: Nr. 1720, 1791) im Durchgangsverkehr vom Rhein nach Häfen an der Donau	–	–	0,153	–
620	**Raps, Sonnenblumenkerne, Sojabohnen** (Gkl. III: Nr. 1811) im Durchgangsverkehr vom Rhein nach Häfen an der Donau	–	0,205	–	–
622*	**Rapsöl, Sojaöl** (Gkl. II: Nr. 1821) im Verkehr nach Häfen oberhalb Tarif-km 242 (Schleuse, Erlabrunn) – befristet bis zum 31. Dezember 2008 –	0,370	–	–	–
626 627	**Kohlen, Torf** (Gkl. VI: Nr. 2110, 2130, 2210, 2230, 2240, 2310, 2330) im Verkehr nach Häfen – zwischen Tarif-km 161 (Schleuse Eichel) und Tarif-km 276 (Schleuse Marktbreit) – oberhalb Tarif-km 276 (Schleuse Marktbreit)	– –	– –	– –	0,263 0,245
630	**Benzin, Benzin-Benzolgemisch** (Gkl. I: Nr. 3211) im Verkehr nach Häfen oberhalb Tarif-km 301 (Schleuse Gerlachshausen)	0,488	–	–	–

437. Aufgabe

Ermitteln Sie die Güterklasse.

438. Aufgabe

Ermitteln Sie den Regelsatz ab Mainmündung bis Würzburg.

439. Aufgabe

Prüfen Sie, ob eine der Tarifstellen 616, 617 oder 618 anzuwenden ist.

440. Aufgabe

Ermitteln Sie nun die Befahrungsabgaben für den Main.

441. Aufgabe

Führen Sie nun die Gesamtkalkulation dieser Reise anhand der folgenden Tabelle durch.

Benötigte Zeit in Stunden		
Fahrzeit Köln–Rotterdam–Mainz–Würzburg	Aufgabe 424	
Meldetag Rotterdam	Arbeitsstunden	
Ladezeit Rotterdam (wie Löschzeit Würzburg)	Aufgabe 426	
Meldetag Würzburg	Arbeitsstunden	
Löschen Würzburg	Aufgabe 426	
insgesamt benötigte Zeit in Stunden		
Ermittlung der Bereithaltungskosten des Transports in Euro		
Stunden × Stundensatz von	Aufgabe 413	
Fortbewegungskosten	Aufgabe 436	
Befahrungsabgaben Main	Aufgabe 441	
Summe		
Gewinn-/Risikoaufschlag 3%		
Angebotspreis		
Preis pro Tonne (980 t)		

442. Aufgabe

Erläutern Sie, nach welchen Grundlagen/Grundsätzen die Preisstellung gegenüber den Kunden in der Binnenschifffahrt erfolgt.

Anlage zu Aufgabe 438

Befahrungsabgaben auf dem Main – Regelsätze

Tarifstelle (TS)		
	I. **Befahrungsabgaben für**	
	1. **Güter**	
	Für Güter (ausgenommen Bunker- und Proviantboote – TS 069 sowie Container – TSn 061 ff.) sind je Gewichtstonne (1 000 kg) und je Kilometer Abgaben zu entrichten, und zwar:	
	a) **nach Regelsätzen**	
053*	– **auf dem Neckar**	
	für Güter der Güterklassen I/II	1,012 Cent
	für Güter der Güterklassen III/IV	0,844 Cent
	für Güter der Güterklasse V	0,741 Cent
	für Güter der Güterklasse VI	0,506 Cent
	– **auf dem Main und auf dem Main-Donau-Kanal**	
	nach dem **Tarifsatzzeiger** Main/Main-Donau-Kanal (**Anlage 1**), dem abhängig von der Länge der durchfahrenen abgabenpflichtigen Strecke nachstehende Tarifsätze zu Grunde liegen mit der Maßgabe, dass die Abgaben für die längere Strecke nicht billiger sein dürfen als die für die kürzere:	
054	– **bis 180 km**	
	für Güter der Güterklassen I/II	1,012 Cent
	für Güter der Güterklassen III/IV	0,844 Cent
	für Güter der Güterklasse V	0,741 Cent
	für Güter der Güterklasse VI	0,506 Cent
055	– **von 181 bis 384 km**	
	für Güter der Güterklassen I/II	0,716 Cent
	für Güter der Güterklassen III/IV	0,585 Cent
	für Güter der Güterklasse V	0,488 Cent
	für Güter der Güterklasse VI	0,391 Cent

Binnenschifffahrt

Situation 8
Sie sind bei der Kabefra GmbH, Internationale Spedition und Logistik, 60313 Frankfurt am Main, Seilerstraße 32, in der Abteilung Binnenschifffahrt tätig.
Sie erhalten heute – am Tag „1" – ein Fax Ihres Kunden „Spannstahl AG":

 **Fabrik für Brückenkonstruktionen**

| Spedition
Kabefra GmbH
Seilerstraße 32
60313 Frankfurt | **Projekt Nr. 759**
Hanau, Tag „1", 07:00 | Spannstahl AG
– Fabrik für Brückenkostruktionen –
Gründaustraße 40–48
63450 Hanau am Main
Telefon/Fax: 06181 12345 |

Sehr geehrte Damen und Herren,

wir beauftragen Sie mit der **Beförderung** per Binnenschiff ab unserem Kai im Hanauer Hafen:

Sendung: 6 Brückenbogen aus Stahl; je Länge 10,20 m, Höhe 2,90 m, Breite 0,90 m
Gewicht jedes Brückenbogens 210 000 kg, Gesamtgewicht 1260 Tonnen

Empfänger: PontConstruct S.A., Paris/Frankreich, Baustelle, Kai 17, Straßburg/Hafen
Montageleiter/Chef de Chantier Jäger (vorab melden; Handy: 0876 87612
i.A. Département Bas-Rhin, Div. Bâtiments Portuaire, Strasbourg/Rhin/F

Frankatur: frei Baustelle (Laden und Löschen ist jeweils vor Ort durch Kräne sichergestellt)

Wert: Kaufpreis 180 000,– €

Termine: Sendung ist ab Tag „3" abholbereit und muss spätestens am Tag „17" eintreffen.

Mit freundlichen Grüßen

Spannstahl AG
Versandabteilung

ppa. Marion Teschke

443. Aufgabe

Nennen Sie die entstehenden Verträge mit ihren Rechtsgrundlagen, wenn die Kabefra GmbH den Speditionsauftrag der Spannstahl AG jetzt annimmt und später ausführt.

Situation 9

Sie nehmen den Auftrag der Spannstahl AG am Tag „2" unter der Speditionsnummer „B 345" an und beauftragen die niederländische Reederei „Rijnscheepvaart N.V.", am Tag „15" die Sendung in Hanau zu übernehmen, mit der MS Mareijke nach Straßburg zu verschiffen und dort am Tag „16" abzuliefern.

444. Aufgabe

Schreiben Sie per E-Mail eine Kurzmitteilung an Ihren Kunden, die Spannstahl AG, in der Sie den Auftrag annehmen und die erforderlichen Daten mitteilen.

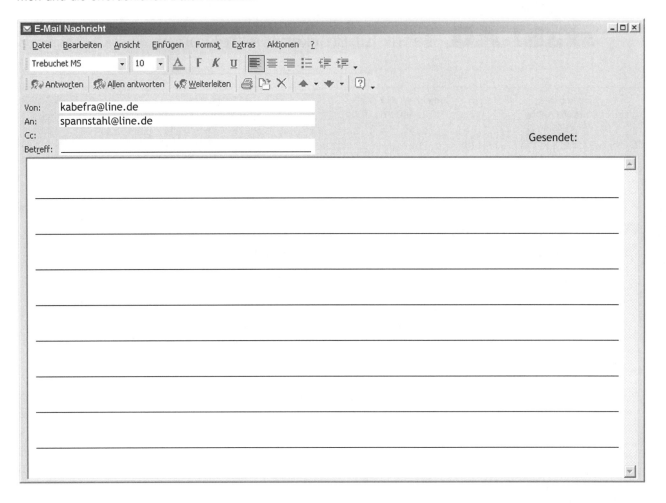

445. Aufgabe

Ordnen Sie den Beteiligten am Transport ihre Funktionen mit den jeweiligen Verträgen zu, wenn Sie den Auftrag annehmen und von der Reederei Rijnscheepvaart N.V. ausführen lassen.

Spannstahl AG		
Kabefra GmbH		
Rijnscheepvaart N.V.		
PontConstruct S.A.		

446. Aufgabe

Nennen Sie die Konnossementsbedingungen, die bei dieser Binnenschiff-Beförderung von Hanau/Deutschland nach Strasbourg/Frankreich infrage kommen.

447. Aufgabe

Erklären Sie Möglichkeiten, wie die Kabefra GmbH den Frachtvertrag mit der Reederei Rijnscheepvaart N. V. nach IVTB abschließen und dokumentieren lassen kann.

448. Aufgabe

Erklären Sie, wie sich das Konnossement rechtlich vom Frachtbrief unterscheidet.

449. Aufgabe

Begründen Sie, dass bei der Schiffsbeförderung nach Straßburg ein Frachtbrief genügt.

450. Aufgabe

Begründen Sie, dass beim Transport nach Straßburg auch ein Konnossement Sinn machte

451. Aufgabe

Erläutern Sie für die Sendung nach Straßburg, welches Konnossement zweckmäßig wäre.

452. Aufgabe

Erklären Sie die Haftungssituation des Frachtführers Rijnscheepvaart N.V., wenn ein Brückenbogen durch Verschulden des Kapitäns der MS Mareijke bei einem Schiffzusammenstoß über Bord gegangen wäre und nicht hätte geborgen werden können.

453. Aufgabe

Erklären Sie die Haftungssituation, wenn nach deutschem Recht gehaftet werden würde.

454. Aufgabe

Erläutern Sie die Bedeutung des „Maxauer Pegels", den die MS Mareijke auf der Reise von Hanau nach Straßburg passiert.

455. Aufgabe

Nennen Sie fünf Binnenhäfen, die die MS Mareijke auf der Reise von Hanau nach Straßburg passiert.

456. Aufgabe

Begründen Sie, warum die MS Mareijke ein Binnenschiff mindestens vom Typ „Johann Welker Europaschiff" sein sollte.

457. Aufgabe

Erläutern Sie, inwieweit die Reise der MS Mareijke von Hanau nach Straßburg mit der „Mannheimer Akte" und der „Zentralkommission für die Rheinschifffahrt" zu tun hat.[1]

---

[1] Weitere Aufgaben Binnenschifffahrt siehe Seiten 36 ff.

2.5 Seeschifffahrt

Situation 1
Sie sind bei der Kabefra GmbH, Internationale Spedition und Logistik, 60313 Frankfurt am Main, Seilerstraße 32, in der Abteilung Export/See tätig.
Die Geschäftsleitung hat entschieden, dem Seetransport besondere Aufmerksamkeit zu widmen. Daher haben Sie am Tag 1 folgende Anzeige in der Güterverkehrs-Zeitung geschaltet:

Kabefra GmbH *Internationale Spedition und Logistik*

Seilerstraße 32 Telefon: 069/21 23 33 08
60313 Frankfurt/Main Telefax : 069/21 23 33 09
 E-Mail: kabefra@line.de

Verkehrs-Bank eG, Nr. 77777, BLZ 500 133 99

Wer uns kennt, kennt unsere Zuverlässigkeit bei der Ausführung sämtlicher Verkehrsaufträge im Verschiffungsgeschäft.

Wer uns lange kennt, weiß unsere Vorab-Beratung zu schätzen, weil wir logistische Optimierer sind. Denn schlechte Verkehrsentscheidungen mit überflüssigen Wegen und schlechter Verpackung sind zu teuer für Sie und unsere Umwelt.

Wer uns noch nicht kennt, sollte uns kennenlernen.

Daher starten wir ab sofort unsere

Aktionswochen Seeverkehr !!!

Schicken Sie uns eine E-Mail über Ihr Verkaufsvorhaben und wir klären für Sie ab:

- günstigste Lieferklausel
- günstigste Verpackung
- günstigstes Lademittel
- günstigstes Beförderungsmittel
- günstigstes Schiff

- günstigster Weg
- günstigster Hafen
- günstigste Fracht
- günstigste Versicherung
- günstigste Zahlungsweise

Und das alles kostenlos bis Ende des Monats !

Wir freuen uns auf eine Nachricht von Ihnen.
Die „Besatzung" der Abteilung Export/See

---

458. Aufgabe

Begründen Sie, weshalb man diese Anzeige dem „Marketing" zuordnen kann.

Situation 2
Sie bereiten eine ausführliche schriftliche Beratung für den Neukunden „Maschinex AG" vor.

459. Aufgabe

Begründen Sie eine Lieferklausel, die im Interesse der Maschinex AG, aber auch in Ihrem Interesse liegt.

460. Aufgabe

Beschreiben Sie die Versicherungslücken, wenn die Maschinex AG im Kaufvertrag die Klausel CIF Bestimmungshafen ... vereinbaren sollte.

461. Aufgabe

Nennen Sie den Transportversicherungs-Typ, der die bei CIF bestehenden Versicherungslücken schließen würde.

462. Aufgabe

Erklären Sie, weshalb man bei den Incoterms tatsächlich von 14 Klauseln sprechen könnte (siehe Abbildung).

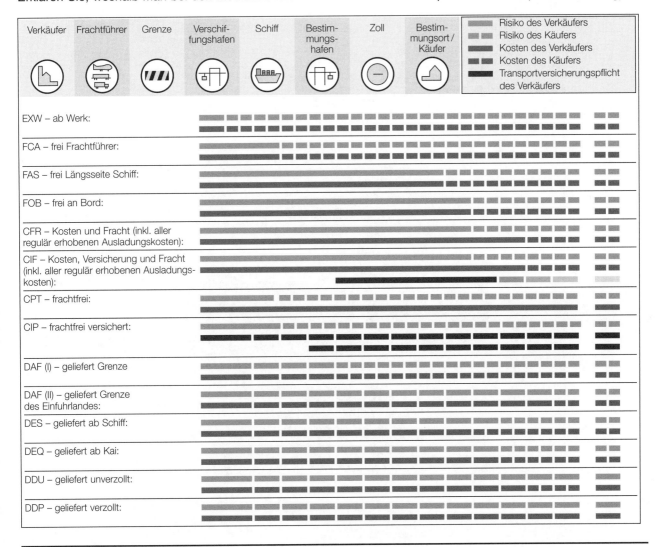

463. Aufgabe

Nennen Sie die Versendungsart, bei der die genaue DAF-Bezeichnung/Unterscheidung besonders wichtig ist.

Seeschifffahrt

Situation 3

Wegen der Größe der Werkzeugmaschinen ist zwischen Europa und den USA nur Seefracht möglich. Die Frage ist aber, ob der Seetransport möglichst nahe an San Francisco geführt werden soll.

464. Aufgabe

Bestimmen Sie anhand der Karte von Nordamerika jeweils zwei Häfen an der Ostküste, Südküste und Westküste der USA, die für die Verschiffung der Sendung nach San Francisco infrage kommen könnten.

465. Aufgabe

Beurteilen Sie durch stichwortartige Nennung von Vorteilen und Nachteilen unterschiedliche verkehrsgeografische Beförderungslösungen zur Klausel „CIF" für jeweils einen Hafen an der Ost-, Süd- und Westküste der USA (Auswahl aus der Lösung der Aufgabe 461).

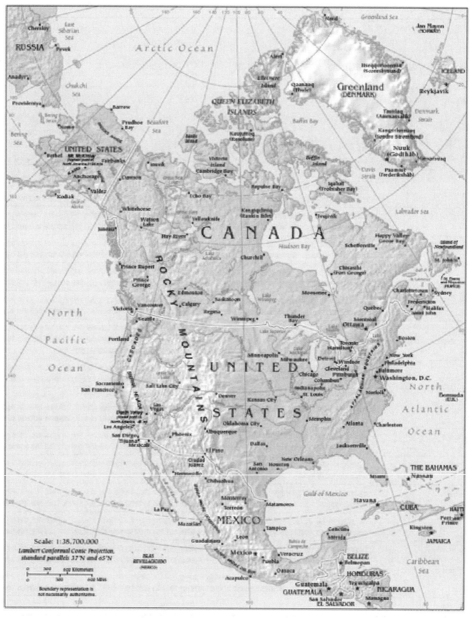

www.de.wikipedia.org, 25.09.2007

Situation 4

Sie grenzen Ihre Überlegungen auf die Häfen San Francisco und Oakland ein. San Francisco und Oakland sind Nachbarstädte und über die Bay-Bridge (Autobahnen/Eisenbahn) miteinander verbunden. Sie stellen fest, dass Oakland über ausgezeichnete Anlagen für den Großschiffsverkehr verfügt und von Europa aus am häufigsten angelaufen wird. Die Frachten sind nach beiden Häfen gleich. In Ihrer umgehenden E-Mail-Antwort schlagen Sie der Maschinex AG daher Oakland als „CIF"-Hafen vor. In Ihrer Begründung weisen Sie außerdem darauf hin, dass Sie in Oakland über Ihre eigene Niederlassung beste durchgängige Betreuung der Ladung sicherstellen könnten.

Kurz darauf erbittet die Maschinex AG von Ihnen Angebote sowohl für die Schiffsbeförderung als auch für die Transportversicherung. Die Versicherung bieten Sie generell für zwei Promille an. Zwecks Vorkalkulation der Seefracht holen Sie über Ihre Seehäfen-Häuser Angebote von Reedereien ein.

Bei der Maschinex AG hatten Sie bereits die Sendungsdaten abgefragt: 4 Verschläge mit jeweils 5 678 kg, Maße jedes Verschlags: Länge 2,80 m, Breite 1,98 m, Höhe 2,00 m. Gesamtwert 500 000,00 EUR CIF.

466. Aufgabe

Berechnen Sie (als Vorkalkulation) die Seefracht in Euro und erläutern Sie den Lösungsweg bei „Stückgutversand", wenn Ihnen für den Seetransport „von europäischen Nordseehäfen bis nordamerikanischen Pazifikhäfen" die Rate $ 90,00 M/G (w/m) oder die Rate 0,65% ad valorem vorliegt. (Kurs: 1 $ = 0,9 EUR). Ihnen liegt ein Pauschalpreis für „Containerversand" von 4 000,00 EUR vor.

Situation 5

In den Angeboten der Reedereien wurde ausdrücklich darauf hingewiesen, dass die Raten die sonst üblicherweise extra berechneten Zuschläge „CAF", „BAF", „ISPS" und „THC" schon beinhalten.

467. Aufgabe

Erläutern Sie die in der Seefracht üblichen Zuschläge „CAF", „BAF", „ISPS" und „THC".

Situation 6
Sie teilen der Maschinex AG mit, dass die Seefracht als Stückgut 3 592,51 EUR und im Container 4 000,00 EUR beträgt und je noch etwa 800,00 EUR Vorkosten anfallen. Am Tag „101" erhalten Sie ein Fax:

FAX

Spedition Kabefra GmbH
Seilerstraße 32
60313 Frankfurt

Maschinex AG Werkzeugmaschinenfabrik
Industriestraße 49
60111 Frankfurt am Main

Speditionsauftrag
zur Order Nr. US/6789

Sehr geehrte Damen und Herren,

wir beauftragen Sie mit der **Beförderung** nachstehender Sendung in die USA.

4 Verschläge Werkzeugmaschinen, Zeichen und Nummern: Masch 1–4

Masse jedes Verschlags:	Länge 2,80 m
	Breite 1,98 m
	Höhe 2,00 m
Gewicht jedes Veschlags:	5678 kg
CIF-Wert jeder Werkzeugmaschine:	125 000,00 €
Empfänger:	BayTool Inc., Yosemite St. 120, 94010 San Francisco, California, USA (Order No. US/67890)

Im Kaufvertrag ist „CIF Oakland" vereinbart. Wir bitten um Eindeckung der Transportversicherung. Die Sendung ist am Tag „107" in unserem Werk um 06:00 Uhr zu übernehmen. Die Ausfuhrpapiere geben wir dann mit.

Freundliche Grüße

Maschinex AG
Versandabteilung

i. V. Max Beyer

468. Aufgabe

Nennen Sie – aus dem Text des Fax-Briefes heraus – die Aufträge, die Sie bekommen haben, und stellen Sie eine Beziehung zwischen diesen Aufträgen grafisch her.

469. Aufgabe

Nennen Sie die entstehenden Verträge, wenn Sie den Auftrag der Maschinex AG annehmen.

470. Aufgabe

Nennen Sie die Rechtsgrundlagen, die Sie zur Klärung von Fragen aus dem Speditionsvertrag heranzuziehen haben in der Reihenfolge ihrer Anwendung.

471. Aufgabe

Nennen Sie die Ausfuhrpapiere, die die Maschinex AG der Sendung beifügen muss.

472. Aufgabe

Beschreiben Sie Dokument und Verfahren der Ausfuhranmeldung bei der Ausfuhr.

Situation 7
Sie nehmen den Speditionsauftrag an. Sie beabsichtigen, den Versandleiter Beyer anzurufen, ihn auf die Ausfuhrpapiere hinzuweisen und ihn vor allem von den Kosten sparenden Vorzügen des Containerversands gegenüber dem Stückgutversand zu überzeugen. Sie bereiten sich fachlich vor und verschaffen sich einen Überblick (siehe Abbildung) über Containerarten und deren Abmessungen.

20′ ISO shipping container

All listed shipping container types have a double door on one end which can be opened completely.

Steel: Walls made of corrugated steel sheets, profiled steel frames, wooden floor on steel cross members.

Advantages:
- certified by Germanischer Lloyd
- steel plates made of Corten steel (anti corrosive)
- forged and galvanised door locking bars
- CSC plated for 30 to maximum weight
- NEW: with serially fitted lock box

Dimensions:

	Inside	
Length	Width	Height
5898 mm	2350 mm	2390 mm

	Outside	
Length	Width	Height
6058 mm	2438 mm	2591 mm

Weight
2300 kg

Seeschifffahrt

40' ISO shipping container

Technical details 40' shipping container:

All listed shipping container types have a double door on one end which can be opened completely.

Steel: Walls made of corrugated steel sheets, profiled steel frames, wooden floor on steel cross members.
The 40' ISO norm container is also equipped with 2 forklift pockets on each long side.
CSC-plated for MGW (Max. Gross Weight) of 30 to, corten steel sheet (anti-corrosive), 28 mm plywood floor, Germanischer Lloyd certificated

Dimensions:

Inside
Length	Width	Height
12030 mm	2350 mm	2390 mm

Outside
Length	Width	Height
12190 mm	2430 mm	2590 mm

Weight
4100 kg

473. Aufgabe
Entwerfen Sie eine Gesprächsvorlage mit fünf Punkten für das Telefonat mit dem Versandleiter Beyer, in dem Sie ihn beraten und von der Vorteilhaftigkeit der Containerverladung überzeugen wollen.

Situation 8
Sie haben den Versandleiter Beyer überzeugt. Er entscheidet sich für die Containerverladung und überlässt Ihnen die sinnvollste Ausführung. Sie stehen vor der Frage: „FCL" oder „LCL"?

474. Aufgabe
Erläutern Sie die Abkürzungen „FCL" und „LCL" und Kombinationen hiervon und äußern Sie sich zu den Vor- und Nachlaufkosten.

Situation 9
Sie informieren sich (siehe Abbildung) über die Containerarten, insbesondere hinsichtlich des räumlichen und gewichtsmäßigen Fassungsvermögens.

475. Aufgabe
Nennen Sie die Maße für ISO-Standard-Container mit 20 Fuß und 40 Fuß.

476. Aufgabe
Entscheiden Sie sich begründet für den besten Container-Typ und das beste Container-Verfahren.

477. Aufgabe

Benennen Sie die abgebildete Anlage (aus dem Hamburger Hafen) und beschreiben Sie deren Arbeitsweise bzw. Ladetechnik.

www.terminal-altenwerder.de, 15.08.2007

478. Aufgabe

Entscheiden Sie sich begründet für den günstigsten Vortransport (ab Frankfurt am Main).

Situation 10

Die Art des Vortransports ist damit entschieden. Aber der Haupttransport ist noch nicht durchgeplant. Zwar steht der Bestimmungshafen „Oakland" fest, jedoch noch immer ist die Frage unbeantwortet, ab welchem Hafen in Deutschland bzw. Europa Sie die Überseeverschiffung durchführen lassen werden. Viele Überlegungen (Kosten, Zeit, Abfahrten usw.) spielen dabei eine Rolle.
Zunächst überprüfen Sie die verkehrsgeografische Situation.

479. Aufgabe

Beschreiben Sie die verkehrsgeografische Lage der fünf infrage kommenden größten Nordseehäfen nach Seenähe und Hinterland.

Seeschifffahrt

480. Aufgabe

Erläutern Sie, weshalb die Häfen Antwerpen, Rotterdam, Bremen/Bremerhaven und Hamburg unter dem Begriff „Antwerp-Hamburg-Range" zusammengefasst werden.

481. Aufgabe

Entscheiden Sie sich begründet (ab Frankfurt am Main) aus den fünf infrage kommenden Seehäfen für den günstigsten Verschiffungshafen in Deutschland, Belgien oder den Niederlanden.

Situation 11
Noch am Tag „101" machen Sie in der Beilage einer Fachzeitung die Schiffsabfahrten in allen fünf Nordseehäfen nach Oakland ausfindig. Nach einem Vergleich haben Sie sich für den Verschiffungshafen Hamburg und damit für den Lkw-Vorlauf Frankfurt–Hamburg entschieden.

Schiffsliste				
Abfahrten ab Hamburg nach Nordamerika/Westküste				
ETS* (Abfahrtstag)	Schiffstyp ETA* (Ankunftstag)	Liegeplatz	Reeder	Makler/Telefon
OAK OAKLAND CAL. (USA)				
98	Norasia Alya F 126	BK 9	NAS	DSAV 3456789
104	APL Italy F 129	XXX	HMM	Hyundai 4567890
105	Ever Racer F 131	BK 9	EVL	Evergreen 12345
108	**MS Seapearl F** 132**	**BK 9**	**Hamburg Lloyd AG**	**Kabefra, 234567**
112	New York Expr. F 138	EIH	SMP	SeaMaster 22222
112	Ever Develop F 139	BK 9	EVL	Evergreen 12345
112	Ever Divine F 140	BK 9	EVL	Evergreen 12345
114	APL Spain F 142	XXX	HHM	Hyundai 4567890

* In den Schiffslisten sind die Zeiten mit „Tag" und „Monat" angegeben.
** „F" = Full-Container-Ship (Vollcontainerschiff)

482. Aufgabe

Erläutern Sie die Abkürzungen „ETS" und „ETA" in der Schiffsliste (siehe Abbildung).

483. Aufgabe

Erläutern Sie die Bezeichnung „Schiffsliste" und benennen Sie kurz deren wesentliche Inhalte.

Seeschifffahrt

Situation 12

Inzwischen haben Sie auch einen 40-Fuß-Container angemietet und die fristgerechte Zurverfügungstellung bei der Maschinex AG veranlasst.

Sie bitten Ihr Haus in Hamburg am Tag „102" per E-Mail um Übernahme der Sendung am Tag „107" im Containerterminal Hamburg-Waltershof und um Buchung und Kostenaufgabe.

Die Kabefra GmbH Hamburg antwortet:

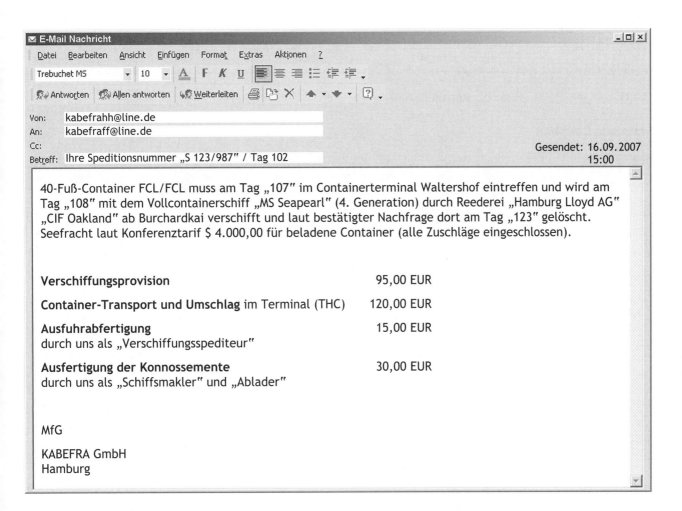

484. Aufgabe

Erläutern Sie die Bedeutung der Speditionsnummer „S 123/987" für die Kabefra GmbH und die anderen Ladungsbeteiligten.

Situation 13

Sie informieren sich im Internet über die Reederei „Hamburg Lloyd AG" und das Schiff „Seapearl".

485. Aufgabe

Beschreiben Sie das Schiff „MS Seapearl" rechtlich (Eintragung) und technisch (Ladefähigkeit und Fahrtüchtigkeit) in wenigen Sätzen.

Seeschifffahrt

486. Aufgabe

Erklären Sie die Funktion der Hamburg Lloyd AG als Reeder und als Partner des Seefrachtvertrags.

487. Aufgabe

Erklären Sie „Konferenz" und „Konferenztarif" im Zusammenhang mit der Seeschifffahrt.

488. Aufgabe

Klären Sie, ob für „San Francisco" eine Verschiffung nach „Oakland" seine Richtigkeit hat.

Die Bedeutung Oaklands für die Region San Francisco soll die Karte bedeutender Häfen zeigen:

Weltweite Seehäfen

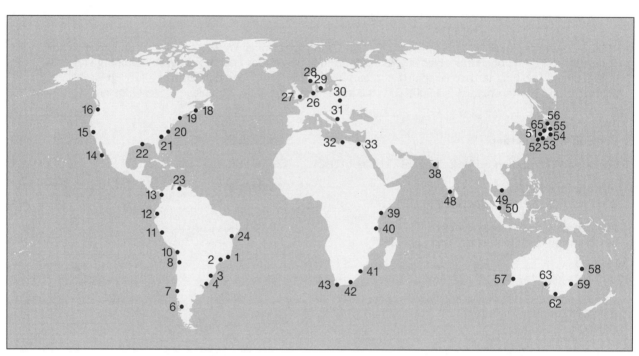

www.schenker.at/dienstleistungen, 13.08.2007

489. Aufgabe

Bestimmen Sie den Standort des Hafens „Oakland" auf der Weltkarte.

490. Aufgabe

Nennen Sie Häfen zu den auf der Karte eingetragenen Ziffern „15" und „16" sowie „19", „20", „21", „22".

491. Aufgabe

Ordnen Sie die Klausel „CIF" in die Incoterms ein.

492. Aufgabe

Klären Sie die Rolle der Kabefra GmbH, Hamburg, als Schiffsmakler für die Hamburg Lloyd AG und beschreiben Sie Leistungen, die mit der „Verschiffungsprovision" abgegolten werden.

493. Aufgabe

Klären Sie die Funktion des „Abladers" im Verhältnis zu „Befrachter" und „Verfrachter".

494. Aufgabe

Erklären Sie, wieso der Spediteur Kabefra GmbH zugleich „Befrachter" und „Ablader" sein kann.

495. Aufgabe

Erklären Sie, weshalb ein Frachtführer, der die Sendung beim Verfrachter bloß „ablädt", nicht zugleich „Ablader" wird.

Situation 14
Am Tag „102" schließen Sie eine Transportversicherung ab und stellen folgendes Dokument aus:

VERSICHERUNGSZERTIFIKAT

Im Namen und für Rechnung der **Versicherungsgesellschaft „Neptun AG"**
schließen wir zulasten unserer dort geführten **Generalpolice Nr. 3434/See**
eine **Transportversicherung gemäß DTV-Güter 2000 (Fassung 2004);**
Risikoumfang C (volle Deckung) ab.

Versicherungsnehmer:	Maschinex AG, 60111 Frankfurt, Industriestraße 48
Versicherte Sendung:	40-Fuß-Container mit 4 Verschlägen Werkzeugmaschinen
Versicherungswert:	550 000,– EUR (fünfhundertfünfzigtausend Euro)
	(= CIF-Wert Oakland/USA einschl. 10 % imaginärer Gewinn)
Versicherungsprämie:	2 ‰ = 1 100,– EUR
Begünstiger:	Bay Tool Inc., Yosemite St. 120, 94010 San Francisco/USA

Kabefra GmbH
KaBeFra GmbH, Internationale Spedition
(als Vermittler)

Frankfurt, Tag „102"   ppa. _____   i.V. _____

---

496. Aufgabe

Begründen Sie, warum es vorteilhaft für die Spedition Kabefra GmbH ist, als Versicherungsagent aufzutreten und auch der Exporteur/Verlader Maschinex AG dabei profitiert.

Seeschifffahrt

497. Aufgabe

Erklären Sie, weshalb der Verkäufer Maschinex AG zwar Versicherungsnehmer und Prämienzahler, nicht aber Begünstigter des Versicherungsvertrages ist.

DTV-Güterversicherungsbedingungen 2000 in der Fassung Juli 2004 *(Auszug)*

Volle Deckung

1	**Interesse/Gegenstand der Versicherung**
1.1.2	Versichert sind die im Vertrag genannten Güter und/oder sonstige Aufwendungen und Kosten.
1.1.3	(Es kann auch) versichert werden das Interesse … des imaginären Gewinns, des Zolls, der Fracht, der Steuern und Abgaben.
2	**Umfang der Versicherung**
2.1	Versicherte Gefahren und Schäden: Der Versicherer trägt alle Gefahren, denen die Güter während der Dauer der Versicherung ausgesetzt sind …
2.3.1	Der Versicherer ersetzt auch den Beitrag zur großen Haverei, den der Versicherungsnehmer aufgrund einer nach Gesetz, den York Antwerpener Regeln, den Rhein-Regeln IVR oder anderen international anerkannten Haverei-Regeln aufgemachten Dispache zu leisten hat, soweit durch die Haverei-Maßregel ein versicherter Schaden abgewendet werden sollte.
8	**Dauer der Versicherung**
8.1	Versicherungsschutz besteht von Haus zu Haus und beginnt, sobald die Güter am Absendungsort zur … Beförderung …
8.2.4	… bei Versendungen zu den Incoterms FOB oder CFR, wenn die Güter an Bord des Seeschiffes verstaut sind.
8.2.3	(Die Versicherung endet …) … nach dem Ausladen aus dem Seeschiff im Bestimmungshafen.
10	**Versicherungssumme; Versicherungswert**
10.1	Die Versicherungssumme soll dem Versicherungswert entsprechen.
10.3	… Imaginärer Gewinn zu Gunsten des Käufers ist mit 10 % des Versicherungswerts versichert.
11	**Police**
11.1	Der Versicherer hat dem Versicherungsnehmer auf Verlangen eine von ihm unterzeichnete Urkunde über den Versicherungsvertrag (Police) auszuhändigen.
15	**Bestimmungen für den Schadenfall**
15.1	Schadenanzeige: … jedes Schadenereignis dem Versicherer unverzüglich anzuzeigen.
15.3.1	Der Versicherungsnehmer hat die Anweisungen des Versicherers für den Schadenfall zu befolgen, den in der Police oder im Versicherungszertifikat bestimmten Havariekommissar unverzüglich zur Schadenfeststellung hinzuzuziehen und dessen Havarie-Zertifikat dem Versicherer einzureichen.
15.3.2	Aus wichtigem Grund kann anstelle des vorgesehenen Havariekommissars der nächste Lloyd's Agent hinzugezogen werden.
17	**Ersatzleistung**
17.5	Unterversicherung: Ist die Versicherungssumme niedriger als der Versicherungswert, so ersetzt der Versicherer den Schaden und die Aufwendungen nur nach dem Verhältnis der Versicherungssumme zum Versicherungswert.

---

498. Aufgabe

Erklären Sie, in welchem Verhältnis „Versicherungspolice" und „Versicherungszertifikat" zueinander stehen (siehe auch Auszug aus DTV-Güter 2000/2004).

499. Aufgabe

Erläutern Sie den Fall, wenn die Kabefra GmbH statt 550 000,00 EUR nur 55 000,00 EUR versichert hätte.

500. Aufgabe

Begründen Sie, welche Rolle „höhere Gewalt" bei der Transportversicherung spielt.

Seeschifffahrt

501. Aufgabe

Erklären Sie die „volle Deckung" im Gegensatz zur „eingeschränkten" bei der Transportversicherung.

Situation 15

Die Sendung trifft pünktlich in Hamburg ein, wird vorschriftsmäßig zollamtlich abgefertigt und ordnungsgemäß verschifft. Sie erhalten am Tag „109" Briefpost aus Hamburg folgenden Inhalts:

Kabefra GmbH — *Internationale Spedition und Logistik*

20222 Hamburg-Waltershof
Kaistraße 98
Telefon/Fax: 040/89 10 11
E-Mail: kabefrahh@line.de

KABEFRA GMBH, 20222 HAMBURG-WALTERSHOF

Kabefra GmbH
Seilerstraße 32
60313 Frankfurt

RECHNUNG	3434/ExpSee
Ort	Hamburg
Datum	Tag „108"

Ihre Speditionsnummer: S123/987

Sehr geehrte Damen und Herren,

40-Fuß-Container Nr. XY455667, Inhalt: 4 Verschläge Werkzeugmaschinen, wurden am Tag „108" mit „MS Seapearl" verschifft und wird am Tag „123" in Oakland/USA eintreffen. Wir berechnen gemäß Angebot:

Container-Umschlag (THC)	EUR 120,00
Ausfuhr-Abfertigung	EUR 15,00
Ausfertigung der Konnossemente	EUR 30,00
Verschiffungsprovision	EUR 95,00
Seefracht (Containerpreis)	EUR 4 000,00
	EUR 4 260,00

Wir bitten um Zahlung innerhalb von 10 Tagen ohne Abzug auf unser Konto bei der Elbe-Bank eG.

Reines Bordkonnossement (3/3) Nr. 45678 der
Reederei Hamburg Lloyd AG fügen wir bei!

Bill of Lading

negotiable

SHIPPER Maschinex AG Industriestrasse 48 60111 Frankfurt am Main Germany	**B/L NUMBER** 45678
	SHIPPERS REFERENCE NUMBER Order Nr. US/67890
CONSIGNEE OR ORDER BayTool Inc. Yosemite St. 120 94010 San Francisco USA	**CARRIER** Reederei Hamburg Lloyd AG Überseehafen 18 20345 Hamburg Germany
NOTIFY ADDRESS Spedition Kabefra Inc. Goldrush Ave. 123 94022 Oakland/California USA	**PLACE OF RECEIPT** Hamburg
	PLACE OF DELIVERY Oakland/California/USA

OCEAN VESSEL MS Seapearl	**PORT OF LOADING** Hamburg	
PORT OF DISCHARGE Oakland/California/USA		Forwarder: Spedition Kabefra GmbH Seilerstrasse 32 60313 Frankfurt am Main Germany / Reference No. S 123/987:

CARRIER'S CONTAINER NUMBER MARKS AND NUMBERS	QUANTITY AND TYPES OF PACKAGES DESCRPTION OF GOODS	GROSS WEIGHT KGS	MEASUREMENT
Container XY 455667	4 Verschläge Werkzeugmaschinen Masch 1 – 4 <Shipped on Board>	34800 kg total 22712 kg contents Gewicht jedes Verschlags: 5678 kg	40 Feet Container Standard Maße jedes Verschlags: Länge 2,80 m, Breite 1,98 m, Höhe 2,00 m

ABOVE PARTICULRS AS DECLARED BY SHIPPER Total Value: 500 000,–

MOVEMENTS FCL/FCL	3/3 Originals	CIF Oakland

FREIGHT AND CHARGES	PREPAID	COLLECT	RECEIVED IN APPARENT GOOD ORDER AND CONDITION (UNLESS OTHERWISE NOTED HEREIN): ONE OF THE BILLS OF LADING MUST BE SURRENDERED DULY ENDORSED IN EXCHANGE FOR THE GOODS:
ORIGINE ZONE TRANSPORT CHARGE	120 €		
ORIGIN ZONE SERVICE CHARGE	140 €		PLACE AND DATE OF ISSUE Hamburg, Tag „108"
SEA FREIGHT	4 000 €		
DESTIN. ZONE SERVICE CHARGE			FOR THE CARRIER
DESTIN. ZONE TRANSPORT CHARGE			Kabefra GmbH Hamburg
TOTAL FREIGHT	4 260 €		

502. Aufgabe

Erklären Sie „Konnossement"/„Bill of Lading" (B/L) und benennen Sie dessen Funktionen.

503. Aufgabe

Übersetzen Sie die im Konnossement (B/L) genannten englischen Begriffe ins Deutsche:

a) Bill of Lading (B/L) b) Shipper c) Consignee d) Notify Address
e) Place of Receipt f) Place of Delivery g) Carrier h) Port of Loading
i) Port of Discharge j) Ocean Vessel k) Movements l) Gross Weight
m) Reference Number n) Charges o) Issue p) contents
q) negotiable

504. Aufgabe

Nennen Sie die Leistungen, für die die Kabefra GmbH, Hamburg, „Verschiffungsprovision" erhebt.

505. Aufgabe

Benennen Sie die Beteiligten des Seefrachtvertrags und dessen Inhalt am Fall und allgemein.

506. Aufgabe

Begründen Sie, warum der Empfänger durch den Frachtvertrag und auch durch das B/L begünstigt ist.

507. Aufgabe

Beschreiben Sie, welche Folgen sich ergeben hätten, wenn die Kabefra GmbH, Frankfurt am Main, als Befrachter (Shipper) und die Kabefra GmbH, Oakland, als Empfänger (Consignee) aufgetreten wären.

508. Aufgabe

Erklären Sie die Bedeutung der „Notify-Adresse" bei den beiden vorausgegangen Aufgaben.

509. Aufgabe

Begründen Sie den Wertpapiercharakter der „Bill of Lading" anhand des Textes des B/L.

510. Aufgabe

Erklären Sie den Vermerk „reines Bordkonnossement" und grenzen Sie ihn von der Gegenform ab.

511. Aufgabe

Prüfen Sie den Text des B/L daraufhin, ob es sich um ein „Order-Konnossement" handelt, und grenzen Sie es von anderen Konnossement-Arten ab.

Seeschifffahrt

Situation 16
Bei der Containerverladung liegt ein „Order-B/L" vor, das zudem „rein" und ein „Bord-B/L" ist.

512. Aufgabe

Benennen Sie die Rechtsnormen für Seefrachtvertrag und Konnossement (B/L).

513. Aufgabe

Skizzieren Sie die Haftungssituation (der Höhe nach) für den Seefrachtvertrag nach dem HGB.

514. Aufgabe

Nennen Sie drei europäische und fünf amerikanische Häfen (zwei Häfen an der US-Ostküste, ein Golfhafen, zwei Pazifikhäfen), die auf der Schifffahrtsroute „Hamburg–Oakland" liegen.

515. Aufgabe

Nennen Sie die Meere, Meeresteile und Weltmeere (= Ozeane), die auf der Schifffahrtsroute „Hamburg–Oakland" (San Francisco) befahren werden.

516. Aufgabe

Beschreiben Sie die verkehrsgeografische Lage und Länge des Panamakanals und errechnen Sie die Durchfahrtszeit bei einer durchschnittlichen Geschwindigkeit der Schiffe von 10 km/Stunde.

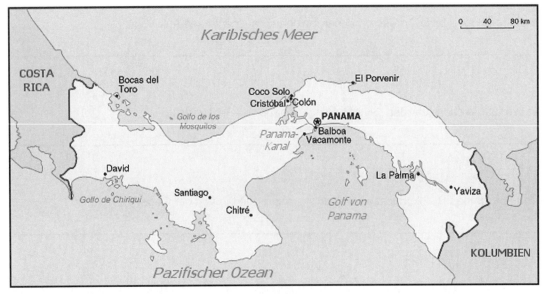

www.wikipedia.org, 19.12.2009

517. Aufgabe

Berechnen Sie die Wegersparnis in Prozent, wenn die frühere Route New York–San Francisco von rund 26 000 km durch den Panamakanal auf rund 10 000 km verkürzt wurde.

518. Aufgabe

Nennen Sie drei Vorteile und einen Nachteil der Durchfahrung des Panamakanals.

519. Aufgabe

Nennen Sie die Schiffspapiere, die vom Kapitän zur Befahrung des Panamakanals bei der Kanalbehörde vorgelegt werden müssen.

3 Kaufmännische Steuerung und Kontrolle

Situation zur 520. bis 523. Aufgabe

Der Listenpreis eines Lkw (7,5 t/Nutzlast 3,0 t) beträgt 42 000,00 EUR. Beim Kauf werden 3% Skonto eingeräumt. Die variablen Kosten betragen 30,00 EUR/100 km bei einer Laufleistung von 80 000 km im Jahr und einer Nutzung von fünf Jahren. Als Lohnkosten für das Nahverkehrsfahrzeug entstehen 37 500,00 EUR pro Jahr. Es liegen folgende weitere Kalkulationsdaten vor:

Abschreibungen 20% auf den Anschaffungspreis
kalkulatorische Zinsen 3,5% auf den Anschaffungspreis
Kfz-Steuer pro Jahr   750,00 EUR
Kfz-Versicherungen pro Jahr   4200,00 EUR

---

520. Aufgabe

Wie viel Euro beträgt der Anschaffungspreis?

---

521. Aufgabe

Wie viel Euro betragen die Jahresabschreibungen?

---

522. Aufgabe

Wie viel Euro kalkulatorische Zinsen sind pro Jahr zu veranschlagen?

---

523. Aufgabe

Ermitteln Sie unter Verwendung der Ergebnisse der beiden vorausgehenden Aufgaben die Summe der fixen Kosten des Lkw!

---

524. Aufgabe

Wie viel Euro variable Kosten entstehen pro Jahr?

---

525. Aufgabe

Wie viel Euro fixe und variable Fahrzeugkosten pro 100 km verursacht der Lkw? Verwenden Sie auch die Ergebnisse der vorhergehenden Aufgaben.

---

526. Aufgabe

Wie viel Euro Lohnkosten ergeben sich pro Tag, wenn 240 Einsatztage veranschlagt werden?

Situation zur 529. bis 532. Aufgabe

Haustarif der Spedition Kabefra GmbH für den innerdeutschen Sammelgutverkehr „**K**unden-**S**atz-**E**ntgelt" (**KSE**)

HAUSTARIF Spediteur-Sammelgut-Verkehr	Haus-Haus-Entgelte				Kabefra GmbH Stand: 01. 01. 20..
Entfernung in km	GEWICHT in kg				
	1–50	51–100	101–200	201–300	301–400
	EUR	EUR	EUR	EUR	EUR
1 – 100	26,10	44,80	62,70	87,60	117,20
101 – 200	28,10	47,10	68,20	99,90	129,20
201 – 300	28,50	47,80	69,60	102,30	132,50
301 – 400	28,60	48,10	70,30	103,50	134,20
401 – 500	28,80	48,50	71,00	104,70	135,80
501 – 600	29,10	49,30	72,40	106,90	139,10
601 – 700	29,70	50,60	75,20	111,70	145,80
701 – 800	30,20	51,40	76,70	114,10	149,10
801 – 900	30,70	52,80	79,50	118,90	155,80

Situation
Die Spedition Kabefra GmbH erhält von einem Kunden in Frankfurt am Main den Auftrag, eine Sendung von 75 kg zu übernehmen und im Rahmen des Spediteursammelgutes mit dem LKW nach München zum Empfänger zu transportieren, wo auch der Empfangsspediteur seinen Sitz hat. Die Frankatur ist „unfrei". Es wird Abrechnung nach obigem Haustarif vereinbart. Die Entfernung beträgt 410 km.

527. Aufgabe

Wie viel Euro Fracht werden dem Versender in Rechnung gestellt?

528. Aufgabe

Wie viel Euro Fracht einschließlich Umsatzsteuer (USt.) kassiert der Empfangsspediteur vom Empfänger bei der Auslieferung der Sendung?

529. Aufgabe

Warum berechnet der Empfangsspediteur dem Empfänger in München bei der Auslieferung der obigen Sendung zusätzlich weder Umschlagskosten noch Nachlaufkosten?

530. Aufgabe

Wem berechnet der Empfangsspediteur beim Eingang der obigen Sammelgutsendung seine Leistungen des Umschlags und der Zustellung an den Empfänger?

Kaufmännische Steuerung und Kontrolle

Abbildungen zur 531. bis 544. Aufgabe

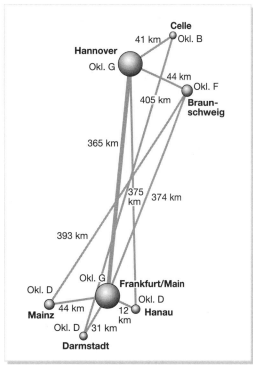

Kabefra GmbH *Internationale Spedition und Logistik*							Sammelbordero	01/11/044/1-5		
							Empfangsspedition: Astheimer KG, Hannover			
							Verladetag:	12.11.20.., HH-E 666, HH-E-32		
Pos.	Zeich.	Anz.	Art	Inhalt	Gewicht kg	Versende-Ort	Empf.	Best. Ort	Frankatur	Belastung EUR
01	Piller	4	Ki	Ersatzteil	710	Darmstadt	Piller KG	Celle	frei Haus	
02	Stolle	19	Krt	Drucker	980	Mainz	Stolle	Braunsch.	unfrei	
03	FW	10	Ball	Gewebe	1 270	Hanau	Freser	Hannover	frei Haus	
04	GS	15	Sack	Chem.	1 160	Frankfurt/M.	Meier	Braunsch.	unfrei	
		48	Kolli	Stückgut	4 120					
05	LPO	244	Krt	Lederw.	14 500	Hanau	Leppo	Hannover	frei	
								MWSt. 19 %		
insges.: 292 Kolli					18 620 kg		insgesamt: Frachtnachnahme EUR			

Haustarif KABEFRA GmbH, Frankfurt/Main in EUR

1. Zielplätze: Gesamtpreis Fracht von Versendeort bis Bestimmungsort (inkl. Umschlag)

301 bis 400	401 bis 500	501 bis 600	601 bis 700	KG ----- KM	701 bis 800	801 bis 900	901 bis 1.000	1.001 bis 1.100	1.101 bis 1.200	1.201 bis 1.300	1.301 bis 1.400
77,1	93,1	115,1	130,6	1 – 40	145,9	163,6	174,4	176,1	187,4	197,9	207,8
93,5	112,8	138,7	156,7	41 – 75	174,1	193,8	203,8	205,7	218,8	231,2	242,6
149,1	179,7	219,2	245,6	201 – 50	269,9	296,4	304,1	306,2	325,8	344,2	361,1
158,2	190,6	232,4	260,1	251 – 300	285,6	313,2	320,5	322,6	343,3	362,7	380,5
167,5	201,8	245,8	274,9	301 – 350	301,6	330,4	337,2	339,4	361,1	381,5	400,3
175,1	210,9	256,7	287,-	351 – 400	314,6	344,4	350,9	353,1	375,7	396,9	416,4
183,6	221,1	269,-	300,6	401 – 500	329,2	360,-	366,1	368,5	392,-	414,2	434,5
193,6	233,1	283,4	316,5	501 – 600	346,4	378,4	384,1	386,4	411,1	434,4	455,7

II. Nebenplätze: Fracht von Versendeort bis Bestimmungsort (inkl. Umschlag) in EUR

301 bis 400	401 bis 500	501 bis 600	601 bis 700	KG ----- KM	701 bis 800	801 bis 900	901 bis 1.000	1.001 bis 1.100	1.101 bis 1.200	1.201 bis 1.300	1.301 bis 1.400
81,7	98,7	122,-	138,4	1 – 40	154,7	173,4	184,9	186,7	198,6	209,8	220,3
99,1	119,6	147,-	166,1	41 – 75	184,5	205,4	216,-	218,-	231,9	245,1	257,2
157,2	189,4	231,-	258,9	201 – 250	284,5	312,4	320,5	322,7	343,4	362,8	380,6
166,4	200,5	244,5	273,6	251 – 300	300,5	329,5	337,2	339,4	361,2	381,6	400,3
175,9	211,9	258,1	288,6	301 – 350	316,7	346,9	354,1	356,4	379,2	400,6	420,3
183,7	221,2	269,3	301,1	351 – 400	330,-	361,3	368,1	370,4	394,1	416,3	436,8
192,2	231,5	269,3	314,7	401 – 500	344,7	376,9	383,3	385,8	410,4	433,7	454,9
202,3	243,6	281,6	330,7	501 – 600	362,-	395,4	401,4	403,8	429,6	453,9	476,2

Hausfracht in EUR

Ortsklassen	kg 700	kg 800	kg 900	kg 1.000	kg 1.500	kg 2.000	kg 2.500	kg 3.000	Ortsklassen
A	60,5	62,5	67,-	70,9	81,1	86,5	90,1	93,7	A
B	64,7	66,8	71,6	75,8	86,7	92,4	96,3	100,2	B
D	75,3	77,7	83,4	88,2	100,9	107,6	112,1	116,6	D
F	89,6	92,5	99,2	104,9	120,-	128,-	133,4	138,7	F
G	94,9	97,9	105,-	111,-	127,-	135,5	141,2	146,8	G
K	114,6	118,2	126,9	134,2	153,5	163,7	170,6	177,4	K

Situation zur 533. bis 546. Aufgabe

Sie sind als Sachbearbeiter in der Abteilung Sammelgut-Ausgang-Deutschland der Spedition Kabefra GmbH, Frankfurt/Main, beschäftigt und beabsichtigen unmittelbar nach der nachfolgend angeführten Sammelgutabfertigung nach Hannover den Gewinn (Bruttospeditionsgewinn/Rohgewinn/Deckungsbeitrag) der Gesamtverladung zu ermitteln.

Für den Transport wurde der Lkw-Unternehmer (Frachtführer) Meier, Mainz, beauftragt. Die Verladung wurde wie folgt disponiert: Zuerst wurde die Direktpartie von 14,5 t in Hanau geladen und anschließend das mit dem Nahverkehr vorgeholte Stückgut in der Kabefra GmbH auf dem Umschlagslager in Frankfurt. Für den Haupttransport mit zwei Be- und Entladestellen haben wir mit dem Frachtführer Meier einen Frachtpreis von 480,00 EUR (inkl. Maut, exkl. USt.) vereinbart.

Kabefra GmbH *Internationale Spedition und Logistik*

BORDERO
01/11/044/1-5

Sammelgut
Empfangsspedition: Astheimer, Hannover
Verladetag: 12.11.20.. / Lkw: Meier, Hanau

Pos.	Anz.	Art	Inhalt	Gewicht kg	Versende-Ort	Empfänger	Bestimmungs-Ort	Frankatur	Entfernung km	Fracht NN €
1	4	Kisten	Ersatzteile	710	Darmstadt	Piller	Celle	Frei Haus	405	
2	19	Karton	Drucker	980	Mainz	Stolte	Braunschweig	Unfrei	393	
3	10	Ballen	Gewebe	1 270	Gelnhausen	Freser	Celle	Frei Haus	411	
4	15	Sack	Chemikalien	1 160	Frankfurt	Schubert	Braunschweig	Unfrei	374	
	48	Kolli	Stückgut	4 120						
5	244	Karton	Lederwaren	14 500	Hanau	Leppert	Hannover	Frei	375	
	292	Kolli		18 620						

Entnehmen Sie der oben angegebenen Situation und dem nachfolgend abgebildeten Bordero sowie dem Haustarif der Spedition Kabefra GmbH die einzelnen Daten. Lassen Sie dabei stets die Umsatzsteuer unberücksichtigt.

531. Aufgabe

Stellen Sie anhand des obigen Borderos fest, für welche Sendungen eine Frachtnachnahme ermittelt und auf dem Bordero dem Empfangsspediteur Astheimer in Rechnung gestellt wird.

HAUSTARIF Spediteur-Sammelgut-Verkehr	**Haus-Haus-Entgelte**					**Kabefra GmbH** Stand: 01. 01. 20..
Entfernung in km	GEWICHT in kg					
	701–800	801–900	901–1000	1001–1100	1101–1200	1201–1300
	EUR	EUR	EUR	EUR	EUR	EUR
1 – 100	200,00	221,00	241,00	251,00	262,00	281,00
101 – 200	230,00	245,00	265,00	275,00	286,00	305,00
201 – 300	255,00	275,00	295,00	315,00	326,00	345,00
301 – 400	289,00	310,00	331,00	341,00	352,00	371,00
401 – 500	340,00	360,00	380,00	390,00	401,00	420,00
501 – 600	370,00	391,00	411,00	421,00	432,00	451,00
601 – 700	399,00	420,00	440,00	450,00	461,00	480,00
701 – 800	410,00	430,00	450,00	460,00	471,00	490,00
801 – 900	433,00	453,00	473,00	483,00	494,00	523,00

532. Aufgabe

Für die Direktsendung (Pos. 5) mit einem Gewicht von 14.500 kg haben wir mit dem Versender ein Frachtentgelt von 440,00 EUR (inkl. Maut u. Ä.) vereinbart. Ermitteln Sie nun nur die Speditionserlöse, die den Versendern in Rechnung gestellt werden (vgl. Bordero, s. oben).

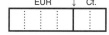

Einnahmen/ insgesamt an Speditionserlösen von Versendern:

533. Aufgabe

Ermitteln Sie nur die Speditionserlöse, die dem Empfangsspediteur als Frachtnachnahmen auf dem Bordero in Rechnung gestellt werden (vgl. Bordero, Seite 135).

Insgesamt (Bordero-Nachnahmen, NN) an Empfangsspediteur

534. Aufgabe

Unsere Umschlagsabteilung hat mit uns, der Abteilung Ausgang-Deutschland, folgende Abrechnungsvereinbarungen getroffen. Jede einzelne Sendung, die umgeschlagen wird, berechnet die Umschlagsabteilung pro angefangene 100 kg 2,00 EUR. Ermitteln Sie die internen Speditionskosten, die Ihnen die Umschlagsabteilung für die Leistungen in Rechnung stellt (vgl. Bordero, Seite 135).

Insgesamt berechnet uns die Umschlagsabteilung für alle umgeschlagenen Sendungen:

535. Aufgabe

Unsere Nahverkehrsabteilung hat mit der Abteilung Ausgang-Deutschland folgende Abrechnungsvereinbarungen getroffen. Für jede Sendung, die die Nahverkehrsabteilung im Auftrag der Kabefra GmbH beim Versender abholt und in die Umschlagshalle der Kabefra GmbH bringt, berechnet sie:
10,00 EUR pro angefangene 100 kg für Sendungen aus dem Stadtgebiet Frankfurt/Main 11,00 EUR pro angefangene 100 kg für Sendungen außerhalb des Stadtgebietes (Nahbereich)
Ermitteln Sie die internen Speditionskosten, die Ihnen die Nahverkehrsabteilung für die Abholungen der einzelnen Sendungen in Rechnung stellt (vgl. Bordero, Seite 135).

Insgesamt berechnet uns die Nahverkehrsabteilung für alle abgeholten Stückgutsendungen Speditionserlöse von insgesamt:

536. Aufgabe

Der Empfangsspediteur in Hannover erstellt der Kabefra GmbH für seine Leistungen Entladen und Verteilen (E + V) und Ausliefern der Sendungen an die Empfänger eine Rückrechnung.

Für seine Abrechnung sind folgende Abrechnungsvereinbarungen getroffen worden:

Für jede eingehende Sendung wird einzeln abgerechnet:						
1. Entladen und Verteilen pro angefangene 100 kg 2,00 EUR						
2. Zustellen der Stückgutsendungen an die jeweiligen Empfänger im Nahbereich von Hannover pro angefangene 100 kg 11,00 EUR						
Pos	Gewicht kg	Versendeort	Bestimmungsort	Frankatur	E + V EUR	Zustellen EUR
1	710	Darmstadt	Celle	Frei Haus		
2	980	Mainz	Braunschweig	Unfrei		
3	1 270	Gelnhausen	Celle	Frei Haus		
4	1 160	Frankfurt	Braunschweig	Unfrei		
5	14 500	Hannover	Hannover	Frei		
	18 620					

Insgesamt berechnet uns der Empfangsspediteur für seine Leistungen zurück:

537. Aufgabe

Stellen Sie nun in der nachfolgenden Tabelle die errechneten Speditionskosten (Ausgaben) den ermittelten Speditionserlösen (Einnahmen) gegenüber und ermitteln Sie so den Bruttospeditionsgewinn (Deckungsbeitrag/Rohgewinn) der Gesamtverladung.

	Gewinnermittlung: Gesamtverladung Frankfurt - Hannover	Ausgaben Speditionskosten in EUR	Einnahmen Speditionserlöse in EUR
1	Erstellte Ausgangsrechnungen an die Versender, Aufgabe 532	-.-.-.-.-.-.-.-	
2	Bordero Frachtnachnahmen an den Empfangsspediteur, Aufgabe 533	-.-.-.-.-.-.-.-.	
3	Interne Speditionskosten: Umschlag, Aufgabe 534		-.-.-.-.-.-.-.-
4	Interne Speditionskosten: Nahverkehr, Aufgabe 535		-.-.-.-.-.-.-.-.
5	Externe Speditionskosten, Rückrechnung des Empfangsspediteurs, Aufgabe 536		-.-.-.-.-.-.-.-
6	Externe Speditionskosten, Frachtführerpreis, gemäß Vereinbarung (Situationsbeschreibung)	480,00	
	Insgesamt		

Wie hoch ist der Bruttospeditionsgewinn, der durch die Sammelgutverladung insgesamt erwirtschaftet wurde?

538. Aufgabe

Ermitteln Sie den Bruttospeditionsgewinn für die Stückgutsendung der Position 1, Sendung 710 kg von Darmstadt nach Celle. Stellen Sie dabei die Speditionskosten für diese Einzelsendung den Speditionserlösen gegenüber. Die Kosten des Frachtanteils für 710 kg aus dem Hauptlauf ermitteln Sie mithilfe des Frachtführerpreises und des Gesamtgewichts.

Wie viel Euro beträgt der Bruttospeditionsgewinn für die Sendung 710 kg?

539. Aufgabe

Ermitteln Sie für die zuvor genannte Einzelsendung von 710 kg die kurzfristige Preisuntergrenze.
Wie viel Euro beträgt die kurzfristige Preisuntergrenze für die Sendung 710 kg?

540. Aufgabe

An Fixkosten kalkulieren Sie pro Lkw-Sammelgut-Verladung 340,00 EUR. Ermitteln Sie für die Einzelsendung der Position 1 mit 710 kg die langfristige Preisuntergrenze. Berechnen Sie den Fixkostenanteil mithilfe des Gesamt- und Einzelgewichts.

Wie viel Euro beträgt die langfristige Preisuntergrenze für die Sendung 710 kg?

541. Aufgabe

Ermitteln Sie den Nettospeditionsgewinn (Reingewinn) für die Einzelsendung der Position 1 mit 710 kg.
Wie viel Euro beträgt der Nettospeditionsgewinn für die Sendung 710 kg?

542. Aufgabe

Ermitteln Sie den Bruttospeditionsgewinn für die Stückgutsendung der Position 3, Sendung 1 270 kg von Gelnhausen nach Celle. Stellen Sie dabei für diese Einzelsendung die Speditionskosten den Speditionserlösen gegenüber. Die Kosten des Frachtanteils für den Hauptlauf ermitteln Sie mithilfe des Frachtführerpreises und des Gesamtgewichts.

Wie viel Euro beträgt der Bruttospeditionsgewinn für die Sendung 1 270 kg?

543. Aufgabe

Ermitteln Sie für die zuvor genannte Einzelsendung von 1 270 kg die kurzfristige Preisuntergrenze.

Wie viel Euro beträgt die kurzfristige Preisuntergrenze für die Sendung 1 270 kg?

544. Aufgabe

Wie in Aufgabe 540 vorgegeben, kalkulieren Sie an Fixkosten pro Lkw-Sammelgut-Verladung 340,00 EUR. Ermitteln Sie den Nettospeditionsgewinn (Reingewinn) für die Einzelsendung von 1 270 kg. Dabei berechnen Sie den Fixkostenanteil mithilfe des Gesamt- und Einzelgewichts.

Wie viel Euro beträgt der Nettospeditionsgewinn (Reingewinn) für die Sendung 1 270 kg?

545. Aufgabe

Ermittlung des Bruttospeditionsgewinns der Sammelgutsendung 980 kg für Braunschweig

Für die Beförderungsleistungen werden ermittelt:	Ausgaben Speditionskosten	Einnahmen Speditionserlöse
Borderonachnahme an den Empfangsspediteur		368,10 EUR
interne Speditionskosten: an Nahverkehrsabteilung	120,00 EUR	
interne Speditionskosten: an Umschlagsabteilung	30,00 EUR	
externe Speditionskosten: Rückrechnung des Empfangsspediteurs	110,00 EUR	
externe Speditionskosten: Frachtführerkostenanteil $\frac{800 \times 980}{18\,620} = 42{,}11$ EUR	42,11 EUR	
Speditionserlöse		368,10 EUR
insgesamt: auftragsbedingte Speditionskosten für die Sendung 980 kg für Braunschweig	302,11 EUR	302,11 EUR
Bruttospeditionsgewinn (Rohgewinn)		65,99 EUR

Wie hoch ist die „kurzfristige untere Preisgrenze" der Sendung 980 kg für Braunschweig?

546. Aufgabe

Sie interpretieren die Grafik der Break-even-Analyse auf Seite 139. Welche Feststellung trifft zu?

Der Break-even-Point (Gewinnschwelle) zeigt an, dass Mitte der dritten Woche des Monats November …
1. … ausschließlich alle Betriebskosten gedeckt sind.
2. … alle Kosten, d.h. Betriebs- und Speditionskosten, gedeckt sind.
3. … ausschließlich die Speditionskosten gedeckt sind.
4. … die Abteilung einen Nettospeditionsgewinn von 26 000,00 EUR erwirtschaftet hat.
5. … die Abteilung einen Bruttospeditionsgewinn von 2 000,00 EUR erwirtschaftet hat.

547. Aufgabe

Die Grafik zeigt deutlich den Bruttospeditionsgewinn der letzten Sammelgutverladung Ende der dritten Woche des Monats November. Wie hoch ist Ende der vierten Woche der in diesem Monat erwirtschaftete Nettospeditionsgewinn (Reingewinn)?

Kaufmännische Steuerung und Kontrolle

Abbildung zur 546. und 547. Aufgabe

**Break-even-Analyse:
Deckungsbeitragsmodell (Kostenblock, Bruttospeditionsgewinne)**

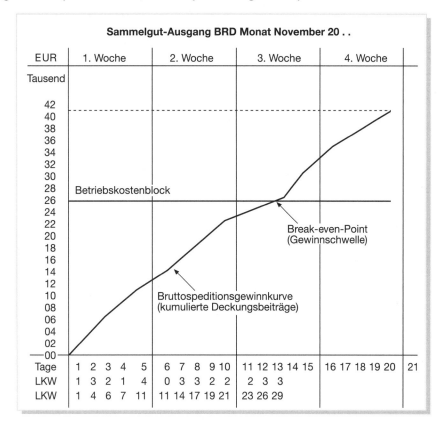

548. Aufgabe

Mit welchem Verteilungsschlüssel werden im Betriebsabrechnungsbogen (BAB) der Kabefra GmbH (siehe Seite 140) die Selbstkosten der Allgemeinen Kostenstellen (GL, Stab- u. Verwaltungsabteilungen) auf die Hauptkostenstellen (Erwerbsabteilungen) verteilt? (Abbildung zur 548. bis 552. Aufgabe)

1. Nach den Quadratmetern (Fläche der Büros der Erwerbsabteilungen)
2. Nach dem Verhältnis der ermittelten Selbstkosten der Erwerbsabteilungen
3. Nach den jeweiligen Gewinnerwartungen der Erwerbsabteilungen
4. Nach der Zahl der Angestellten der Erwerbsabteilungen
5. Nach der Zahl der Beschäftigten der Erwerbsabteilungen

549. Aufgabe

Die Abteilung Import Drittland erwirtschaftet in diesem Monat einen Bruttospeditionsgewinn (Rohgewinn bzw. Deckungsbeitrag) von 88 000,00 EUR.
Welches Ergebnis (Reingewinn) kann die Abteilung unter Berücksichtigung der Zahlen des BAB (Seite 140) an die Controlling-Abteilung in diesem Monat melden?

550. Aufgabe

In der statistischen Erhebung der Controlling-Abteilung wird festgestellt, dass der für den Monat (auf den BAB bezogen) erwirtschaftete Gesamtrohgewinn (Summe der Bruttospeditionsgewinne bzw. Deckungsbeiträge) aller Erwerbsabteilungen 1 500 000,00 EUR beträgt.
Welchen Reingewinn hat der Gesamtbetrieb in diesem Monat erarbeitet?

Abbildung zur 548. bis 552. Aufgabe

Kabefra GmbH, Frankfurt/Main — KOSTENSTELLENRECHNUNG: ERMITTLUNG DER ABTEILUNGSKOSTEN/BETRIEBSKOSTEN DURCH BAB

TEUR Abteilungen	insge-samt	allgem. Kostenstellen: GL, STAB- U. VERWALTG.								Hauptkostenstellen: ERWERBSABTEILUNGEN								
		Gesch.-füh-rung	Per-sonal-abtei-lung	Con-trol-ling	Ver-kauf	Schad.-abtei-lung	EDV	Buch-hal-tung	sonst. Verwal-tung	insge-samt	Aus-gang BRD	Aus-gang EU	Ein-gang EU	Nah-ver-kehr	Um-schlag	Fuhr-park	Export Land	Import Dritt-land	Export Luft	Import Luft	Logis-tik	Lager	Bin-nen-schiff	See-schiff	insge-samt
Büro: qm	800	25	25	25	25	25	25	50	50	250	50	50	50	25	25	25	100	25	50	50	25	25	25	25	550
Angestellte	100	2	3	3	3	2	3	4	6	26	3	7	5	2	2	2	20	4	5	6	4	3	5	6	74
Arbeiter	14									0					4	4					3	3			14
Kostenarten:																									
Gehälter	495	20	15	15	20	12	15	20	23	140	15	35	28	10	9	10	90	16	30	24	18	15	25	30	355
Löhne: Lager- u. Fahrpersonal	53														15	18					10	10			53
Fahrzeugkosten	10															10									10
Abschreibung f. Fahrzeuge	18															18									18
Miete: Büro	64	2	2	2	2	2	2	4	4	20	4	4	4	2	2	2	8	2	4	4	2	2	2	2	44
Miete: Umschlag	17														17										17
Miete: Lager	28																					28			28
Miete: Hof	10															6	4								10
Energie/Strom Heizung	32	1	1	1	1	1	1	2	2	10	2	2	2	1	1	1	4	1	2	2	1	1	1	1	22
Werbung	23		3							3							18								20
Abschreibung f. BGA	83	6	1	2	2	1	0	1	0	13	3	5	5	3	2	1	20	4	8	7	2	2	6	4	70
Kommunikation	123	10	2	4	4	3	1	1	1	26	4	7	7	3	2	3	20	6	10	11	4	6	7	7	97
Reinigung	16	0,5	0,5	0,5	0,5	0,5	0,5	1	1	5	1	1	1	0,5	0,5	0,5	2	0,5	1	1	0,5	0,5	0,5	0,5	11
Büromat.	16	0,5	0,5	0,5	0,5	0,5	0,5	1	1	5	1	1	1	0,5	0,5	0,5	2	0,5	1	1	0,5	0,5	0,5	0,5	11
Selbstkosten	988	40	25	25	30	20	20	30	32	222	30	55	48	20	55	68	144	30	56	50	38	65	52	55	766
											9	21	15	6	6	6	60	12	15	18	12	9	15	18	222
											39	76	63	26	61	74	204	42	71	68	50	74	67	73	988

Overheadkosten:
GL, Stab- u. Verwaltungsabteilung
Kostenblöcke: Erwerbsabteilungen

551. Aufgabe

Die Abteilung Seeschifffahrt erwirtschaftet im Monat durchschnittlich pro Auftrag einen Bruttospeditionsgewinn von 250,00 EUR. Wie viele Aufträge benötigt die Abteilung, um den monatlichen Break-even-Point (Gewinnschwelle) zu erreichen?

Aufträge

552. Aufgabe

Die Abteilung Export Luft erwirtschaftet in diesem Monat durch 120 Consolidation-Abfertigungen einen Bruttospeditionsgewinn (Deckungsbeitrag) von 120 000,00 EUR.
Wie viele Sammelgut-Abfertigungen benötigt im Durchschnitt die Abteilung Export Luft, um den Break-even-Point (Gewinnschwelle) des Monats zu erreichen?

Consol.-Abfertigung

Situation zur 553. bis 559. Aufgabe

Die Spedition Kabefra GmbH, Frankfurt/Main, verfügt über die Erwerbsabteilung Ausgang EU und Export Land. Die Controllingabteilung ermittelt folgende Daten für Monat Dezember:

	Ausgang EU	Export Land
Die Speditionserlöse pro Sendung betragen:	EUR 240,00	EUR 300,00
Die variablen Kosten pro Sendung betragen:	EUR 140,00	EUR 160,00
Insgesamt werden verladen:	600 Sendungen	360 Sendungen
Die Betriebskosten (fixe Kosten) des Betriebes betragen im Dezember:		70 000,00 EUR

553. Aufgabe

Wie hoch ist der Bruttospeditionsgewinn der Abteilung Export Land im Monat Dezember?

554. Aufgabe

Wie viel Euro beträgt das Betriebsergebnis (Reingewinn) der Spedition Kabefra GmbH im Monat Dezember?

555. Aufgabe

Der Fixkostenblock von 70 000,00 EUR wird im Verhältnis 1:1 auf die Erwerbsabteilungen Ausgang EU und Export Land verteilt.
Wie hoch ist der Reingewinn der Abteilung Ausgang EU?

556. Aufgabe

Der Fixkostenblock von 70 000,00 EUR wird im Verhältnis 1:1 auf die Erwerbsabteilungen Ausgang EU und Export Land verteilt.
Wie viele Sendungen benötigt die Abteilung Ausgang EU, um den Break-even-Point (Gewinnschwelle) zu erreichen?

557. Aufgabe

Der Fixkostenblock von 70 000,00 EUR wird im Verhältnis 1:1 auf die Erwerbsabteilungen Ausgang EU und Export Land verteilt.
Wie viele Sendungen benötigt die Export Land-Abteilung, um den Break-even-Point (Gewinnschwelle) zu erreichen?

558. Aufgabe

Der Fixkostenblock von 70000,00 EUR wird im Verhältnis 1 : 1 auf die Erwerbsabteilungen Ausgang EU und Export Land verteilt. Die Abteilung Ausgang EU bearbeitet pro Arbeitstag 30 Sendungen.

Wie viele Tage benötigt die Abteilung, um Reingewinn zu erwirtschaften?

Tage: ☐

559. Aufgabe

Der Fixkostenblock von 70000,00 EUR wird im Verhältnis 1 : 1 auf die Erwerbsabteilungen Ausgang EU und Export Land verteilt.

Die Abteilung Export Land bearbeitet pro Arbeitstag 15 Sendungen.
Wie viele Tage benötigt die Abteilung, bis sie alle Kosten (fixe und variable Kosten) gedeckt hat?

Tage: ☐

560. Aufgabe

Die Abteilung Export Luft erwirtschaftet in diesem Monat durch 120 Consolidation-Abfertigungen (Sammelgutabfertigungen) einen Bruttospeditionsgewinn von 96000,00 EUR. Der Fixkostenblock der Abteilung beträgt 80000,00 EUR.

Wie viele Abfertigungen benötigt die Export-Luft-Abteilung durchschnittlich, um den Break-even-Point (Gewinnschwelle) zu erreichen?

☐

Abbildung zur 561. bis 566. Aufgabe siehe Seite 143

561. Aufgabe

Wie viel Euro feste Fahrzeugkosten fallen in einem Jahr für Motorfahrzeug und Hänger an?

EUR | Komma | Ct.

562. Aufgabe

Wie viel Euro Fixkosten fallen pro gefahrene 100 Kilometer an?

EUR | Komma | Ct.

563. Aufgabe

Wie viel Euro betragen die gesamten Fahrzeugkosten pro 100 km?

EUR | Komma | Ct.

564. Aufgabe

Wie viel Euro betragen die Fixkosten pro Tag für den gesamten Lastzug?

EUR | Komma | Ct.

565. Aufgabe

Wie viel Euro variable Kosten verursacht der Zug durchschnittlich pro Tag?

EUR | Komma | Ct.

566. Aufgabe

Wie viel Euro Kosten verursacht der Zug an einem Tag, auch wenn er nicht beschäftigt werden kann?

1. 78,97 EUR
2. 104,16 EUR
3. 126,91 EUR
4. 435,39 EUR
5. 483,33 EUR

▶ ☐

Abbildung zur 561. bis 566. Aufgabe

Fahrzeugkalkulation eines Hängerzuges in EUR		
Fahrzeugdaten		
01 Fahrzeugart	Motorwagen	Anhänger
02 zul. Gesamtgewicht/Nutzlast in kg	18 6000/10 6800	
03 Leistung/Hubraum (kW/ccm)	290/12 6000	
04 Motorart		
05 Antriebsart	Diesel	
07 Reifenzahl	6 × 12/R 22,5	6 × 385/65 R 22,5
Berechnungsbasis		
07 Listenpreis netto	98 000,00	40 000,00
08 Anschaffungspreis netto	76 500,00	36 000,00
09 Ersatzpreis Reifen	2 850,00	1 800,00
10 kalkul. Kraftstoffverbr./100 km	34,3	0,00
11 Kraftstoffpreis	0,76	0,00
12 kalkulatorischer Zins	8,5	8,5
13 Zeit-/Leistungsabschreibung	30/70	100
14 Einsatztage im Jahr	240	240
15 Auslastung %	100	100
16 Nutzungsdauer in Monaten	72	120
17 Jahreslaufleistung km/Jahr	200 6000	200 6000
18 Reifenlaufleistung in km	145 6000	140 6000
19 Wartungs-/Reparaturkosten	19 250,00	3 080,00
variable Kosten EUR/100 km		
20 Leistungsabschreibung/100 km	4,30	0,00
21 Kraftstoffkosten	26,07	0,00
22 Schmierstoffkosten	0,78	0,00
23 Reifenkosten	1,97	1,29
24 Wartungs-/Reparaturkosten	9,65	1,44
25 Summe variable Kosten	42,77	2,73
Fixkosten EUR/Jahr		
26 Zeitabschreibung	3 682,58	3 420,00
27 kalkulatorischer Zins	3 251,25	1 530,00
28 Kfz-Steuer	1 300,00	650,00
29 Haftpflichtversicherung	4 420,00	55,00
30 Kaskoversicherung	3 750,00	390,00
31 Autobahngebühr	1 250,00	0,00
32 sonstige Kosten	1 300,00	0,00
33 Summe Fixkosten in EUR/Jahr	18 953,83	6 045,00
Auswertung		
34 Fixkosten in EUR/Tag	78,97	25,19
35 Fixkosten in EUR/100 km	9,48	3,02
36 fixe und variable Kosten/100 km	52,25	5,75
37 Gesamtkosten/Jahr	104 493,83	11 505,00
38 Gesamtkosten/Tag	435,39	47,94

[1] Weitere Aufgaben Lkw-Verkehr siehe Seiten 44 und 78 ff.

Situation zur 567. bis 575. Aufgabe

Die Kabefra GmbH nimmt zu Beginn des Jahres 1999 ein neues Palettenhochregallager von 8000 m² mit Bürogebäude in Betrieb. Die lichte Höhe des Lagers bei einer Regalhöhe von 12 Metern beträgt 14 Meter. Die Regale und das gesamte Lagergerät müssen ebenfalls neu angeschafft werden. Die Investitionsausgaben betragen:

Lagergebäude: 3 600 000,00 EUR
Lagereinrichtungen: 880 000,00 EUR

Die Nutzungsdauer von Halle und Bürogebäude wird auf 20 Jahre, die der Lagereinrichtung auf acht Jahre veranschlagt. Die Investitionen werden zu 50 % mit eigenen Mitteln, der Rest mit Fremdkapital finanziert. Für beide Kapitalien müssen entweder 7,5 % kalkulatorische Zinsen verrechnet oder 7,5 % Fremdkapitalzinsen bezahlt werden.

567. Aufgabe

Wie viel Euro sind pro Jahr auf das Lagergebäude abzuschreiben?

568. Aufgabe

Wie viel Zinsen (wirklich gezahlte und kalkulatorische) sind für das Gebäude pro Jahr zu veranschlagen, wenn die Kabefra GmbH von einem durchschnittlich gebundenen Kapital von 1 800 000,00 EUR ausgeht?

569. Aufgabe

Wie viel Euro beträgt die jährliche Abschreibung auf die Lagereinrichtung?

570. Aufgabe

Verwenden Sie als Hilfe den Abschreibungsplan für die Lagereinrichtung. Berechnen Sie

a) die Summe des gebundenen Kapitals,
b) die Summe des durchschnittlich gebundenen Kapitals.

		Abschreibung	Anschaffungspreis/ Restwert	Zahl der Teiler
01.01.1999				
31.12.1999		EUR	EUR	
31.12.2000		EUR	EUR	
31.12.2001		EUR	EUR	
31.12.2002		EUR	EUR	
31.12.2003		EUR	EUR	
31.12.2004		EUR	EUR	
31.12.2005		EUR	EUR	
31.12.2006		EUR	EUR	
a) Summe des gebundenen Kapitals			EUR	
b) durchschnittlich gebundenes Kapital			EUR	

571. Aufgabe

Wie viel Euro beträgt die jährliche Verzinsung des durchschnittlich gebundenen Kapitals (Eigenkapital und Fremdkapital) für die Lagereinrichtung?

572. Aufgabe

Fassen Sie Ihre Kalkulationsergebnisse der Aufgaben 567 bis 571 zusammen und orientieren Sie sich hierbei am nachfolgenden Schema. In ihm sind auch einige Ihnen bisher noch fehlende Daten vorgegeben.

Zusammenstellung der Lagerkosten pro Jahr		
	Kosten pro Jahr in EUR	Anteile in % an der Summe aller Kosten
1. Gebäudekosten:		
Abschreibungen		
Verzinsung		
2. Kosten der Lagereinrichtung:		
Abschreibungen		
Verzinsung		
3. Reparaturkosten		
4. Versicherungskosten		
5. Energiekosten	80 400,00 EUR	
6. Reinigungskosten		
7. sonstige Gebäudekosten		
8. Anteil an allgem. Verwaltungskosten	66 000,00 EUR	
Summe der Lagerkosten		100,00 %

Wie groß ist die Summe der Lagerkosten?

573. Aufgabe

Wie viel Euro Abschreibungen für Gebäude und Lagereinrichtungen ergeben sich in einem Jahr?

574. Aufgabe

Welchen Prozentanteil an den gesamten Lagerkosten haben die Abschreibungen? (vgl. Aufgaben 572 und 573)

575. Aufgabe

Wie groß ist der prozentuale Anteil der Abschreibungs- und Finanzierungskosten an den Gesamtkosten des Lagers (auf volle Prozent aufrunden, vgl. Aufgabe 573)?

Abbildung zur 576. bis 579. Aufgabe

Zusammenstellung der Lagerkosten pro Jahr		
	Kosten pro Jahr	Anteile in % an der Summe aller Kosten
1. Gebäudekosten:		
Abschreibungen	180 000,00 EUR	
Verzinsung	135 000,00 EUR	
2. Kosten der Lagereinrichtung:		
Abschreibungen	110 000,00 EUR	
Verzinsung	33 000,00 EUR	
3. Reparaturkosten		
4. Versicherungskosten		
5. Energiekosten	80 400,00 EUR	
6. Reinigungskosten		
7. sonstige Gebäudekosten		
8. Anteil an allgem. Verwaltungskosten	66 000,00 EUR	
Summe der Lagerkosten	604 400,00 EUR	

576. Aufgabe

Das Lager hat eine Nutzfläche von 8 000 m². Wie viel Euro betragen die Kosten pro Monat für 1 m²?

577. Aufgabe

Das Lager ist als Palettenhochregallager gebaut und hat insgesamt 11 200 Palettenstellplätze. Berechnen Sie die monatlichen Kosten pro Palettenstellplatz unter der Annahme, dass alle Plätze belegt werden können.

578. Aufgabe

Sie wissen, dass Sie die Palettenstellplätze nur zu etwa 80 % auslasten können.
Wie viel Euro müssen Sie als Kosten pro Stellplatz veranschlagen?

579. Aufgabe

Aus Erfahrung wissen Sie, dass eine bei Ihnen gelagerte, beladene Palette im Durchschnitt ca. 500 kg wiegt. Wie viel Euro Lagerkosten entstehen für 100 kg?

580. Aufgabe

Ordnen Sie zu, indem Sie die Kennziffern von drei der fünf Kostenarten in die Kästchen bei den Kostengruppen eintragen.

Kostenarten

1. Abschreibungen und Verzinsung des Kapitals
2. anteilige Raumkosten für Hauptgänge
3. Bruttolöhne oder Bruttogehälter
4. anteilige Kosten des Gesamtbetriebs
5. Vorhalten von Verpackungsmaterial und Ladehilfsmitteln

Kostengruppen

allgemeine Verwaltungskosten ☐

Umschlaggerätekosten ☐

Personalkosten ☐

Situation zur 581. bis 583. Aufgabe

Im Lager der Kabefra GmbH werden pro Tag 900 Paletten umgeschlagen. Messungen haben ergeben, dass pro Umschlagvorgang durch einen Gabelstapler 2,2 Minuten benötigt werden. Die tägliche Arbeitszeit beträgt acht Stunden.

581. Aufgabe

Wie viele Gabelstaplerstunden fallen pro Tag an?   Std.

582. Aufgabe

Wie viele Gabelstapler sind erforderlich, um alle 900 Paletten pro Tag umschlagen zu können?   Stapler

583. Aufgabe

Wie viele Paletten können pro Stunde von einem Stapler umgeschlagen werden?   Paletten

Abbildung zur 584., 585. und 594. Aufgabe

Leistungsstunden pro Tag pro Lagerarbeiter/Lagermeister		
	Tage x 8 Std./Tag	Stunden
52 Wochen x 5 Tage	260 Tage x 8 Std.	2 080
– Urlaub	30 Tage x 8 Std.	– 240
– Krankheit	10 Tage x 8 Std.	– 80
– gesetzliche Feiertage	11 Tage x 8 Std.	– 88
	209 Tage	1 672
– Unproduktive Arbeitszeit und Leerzeiten	209 Tage x 1,6 Std.	– 334
Leistungsstunden insgesamt		1 338
effektive Leistungsstunden pro Tag	1 338 Std : 250 (Arbeitstage)	Pro Tag 5,4 Leistungsstunden

584. Aufgabe

Wie viele Lagerfacharbeiter muss die Kabefra GmbH als Führer von Gabelstaplern beschäftigen, um die 33 Gabelstaplerstunden voll abzudecken?   Arbeiter

585. Aufgabe

Wie viele Arbeitsstunden müssen pro Tag bezahlt werden, um die 33 Gabelstaplerstunden abzudecken?   Std.

586. Aufgabe

Bei einem durchschnittlichen Packstückgewicht von 20 kg kann ein Lagerarbeiter 970 kg pro Stunde umschlagen. Wie viel Arbeitszeit in Stunden und Minuten werden benötigt, um einen Nahverkehrs-Lkw mit 4,5 t Kartonware zu entladen und die Güter einzulagern?   Std. Min.

587. Aufgabe

Welche Maßnahme könnte eventuell ergriffen werden, um mit einer geringeren Zahl von Gabelstaplern auszukommen?

1. Erhöhung der Zahl der Arbeitskräfte
2. Verringerung der Soll-Arbeitsleistung pro Stunde
3. Bereitstellung von mehreren Fahrern für einen Gabelstapler
4. Einführung einer Früh- und einer Spätschicht
5. Erhöhung der Wartungsintervalle der Geräte

Kaufmännische Steuerung und Kontrolle

588. Aufgabe

Wie sind die Umschlagkosten bei der Berechnung der Lagerentgelte zu berücksichtigen?

1. Die Umschlagkosten werden individuell kalkuliert und den Kunden immer separat in Rechnung gestellt.
2. Die Umschlagkosten sind Bestandteil des einheitlichen Satzes für Einlagern, Lagern und Auslagern und werden nicht gesondert ausgewiesen.
3. Umschlagkosten fallen nur bei Vor-, Zwischen- und Nachlagerung an und sind deshalb kein Bestandteil des Lagerentgelts.
4. Umschlagkosten fallen nur beim Ein- und Auslagern an und werden deshalb als Kostenbestandteile in die Entgelte für Ein- und Auslagern eingerechnet.
5. Da die Umschlagkosten nicht bestimmten Handlungsabläufen im Lager zugerechnet werden können, werden sie pauschal in das Lagergeld einberechnet.

589. Aufgabe

Wann werden die Entgelte für Einlagern, Lagern und Auslagern berechnet? Welches Verfahren entspricht weitgehend der Speditionspraxis?

1. Entgelte für Ein- und Auslagern sowie das Lagergeld für den ersten Monat werden in der Regel sofort nach der Einlagerung in Rechnung gestellt.
2. Das Entgelt für Einlagern und das Lagergeld für den ersten Monat werden den Kunden immer am Ende des ersten Lagermonats in Rechnung gestellt.
3. Das Entgelt für das Einlagern wird sofort in Rechnung gestellt, das Lagerentgelt erst am Ende des ersten Monats, die Entgelte der Auslagerung nach der Auslieferung.
4. Alle drei Entgeltbestandteile werden erst bei der Auslagerung berechnet und in Rechnung gestellt.
5. Da die Dauer der Lagerung meist nicht bekannt ist, werden Ein- und Auslagern sofort berechnet, das Lagergeld aber immer erst bei der Auslagerung.

Situation zur 591. bis 594. Aufgabe

Die gesamte Lagerfläche der Kabefra GmbH beträgt 8000 m² (Bruttolagerfläche). Auf die Hauptgänge und Bereitstellungsflächen, die auch dem Umschlag zugerechnet werden, entfallen 23% der Gesamtfläche.

590. Aufgabe

Wie viel m² Lagerfläche (Nettolagerfläche in % und in m²) stehen für die eigentliche Lagerung zur Verfügung?

591. Aufgabe

Die Analyse des Guts unseres Kunden hat zu dem Ergebnis geführt, dass 475 kg pro m² gelagert werden können. Der Kunde liefert uns täglich 1900 kg an.
Welche Nettolagerfläche benötigen wir?

592. Aufgabe

Wie groß ist die Bruttolagerfläche, die für das Lagern von 1900 kg benötigt wird (auf zwei Stellen hinter dem Komma rechnen)?

593. Aufgabe

Welchen Prozentaufschlag (volle Prozent) müssen Sie auf die Nettolagerfläche aufschlagen, wenn Sie die Bruttolagerfläche ermitteln wollen?

594. Aufgabe

Der Lohnaufwand einschließlich aller Sozialabgaben für einen Lagerarbeiter mit einer täglichen Arbeitszeit von acht Stunden beträgt bei der Kabefra GmbH 16,80 EUR je Arbeitsstunde.
Wie viel Euro kostet uns eine Leistungsstunde (vgl. Abbildung Seite 147)?

595. Aufgabe

Der gesamte Lohn- und Sozialaufwand für eine Leistungsstunde beträgt bei der Kabefra GmbH 24,89 EUR.
Als Arbeitgeberbeitrag zur Sozialversicherung sowie Unfallversicherung und sonstiger sozialer Leistungen haben wir mit einem Aufschlag von 80% auf den Bruttolohn kalkuliert.
Wie viel Euro betragen die sozialen Aufwendungen pro Leistungsstunde?

596. Aufgabe

Der gesamte Aufwand für eine Arbeitsstunde beträgt bei der Kabefra GmbH 16,80 EUR.
Wie viel Prozent muss die Kabefra GmbH bei der Kalkulation aufschlagen, um zu den Kosten einer Leistungsstunde zu kommen (vgl. Aufgabe 595, auf volle Prozent runden)?

Situation zur 597. bis 604. Aufgabe

Die Firma Orth aus Frankfurt/Main ruft bei Ihnen an und bittet um eine Offerte für das Einlagern von 40 t Reinigungsmitteln (Seife, Körperpflegemittel, Waschpulver usw.). Die Güter sind in Kartons, Pappeimern und Blechkanistern verpackt. Das Gewicht eines Gebindes beträgt zwischen 5 und 30 kg. Die Gebinde werden palettiert angeliefert. Nach einer Erstanlieferung von 40 t folgen monatlich zwei weitere Partien von jeweils 20 t. Gerechnet wird monatlich mit 100 Ausgängen à 400 kg. Der durchschnittliche monatliche Lagerbestand wird ca. 60 t betragen.
Für das Entladen eines Lastzugs mit 20 t Ladung werden ein Gabelstapler und zwei Lagerarbeiter für jeweils 1 1/2 Stunden benötigt. Anschließend sind die Paletten einzulagern. Die Ware ist den bereits vorhandenen Beständen zuzuordnen. Als Zeit hierfür werden fünf Arbeiterstunden und eine Gablerstunde veranschlagt.
Für das Kommissionieren und den Umschlag bei der Auslagerung ermitteln Sie als Zeitbedarf 15 Minuten für einen Lagerarbeiter mit Gabelstapler.

597. Aufgabe

Berechnen Sie mithilfe der Zusammenstellung über den „Zeitbedarf für das Einlagern" die Zahl der Gabelstapler- und Arbeitsstunden (Leistungsstunden), die für die Überlagernahme und das Einlagern von 20 t benötigt werden.

Zeitbedarf für das Einlagern (Überlagernahme)		
	Gabelstapler (Stunden)	Lagerarbeiter (Leistungsstunden)
Entladen		
Einlagern		
Summe	a)	b)

598. Aufgabe

Welche Lohnkosten entstehen der Kabefra GmbH durch die Einlagerung von 20 t bei einem Aufschlag von 48% auf den Lohnaufwand von 16,80 EUR?

599. Aufgabe

Für Entladen und Einlagern wird ein Gabelstapler für 2 1/2 Stunden benötigt.
Eine Gabelstaplerstunde kostet die Kabefra GmbH 10,75 EUR.
Welche Staplerkosten entstehen bei der Einlagerung der 20 t?

600. Aufgabe

Verwenden Sie bei der Bearbeitung die Lösungen der 79. und 80. Aufgabe.
Wie viel Euro kostet die Einlagerung von 1 t unter Berücksichtigung von 10,75 EUR/t anteiliger Verwaltungskosten?

601. Aufgabe

Die Güter der Firma Orth werden auf Paletten gelagert, die jeweils ca. 400 kg wiegen.
Wie viel Euro kostet die Lagerung für den durchschnittlichen Lagerbestand von 60 t, wenn ein Stellplatz Lagerkosten von 2,81 EUR verursacht?

602. Aufgabe

Wie viel Euro Lagergeld pro Tonne muss die Kabefra GmbH mindestens verlangen, um ihre Kosten zu decken (vgl. Lösung der 601. Aufgabe)?

603. Aufgabe

Für das Kommissionieren und den Umschlag bei der Auslagerung ermitteln Sie als Zeitbedarf 15 Minuten für einen Lagerarbeiter mit Gabelstapler pro Palette im Gewicht von 400 kg.
Welche Kosten pro Tonne ergeben sich für die Auslagerung einschließlich der Kommissionierung, wenn die Kabefra GmbH mit Lohnkosten von 24,89 EUR/Stunde, Kosten für Gabelstapler von 10,75 EUR/Stunde und Verwaltungskosten von 8,75 EUR/t rechnet?

604. Aufgabe

Stellen Sie anhand der folgenden Tabelle die Entgelte für Ein- und Auslagern einschließlich Kommissionieren sowie Lagern zusammen, die Sie mit dem Kunden Orth pro Tonne und pro 100 kg mindestens vereinbaren müssen, wenn Sie Ihre Kosten decken wollen. Verwenden Sie hierzu die Ergebnisse der 66., 68. und 69. Aufgabe.
Wie viel Euro beträgt das Gesamtentgelt pro Tonne und pro 100 kg?

Entgelt für	pro Tonne in EUR	pro 100 kg in EUR
Einlagern		
Lagern		
Auslagern und Kommissionieren		
Gesamtentgelt	a)	b)

605. Aufgabe

Welche Größe ist bei der Ermittlung der Lagerentgelte bisher noch nicht berücksichtigt?

1. die Besonderheiten des Lagergutes der Firma Orth
2. die für die Abfertigung nötige Arbeitszeit
3. die Art der Lagerung der Güter
4. die Auslastung des Lagers durch die Firma Orth
5. die Gewinnerwartungen der Kabefra GmbH

606. Aufgabe

Welcher Posten gehört zu den kalkulatorischen Kosten?[1]

1. der Fremdkapitalzins
2. der Unternehmerlohn
3. der periodenfremde Aufwand
4. das Disagio
5. die bilanzmäßige Abschreibung

[1] Weitere Aufgaben Lager und Logistik siehe Seiten 56 ff.

607. Aufgabe

Die fixen Kosten eines Lkw betragen pro Einsatztag 310,30 EUR, die variablen Kosten 0,57 EUR je Kilometer.
Wie viel Euro betragen die Gesamtkosten pro Jahr bei 260 Einsatztagen und einer monatlichen Fahrleistung von 13 800 km?

608. Aufgabe

Ein Unternehmen muss die Frage klären, wie hoch die Summe der Frachtentgelte mindestens sein muss, damit die Kosten des Betriebes gedeckt werden.
Welchen Teil des betrieblichen Rechnungswesens zieht es heran?

1. die Jahreserfolgsrechnung
2. die Betriebsergebnisrechnung
3. die Schlussbilanz
4. die Kostenstellenrechnung
5. die Kostenträgerrechnung

609. Aufgabe

Kosten sollen einem einzelnen Beförderungskilometer oder einem einzelnen Auftrag zugeordnet werden. Welche Rechnung ist aufzustellen?

1. die Kostenträgerrechnung
2. die Kostenstellenrechnung
3. die Kostenartenrechnung
4. die Betriebsergebnisrechnung
5. die Gewinn- und Verlustrechnung

610. Aufgabe

Welche Rechnung muss aufgestellt werden, wenn Kosten auf mehrere betriebliche Abteilungen aufgeteilt werden sollen?

1. die Kostenträgerrechnung
2. die Kostenstellenrechnung
3. die Kostenartenrechnung
4. die Betriebsergebnisrechnung
5. die Gesamtergebnisrechnung

611. Aufgabe

Entscheiden Sie, welche Kosten variabel sind.

1. die Kfz-Steuer
2. die Kfz-Haftpflichtversicherung
3. die Raum- und Gebäudemiete
4. die kalkulatorischen Zinsen
5. die Treibstoffkosten

612. Aufgabe

Welche Begründung trifft zu, wenn man den Anschaffungspreis eines neuen Lkw im Sinne einer möglichst genauen Preiskalkulation abschreiben will?

1. Abschreibung pro Jahr nach der vorausgeschätzten Nutzungsdauer, falls dieses Verfahren vom Finanzamt gestattet wird
2. Abschreibung pro Jahr nach der vorausgeschätzten Nutzungsdauer, weil dies das genaueste Verfahren ist
3. Abschreibung pro gefahrenem Kilometer im Jahr, weil nur die gefahrene Strecke Einfluss auf den Wertverlust hat
4. Abschreibung des halben Wertes nach der Nutzungsdauer, um den Faktor Zeit zu berücksichtigen (Veralten, Rost, technischer Fortschritt), Abschreibung der anderen Hälfte nach den gefahrenen Kilometern, um den Verschleiß zu berücksichtigen
5. Abschreibung nach dem jeweils für die einzelnen Jahre geschätzten Wiederverkaufspreis, weil nur so der bilanzielle Wert dem wirklichen Wert angepasst werden kann

613. Aufgabe

Was versteht man unter Kosten?

1. Kassenauszahlungen
2. Auszahlungen, die einem bestimmten Rechnungsjahr zugeordnet sind
3. Ausgaben, die einem bestimmten Rechnungsjahr zugeordnet sind
4. Alle Aufwendungen einer Rechnungsperiode
5. Betriebsnotwendige und geplante Aufwendungen einer Rechnungsperiode

---

Situation zur 615. bis 617. Aufgabe

Die Aufgaben beziehen sich auf den folgenden Betriebsabrechnungsbogen (BAB). Die Kostenarten Löhne, Gehälter und gesetzlich soziale Abgaben für Lohnempfänger/Gehaltsempfänger sind den Abteilungen aufgrund genauer Aufzeichnungen direkt zugeordnet, die übrigen Kosten wurden anhand von „Schlüsseln" verteilt.

Betriebsabrechnungsbogen (BAB) in EUR

Kostenarten / Kostenstellen		allgemeine Kostenstellen		Hauptkostenstellen				
		Verwaltung	Außendienst	Bahnspedition	Nahverkehr	Fernverkehr	intern. Spedition	Luftfracht
Löhne	45 000	---	---	2 500	10 000	30 000	---	2 500
Gehälter	77 000	20 000	3 000	3 000	6 000	14 000	17 000	14 000
gesetzl. soziale Abgaben	44 800	8 000	1 200	2 200	6 400	13 600	6 800	6 600
übrige Kosten	86 210	14 000	2 200	4 000	12 000	30 010	12 000	12 000
	253 010	42 000	6 400	11 700	34 400	87 610	35 800	35 100
			1 274	2 329	6 847	17 437	7 126	6 987
			7 674	14 029	41 247	105 047	42 926	42 087
				439	1 290	3 286	1 343	1 316
				14 468	42 537	108 333	44 269	43 403
Abteilungs-Rohgewinn nach Umbuchung der auftragsbedingten Speditionskosten und -auslagen				18 468	48 537	113 333	54 269	55 403
				+4 000	+6 000	+5 000	+10 000	+12 000

Abteilungsergebnisse

614. Aufgabe

Bei welchem Betrag handelt es sich um die Summe der Stelleneinzelkosten der Abteilung Fernverkehr?

1. 17 437,00 EUR
2. 87 610,00 EUR
3. 105 047,00 EUR
4. 108 333,00 EUR
5. 113 333,00 EUR

615. Aufgabe

Wie viel Euro betragen die Stellengesamtkosten der Abteilung internationale Spedition?

1. 35 800,00 EUR
2. 42 926,00 EUR
3. 44 269,00 EUR
4. 54 269,00 EUR
5. 10 000,00 EUR

616. Aufgabe

Wie viel Euro betragen für die Abteilung Luftfracht die Stellengemeinkosten?

617. Aufgabe

Bringen Sie die Arbeitsschritte beim Aufstellen, Abschließen und Auswerten des BAB in die richtige Reihenfolge.

- Aufteilen der Kosten der Hilfskostenstellen auf die Hauptkostenstellen
- Ermitteln der Gesamtkosten (Stellengesamtkosten) einer Kostenstelle
- Errechnen des Abteilungsergebnisses jeder Kostenstelle
- Folgerungen bei der Auftragsannahme und Auftragsabwicklung aus der wechselnden Differenz zwischen durchschnittlichen Sendungskosten und Roherlösen
- Division der Stellengesamtkosten durch die Zahl der Sendungen und Errechnen der durchschnittlichen Sendungskosten
- Übertragen der Kostenarten der Klasse 4 in den BAB
- Übertragen der Abteilungsrohgewinne in den BAB
- Vergleich der durchschnittlichen Sendungskosten mit den Roherlösen einzelner Sendungen
- Zuordnen der Kostenarten zu Haupt- und Hilfskostenstellen aufgrund von Aufzeichnungen oder Kostenschlüsseln

618. Aufgabe

Welche Steuer ist für das Unternehmen ein durchlaufender Posten und kein Kalkulationsbestandteil?

1. die Einkommensteuer
2. die Gewerbekapitalsteuer
3. die Grundsteuer
4. die Umsatzsteuer
5. die Vermögenssteuer

619. Aufgabe

Prüfen Sie, was man unter fixen Kosten versteht.

1. Kosten, die aufgrund buchhalterischer Unterlagen genau berechnet werden können
2. Kosten, die der einzelnen Betriebsleistung direkt zugerechnet werden können
3. Kosten, die dem Auftraggeber unmittelbar weiterbelastet werden
4. Kosten, die sich mit dem Beschäftigungsgrad nicht ändern
5. Kosten pro Kilometer, die sich auch bei langen Beförderungsstrecken nicht vermindern

620. Aufgabe

Sie sind in einer Filiale der Spedition Kabefra GmbH in der Abteilung Controlling eingesetzt und mit der Erstellung eines BAB (Betriebsabrechnungsbogen) betraut. Die Gemeinkosten der Verwaltung werden auf die Haupt- und Hilfskostenstellen im Verhältnis 2:3:3:2:5:3 aufgeteilt. Wie viel Euro beträgt das Abteilungsergebnis der Abteilung Fuhrpark?

EUR Betriebsabrechnungensbogen (BAB)							
Kostenarten \ Kostenstellen	Verwaltung	Ausgang EU	Eingang EU	Lager	Logistik	Fuhrpark	Kfz-Werkstatt
Speditionserlöse		91 000,00	110 000,00	80 000,00	121 800,00	328 000,00	
Speditionskosten		50 000,00	60 000,00	30 000,00	88 000,00	220 000,00	
Bruttospeditionsgewinn		41 000,00	50 000,00	50 000,00	33 800,00	108 000,00	
Umlage: allgem. Kostenstelle	180 000,00						
Umlage: Hilfskostenstelle						↵	
Abteilungsergebnis							

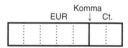

621. Aufgabe

Sie sind Disponent/in bei der Kabefra GmbH. Ein Kunde bietet Ihnen telefonisch eine Komplettpartie von 20 t Werkzeugen an, die von Offenbach nach Hamburg (529 km) in normaler Zeit befördert werden soll. Der Preis, den der Kunde zu zahlen bereit ist, beträgt 1 200,00 EUR (plus USt.). Dem Lkw steht für den nächsten Tag eine Rückladung zur Verfügung.
Die Kosten werden wie folgt kalkuliert:
fixe Kosten pro angefangenem Tag 220,00 EUR
variable Kosten pro Kilometer 1,15 EUR
In welcher Zeile stehen die Beträge, die die „langfristige untere Preisgrenze" sowie den Gewinn des Transportes benennen?

	Untere Preisgrenze	Gewinn
1.	608,35 EUR	591,65 EUR
2.	828,35 EUR	371,65 EUR
3.	1 048,35 EUR	151,65 EUR
4.	1 436,70 EUR	236,70 EUR
5.	1 656,70 EUR	456,70 EUR

622. Aufgabe

Sie erhalten das Angebot, 21 t Reifen von Hanau nach Milano/Italien (850 km) zu befördern und eine Rückladung von Milano mit 22 t Marmor für Aschaffenburg (820 km) zu übernehmen. Die gesamte Tour dauert fünf Tage.

Vorkalkulation: Feststellung der Preisuntergrenze:
– fixe Kosten pro angefangenem Tag 240,00 EUR
– variable Kosten pro angefangenem km 1,10 EUR

Wie hoch ist die „langfristige untere Preisgrenze" für die komplette Tour?

1. 1 837,00 EUR
2. 2 437,00 EUR
3. 2 817,00 EUR
4. 2 870,00 EUR
5. 3 037,00 EUR

623. Aufgabe

Welche der genannten Kosten sind in der Fahrzeugkalkulation variable Kosten?

1. kilometerabhängige Abschreibung
2. Kfz-Versicherung
3. Werkstattmiete
4. Kfz-Steuer
5. Fahrerlohn

624. Aufgabe

Sie sind bei der Kabefra GmbH beschäftigt und bearbeiten einen Soll-Ist-Kostenvergleich (Nachkalkulation) einer durchgeführten Beförderung von Fürth nach Amsterdam. Für die 5-Tage-Fahrt ergeben sich folgende Werte:

	Sollwerte	Istwerte
Fahrerstunden:	49	51
gefahrene km	1800	1815
Spesen	305,00 EUR	305,00 EUR
Zeit	5 Tage	5 Tage

Fixe Kosten pro Tag 180,00 EUR
Variable Kosten pro km 1,10 EUR
Kosten pro angefangener Fahrerstunde 36,00 EUR

Um welchen Betrag weichen die Istkosten von den Sollkosten ab?

625. Aufgabe

Von wem fordern Sie für den Betriebsabrechnungsbogen (BAB) die Gemeinkostenarten an?

1. von den jeweiligen Kunden
2. vom Finanzamt
3. von Ihrer Buchhaltung
4. von Ihrer Geschäftsführung
5. von Ihrem Sekretariat

626. Aufgabe

Im BAB werden u. a. die Kostenstellen Verwaltung, Garage und Werkstatt aufgeführt. Die monatliche Miete beträgt insgesamt 40 000,00 EUR. Mögliche Schlüssel: qm oder Personal.

Schlüssel	Verwaltung	Garage/Hof	Werkstatt
qm	600 qm	1000 qm	400 qm
Personal	18	5	6

Welchen Mietbetrag ordnen Sie der Kostenstelle Werkstatt zu?

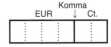

627. Aufgabe

Wie viel Euro beträgt das monatliche Betriebsergebnis bei Betriebskosten von 40250,00 EUR, einem monatlichen Umsatz von 95000,00 EUR und auftragsbedingten Speditionskosten von 33750,00 EUR?

628. Aufgabe

Welche Kosten berücksichtigen Sie für die kalkulatorische Abschreibung des Fahrzeuges pro Kilometer, wenn kilometerabhängig abgeschrieben wird?

Kalkulationsdaten: Sattelzug
Kaufpreis des Fahrzeuges: 280800,00 EUR
Lebensdauer des Fahrzeuges: 600000 km

629. Aufgabe

Welche Kosten berücksichtigen Sie für die kalkulatorische Abschreibung der Bereifung pro Kilometer, wenn kilometerabhängig abgeschrieben wird?

Kalkulationsdaten: Hängerzug
Neuwert der Bereifung: 10560,00 EUR
Lebensdauer Bereifung: 100000 km

630. Aufgabe

Wie wird der Erfolg einer Lkw-Tour errechnet?

1. Summe der Frachterlöse abzüglich der Umsatzsteuer
2. Summe der Frachterlöse abzüglich der variablen Kosten
3. Summe der Frachterlöse abzüglich der fixen Kosten
4. Frachterlöse für Hin- und Rückfahrt abzüglich Selbstkosten
5. Frachterlöse abzüglich Selbstkosten einer Einzelfahrt

Situation zur 631. bis 634. Aufgabe

Für einen Lkw liegen folgende Jahreswerte und Jahresdaten vor:

Abschreibung (zeitabhängig)	18000,00 EUR
Steuern und Versicherung	4800,00 EUR
sonstige fixe Kosten	44200,00 EUR
Summe der fixen Kosten	67000,00 EUR
Treibstoffkosten	38000,00 EUR
Reifenkosten	3350,00 EUR
sonstige variable Kosten	21650,00 EUR
Summe der variablen Kosten	63000,00 EUR
Fahrleistung	130000 km
Einsatzzeit	200 Arbeitstage

631. Aufgabe

Wie viel Euro betragen die Fixkosten pro Arbeitstag?

Kaufmännische Steuerung und Kontrolle

632. Aufgabe

Wie viel Euro betragen die Fixkosten pro Kilometer?

633. Aufgabe

Wie viel Euro betragen die variablen Kosten je Kilometer?

634. Aufgabe

Wie viel Euro betragen die Gesamtkosten je Kilometer?

Lösungen und Lösungshinweise

1 Leistungserstellung in Spedition und Logistik – verkehrsträgerübergreifend

1.1 Tätigkeiten in einem Speditionsbetrieb

1.1.1 Organisation und Leistungen

1. Aufgabe

EU-Verkehr, Ausgang; Lissabon liegt in der EU.

2. Aufgabe

EU-Verkehr, Eingang; Griechenland ist Mitglied der EU.

3. Aufgabe

Abteilung Nahverkehr; der Fahrer muss dies zuerst seinem unmittelbaren Auftraggeber mitteilen. Das ist der Disponent der Nahverkehrsabteilung. Dieser wird dann versuchen, die Sendung von einem anderen Fahrer (Nahverkehrsfahrzeug) abholen zu lassen.

4. Aufgabe

Die Buchhaltung; in vielen Betrieben werden die Zahlungsvorgänge von der Buchhaltung abgewickelt oder von einer Unterabteilung (Zahlungsverkehr) der Buchhaltung.

5. Aufgabe

Abteilung Import-Land; es handelt sich um den Eingang von Drittlandsware, die verzollt werden muss.

6. Aufgabe

Ausgang-EU; Polen ist ein EU-Mitgliedsstaat.

7. Aufgabe

An die Lager- oder Logistikabteilung, je nachdem, über welches Lager der Kunde bei uns verfügt.

8. Aufgabe

An die Abteilung Export-Land; Russland ist Drittland (Russland-Verkehr).

1.1.2 Verträge, Haftung, Versicherung

9. Aufgabe

Ja, damit ist bereits ein Vertrag telefonisch zustande gekommen, weil zwei übereinstimmende Willenserklärungen ausgesprochen wurden.

10. Aufgabe

In mündlicher Form, durch das Telefonat; schriftlich nicht, weil die übereinstimmenden Willenserklärungen zuerst nur mündlich geäußert wurden. Das schriftliche Fax hat nur eine beweisführende Bedeutung. Ein schlüssiges Handeln trifft gleichfalls nicht zu, wegen der beidseitigen mündlichen Äußerungen.

11. Aufgabe

ein Speditionsvertrag, durch zwei übereinstimmende Willenserklärungen und weil die „Besorgertätigkeit" Gegenstand des Vertrages ist (HGB § 453)

Lösungshinweis:

Dennoch hat der Spediteur die Rechte und Pflichten eines Frachtführers „hinsichtlich der Beförderung", da der im „Speditionsgeschäft" angeführte § 459 HGB „Spedition zu festen Preisen" wegen der getroffenen Preisvereinbarung gleichfalls greift.

12. Aufgabe

Ja, es handelt sich erneut um einen Speditionsvertrag nach § 453 HGB, der durch „schlüssiges Handeln" (konkludent) zustande gekommen ist. Mündlich und schriftlich wurde bezüglich dieser Sendung nach Stuttgart von beiden Vertragspartnern nichts unternommen, weil beide davon ausgehen, dass dieser Auftrag im üblichen Rahmen abgewickelt wird.

1.1.3 Sammelgut- und Systemverkehre

13. Aufgabe

Speditionsauftrag und Anweisung an den Empfangsspediteur, die eingehenden Sendungen ordnungsgemäß zu verteilen und den Empfängern entsprechend der Frankaturen anzuliefern

Lösungshinweis:
Auf dem Bordero werden alle Angaben über die zu verladenden Sendungen aufgeführt. Es ist ein internes Dokument zwischen Versand- und Empfangsspediteur und dient als Manifest, das auf einen Blick eine detaillierte Gesamtinformation über die Sammelgutverladung liefert.
Das Bordero enthält mehr Angaben als eine Ladeliste, die vor allem keine Angaben über die Nachnahmen benötigt. Neben der Hauptfunktion als Speditions- und Verteilungsauftrag an den Empfangsspediteur, die Sendungen entsprechend der Anweisung (Frankaturen) auszuliefern und abzurechnen, dient es z. B. bei Unfrei-Sendungen aufgrund der Frachtnachnahmen gleichzeitig als Rechnung bzw. Buchungsbeleg für beide Partner.

14. Aufgabe

Der Empfangsspediteur muss den Betrag von 1 987,32 EUR an den Versandspediteur zahlen. Der Empfangsspediteur ist Adressat des Borderos, das bei Nachnahmen gleichzeitig als Rechnung fungiert.

Lösungshinweis:
siehe Lösungshinweis zur 13. Aufgabe

15. Aufgabe

Bei der Position 03 handelt es sich um eine Frachtnachnahme der Kabefra GmbH, die sich durch die Frankatur „unfrei" erklärt. Die Position 04 trägt eine Warenwertnachnahme, die für den Versender einzuziehen und an ihn auszuzahlen ist.

16. Aufgabe

Stückgutsendungen werden beim Spediteur umgeschlagen (ent- und beladen), Direktsendungen (Direktpartien) nicht.

Lösungshinweis:

Im Sammelgutgeschäft unterscheidet man Stückgut- und Direktsendungen, die verschieden behandelt und abgerechnet werden. Aufgrund des höheren Gewichtes werden Direktsendungen im Gegensatz zu Stückgutsendungen beim Versandspediteur nicht umgeschlagen, sondern vom Hauptlauf-Lkw direkt vom Versender übernommen und direkt an den Empfänger ausgeliefert. Die Entscheidung, ob eine Sendung vom Nahverkehr vorgeholt oder vom Hauptlauf-Lkw direkt übernommen wird, geschieht nach kostenorientierten Kriterien durch den Disponenten. Das Grenzgewicht zwischen Stückgut- und Direktsendung liegt etwa bei 2 t. Höhere Gewichte werden häufig nicht mehr vorgeholt, sondern direkt geladen.

---

17. Aufgabe

Elf Sendungen, Position 1–11; Position 12 und 13 sind Direktsendungen, weil sie hohe Gewichte haben und es deshalb zu kostenaufwendig wäre, sie vorzuholen und umzuschlagen.

---

18. Aufgabe

Der Fahrer benötigt drei Frachtbriefe: einen für das Stückgut mit 10471 kg für Hannover, einen für Celle über 5110 kg und einen für Wolfsburg über 6870 kg.

Lösungshinweis:

Der Transport beinhaltet drei Be- und drei Entladestellen. Der Fahrer muss also drei Übernahmen quittieren und sich drei Empfangsbestätigungen von den jeweiligen Frachtbrief-Empfängern geben lassen. Dafür benötigt er drei Frachtbriefe. Es sind die Nachweise für Schnittstellenkontrollen. Die neben dem Stückgut mit beförderten Direktpartien werden häufig im Bordero mit aufgeführt, um den Empfangsspediteur über die Gesamtverladung des Lkw zu informieren.

---

19. Aufgabe

Zuerst sollte der Lkw die beiden Direktsendungen in Hanau und Bad Homburg laden und danach zu uns auf Lager nach Frankfurt/Main kommen, um das restliche Stückgut zu laden und den Lkw zu komplettieren. Der Lkw wird i.d.R. deshalb zuletzt zu uns beordert, weil unser Ladepersonal das Gut der beiden Direktsendungen evtl. noch besser stauen kann, um so noch mehr Stückgut laden zu können. Außerdem kommen nachmittags erst die Nahverkehrsfahrzeuge von ihren Touren zurück und bringen voraussichtlich noch Sendungen für unsere Relation Hannover mit. Ebenso können wir dem Fahrer sämtliche Speditionspapiere übergeben und ggf. noch Anweisungen bezüglich der Sendungen (Gefahrgut, Zollgut, Reihenfolge der Entladung etc.) oder Entladestationen (Entladezeiten, Termingut, Rückladung etc.) erteilen.

---

20. Aufgabe

Ja, als Direktsendung, um Kosten zu sparen. Die Sendung braucht dann nicht durch den Nahverkehr vorgeholt zu werden, nicht umgeschlagen und nicht beim Empfangsspediteur verteilt und zugestellt werden. Es käme nur eine zusätzliche Beladestelle für unseren Hauptlauf-Lkw gegen einen relativ kleinen Aufpreis hinzu, der bezogen auf die anfallenden Kosten für die Stückgutsendung unerheblich ist. Ferner ist die Sendung voraussichtlich sperrig, da i.d.R. Schuhe sehr viel Volumen benötigen.

---

21. Aufgabe

Ein Speditionsvertrag, weil die Kabefra GmbH nach den ADSp, Ziffer 2, und HGB §§ 453–466 arbeitet. Der Spediteur hat durch die Festpreisvereinbarung (Fixkostenparagraf, HGB § 459) die Rechte und Pflichten des Frachtführers hinsichtlich der Beförderung übernommen.

Lösungshinweis:

Es handelt sich um einen Speditionsvertrag. HGB § 453 (1): Durch den Speditionsvertrag wird der Spediteur verpflichtet, die Versendung des Gutes zu besorgen. (2) Der Versender wird verpflichtet, die vereinbarte Vergütung zu zahlen. Darüber hinaus greift der sogenannte „Fixkostenparagraf" des HGB, § 459 Spedition zu festen Kosten. Soweit als Vergütung ein bestimmter Betrag vereinbart ist, der Kosten für die Beförderung einschließt, hat der Spediteur hinsichtlich der Beförderung die Rechte und Pflichten eines Frachtführers oder Verfrachters.

22. Aufgabe

Die Haftungsversicherung ist die Versicherung des Spediteurs. Sie deckt nur die Schäden ab, die der Spediteur – hier die Kabefra GmbH – dem Kunden im Rahmen der Höchsthaftungsgrenzen der ADSp oder anderer gesetzlicher Grundlagen (hier HGB) zu ersetzen hat. Die Prämie der Haftungsversicherung zahlt der Spediteur. Er erhält auch die Versicherungsleistung. Der geschädigte Kunde Papier Papel hingegen hat keine Ansprüche gegenüber der Haftungsversicherung des Spediteurs. Überschreitet der Wert des beförderten Gutes die Haftungshöchstgrenzen des Spediteurs, so wird eine Transportversicherung erforderlich. Sie ist im Auftrag und auf Kosten des Kunden Papier Papel abzuschließen.

Lösungshinweis:

Das heißt: Während die Haftungsversicherung sich an den jeweiligen vertraglichen oder gesetzlichen Höchsthaftungsgrenzen orientiert, ersetzt die Transportversicherung auch Schäden über diese Grenzen hinaus bis zum versicherten Wert.

23. Aufgabe

Die Haftung beträgt 2 900,00 EUR.

Lösungshinweis:

Der Spediteur haftet bei Umschlagsschäden im innerdeutschen Verkehr mit höchstens 5,00 EUR pro Kilogramm des Rohgewichtes des beschädigten Gutes nach ADSp (2003) Ziffer 23.1.1 (580 × 5,00 EUR = 2 900,00 EUR).

24. Aufgabe

Aufgrund der abgeschlossenen Transportversicherung erhält der Kunde durch die Warentransportversicherung Schadenersatz bis zur Höhe der Versicherungssumme (36 000,00 EUR), aber nicht mehr als der nachzuweisende Schaden über 7 000,00 EUR. Die Transportversicherung kann uns dann als Schadensverursacher in Höhe der gesetzlichen Haftung (nach ADSp 5,00 EUR pro kg brutto, hier 580 × 5,00 EUR über 2 900,00 EUR) in Regress nehmen. Unsere Haftungsversicherung wird uns dann diesen Betrag ersetzen.

25. Aufgabe

Wir, der Versandspediteur, weil wir mit dem Auftraggeber in Vertragsbeziehung (Speditionsvertrag) stehen und mit ihm die Lieferfristvereinbarung getroffen haben.

26. Aufgabe

634,50 EUR, dreimal die Fracht 211,50 EUR, gemäß ADSp Ziffer 23.3 (dreifacher Betrag des Spediteurentgeltes)

27. Aufgabe

Nein, nur dann, wenn zwischen Versandspediteur (Kabefra GmbH) und Empfangsspediteur (Astheimer KG) gleichfalls eine Lieferfristvereinbarung für die genannte Sendung getroffen wurde.

28. Aufgabe

Beförderungspreis vom Haus des Versenders bis zum Haus des Empfängers Im „Haus-Haus-Preis" sind folgende Leistungen enthalten: Abholung beim Versender, Beförderungskosten bis zum Haus des Empfängers sowie der Umschlag bei Versand- bzw. Empfangsspediteur (jede Zwischenlagerung). Nicht darin enthalten sind: Mautgebühren und Versicherungskosten sowie Porti/Papiere.

29. Aufgabe

185,70 EUR

30. Aufgabe

423,80 EUR

31. Aufgabe

Die Sendung ist sperrig, weil das zu berechnende Volumengewicht höher ist als das tatsächliche Gewicht. Es beträgt 673,20 kg. Der Spediteur kann dem Kunden ein Beförderungsentgelt von 242,60 EUR in Rechnung stellen. Berechnung: Laut BSL-Empfehlung werden 200 kg pro m³ im innerdeutschen Sammelgutverkehr berechnet. 1,10 × 0,85 × 0,90 × 4 = 3,366 m³ × 200 = 673,20 kg (Volumengewicht), 3. Zeile, 3. Spalte

Lösungshinweis:

Der Tarif für den Spediteursammelgutverkehr empfiehlt als Sperrigkeitsregelung im innerdeutschen Sammelgutverkehr pro 1 m³ = 200 kg zu berechnen. Die alte, noch vielfach praktizierte Abrechnungsbasis von 1 m³ = 150 kg – entsprechend der Bestimmung des seit 1998 aufgehobenen Güterfernverkehrstarifs (GFT) – ist nicht mehr zeitgemäß, insbesondere deshalb, weil grenzüberschreitend für 1 m³ = 333 kg zugrunde gelegt werden. Insofern versteht sich die Anhebung des Volumengewichtes von 150 kg auf 200 kg als längst fälligen Beitrag zur EU-Harmonisierung. Siehe „Tarif für den Spediteursammelgutverkehr", Ziffer 4.3: Liegt das Gewicht der Sendung unter 200 kg je Kubikmeter (sperriges Gut), so wird der Frachtberechnung ein Gewicht von 2,0 kg je angefangene 10 dm³ zugrunde gelegt. Die Berechnung eines höheren frachtpflichtigen Gewichts bedarf der Vereinbarung.

32. Aufgabe

CMR, weil es sich um grenzüberschreitenden Lkw-Güterverkehr handelt.

Lösungshinweis:

Bei grenzüberschreitender, gewerblicher Güterbeförderung mit dem Lkw gelten die CMR (zwei verschiedene Staaten, wovon einer CMR-Vertragsstaat ist). Sie verdrängen zwingend das HGB, nach dem allgemeinen Rechtsgrundsatz, dass spezielles Recht vor allgemeinem Recht Vorrang hat. Der Fixkostenspediteur haftet bei Beförderungen in Europa von Absender bis Empfänger durchgehend (d. h. auch beim Umschlag) nach CMR.

33. Aufgabe

mit 580,00 EUR

Lösungshinweis:

Haftung nach CMR (Art. 23 Abs. 5) für Lieferfristüberschreitungen bis zur einfachen Höhe der Fracht.

34. Aufgabe

Der Kunde kann eine Transportversicherung abschließen und gegen Zahlung einer entsprechenden Prämie vereinbaren, dass auch Vermögensschäden abgedeckt sind, oder er hat nach CMR die Möglichkeit, ein „Interesse an der Lieferung" zu deklarieren und für die Haftungserhöhung einen Zuschlag zu zahlen.

35. Aufgabe

Fracht	100,80 EUR
Hausfracht	31,30 EUR
Porti/Papiere	7,00 EUR
Summe (ohne USt.)	139,10 EUR

Lösungshinweis:

Die Spediteure verwenden bei der Abrechnung im innerdeutschen Sammelgutverkehr in der Regel Haustarife. Sie sind Ausdruck kalkulierter Kosten der eigenen Marktbedingungen und Betriebssituation, berücksichtigen aber auch die neuen Preisempfehlungen der „Vereinigung der Sammelgutspediteure im BSL". Häufig enthalten die Haustarife in Orientierung an die alten Kundensatzempfehlungen des BSL noch aufgesplittete Entgelte. Man findet immer noch die Einteilung nach Ziel- und Nebenplätzen bzw. den Tafeln I und II sowie die Hausfrachtentgelte nach unterschiedlichen Ortsklassen. Dadurch werden die Leistungsberechnungen des Spediteurs differenzierter (Fracht und Hausfracht) in Rechnung gestellt, sodass die Entgelte nicht in Höhe eines Haus-Haus-Gesamtentgeltes aufgeführt sind wie in den neuen Preisempfehlungen der „Vereinigung der Sammelgutspediteure im BSL".

Fracht: In den Haustarifen wird die Fracht vom Ort des Versenders bis zum tatsächlichen Bestimmungsort durchgerechnet. In diesem Frachtpreis sind die Hausfracht am Versendeort und der Umschlag beim Spediteur bereits enthalten, auch die sogenannte Nachlauffracht (vom Ort des Empfangsspediteurs bis Bestimmungsort: Braunschweig) ist damit bereits berechnet. Deshalb wird die etwas teurere (ca. 5%) Tafel II (Nebenplatz) verwendet. Die Tafel I (Zielplatz) wird dann abgerechnet, wenn der Empfänger seinen Sitz im gleichen Ort (Gemeinde) hat wie der Empfangsspediteur. Die Entfernung des Hauptlaufs Frankfurt – Hannover spielt in diesem Fall bei der Frachtberechnung keine Rolle.

Hausfracht: Ferner wird bei der Frei-Haus-Lieferung noch die Hausfracht am Bestimmungsort nach den jeweiligen Ortsklassen (nach früherer BSL-Empfehlung) berechnet. Damit ist die komplette Beförderung vom Haus des Versenders bis zur Ankunft am Haus des Empfängers berechnet.

36. Aufgabe

Beispiel: Der Eingangs-Lkw hat elf Stückgutsendungen für den Nahverkehrsbereich um Frankfurt/Main und zwei Direktpartien geladen. Vier Sendungen haben die Lieferkondition „unfrei" mit einer Gesamt-Frachtnachnahme von 501,71 EUR. Insgesamt hat der Lkw 22451 kg geladen, 10471 kg müssen als Stückgut auf der Umschlagshalle entladen werden. Eine Direktsendung mit 5,2 t geht nach Offenbach, die andere Direktsendung mit 6,8 t ist für Frankfurt/Main bestimmt.

37. Aufgabe

Die Eingangsabteilung trägt dafür Sorge, dass die eingehenden Lkws entladen werden (Umschlag) und die einzelnen Sendungen an die jeweiligen Empfänger ausgeliefert werden (z.B. durch die Nahverkehrsabteilung).

38. Aufgabe

sämtliche Leistungen ab Haus des Versenders bis Haus des Empfängers

Lösungshinweis:

Im „Haus-Haus-Preis" sind folgende Leistungen enthalten: Abholung beim Versender, Beförderungskosten bis zum Haus des Empfängers sowie der Umschlag bei Versand- bzw. Empfangsspediteur (jede Zwischenlagerung). Nicht darin enthalten sind: Mautgebühren und Versicherungskosten sowie Porti/Papiere.

39. Aufgabe

In der Rückrechnung für den obigen Eingang werden Entladen und Verteilen (Umschlag), sowie die einzelnen Zustellungen im Nahverkehrsbereich dem Versandspediteur in Rechnung gestellt.

40. Aufgabe

	Ausgaben (Kosten)		Einnahmen (Erlöse)
1.	Bordero-Nachnahme der Sped. Astheimer (501,71 EUR)	1.	Frachtnachnahmen an die Unfrei-Kunden (501,71 EUR)
2.	Entladen und Verteilen (Umschlagsabteilung)	2.	Rückrechnungskosten an den Versandspediteur
3.	Zustellungen (Nahverkehrsabteilung)		
	Rohgewinn (oder Verlust)/Bruttospeditionsgewinn		

41. Aufgabe

Für Güterschäden, die beim Umschlag (Entladen/Beladen) und bei der Zwischenlagerung durch den Empfangsspediteur verursacht werden, haftet dieser mit höchstens 5,00 EUR pro kg brutto nach ADSp.

42. Aufgabe

Die Versandspediteure des Systems organisieren die Beförderung mehrerer angesammelter Sendungen, die unterschiedliche Ziele haben, als Kleinladungen (von 1 t bis ca. 5 t) auf einem oder mehreren Lkws zum Hub. Die Sendungen werden dann alle im Hub (Verteilungszentrum) entladen und auf die verschiedenen Zielstellplätze verteilt. Unmittelbar darauf laden dann die von den Versandspediteuren an das Hub abgefertigten Lkws die für ihre Relationen (Spokes) auf dem Hub angesammelten Kleinladungen und transportieren sie zurück an den Spediteur in der Funktion des Empfangsspediteurs. Hier werden dann die einzelnen Sendungen erneut entladen und den einzelnen Empfängern durch den Nahverkehr zugestellt. Dieses logistische System mit überregionalen Umschlags- bzw. Güterverteilzentren sorgt für einen reibungslosen und zuverlässigen 24/48-Stunden-Lieferservice. Dadurch werden jede Nacht viele Tausend Lkw-Kilometer eingespart. Das entlastet die Verkehrswege und schont die Umwelt.

43. Aufgabe

Alleine kann der Spediteur heute nicht mehr alle seine Kleingutsendungen flächendeckend transportieren, weil er nicht für alle Zielorte über ausreichendes Sendungsaufkommen verfügt. Durch Kostendruck, Preisverfall der Transportpreise sowie die vom Versender geforderte Schnelligkeit und Sicherheit kann der Mittelstandsspediteur nicht mehr auf die Hilfe anderer Spediteure und Partner verzichten. Er muss sich Verladegemeinschaften, Kooperationen oder Systemen anschließen, wenn seine Marktposition nicht so groß ist, dass er selbst mit eigenen Niederlassungen Systeme aufbauen kann.

44. Aufgabe

Kleine Bestellungen der Kunden beim Verkäufer, kleinere Zeiträume der Wiederbeschaffung von Industrie- und Konsumgütern; reduzierte Lagerhaltung, um Lagerkosten zu sparen; Just-in-time-Bedarfsdeckung

45. Aufgabe

Im Expressgutbereich bzw. 24-Stunden-Service im Sammelgutverkehr

46. Aufgabe

Günstigere Preise, kein Aufschlag im Sammelgutverkehr

1.1.4 Internationale Spedition

47. Aufgabe

Der Verkäufer trägt die Kosten und das Risiko, bis die Ware die Reling im Verschiffungshafen von Palermo überschritten hat. Ab diesem Punkt übernimmt der Käufer dann die Kosten und das Risiko.

Lösungshinweis:

Die Incoterm-Klausel FOB (free on board) fixiert den Gefahren- und den Kostenübergang an einem gemeinsamen Punkt. Damit gehört sie zur Gruppe der „Einpunktklauseln".

48. Aufgabe

CFR, CIF, CIP, CPT

Lösungshinweis:

Nur bei den C-Vertragsklauseln (CFR, CIF, CPT, CIP) liegen die Punkte des Gefahrenübergangs und die Punkte des Kostenübergangs an verschiedenen Orten. Bei allen anderen Klauseln (EXW, FCA, FAS, FOB, DAF, DES, DEQ, DDU, DDP) sind sie identisch.

49. Aufgabe

Kostenübergang: Bestimmungshafen
Gefahrenübergang: Verschiffungshafen

Lösungshinweis:

Die Klausel CIF gehört zu der Gruppe der Zweipunktklauseln. Der Gefahrenübergang befindet sich (wie bei FOB) im Verschiffungshafen, der Übergang der regulären Kosten bei Ankunft im Bestimmungshafen. Dem Käufer entstehen häufig Mehrbelastungen durch unvorhersehbare Kosten, z.B. nachträglich erhobene Frachtzuschläge oder Umladungen.
Die CIF-Klausel wird in der Fachliteratur der Seeschifffahrt als relativ problematisch diskutiert. Die Verpflichtung des Verkäufers, die Versicherung (Insurance) für den Käufer abzudecken (zu zahlen), führt häufig zu Schwierigkeiten bei der Schadenabwicklung durch den Käufer. Nach einem Schaden im Hauptlauf muss sich der Käufer mit der vom Lieferanten (Verkäufer) gewählten Versicherung in Verbindung setzen. Sie deckt die Mindestrisiken ab. Dabei können folgende Schwierigkeiten auftreten:
1. Wo (geografischer Ort) befindet sich diese Versicherung?
2. Um welche Versicherung handelt es sich? (Sprache, Währung, Seriosität, Liquidität)
3. War die Ware ausreichend versichert? (Unterversicherung)
Mit der Vertragsklausel CFR ist dieses Problem beseitigt, da der Käufer die Versicherung selbst abdeckt.

50. Aufgabe

Der Käufer trägt die Gefahren, sobald die Ware die Reling im Verschiffungshafen überquert hat, und alle während des Seetransportes entstandenen Kosten, mit Ausnahme der Fracht. Gleichzeitig nimmt er an der Havarie teil.

51. Aufgabe

CFR Bestimmungshafen: Hier übernimmt der Käufer (im Gegensatz zu CIF) die Kosten für die Versicherung ab Verschiffungshafen; der Verkäufer zahlt Kosten und Fracht bis Bestimmungshafen. Die Gefahr geht bei CFR sowie bei CIF bereits an der Reling des Schiffes im Verschiffungshafen auf den Käufer über.

52. Aufgabe

Bei FCA trägt der Verkäufer alle Kosten und Gefahren bis einschließlich Verladung auf den Lkw; sobald die Ware in der Obhut des Frachtführers ist, gehen Kosten und Gefahr auf den Käufer über.

53. Aufgabe

Alle Nebenkosten (ohne Seefracht) einschließlich der Seetransportversicherung ab Überschreiten der Reling des Schiffes in Hamburg sowie die Nachlauffracht ab New York

54. Aufgabe

DAF (Delivered at Frontier), named Place; Kosten und Gefahr gehen an dem benannten Grenzort auf den Käufer über.

55. Aufgabe

DDP (Delivered duty paid), named Destination Kairo; Kosten und Gefahr gehen auf den Käufer über, wenn die Ware beim Haus des Empfängers eintrifft. Die Verzollungskosten sowie die Einfuhrabgaben (z.B. Zoll) werden vom Verkäufer übernommen. Diese Lieferkondition findet man häufig bei Geschenk- und Mustersendungen.

56. Aufgabe

Die Vorauszahlung; damit verfügt der Verkäufer bereits über den Verkaufserlös, bevor er die Ware auf den Weg gibt.

57. Aufgabe

Die Eröffnungsbank (Akkreditivbank)

Lösungshinweis:

Beim uAkkreditiv gibt die Eröffnungsbank des Käufers das abstrakte Versprechen, eine bestimmte Summe zu zahlen, sobald bestimmte Dokumente über die Avisbank bei ihr eingereicht werden. Beim unbestätigten Akkreditiv übernimmt die Avisbank am Sitz des Verkäufers (im Gegensatz zum bestätigten Akkreditiv) keine zusätzliche Garantie für die Zahlung.

58. Aufgabe

Das Dokumenten-Akkreditiv: Diese Zahlungsform hat sich im internationalen Handel durchgesetzt, weil hier der Verkäufer sicher sein kann, dass er nach ordnungsgemäßer Erfüllung seiner Verpflichtungen aus dem Kaufvertrag die Zahlung erhält. Umgekehrt weiß der Käufer, dass eine Zahlung nur dann erfolgt, wenn der Käufer oder seine Bank die erforderlichen Dokumente erhalten hat. Ein Akkreditiv ist die Zahlungsgarantie der Bank des Käufers zugunsten des Verkäufers, sofern dieser seine Verpflichtungen aus dem Vertrag erfüllt.

59. Aufgabe

Für den Verkäufer besteht das Risiko, dass der Käufer die Ware nicht annimmt und dadurch für den Verkäufer zusätzlich erhebliche Kosten entstehen.

Lösungshinweis:

Die COD vereinbarte Lieferung ist gerade im internationalen Handel für den Verkäufer stets mit Kostenrisiken behaftet. In der Seeschifffahrt ist die Zeitspanne der Lieferung von Versender bis Empfänger oft sehr groß. Der Verkäufer übergibt Ware mit einem bestimmten Wert auf den Handelsweg, ohne direkt den Gegenwert zu erhalten. Damit leidet er vorübergehend unter Liquiditätsschwund. Jetzt muss er hoffen, dass der Käufer bis zur Ankunft der Sendung liquide bleibt oder dass die Preise nicht fallen und der Käufer sich anders orientiert. Häufig haben COD-Lieferungen überhöhte Preise, weil der Verkäufer die Nachteile in seiner Preisgestaltung berücksichtigt. Verweigert der Käufer die Annahme, so muss die Ware im Bestimmungsland (evtl. beim dortigen Zoll) eingelagert werden und verursacht hohe Kosten, was den Verkäufer zu einem Notverkauf zwingen kann. Auch hier könnte der Käufer mitbieten und die Ware zu einem günstigeren Preis bekommen. Ein gerichtliches Verfahren ist für einen Europäer im Ausland, z.B. in Asien, Afrika und Südamerika, praktisch chancenlos. Für den Käufer ist die COD-Lieferung jedoch günstig. Er erhält die gekaufte Ware und zahlt bei Ankunft den vereinbarten Preis. Sein Risiko ist minimiert und reduziert sich auf den „verdeckten Schaden".

60. Aufgabe

1, 4, 3, 5, 7, 8, 2, 6, 9

Lösungshinweis:

Für Akkreditive werden von den Eröffnungsbanken Kreditbriefe ausgestellt. Diese „Letter of Credits" werden mit L/C abgekürzt und stehen oft für das ganze Verfahren.

---

61. Aufgabe

4, 3, 6, 2, 5, 9, 7, 8, 1

---

62. Aufgabe

Bei Empfang der Sendung zahlt der Käufer den Warenwert.

Lösungshinweis:

Bei der Kondition „cash on delivery" (COD) – Zahlung gegen Lieferung – handelt es sich um eine Zahlungsvereinbarung im internationalen Handel. Der Spediteur bzw. der Frachtführer/Verfrachter garantiert dem Verkäufer, dem Empfänger die Ware nur gegen Zahlung der Warennachnahme auszuhändigen.

---

63. Aufgabe

Es kann nicht gehandelt werden. Es ist kein Wertpapier, sondern ein Sperrpapier.

Lösungshinweis:

Das FCR-Dokument wird häufig verwendet. Es wird für Akkreditivgeschäfte erstellt. Der Spediteur bescheinigt dem Auftraggeber, die Sendung korrekt übernommen zu haben und unwiderruflich an den genannten Empfänger auszuliefern. Sobald der Verkäufer das Original des FCR-Dokumentes, die sogenannte „Spediteur-Übernahmebescheinigung", aus der Hand gibt (z. B. im Akkreditivgeschäft an die Avisbank), verliert er den Zugang zur Ware und das Verfügungsrecht über die Sendung. Damit fungiert es als Sperrpapier.

---

64. Aufgabe

Nein, er verwechselt das FCR-Dokument mit dem FBL-Dokument.
Das FBL (= FIATA Combined Transport Bill of Lading) wird als FIATA-Papier im Gegensatz zu FCR und FCT von den Banken im Akkreditivgeschäft auch dann akzeptiert, wenn es nicht ausdrücklich als FBL genannt ist. Es genügt, es als Transportdokument zu bezeichnen. Das FBL weicht von den anderen FIATA-Papieren auch insofern ab, als es nach den „Einheitlichen Richtlinien und Gebräuche für Dokumentenakkreditive, Art. 26" bankfähig ist. Es kann als Wertpapier gehandelt werden. Es ist das typische Spediteurdurchkonnossement, das als Transportdokument verwendet wird, wenn die Beförderung in einer geschlossenen Transportkette im Haus-Haus-Verkehr über See durchgeführt wird.

---

65. Aufgabe

Das FWR ist mit dem Orderlagerschein vergleichbar und wird nur von Lagerhaltern ausgestellt, wenn es vom ausländischen Einlagerer verlangt wird. (In Deutschland hat das FWR geringe Bedeutung, weil traditionsgemäß der Orderlagerschein verwendet wird.)

---

66. Aufgabe

Das FBL (FIATA Combined Transport Bill of Lading): Es kann als begebbares Wertpapier ausgestellt werden. Es ist das typische Durchkonnossement und eignet sich für den internationalen Transport mit mehreren Verkehrsträgern (multimodaler Verkehr).

67. Aufgabe

Es handelt sich bei a) um einen Export (Ausfuhr), bei b) um einen Import (Einfuhr) und bei c) um Transitverkehr (Durchfuhr).

Lösungshinweis:

Die grenzüberschreitenden Beförderungen innerhalb der EU werden ausgehend als „Versendung" und eingehend als „Eingang" bezeichnet.

68. Aufgabe

Der Berichtszeitraum für die Intrahandelsstatistik ist der jeweilige Kalendermonat. Die meldepflichtigen Unternehmen müssen alle innergemeinschaftlichen Versendungen und alle innergemeinschaftlichen Bezüge (Eingänge) von Gemeinschaftswaren jeweils getrennt auf vorgeschriebenem Formular oder elektronischem Datenträger melden. Die Adresse ist das Statistische Bundesamt in Wiesbaden.

69. Aufgabe

Ab einem Jahresumsatz von 400000,00 EUR. Mit der Verwirklichung des EU-Binnenmarktes zum 1. Januar 1993 ist der Warenverkehr zwischen den Mitgliedstaaten der EU kein Export und Import mehr. Der Handel zwischen den EU-Staaten wird als Intrahandel bezeichnet. Nicht meldepflichtig bei der Versendung sind Unternehmen, deren Verkäufe in andere EU-Staaten im Vorjahr weniger als 300000,00 EUR betrugen und absehbar im kommenden Jahr betragen werden.

70. Aufgabe

Die passive Lohnveredlung. Die Gründe liegen häufig in den niedrigen Lohnkosten im Ausland. Bei der Wiedereinfuhr wird der Zoll für die veredelte Ware (Wertzuwachs) berechnet, davon wird der fiktive Zoll für die unveredelte (ausgeführte) Ware abgezogen: Differenzverzollung.

71. Aufgabe

Die Freihandelszone

Lösungshinweis:

Die EFTA-Staaten (European Free Trade Association = Europäische Freihandelszone) Schweiz, Norwegen, Island und Liechtenstein bilden eine eigene Freihandelszone.

72. Aufgabe

Das Allgemeine Zoll- und Handelsabkommen

Lösungshinweis:

Die Beschlüsse und Aufgaben des Allgemeinen Zoll- und Handelsabkommens (= GATT = General Agreement on Tariffs and Trade) wurden am 1. Januar 1995 durch ihre institutionelle Nachfolgeorganisation WTO (World Trade Organisation) übernommen. Grundsatz der WTO ist, seine Mitglieder zu verpflichten, Zölle und andere Handelskonditionen, insbesondere die Regelung des Marktzugangs, einander die Meistbegünstigung (Meistbegünstigungsklausel) einzuräumen. Die WTO setzt sich ein für freien Welthandel und faire Handelspraktiken. Weltweite Zollsenkungen, Beseitigung nichttarifärer Handelshemmnisse, freier Zugang zu den Märkten, weltweite Ausschreibung öffentlicher Aufträge, Niederlassungsfreiheit für Banken und Versicherungen und Abbau von Subventionen, Abschöpfungen und Ausfuhrerstattungen sind wichtige Zielsetzungen und Aufgabenbereiche der WTO.

73. Aufgabe

Das Carnet ATA (Carnet de Passages en Douane pour L'Admission Temporaire/Temporary admission of goods) wird als Versandschein benutzt, für Waren, die in Drittländern vorübergehend eingeführt werden. Die anschließende Rückführung erfolgt mit demselben Dokument. Man erhält es gegen Gebühr von den jeweiligen, zuständigen IHK.

74. Aufgabe

Die Bestimmungen des Washingtoner Artenschutzabkommens haben als „Verbote und Beschränkungen" (VuB) Eingang in das Außenwirtschaftsrecht derDeutschland gefunden. Es beinhaltet, bestimmte Tier- und Pflanzenarten zu schützen.

75. Aufgabe

Vom Warenwert. Damit die Zulässigkeit der Ausfuhr geprüft und die Sendungsdaten für die Außenhandelsstatistik erfasst werden können, muss jeder Exporteur für Waren mit einem Wert über 1 000,00 EUR eine Ausfuhranmeldung (AM) erstellen. Für Sendungen mit einem Wert ab 3 000,00 EUR muss die AM an der zuständigen Binnenzollstelle vorabgefertigt werden. Nach ordnungsgemäßer Prüfung erhält die AM vom Zoll einen Stempel mit Datum auf der Rückseite. Für Sendungen mit einem Wert zwischen 1 000,00 EUR und 3 000,00 EUR ist dies nicht erforderlich. Seit dem 1. Juli 2009 ist die papiermäßige AM entfallen. Die Anmeldung erfolgt noch über IT-ATLAS-Ausfuhr.

76. Aufgabe

Auf den Blättern 6–8

Lösungshinweis:

Das Einheitspapier hat sehr viele Formulare ersetzt. Es wird heute für eine große Zahl von Zoll-Abfertigungsarten für Import wie für Export verwendet, z. B. beim gemeinschaftlichen und gemeinsamen Versandverfahren (gVV) wie beim Zollantrag. Der vollständige Satz des Einheitspapieres hat insgesamt acht Exemplare:

1	für das Versendungsland (bleibt beim Zoll)	Ausfuhranmeldung/Versand
2	für die Statistik	Ausfuhranmeldung
3	für den Ausführer	Ausfuhranmeldung
4	für die Bestimmungszollstelle	Versandverfahren
5	als Rückschein beim gVV	Versandverfahren
6	für das Bestimmungsland	Zollanmeldung
7	für die Statistik des Bestimmungslandes	Zollanmeldung
8	für den Importeur/Einführer/Empfänger	Zollanmeldung

77. Aufgabe

Die ID-Nummer bezieht sich auf die Umsatzsteuer aus innergemeinschaftlichem Erwerb;
ID-Nr. = Umsatzsteuer-Identifikationsnummer, die bei Aus- und Eingängen zwischen EU-Staaten erhoben wird.

78. Aufgabe

Ja, weil der tatsächlich gezahlte Rechnungspreis maßgeblich ist.

79. Aufgabe

112 000,00 EUR

Währungsrechnung: 125 000,00 $: 1,25 = 100 000,00 EUR
Der Zollwert ist der Wert der Ware (Sendung) an der EU-Grenze, d. h. am Verbringungsort, an dem Ort, an dem die Ware in die EU verbracht wird; hier: Rotterdam. Der FOB-New-York-Wert beträgt 125 000,00 $ (bzw. 100 000,00 EUR). Um den Zollwert, d. h. den Wert der Ware am Verbringungsort (Rotterdam), zu ermitteln, müssen die anfallenden Kosten (Seefracht) bis Rotterdam zum Rechnungspreis (100 000,00 EUR) hinzuaddiert werden. Zollwert = Rechnungspreis plus Seefracht (12 000,00 EUR) = 112 000,00 EUR

80. Aufgabe

12 320,00 EUR; 11 % vom Zollwert = 11 % von 112 000,00 EUR = 12 320,00 EUR

81. Aufgabe

112 650,00 EUR

Der statistische Wert (Grenzübergangswert) ist der Wert der Sendung an der deutschen Grenze (Venlo), d.h. Zollwert (Wert in Rotterdam) plus Lkw-Fracht von Rotterdam bis Venlo, d.h. 112 000,00 EUR + 650,00 EUR = 112 650,00 EUR.

82. Aufgabe

125 470,00 EUR

Der EUSt.-Wert ist der Wert der Sendung am ersten inländischen Bestimmungsort, konkret in Hanau. Hier wird die Ware in Empfang genommen und verzollt. Der Wert der Ware in Hanau plus ermittelter Zollbetrag = EUSt.-Wert, der Wert, von dem die Einfuhrumsatzsteuer ermittelt wird.
Zollwert: 112 000,00 EUR, Zollbetrag: 12 320,00 EUR, Fracht Rotterdam-Venlo: 650,00 EUR, Fracht Venlo-Hanau: 500,00 EUR; insgesamt: EUSt.-Wert: 125 470,00 EUR

83. Aufgabe

23 839,30 EUR, 19 % von 125 470,00 EUR

84. Aufgabe

36 159,30 EUR

Zoll 12 320,00 EUR plus EUSt. 23 839,30 EUR = 36 159,30 EUR

85. Aufgabe

119 303,20 EUR

Zollwert: Die Sendung ist CIF Frankfurt/Main geliefert, d.h., ihr Wert von 150 000,00 $ = 120 000,00 EUR (150 000,00 $: 1,25) enthält die Luftfracht und alle Neben- und Versicherungskosten bis Frankfurt am Main. Zu verzollen ist aber nur der niedrigere Wert an der EU-Grenze (Verbringungsort). Eine korrekte Rückrechnung auf den Wert beim Überfliegen der EU-Außengrenze wäre an sich nur dann möglich, wenn die oben genannten Kosten in den Rechnungs- und Kostenunterlagen genau aufgesplittet wären (Kosten bis EU-Grenze sowie Kosten nach Einflug in die EU). Das ist in der Regel nicht der Fall. Die Zollverwaltungen veröffentlichen deshalb in einer Liste ab jeder Drittlandsregion zu jedem EU-Flughafen die Prozentsätze der Frachten, die als außerhalb der EU geflogen gelten. Für unser Beispiel sind das 87 %. Daraus folgt, dass bei der Ermittlung des Zollwertes 13 % der Luftfrachtkosten als innerhalb der EU entstanden gelten und vom CIF-Wert Frankfurt am Main abgezogen werden müssen. 13 % von 6700,00 $ = 871,00 $: 1,25 = 696,80 EUR. Der Zollwert beträgt deshalb 120 000,00 EUR − 696,80 EUR = 119 303,20 EUR.

86. Aufgabe

10 737,29 EUR

Zoll: 9 % des Zollwertes: 9 % von 119 303,20 EUR = 10 737,29 EUR

87. Aufgabe

120 000,00 EUR

Im Gegensatz zum Zollwert, der für die EU-Außengrenze ermittelt wird, ist der statistische Wert der deutsche Grenzübergangswert. An den Flughäfen befindet sich gleichzeitig die deutsche Grenze, d.h., Zollämter an Flughäfen sind auch stets Grenzzollämter. Der Wert der Sendung an der deutschen Grenze (statistischer Wert) ist deshalb in unserer Aufgabe der Rechnungspreis, da in der CIF-Frankfurt/Main gelieferten Sendung sämtliche Kosten und Fracht enthalten sind. Die 120 000,00 EUR sind hier gleichzeitig der statistische Wert. Die Angabe des statistischen Wertes hat – wie der Begriff es andeutet – nur Bedeutung für die Einfuhr-Statistik in Deutschland. Die Zahlen werden an das Statistische Bundesamt in Wiesbaden weitergegeben.

88. Aufgabe

130 737,29 EUR, also einschließlich der gesamten Luftfracht (vgl. Aufgaben 85, 87)

Der EUSt.-Wert ist der Wert der eingeführten Sendung am sogenannten ersten inländischen Bestimmungsort zuzüglich des Zollbetrages. Dies ist der Fall in Frankfurt/Main. Hier wird die Ware umgeschlagen, verzollt und weitergeleitet an den genannten Empfänger. Also ist der EUSt.-Wert der Wert in Frankfurt/Main plus errechneter Zollbetrag;
hier: 120 000,00 EUR + 10 737,29 EUR = 130 737,29 EUR.

89. Aufgabe

24 840,09 EUR

EUSt.: 19 % von 130 737,29 EUR = 24 840,09 EUR

90. Aufgabe

35 577,38 EUR

10 737,29 EUR (Zoll) + 24 840,09 EUR (EUSt.) = 35 577,38 EUR (Einfuhrabgaben)

Handlungssituation 5

91. Aufgabe

Es sind drei CMR-Frachtbriefe notwendig: einen Frachtbrief für die elf Stückgutsendungen, die beim Empfangsspediteur Norden A/B in Oslo entladen werden, und zwei CMR-Frachtbriefe für die beiden Direktsendungen Oslo und Trondheim.

92. Aufgabe

Das Einheitspapier EU-T2, weil es sich bei der beförderten Ware um EU-Gemeinschaftsware handelt und um das „gemeinsame Versandverfahren", das wir mit dem EFTA-Staat Norwegen praktizieren.

93. Aufgabe

Kassel, Hannover, Hamburg, Lübeck, Puttgarden-Rødby-Haven, Kopenhagen, Helsingör, (ebenso nach Malmö) Helsingborg, Göteborg, Oslo oder über Flensburg, Aalborg via Fähre (RoRo) von Frederikshavn nach Oslo

94. Aufgabe

Der Versandspediteur Kabefra, Frankfurt, belastet den Empfangsspediteur Norden, Oslo, mit der Frachtnachnahme von 355,50 EUR.

95. Aufgabe

Für die Strecke ab der deutschen Grenze (z. B. Puttgarden) bis Oslo; die Strecke Frankfurt/M. bis deutsche Grenze wird dem Versender in Rechnung gestellt.

96. Aufgabe

Eine bessere Möglichkeit, die Sendung zu verladen, ist, sie nicht als Stückgutsendung, sondern als Direktpartie zu disponieren, d. h., die Sendung wird nicht vom Nahverkehr vorgeholt und bei uns am Lager umgeschlagen, sondern durch den Frachtführer mit dem Hauptlauf - Lkw direkt geladen (gleich der Position 12 + 13). Diese Entscheidung wäre nicht nur deshalb sinnvoll, weil die Ladung sperrig ist (Schuhe), sondern auch, weil dadurch erheblich Kosten reduziert würden. Die Ersparnis liegt darin, dass keine Kosten anfallen für Vorlauf und Nachlauf sowie für Umschlag beim Versand- und Empfangsspediteur. Lediglich mit einem geringen Aufschlag auf den Frachtführerpreis ist zu rechnen, weil der Frachtführer nun eine Belade- und Entladestelle mehr hat, also nicht mehr zwei wie zuvor, sondern drei.

97. Aufgabe

Delivered at frontier (DAF): Bis zur angegebenen Grenze werden alle Kosten und Fracht sowie das Risiko vom Verkäufer getragen, ab diesem Ort vom Käufer.

98. Aufgabe

Das Einheitspapier EU-T1, weil wir das „gemeinsame Versandverfahren" mit Norwegen als EFTA-Land praktizieren. Für jede Sendung wird eine EUR 1-Bescheinigung (Präferenzpapier) mitgeführt, damit der deutsche Empfänger die Ware zollfrei in Deutschland einführen kann.

99. Aufgabe

Das Zollversandpapier Carnet TIR, auf dem alle Sendungen aufgeführt werden; für jede einzelne Sendung eine ATR-Bescheinigung als Präferenznachweis, damit der türkische Importeur seine Sendung zollfrei bzw. zollermäßigt einführen kann. Für jede Sendung muss eine AM (Ausfuhranmeldung) erstellt und bis zur deutschen Grenze (Ausfuhrzollstelle) mitgeführt werden.

Lösungshinweis:

Das Carnet TIR (Transports Internationaux Routiers) ist ein Versandpapier für Transporte mit und auf Straßenfahrzeugen. Mit dem Verfahren wird ermöglicht, dass Lkws die Drittlandsgrenzen einfach durch die Abgabe von Carnet-TIR-Kopien passieren können und der eingehende Lkw direkt am Binnenzollamt des Bestimmungslandes zollamtlich abgefertigt werden kann. Der Anwendungsbereich des Carnet TIR beginnt dort, wo das gemeinschaftliche Versandverfahren (gVV) endet.

100. Aufgabe

Zollverschlussanerkenntnis und TIR-Schilder

Lösungshinweis:

Der Lkw muss zollamtlich zur Beförderungstauglichkeit für Zollgut überprüft worden sein, dann erhält der Lkw-Unternehmer bezogen auf diesen bestimmten Lkw ein sogenanntes „Zollverschlussanerkenntnis" und TIR-Schilder, die am Lkw vorne und hinten angebracht werden.

101. Aufgabe

Nur der Frachtführer, der über einen Lkw mit Zollverschlussanerkenntnis verfügt, erhält das Carnet-TIR. Die Ausgabestellen sind die Landesverbände des BGL (Bundesverband Güterkraftverkehr und Logistik) in Deutschland.

1.2 Das Transportmittel Lkw im Vergleich zu anderen Verkehrsmitteln

1.2.1 Verkehrsgeografie und Transportentscheidungen

102. Aufgabe

Weil am Rhein, Müllheim/Neuenburg, Freiburg im Breisgau, Offenburg, Karlsruhe, Heidelberg, Darmstadt

103. Aufgabe

Frankfurt am Main, Gambacher Kreuz, Alsfeld, Kassel, *Göttingen*, Northeim, *Hildesheim*, *Hannover*, Dreieck Walsrode, Hamburg

104. Aufgabe

– Bremen, Bremerhaven, Cuxhaven
– Bremen, Wilhelmshaven
– Bremen, Emden

105. Aufgabe

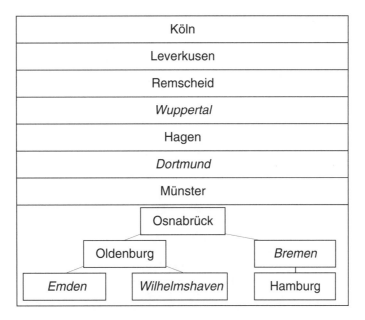

106. Aufgabe

Frankfurt an der Oder, Berlin, Potsdam, Brandenburg, Magdeburg, Helmstedt, Braunschweig, Hannover, Osnabrück, Bad Bentheim

107. Aufgabe

Bad Hersfeld, Eisenach, Gotha, Erfurt, Weimar, Jena, Gera, Chemnitz, Dresden, Bautzen, Görlitz

108. Aufgabe

Kassel, Fulda, Würzburg (Kreuz Biebelried), Fürth/Erlangen, Nürnberg, Regensburg, Passau

109. Aufgabe

Braunschweig, Magdeburg, Halle, Leipzig

110. Aufgabe

– Lötschberg–Simplon: Bahntunnels, Autoverladung erforderlich, ganzjährig befahrbar
– St. Gotthardtunnel: wichtigste Nord-Süd-Verbindung durch die Schweiz, nur 1 175 m hoch, ganzjährig befahrbar, 10% Steigung
– St. Bernhardino-Tunnel: Ausweichstrecke, wenn Gotthardstrecke geschlossen oder überlastet, Strecke bis 1 644 m hoch, ganzjährig geöffnet, 6% Steigung
– Brenner-Autobahn: kein Tunnel, nur Pass von 1 374 m Höhe, ganzjährig geöffnet, 12% Steigung, wichtigste Verbindung von Deutschland nach Italien (über 50%)

111. Aufgabe

in der Aufstellung fehlen: Kufstein, Innsbruck, Bozen

112. Aufgabe

Freiburg, Basel, Luzern, Airolo, Bellinzona, Chiasso, Milano

113. Aufgabe

Von Köln über Belgien nach Paris	Aachen
Vom Rhein-Main-Gebiet nach Paris	Saarbrücken
Von Süddeutschland nach Südfrankreich (Marseille)	Strasbourg oder Mulhouse

114. Aufgabe

Staat	Städte	ca.
Deutschland	Berlin	km 0
Deutschland	Frankfurt (Oder)	–
Polen	Posen	–
Polen	Warschau	km 600
Grenze Polen/Belarus	Terespol/Brest	km 200
Belarus	Minsk	km 350
Russland	Smolensk	–
Russland	Moskau	km 700
zusammen	–	**km 1 850**

Handlungssituation 1

115. Aufgabe

– Wenn man davon ausgeht, dass 20 t Getreide in einen Lkw verladen werden können, wären für diesen Transport 180 Lkws erforderlich, die einschließlich der erforderlichen Rückladungen disponiert werden müssten. Der Aufwand wäre riesig, die Preise im Voraus schwer kalkulierbar und zu teuer.
– Sinnvoll wäre der Transport mit drei Ganzzügen. Rotterdam ist jedoch kein „Eisenbahnhafen" wie Hamburg und zurzeit nur indirekt an das deutsche Schienennetz angebunden. Der Schienentransport dürfte deshalb langwierig und ebenfalls teuer sein.
– Rotterdam und Karlsruhe liegen am Rhein. Große Motorschiffe auf dem Rhein mit einem Tiefgang von 2,50 m können 1 800 t befördern. Zwei Motorschiffe oder ein Schubverband mit zwei Leichtern können den Transport preisgünstig durchführen. Sie entscheiden sich deshalb für den Einsatz von zwei Motorschiffen.

116. Aufgabe

Beispiel: Arnheim oder Nijmegen, Emmerich (deutsche Grenze), Duisburg, Düsseldorf, Köln, Bonn, Koblenz, Mainz, Mannheim/Ludwigshafen

117. Aufgabe

Beispiel: Ruhrgebiet, Wirtschaftsraum Köln, Saargebiet, Rhein-Main-Gebiet, Raum Würzburg, Wirtschaftsraum Nürnberg, Raum Mannheim/Ludwigshafen, Raum Straßburg, Industriegebiet von Basel

118. Aufgabe

– Es handelt sich um 20-Fuß-Überseecontainer aus Stahlblech mit den Außenmaßen (L × B × H) von 6,058 × 2,438 × 2,438 m und einem maximalen Gesamtgewicht von 20,32 t, bei neueren Containern bis 24 t. Ein Standard-20-Fuß-Container (1 Fuß = 30,48 cm) entspricht 1 TEU (= twenty foot equivalent unit). Die Ladefähigkeit von Containerschiffen wird in TEU angegeben.
– Die Container sind stapelbar, verschließbar mit Türen und können von Gabelstaplern befahren werden.
– Als ISO-Container können sie sowohl im See- als auch im Binnenverkehr eingesetzt werden.

119. Aufgabe

– von Länge und Breite her zwei Einheiten
– Es ist aber zu prüfen, welches Gewicht die beladenen Container haben. Ein Zug kann – je nach Eigengewicht – in der Regel höchstens 25–28 t transportieren.

120. Aufgabe

– Güter, die es nicht eilig haben und die rechtzeitig aufgeliefert werden, können auch aus preislichen Gründen mit dem Binnenschiff befördert werden.
– Viele Transporte sind jedoch zeitlich knapp geplant. Hier ist der Lkw-Transport günstiger, da für die Strecke Frankfurt–Rotterdam in beiden Richtungen nur ca. sieben Stunden benötigt werden.

121. Aufgabe

25 200 Lkws

70 % von 36 000 Containern = 25 200 Container; wegen des Gewichts von 18 t wird jeweils ein ganzer Lkw benötigt.

122. Aufgabe

144 Container
36 000 Container : 250 = 144 Container

123. Aufgabe

Donau, Rhein-Main-Donau-Kanal, Main, Rhein, Rhein-Herne-Kanal, Dortmund-Ems-Kanal, Mittellandkanal, Elbe-Seiten-Kanal, Elbe

124. Aufgabe

1	Nord-Ostee-Kanal
2	Ems
3	Elbe-Trave-Kanal
4	Elbe-Seiten-Kanal
5	Mittellandkanal
6	Dortmund-Ems-Kanal
7	Elbe-Havel-Kanal
8	Wesel-Datteln-Kanal
9	Weser
10	Rhein-Herne-Kanal
11	Elbe
12	Mosel
13	Mittelrhein
14	Main
15	Oberrhein
16	Neckar
17	Main-Donau-Kanal
18	Donau

1.2.2 Allgemeine Bestimmungen und Verkehrsmittelvergleich

125. Aufgabe

Beispiel:
– Unabhängigkeit von der Marktlage
– deshalb Verfügbarkeit auch bei Kapazitätsengpässen
– eigene erfahrene und vertrauenswürdige Fahrer
– große Sicherheit für das beförderte Gut
– beste Kontrolle über Fahrer, Fahrzeug und Ladung
– Die eigene Firma wird durch eigenes Personal und Fahrzeuge repräsentiert.

---

126. Aufgabe

Beispiel:
– Wegen der starken nationalen und internationalen Konkurrenz sind fremde Lkws jederzeit verfügbar.
– Fremde Unternehmen fahren meist billiger als der eigene Fuhrpark.
– Sie werden nur beschafft, wenn Bedarf vorhanden ist.
– Das Problem der Beschaffung einer unbedingt erforderlichen Rückladung entfällt.
– Dadurch entfallen Vorhaltungskosten für Fahrzeuge und Personal.
– kein Beschäftigungsrisiko für Fahrzeuge und Fahrer
– Die Lohnkosten der Fahrer sowie die gesamten Fuhrparkkosten entfallen.
– Es entstehen ausschließlich auftragsgebundene Speditionskosten[1].
– Eigene Lkw binden erhebliche Teile von lang- und mittelfristigen Eigen- und Fremdkapital[2]
– Es ist weniger mittel- und langfristiges Kapital erforderlich.
– Dadurch sinken in der Regel die Verbindlichkeiten des Betriebs.
– Senkung der Fixkosten
– Je nach Vergütungsart werden Fixkosten zu auftragsbedingten Speditionskosten.
– einfache Beschaffungs- und Absatzkalkulation[3]
– insgesamt bessere Möglichkeiten, sich der Marktlage anzupassen

Lösungshinweise:

[1] Die uns von den Fernverkehrsunternehmen in Rechnung gestellten Frachten werden als auftragsgebundene Speditionskosten den Erlösen der einzelnen Tour gegenüber gestellt. Positionen, die vorher als z. B. Fuhrparkkosten, Lohnkosten echte Kosten waren, entfallen. Die Höhe der auftragsgebundenen Speditionskosten ist einfach bestimmbar: der gezahlte Marktpreis.
[2] Auf der Aktivseite der Bilanz erscheint die Position „Fahrzeuge" nicht, auf der Passivseite der Bilanz verkleinern sich entsprechend die Positionen von Eigen-, meistens aber Fremdkapital (= Bilanzverkürzung). Weniger Fremdkapital vermindert die Schuldzinsen und erhöht die Kreditwürdigkeit.
[3] Vgl. Nr.[1]; Eine Erfassung der betreffenden Kostenarten sowie ihre Verteilung und eventuell Schlüsselung entfällt. Es entstehen keine Zurechnungsprobleme.

---

127. Aufgabe

Die Fahrten dürfen nur mit Fahrzeugen durchgeführt werden, die für die Beförderung von Zollgut zugelassen sind (= Zollverschlussanerkenntnis). Diese Bedingung erfüllen am besten Fahrzeuge mit festem Kofferaufbau, insbesondere im Osteuropaverkehr, bei dem sie in besonderem Maße der Beraubung, der Beschlagnahme und auch der Gefahren der Beschädigung und des Verlusts durch schlechte Straßenverhältnisse ausgesetzt sind. Hier würden Curtainsider die Ladung nur ungenügend sichern.
Ob ein Hänger- oder ein Sattelzug gewählt wird, hängt auch von der erforderlichen Ladelänge und dem Volumen der Güter ab. Bevorzugt wird aber der Sattelzug mit Kofferaufbau, weil er leichter zu überwachen und zu verschließen ist.

---

128. Aufgabe

Länge	1 875
Breite	255
Höhe	400

129. Aufgabe

	Meter
Gesamtlänge des Zugs	18,75
minus Kupplungsabstand einschließlich Kippvorrichtung, Auspuff, Luftansaugung, Anschlüssen	0,75
minus Fahrerhaus	2,35
verbleibende Ladelänge	15,65

130. Aufgabe

18,00 m minus 0,75 m Kupplungsabstand = 18,00 m

	Außenlänge in m	Ladelänge in m[1]
Motorwagen	9,00	6,65
Hänger	9,00	9,00

Lösungshinweis:
[1] jeweils einschließlich der vorderen und hinteren Ladebordwand

131. Aufgabe

Eine Palette hat die Maße 1,20 × 0,80 m
1. Bei der Verladung von 3 Paletten längs und 2 quer als Block ergibt sich:
   5 Euro-Paletten = 2 Lademeter, 6 Lademeter = 15 Paletten, 0,65 m bleiben frei
   oder: 6,65 m : 2 m × 5 = 16,63 = 17 Paletten
2. oder: 6,65 m : 1,20 m = 5   5 × 3 = 15 (Paletten)
3. oder: 6,65 m : 0,8 m × 2 Reihen = 16,625, aufrunden auf 17 (Paletten)

Lösung: 17 Paletten

132. Aufgabe

Von der Ladefläche her könnte der Lkw 16 Paletten befördern. Da jede Palette jedoch 500 kg wiegt, ergibt sich ein Gesamtgewicht der Ladung von 8 t, zulässig sind nur 7,5 t. Die Zahl der Paletten muss reduziert werden, etwa durch Beförderung einer Palette auf dem Hänger.

133. Aufgabe

1. Motorwagen = 16 Paletten (vgl. Aufgabe 30)
2. Hänger = 8,95 m : 0,8 m × 2 (Reihen) = 22,375, abrunden auf 22 (Paletten)
insgesamt 38 Paletten.

134. Aufgabe

In der Regel wird beim Entladen und Wiederbeladen der Sattelauflieger nicht abgesattelt. Während des Ladevorgangs sind sowohl das Sattelfahrzeug als auch der Auflieger und der Fahrer im Einsatz. Da Ladevorgänge mehrere Stunden dauern können, entstehen so unnötige Kosten für Fahrzeuge und Personal. Die VBGL sehen im Stückguttransport für das Be- und Entladen eines 40-t-Zugs jeweils eine Zeit von zwei Stunden vor.
Wechselbrücken können zum Ent- und späteren Wiederbeladen vom Tragfahrzeug an den Hallentoren abgestellt werden. Die Ladevorgänge können dann in aller Ruhe und unabhängig von den Tragfahrzeugen durchgeführt werden. Im günstigsten Fall wird das Gut direkt zwischen den Wechselkoffern ohne Zwischenlagerung auf dem Hallenboden umgeladen. Leere oder bereits beladene Wechselkoffer können abseits der Hallentore bis zur Verwendung abgestellt werden. Eine kleine Zahl von Trägerfahrzeugen kann das Umsetzen erledigen. Die übrigen Tragfahrzeuge können während dieser Zeiten anderweitig verwendet werden. Dadurch können erhebliche Personal- und Fahrzeugkosten eingespart werden.

135. Aufgabe

7 m 15 cm
7 m 45 cm

136. Aufgabe

– Als Ladelänge stehen auf Motorfahrzeug und Hänger zusammen bis 15,65 m zur Verfügung.
– Die beiden Wechselbrücken haben eine Länge von jeweils 7,45 m, zusammen 14,90 m. Die Beförderung ist möglich, wenn entsprechende Fahrzeuge gewählt werden.

137. Aufgabe

Länge	1 650
Breite	255
Höhe	400

138. Aufgabe

Beispiel:
– Breite 2,60 m
– isolierte Wände, Böden, Decken
– Kühlaggregate, Belüftung
– Temperaturüberwachung/-steuerung
– Dokumentation

139. Aufgabe

Länge	ca. 13,50–13,55 m
Breite	ca. 2,45 m
Höhe	2,50–2,70[1] m

Lösungshinweis:
[1] Je nach Bauart. Stückgut ist oft relativ leicht, meistens nicht mehr als ca. 18 t pro Zug. Um die Nutzlastgrenzen besser auszunutzen, vergrößert man gerne das Ladevolumen durch größere Höhen des Laderaums.

140. Aufgabe

– Die Seitentüren sind 2,5 m breit und 2,15 m hoch.
– Die Fußbodenhöhe mit 1,24 m entspricht etwa der eines Lkw.
– Eigene Ladeeinrichtungen sind vorhanden.
– Eine Beladung ist möglich, wenn eine weitere Überprüfung ergibt, dass auch am Bestimmungsort Bahnentladung möglich ist.

141. Aufgabe

– Kastenaufbau mit Tonnendach
– Holzfußboden
– Seitenwände mit Lüftungsklappen
– Befestigungsringe
– Ja, Güterwagen eignet sich.

142. Aufgabe

Ladelänge: Sie beträgt 12,72 m, benötigt werden 13,60 m. Die Wagenmaße reichen nicht aus.
Ladebreite: Sie entspricht der eines Lkw und ist ausreichend.
Lastgrenze: Je nachdem ob der Wagen über die Streckenklassen A, B oder C befördert wird, darf er nur mit 18,5 bis 26,5 t beladen werden. Die Paletten wiegen 33 259 t. Die Lastgrenzen reichen nicht aus.
Ergebnis: Der Wagen ist ungeeignet.

143. Aufgabe

– Von der Ladelänge her sind die Wagen Nr. 2, 3 und 4 geeignet.
– Von den Lastgrenzen her kommen nur die Wagen 2 und 4 infrage, wobei bei der Bahn aber angefragt werden muss, ob die Waggons nicht über einen Teil der Strecke über die Streckenklasse A geführt werden, denn dann wären auch sie ungeeignet.

144. Aufgabe

Eigenschaften:
– Auf jeder Wagenseite können die Wände weit geöffnet werden; sehr gute Belade- und Entlademöglichkeiten.
– Folge: schnelle Ladevorgänge
– Abteilung des Laderaums durch Zwischenwand, dadurch Sicherung und Festlegung der Ladung möglich
Probleme und Nachteile der Bahnverladung:
– Lkw-Transport der Paletten zu einem Stückgutbahnhof erforderlich oder Verladung/Entladung in Gleisanschluss, Umladekosten
– rechtzeitige Bestellung dieser hochwertigen Wagen erforderlich
– Transportpreis der Bahn, ggf. Wagenmiete und Standgeld, Kosten der Bedienung der Gleisanschlüsse
– Transportdauer vgl. Kapitel Bahnverkehr

145. Aufgabe

Es sprechen eigentlich keine Argumente für einen Bahntransport, denn die Prüfung der Unterlagen ergibt:
– Bahntransporte nur von Gleisanschluss zu Gleisanschluss sinnvoll
– Transportzeit nur Montag bis Freitag, also keine Umgehung des Wochenendfahrverbots
– Transportzeit von ca. 48 Stunden, damit langsamer als der Lkw
– Vor- und Nachläufe müssen sowieso mit dem Lkw durchgeführt werden.
– Mindestens zwei Umladevorgänge zwischen Vor-, Haupt- und Nachlauf sind teuer.

146. Aufgabe

– Absender und Empfänger haben einen Gleisanschluss.
– Diese werden häufiger oder besser regelmäßig genutzt, so dass die Bedienung planbar wird.
– Die Transportzeiten einschließlich der Abwicklung dürfen länger als 48 Stunden sein.
– Die benötigte Relation wird im Schienenverkehr bedient.

147. Aufgabe

Classic: Deutschlandweiter Transport von Gleisanschluss zu Gleisanschluss mit einer Transportdauer von ca. 48 Stunden ohne Transportdauerzusage
Quality: Deutschlandweiter Transport nur auf ausgewählten Relationen mit Transportdauerzusage, ebenfalls Transportzeit von 48 Stunden
Prime: Deutschlandweiter Transport nur auf ausgewählten Relationen mit Transportdauerzusage von 24 Stunden.
Es müssen mindestens zwei Wagen pro Tag und 50 Wagen pro Monat aufgeliefert werden.
Lösungshinweis: Auch Bedienung von Freiladegleisen möglich!

148. Aufgabe

Stückgutspediteur:	wegen der Eilbedürftigkeit der Güter und dem meist zu geringen Aufkommen meist uninteressant
industrielle Großbetriebe:	z.B. zur Rohstoffversorgung oder im Takt von/zu Lieferanten/industriellen Weiterverarbeitern hervorragend geeignet, wenn große Mengen transportiert werden müssen, insbesondere dann, wenn diese Transporte langfristig geplant werden können. Gleisanschlüsse sind natürlich Voraussetzung.
Spediteur als Logistiker:	z.B. Organisation von Transporten in Ganzzügen, Wagengruppen und Wagen zwischen Seehäfen, großen Lägern und Produktionsstätten im Rahmen weiterer logistischer Leistungen

149. Aufgabe

1,00 m × 1,20 m
Die Paletten müssen quer geladen (ein Meter Ladelänge) werden, damit die Breite des Laderaums ausgenutzt wird, daher 13 × 2 = 26 Industriepaletten.

150. Aufgabe

Innerörtlich	50	km/h
Auf Landstraßen	60	km/h
Auf Autobahnen	80	km/h

151. Aufgabe

– Die Reisegeschwindigkeit ist die Zeit, welche die Fahrer unter Berücksichtigung widriger Umstände wirklich erreichen, wenn sie die geltenden Vorschriften einhalten.
– Die Reisegeschwindigkeit ist niedriger als die Summe der Höchstgeschwindigkeiten der einzelnen Streckenabschnitte.
– Die Reisegeschwindigkeit berücksichtigt die Verkehrssituation (z.B. Ampeln, Sperrungen, Staus, Berufsverkehr, Tanken, Langsamfahrstellen, Polizeikontrollen usw.).
– Bei Regionalverkehren in Ballungsgebieten beträgt die Reisegeschwindigkeit zum Teil nur 45 km/h, bei Fernverkehren auf der Autobahn bis zu 75 km/h.

152. Aufgabe

– Weißrussland und Russland gehören nicht zur EU, sind aber europäische Länder.
– Deshalb gelten nicht die EU-Sozialvorschriften, sondern das Europäische Übereinkommen über die Arbeit des im internationalen Straßenverkehr beschäftigten Personals (AETR). Diese Bestimmungen decken sich aber weitgehend mit denen der EU.
– Für die in Deutschland eingestellten Fahrer gilt zusätzlich das Arbeitszeitgesetz, das eine Höchstarbeitszeit von täglich zehn Stunden festsetzt.

153. Aufgabe

– Sie weisen die Fahrer an, das EG-Kontrollgerät ordnungsgemäß zu benutzen.
– Bei Benutzung des analogen EG-Kontrollgeräts: Sie weisen den Fahrer an, das letzte Schaublatt und die Schaublätter der letzten 28 Tage aufzubewahren und, falls vorhanden, die Fahrerkarte mitzuführen.
– Bei Benutzung des analogen Kontrollgeräts: Sie händigen den Fahrern für jeden Tag ein leeres Schaublatt aus.
– Sie fordern die im Fahrerhaus nicht mehr benötigten Schaublätter zurück und heben sie auf.
– Bei Benutzung des digitalen Tachographen sorgen sie für eine sichere Speicherung der Daten für mindestens 2 Jahre.
– Sie bescheinigen Tage, an denen kein Fahrzeug gelenkt oder die Fahrerkarte nicht benutzt wurde.

154. Aufgabe

- Die Zeitplanung ist unrealistisch, denn 80 km/h ist die Höchstgeschwindigkeit auf Autobahnen, die wirklich erreichbare Geschwindigkeit wird darunter liegen, statistisch gesehen etwa bei 75–78 km/h.
- Die höchstzulässige Geschwindigkeit auf Landstraßen beträgt 60 km/h. Falls sie tatsächlich erreicht wird, benötigt man für die Strecke Frankfurt–Weilburg 1 Std. 20 Min.[1]
- Die Planung ist nicht zulässig, weil der Fahrer zur Überschreitung der Höchstgeschwindigkeiten oder zur Verkürzung seiner Pause gezwungen wird.

Lösungshinweis:

[1] Nur selten wird man auf Landstraßen Lkws finden, die mit nur 60 km/h unterwegs sind.

155. Aufgabe

Es ist richtig, dass zunächst die Fahrer eine Ordnungswidrigkeit begehen.
Aber auch der Unternehmer selbst oder sein Beauftragter, das sind Sie als Disponent/in, begehen eine Ordnungswidrigkeit, wenn Sie vorsätzlich oder fahrlässig Ihr Personal durch unkorrekte Planung zu Übertretungen der Vorschriften zwingen.
Jeder einzelne Gesetzesverstoß des Fahrers und/oder des Disponenten kann als Ordnungswidrigkeit mit einer Geldbuße bis zu 15 000 EUR geahndet werden.

156. Aufgabe

Verfälschungen von Kontrollgeräten und Aufzeichnungen gelten als Straftaten und werden mit bis zu fünf Jahren Gefängnis bestraft.

157. Aufgabe

18:45 Uhr

Lösungshinweis:

- Da der Fahrer in der laufenden Woche noch keine Fahrt durchgeführt hat, könnte man für ihn eine Lenkzeit von 9 Stunden planen und käme dann einschließlich der Zeit der Überwachung der Beladung auf eine Gesamtarbeitszeit von 10 Stunden und mit der Lenkzeitunterbrechung von 45 Min zu einem Arbeitsende um 18:45 Uhr.
- Geht man von einer Lenkzeit von 10 Stunden aus, was in diesem Fall auch möglich wäre, so endet die Arbeit um 20:30 Uhr (10 Stunden Lenkzeit und zwei Pausen von jeweils 45 Min.).
- Die höchstzulässige tägliche Arbeitszeit (ab 8:00 Uhr gerechnet) beträgt 10 Stunden ohne Pausen und endet um 18:00 Uhr, mit einer Pause um 18:45 Uhr, mit zwei Pausen, wenn die Arbeitszeit ausschließlich aus Lenkzeiten besteht, um 19:30 Uhr. Nur die erste Planung mit einer Lenkzeit von 9 Stunden ist zulässig.
Die Anwesenheit beim Beladen ist weder Pause noch Ruhezeit, sondern Arbeitszeit, auch wenn der Fahrer nicht hinter dem Steuer sitzt.

158. Aufgabe

90 Min.

Lösungshinweis:

Nach 4 1/2 Stunden Lenkzeit die erste und nach 9 Stunden die zweite Pause von 45 Min., zusammen 90 Min. Die Pausen von 45 Min. können auf zwei Pausen aufgeteilt werden: Eine Pause von 30 Minuten und eine Pause von 15 Min. Zu beachten ist auf jeden Fall, dass nach 4 1/2 Stunden ununterbrochener Lenkzeit eine ganze Pause von 45 Min. erforderlich wird.

159. Aufgabe

43[1]	Std.

Lösungshinweis:

[1] In der Doppelwoche 90 Stunden. Wenn in der ersten Woche bereits 47 Stunden gefahren wurden, bleiben für die zweite Woche nur noch 43 Stunden.

160. Aufgabe

	Std.	Min.
Lenkzeit	6[1]	–
Pause	–	45

Lösungshinweis:
[1] Die Höchstgeschwindigkeit auf der Autobahn beträgt 80 km/h − 7,5 % = 74 km/h = Reisegeschwindigkeit.

---

161. Aufgabe

– Der Unternehmer und die zur Führung der Güterkraftverkehrsgeschäfte beauftragte Person müssen zuverlässig sein.
– Das Unternehmen muss seine finanzielle Leistungsfähigkeit nachweisen.
– Der Unternehmer oder die zur Führung der Güterkraftverkehrsgeschäfte beauftragte Person muss fachkundig sein.

---

162. Aufgabe

Der Betrieb erhält eine Erlaubnis und entsprechend seiner finanziellen Leistungsfähigkeit für jeden einzusetzenden Lkw eine Erlaubnisausfertigung. Diese sind bei jeder Fahrt vom Fahrer mitzuführen und bei Kontrollen vorzulegen.

---

163. Aufgabe

Es handelt sich um eine Fahrt innerhalb des einheitlichen Wirtschaftsraums EU, für die eine einheitliche EU-Lizenz ausreicht.

---

164. Aufgabe

– Seit 1992 wird für die Fahrt in der oder durch durch die Schweiz keine Einzelfahrtgenehmigung mehr benötigt.
– Die EU-Lizenz wird anerkannt.
– Es genügt daher für alle drei Länder, wenn der Fahrer die EU-Linzenz mitführt.

---

165. Aufgabe

Folgende Länder gehören nicht zur EU:
– Belarus (Weißrussland)
– Russland
– Ukraine

Die EU-Lizenz gilt in diesen Ländern nicht. Stattdessen können bilaterale Genehmigungen oder, wenn vorhanden, CEMT-Genehmigungen verwendet werden.

---

166. Aufgabe

Die Genehmigung erlaubt Lkw-Verkehr mit den europäischen Ländern, die nicht zur EU gehören.[1]

Lösungshinweis:
[1] Die CEMT-Genehmigungen sind knapp und werden daher innerhalb der EU nicht eingesetzt.

167. Aufgabe

– Die Genehmigungen werden bei der Zentrale des Bundesamts für Güterverkehr in Berlin beantragt.
– Jedem Staat steht ein Höchstkontingent zu, sodass nicht immer und für jeden Betrieb eine Genehmigung erhältlich ist.

168. Aufgabe

Bei der Außenstelle des Bundesamts für Güterverkehr in Berlin könnte eine bilaterale Genehmigung als Einzel- oder Zeitgenehmigung beantragt werden.

169. Aufgabe

– Personalausweis/Pass
– Sozialversicherungsausweis
– GGVS-ADR-Befähigungsnachweis[1]
– Führerschein
– Schaublätter des EG-Kontrollgeräts/der Fahrerkarte[2]
– Arbeitsgenehmigung/Fahrerbescheinigung[3]

Lösungshinweis:
[1] sogenannter Gefahrgutführerschein, der erforderlich ist, wenn Gefahrgüter transportiert werden.
[2] Der Fahrer hat die Schaublätter der laufenden Kalenderwoche sowie die Schaublätter der letzten 28 Tage mitzuführen.
[3] Ein deutsches Unternehmen darf Fahrer, die nicht aus der EU, dem Europäischen Wirtschaftsraum oder der Schweiz kommen, nur dann beschäftigen, wenn sie eine gültige Arbeitsgenehmigung oder eine von einer inländischen Behörde ausgestellte Fahrerbescheinigung besitzen.

170. Aufgabe

– Kraftfahrzeugschein
– Anhängerschein
– Kfz-Versicherungsnachweis
– EU-Lizenz
– CEMT-Genehmigung[1] bzw. bilaterale Genehmigung
– Fahrtberichtsheft[2, 3]

Lösungshinweis:
[1] EU-Lizenzen gelten in Serbien und Mazedonien nicht.
[2] für jede CEMT-Genehmigung
[3] Carnet-TIR und CMR-Frachtbrief sind keine Fahrzeugpapiere, sondern Ladungspapiere.

171. Aufgabe

– Die neuen Lkws werden umweltfreundlicher fahren und den Schadstoffausstoß vermindern.
– Die Maut pro Kilometer wird von 0,204 EUR/km auf 0,183 bzw. 0,155 EUR/km sinken.

172. Aufgabe

3 150,00 EUR

173. Aufgabe

– Die Sendung wiegt insgesamt 7 875 kg
– Sie benötigt 15 × 0,4 m = 6 Lademeter.
– Zum Entladen wird eine Hubladebühne benötigt.
– Die Ladung kann deshalb nur mit einem (dreiachsigen) schweren Motorwagen befördert werden, der über eine Hubladebühne verfügt und eine Nutzlast über 7,5 t hat.
– Zum Entladen muss ein Gabelhubwagen mitgeführt werden, der zum Gewicht der Sendung hinzu kommt.

174. Aufgabe

Das Fahrzeug benötigt 7 Std. 45 Min. unter Berücksichtigung der Fahrtunterbrechung. Es muss daher spätestens um 09:45 Uhr abfahren.

175. Aufgabe

– Eintragen von Ort, Tag und Unterschrift eines Berechtigten der Firma Nagler im Feld C
– am besten Firmenstempel mit Tag und Unterschrift

176. Aufgabe

Er übernimmt die Verantwortung für die Richtigkeit der Eintragungen im Frachtbrief, z. B.:
– Absender mit Adresse
– Empfänger mit Adresse
– Zahl der Paletten, Kartons, des Gewichts, der richtigen Bezeichnung
– Art des Gutes
– Unversehrtheit, der Qualität
– Dokumentation, dass er als Absender Vertragspartner der Kabefra ist und für die Fracht und die entstehenden Nebenkosten, wie z. B. das Abladen in Hannover haftet, sowie bei Annahmeverweigerung durch den Empfänger die Sendung zurücknimmt und die entstehenden Kosten des Rücktransports übernimmt.

177. Aufgabe

Er hat nicht nur die Anzahl der Paletten und die jeweilige Beschriftung mit „Joh-Nagler 001–015" zu überprüfen, sowie die Beladung der Paletten mit Kartons, sondern er muss die Kartons auch nachzählen.

178. Aufgabe

Im vorgefertigten Frachtbrief hätte der Sachbearbeiter bei Inhalt z. B. angeben können: 15 Euro-Paletten Kartonware (Wein), zusammen 7 875 kg, oder der Fahrer hätte in Feld F eintragen können: „Kartons nicht nachgezählt".

Lösungshinweise:

In der Empfangsbestätigung bestätigt der Spediteur nur die Art und Anzahl der Packstücke, nicht jedoch deren Inhalt, Wert oder Gewicht. Bei Wagenladungen enthält die Empfangsbescheinigung im Zweifel keine Bestätigung des Bruttogewichts, es sei denn, das Verwiegen wäre vereinbart worden.

179. Aufgabe

Er weist den Absender auf den Schaden hin und bittet ihn, zu entscheiden, ob die Palette so verschickt werden soll. Wenn ja, nimmt er in Feld F einen entsprechenden Vermerk auf und informiert den Absender, dass in diesem Fall keine Haftung für die durchnässten Sendungsteile besteht und der Absender auch für dadurch verursachte weitere Schäden aufzukommen hat.

180. Aufgabe

– Feld F: „Kartons nicht nachgezählt"
– Feld F: „die 8 unteren Kartons auf Palette Nr. 005 durchnässt"
– Feld F: Ort, Datum, Unterschrift des Fahrers
– Feld E: Ort, Tag und Unterschrift des Fahrers

181. Aufgabe

– Im innerdeutschen Verkehr ist kein Frachtbrief vorgeschrieben. Ein Frachtvertrag kommt auch ohne Ausstellung eines Frachtpapiers zustande.
– Der Frachtführer – hier die Kabefra – kann die Ausstellung eines Frachtbriefs oder eines anderen Papiers verlangen (§ 408 HGB). Andere Papiere können z.B. Speditionsaufträge, Abholscheine, der CMR-Frachtbrief, Ladescheine usw. sein.
– Auch der Absender könnte eine Quittung verlangen, dass er der Kabefra das Gut übergeben hat.
– Als Beweismittel für getroffene Vereinbarungen ist ein Frachtbrief oder ein anderes Ersatzpapier dringend anzuraten.

182. Aufgabe

In Feld F dürfte kein Platz mehr sein; für Vermerke kann deshalb auch Feld I benutzt werden. Dort kann der Empfänger z.B. eintragen: „Ankunft der Sendung erst am 17. um 13:30 Uhr." und in Feld D: z.B. „unter Vorbehalt", Ort, Tag und Unterschrift des Empfängers.

183. Aufgabe

1 275,00 EUR

Begründung:

HGB § 431(3): Entschädigt wird höchstens bis zum Dreifachen der Fracht von 425,00 EUR = 1 275,00 EUR.

184. Aufgabe

4 500,00 EUR

Begründung:

HGB § 431(2): 525 (kg) × 8,33 (SZR) × 1,21169 EUR = 5 299,02 EUR Höchstentschädigung
Es wird nur der wirklich entstandene Schaden von 4 500,00 EUR ersetzt.

185. Aufgabe

Kabefra – Export GmbH:	Es besteht ein Speditionsvertrag entsprechend den Bestimmungen der ADSp. Die ADSp können jedoch die zwingenden Bestimmungen des HGB über Straßentransporte nicht ersetzen. In diesen Fällen treten sie hinter das HGB zurück.
Kabefra – Frachtführer:	Es besteht ein Frachtvertrag nach HGB.
Frachtführer – Export GmbH:	keine vertraglichen Beziehungen

186. Aufgabe

	HGB	vom HGB abweichende Bestimmungen der CMR
Nach welcher Zeit gilt ein Gut als verloren?	Wenn es weder innerhalb der Lieferfrist noch innerhalb eines weiteren Zeitraums abgeliefert wird, der der Lieferfrist entspricht, mindestens aber 20 Tage, bei grenzüberschreitenden Beförderungen 30 Tage.	Wenn es nicht innerhalb von 30 Tagen nach Ablauf der Lieferfrist, oder, wenn keine Lieferfrist vereinbart wurde, nicht innerhalb von 60 Tagen nach Übernahme durch Frachtführer abgeliefert wird.
Wie groß ist die Haftung bei Verlust oder Beschädigung pro Kilogramm?	8,33 SZR pro kg Rohgewicht (= Bruttogewicht)	ebenso
Bis zu welcher Obergrenze wird bei Verspätungsschäden gehaftet?	bis zum dreifachen Betrag der Fracht (§ 431, 3 HGB)	bis zur Höhe der Fracht
In welcher Höhe haftet der Frachtführer bei Nichteinziehung einer Nachnahme?	Der Frachtführer haftet bis zum Betrag der Nachnahme (§ 422 HGB).	ebenso
In welcher Höhe wird bei sonstigen Vermögensschäden gehaftet?	bis zum Dreifachen des Betrags, der bei Verlust zu zahlen wäre (§ 433 HGB)	Keine, aber es kann das Interesse an der Lieferung gegen ein besonderes Entgelt angegeben werden.
Sind die Schadensfeststellungskosten in den Haftungshöchstbeträgen enthalten?	Nein, sie werden über die Grenzen von 8,33 SZR hinaus erstattet.	nicht erwähnt
Welche Regelungen sind hinsichtlich des Ersatzes sonstiger Kosten getroffen?	Haftet der Frachtführer bei Verlust oder Beschädigung, so hat er über die zu zahlende Höchstentschädigung von 8,33 SZR hinaus alle weiteren aus Anlass der Beförderung entstandenen Kosten zu erstatten (Fracht, öffentliche Abgaben, sonstige Kosten). (§ 432 HGB)	ebenso

187. Aufgabe

Güterkraft-/Straßenverkehr	HGB	CMR (Internationales Straßentransport-Abkommen)
Bahn-/Schienenverkehr	HGB	CIM (Internationales Bahntransport-Abkommen)
Luftverkehr	HGB	WA/MÜ (Warschauer/Montrealer Abkommen)
Binnenschiffsverkehr	HGB	–
Seeverkehr	HGB	–

Lösungshinweis:

a) Internationale Abkommen/Übereinkommen bzw. Konventionen zwischen Staaten erlangen Gesetzesrang durch deren Ratifizierung (Annahme) in den jeweiligen nationalen Parlamenten.
b) Im Schiffsverkehr gibt es nur Geschäftsbedingungen der Reedereien und Konferenzen.

188. Aufgabe

Güterkraftverkehr	Gefährdungs-/Obhutshaftung	8,33 SZR/kg brutto	3 × Fracht
Bahnverkehr	Gefährdungs-/Obhutshaftung	8,33 SZR/kg brutto	3 × Fracht
Luftverkehr	Gefährdungs-/Obhutshaftung	17 SZR/kg brutto	–
Binnenschifffahrt	Gefährdungs-/Obhutshaftung	8,33 SZR/kg brutto	3 × Fracht
Seeverkehr	Verschuldens-/Obhutshaftung	666,67 SZR oder 2 SZR/kg b	–

1.2.3 Internationaler Lkw-Verkehr

189. Aufgabe

Sie haben sich in der EFTA zusammengeschlossen (European Free Trade Association), mit dem Ziel, die Handelsschranken abzubauen und die Zölle zwischen den Mitgliedern aufzuheben. Dadurch entsteht jedoch keine Zollunion mit gemeinsamen Außenzöllen und gemeinsamem Zolltarif.
Die Ziele der EU gehen viel weiter: gemeinsames Zollgebiet, gemeinsamer Markt ohne Handelsschranken und letztlich eine politische Union.

190. Aufgabe

24	Schweiz
25	Norwegen
26	Island
–	Liechtenstein

191. Aufgabe

Beispiel:
Der Verkehr innerhalb der EU ist Binnenverkehr, deshalb gibt es an den früheren Grenzen keine Grenzkontrollen mehr. Ferner entfallen für den Intrahandel Zollabfertigung, Zollverfahren, Zollpapiere und Einfuhrabgaben.
Statt der Erhebung der Einfuhrumsatzsteuer durch die Zollbehörden wird in der EU Umsatzsteuer durch die Finanzbehörden erhoben.
Die EU hat einen gemeinsamen Zolltarif, der für alle EU-Staaten verbindlich gleiche Einfuhrabgaben vorschreibt.
Gemeinsame Zollverfahren wurden entwickelt (z.B. Versandverfahren) und es gibt gemeinsame Zollpapiere, z.B. Einheitspapier.
Der gesamte Güterverkehr innerhalb der EU wurde Binnenverkehr. Nationale Genehmigungen wurden durch die EU-Lizenz ersetzt, die auch Kabotage in den Mitgliedsstaaten erlaubt.

192. Aufgabe

– die Länder der EU und von der EFTA Island, Norwegen sowie Liechtenstein, nicht aber die Schweiz
– Abschaffung der Zölle zwischen den Mitgliedstaaten (aber für den Bereich der EFTA keine Zollunion!)
– Verbrauchssteuern sind bei der Einfuhr zu zahlen.
– 80% der Binnenmarktvorschriften der EU gelten auch für die EFTA.

193. Aufgabe

– Seefrachtbrief oder Konnossement, damit Kabefra Bremerhaven den Container von der Reederei übernehmen kann
– alle Informationen, die für das Ausfüllen der Versandanmeldung erforderlich sind
– Eine Bürgschaftserklärung der Firma Haas ist dann nicht erforderlich, wenn die Kabefra als bevollmächtigter Vertreter z.B. ihre Gesamtbürgschaft einsetzt.

194. Aufgabe

Es handelt sich um Drittlandsware, die mit T1 abzufertigen ist.
– Die Daten für die Versandabmeldung können in Stuttgart erstellt und elektronisch an die Niederlassung in Bremen übermittelt werden.
– Diese erstellt die Versandanmeldung und sendet sie elektronisch an die Eingangszollstelle, welche die Ware ohne Gestellung zum Transport überlässt und der Niederlassung Bremerhaven elektronisch die Überlassung zum Versandverfahren zusammen mit der Versandbezugsnummer übermittelt.
– Die Niederlassung der Kabefra druckt die Begleitdokumente aus, legt den Raumverschluss an und übergibt die Dokumente zum Lkw-Transport.
– Die Sendung ist in Stuttgart unverändert der Bestimmungszollstelle zu gestellen.

Lösungen und Lösungshinweise: Leistungserstellung – verkehrsträgerübergreifend

195. Aufgabe

Der Container muss dem Zoll in Bremen gestellt werden.

196. Aufgabe

Beispiele:
– Die Abfertigung wird durch Fachleute professioneller und in kürzerer Zeit vorgenommen.
– Routine der Kabefra bei der Übernahme und der Erledigung der Formalitäten im Seehafen
– Dem Kunden bleiben die persönliche Übergabe und die Gestellung der Zollanmeldung in Bremerhaven erspart.
– Das Problem der Beschaffung von Lkw-Frachtraum entfällt.
– Die Spedition sorgt für die ordnungsgemäße Gestellung in Stuttgart.
– Sie erstellt dem Kunden nach Auftrag die erforderlichen Zollpapiere.

197. Aufgabe

Ladungspapiere	Zollpapiere
	T 1-Dokument[1]
CMR-Frachtbrief	Versandbegleitdokument NCTS[1]

Lösungshinweis:
[1] Beim papiermäßigen T 1-Verfahren jeweils ein Exemplar Nr. 4 des Einheitspapiers bei der Ein- und Ausfahrt, seit Sommer 2005 entsprechende Ausdrucke im Rahmen des Atlas-Verfahrens.

198. Aufgabe

– eine EU-Lizenz
– Einzelfahrtgenehmigungen oder CEMT-Genehmigung sind nicht erforderlich.

199. Aufgabe

– Schwerverkehrsabgabe (seit Januar 2009: 2,66 Rp./tkm)

– Nachtfahrverbote
– Wochenendfahrverbote

200. Aufgabe

194,60 EUR

Lösungshinweis:
291 × 25 × 2,667 Rp. = 19 9402,43 Rp. = 194,02 SFr.
194,02 : 1,516 = 127,98 EUR

201. Aufgabe

– In Österreich wird keine Schwerverkehrsabgabe erhoben.
– Seit 2004 ist auch nicht mehr der Nachweis von Ökopunkten erforderlich.
– Stattdessen wurde eine von der Länge der gefahrenen Strecke abhängige Maut eingeführt.

202. Aufgabe

Die Maut wird entweder im Pre-Pay-Verfahren (entspricht Telefonkarte) oder aber im Post-Pay-Verfahren (Abbuchung nachträglich) erhoben.
Voraussetzung ist das Ankleben einer GO-Box an der Windschutzscheibe.

203. Aufgabe

Bei einem Transport über Österreich handelt es sich um einen Transport im Binnenmarkt. Es ist kein Zollversanddokument erforderlich, wohl aber bei einer Fahrt durch die Schweiz. Bei einem solchen Transport muss ein T2-Dokument mitgeführt werden.

204. Aufgabe

Für ein Fahrzeug mit 4 und mehr Achsen muss eine Euro-Vignette erworben werden, die je nach Schadstoffklasse zwischen 1 250 und 1 550 EUR pro Jahr kostet.

205. Aufgabe

1	Russland
2	Weißrussland (Belarus)
3	Ukraine
4	Rumänien
5	Bulgarien
6	Jugoslawien
7	Kroatien
8	Bosnien
9	Albanien
10	Mazedonien
11	Türkei

206. Aufgabe

– T1-Verfahren dient dem Versand von Drittlandsgut innerhalb der EU.
– T2-Verfahren dient dem Versand von EG-Gut im Transit durch ein EFTA-Land bzw. in ein EFTA-Land.
– Carnet ATA wird für die Einfuhr von Messegut und die anschließende Wiederausfuhr verwendet.
– Carnet-TIR wird eingesetzt, wenn Güter in ein EU-Land im Transit durch ein oder mehrere Länder, die nicht Mitglieder der EU sind, transportiert werden sollen oder wenn das Bestimmungsland ein Drittland ist und dies direkt oder über weitere Drittstaaten erreicht werden soll.
– Ein Transport nach Moskau über Weißrussland oder die Ukraine ist eine typische Anwendung des Carnet-TIR.

207. Aufgabe

– Ein Zoll-Versandpapier (mit verschiedenen Durchschriften) erlaubt die Durchfahrt durch mehrere Drittstaaten.
– Der Absender oder sein Spediteur leistet selbst keine Sicherheit, das übernimmt ein zugelassener Verband.
– Der am Versandort verschlossene Lkw wird bis zur Bestimmungszollstelle nicht geöffnet.
– Die Aufenthaltszeit an den Grenzen verkürzt sich erheblich und damit auch Warte- und Transportzeiten.
– Bei der Ein- und Ausfuhr wird von der jeweiligen Zollbehörde nur noch überprüft, ob das TIR-Dokument vorgelegt werden kann und ob die Zollverschlüsse unverletzt sind.

208. Aufgabe

– Fahrzeuge mit Verschlussanerkenntnis (certificat d'agrément)
– am Fahrzeug angebrachte weiß-blaue TIR-Tafel (Zulassungstafel)
– Die Identität von Fahrzeug, Auflieger bzw. Anhänger wird durch die Angabe des Kfz-Zeichens im Frachtbrief und im Carnet gesichert.

209. Aufgabe

– Sie muss am regelmäßigen internationalen Warenverkehr teilnehmen können, das heißt, sie muss z. B. über die erforderlichen Genehmigung für den internationalen Transport verfügen.
– Ihre Finanzen müssen gesund sein.
– Sie darf keine schweren Verstöße gegen Zollvorschriften begangen haben.
– Sie muss gegenüber dem Landesverband eine schriftliche Erklärung abgeben, in der sie sich verpflichtet, die aufgrund von Unregelmäßigkeiten etwa entstehenden finanziellen Verpflichtungen zu begleichen.

210. Aufgabe

Das Carnet gilt nur für eine einzelne Fahrt (nicht die Rückfahrt), für die im Carnet eingetragene Zeit.

211. Aufgabe

– Der Fahrer begibt sich mit dem ausgefüllten Carnet zur Abgangszollstelle.
– Diese überprüft, ob alle Voraussetzungen erfüllt sind (z. B. gültige und richtige Ausstellung, Verschlussanerkenntnis, Zulassungstafeln, zollsichere Herrichtung).
– Die Zollstelle begutachtet eventuell die Ware, bringt am Fahrzeug Zollplomben mit Nummern an und behält als Nachweis den ersten Abschnitt Nr. 1 (weiß).
– Der Fahrer besitzt nun das Carnet-Heft bestehend aus zwei Umschlagblättern, einem gelben Blatt (nicht für Zollzwecke) und für jedes Land, das er durchfährt und dem Bestimmungsland, jeweils einen Abschnitt Nr. 1 (weiß) und 2 (grün) und ein Protokoll (gelb), in dem Umladungen und Unregelmäßigkeiten festgehalten werden können. Den ersten Abschnitt Nr. 1 hat bereits die Abgangszollstelle einbehalten.
– Der Fahrer tritt nun die Fahrt an und meldet sich bei der Ausfahrt aus der EU bei der dortigen Grenzzollstelle. Diese behält den ersten Abschnitt Nr. 2 (grün) ein. Von diesem Abschnitt schickt sie einen Teilabschnitt an die Abgangszollstelle und meldet ihr so, dass das Verfahren in der EU abgeschlossen ist.
– An jeder Eingangszollstelle gibt der Fahrer einen weißen, bei jeder Ausgangszollstelle bzw. der Bestimmungszollstelle einen grünen Abschnitt ab. Bei Ein- und Ausfahrt wird jeweils nur überprüft, ob das Fahrzeug noch zollsicher ist und alle Plomben unverletzt vorhanden sind.
– Bei der Bestimmungszollstelle wird der letzte grüne Abschnitt entnommen, die Zollverschlüsse werden abgenommen und das TIR-Verfahren wird beendet. Der Fahrer erhält das Carnet zurück. Es müssen Anweisungen/Papiere vorliegen, was mit der Sendung nun weiter zu geschehen hat.
– Nach Beendigung der Fahrt gibt der Frachtführer das Carnet an den Ausgebenden zurück.

212. Aufgabe

– Der Bundesverband Güterkraftverkehr und Logistik hat für Abgabenverbindlichkeiten nur eine selbstschuldnerische Bürgschaft bis 60 000 EUR pro Sendung geleistet.
– Für Alkohol und Tabakwaren gibt es ein besonderes Carnet, das aber wegen des hohen Betrugsrisikos zurzeit nicht ausgegeben wird.
– Andere sensible Waren (lebende Rinder, Fleisch, Milch, Butter) werden im Durchgang nicht und bei der Ausfuhr aus der EU nur unter besonderen Bedingungen abgefertigt.
– Gründe: Betrug, Hinterziehung der Abgaben, Verlust der Waren auf dem Transport, Beraubung

1.3 Lagerlogistik

213. Aufgabe

– Es liegt am Wasser, hat aber auch Bahn- und Straßenanschluss.
– große Silos, in denen Getreide gelagert, belüftet, eventuell behandelt (z. B. begast) und um- sowie ausgelagert werden kann
– Saugheber, Gebläse, ggf. auch zusätzlich andere Förderanlagen
– Fachpersonal

214. Aufgabe

A Ausgleichsfunktion: Die Lagerung soll den mengenmäßigen und zeitlichen Ausgleich zwischen Warenbeschaffung und Produktion übernehmen. Eine große Menge Rohstoffe wird beschafft und in wesentlich kleineren Mengen (Partien) zur Produktion oder zum Absatz gebracht.

B Sicherungsfunktion: Die Lagerung großer Rohstoffmengen gleicht Störungen bei der Beschaffung und damit der Produktion aus.

C Umformungsfunktion: Es ist nicht möglich, das Getreide im Osthafenlager der Kabefra zu bearbeiten und in andere Produkte umzuwandeln. Von Umformung (auch Sortierung oder Veredelung) spricht man auch dann, wenn große Mengen in kleinere für den Verkauf oder hier den Versand zusammengestellt werden, ohne dass sich die Beschaffenheit der Ware verändert.

D Spekulationsfunktion: Wegen erwarteter Preissteigerungen oder der Möglichkeit, dass Lieferanten in Zukunft nicht oder nur noch in geringeren Mengen oder geringerer Qualität liefern können, werden sofort größere Mengen eingekauft und gelagert, als eigentlich nötig wäre. Bei steigenden Preisen in der Zukunft wird ein zusätzlicher Gewinn gemacht, sofern die Erlöse die Kosten der Lagerung übersteigen.

215. Aufgabe

Die Hauptleistungen sind
– Einlagern,
– Lagern,
– Auslagern.

216. Aufgabe

Beispiel:
– Wiegen
– Auspacken/Verpacken/Umpacken
– Kommissionieren
– Markieren/Bezetteln/Neutralisieren
– Stellung von Paletten und Verpackungsmaterial
– Besorgen von Versicherungen
– Temperieren/Kühlen/Trocknen
– Einfuhr-/Ausfuhr-/Zollabfertigung
– Proben ziehen/Warenkontrolle

217. Aufgabe

Beispiel:
– Für eine Reihe von Leistungen besitzt die Fachspedition meist spezielle Einrichtungen: Waagen, Lagerräume für wertvolles Gut, Speziallager zum Temperieren, Kühlen oder Trockenhalten, Trocknungseinrichtungen, Palettenvorräte, Verpackungsmaterial usw.
– Gute Lagerhalter besitzen gut geschultes und erfahrenes Personal, ferner das bessere Know-how (erforderliche Spezialkenntnisse): Ein-, Ausfuhr, Zoll, Kenntnis über Versicherungen.
– An Ort und Stelle und damit ohne zusätzliche Transporte lassen sich viele Maßnahmen meist besser durchführen: Auspacken, Verpacken, Umpacken, Neutralisieren, Proben ziehen, Bereitstellen sowie Packen von Paletten usw.

218. Aufgabe

– Das reine Einlagern, Lagern und Auslagern in vergleichbarer Qualität wird von allen Lagerhäusern erbracht. Werden nur diese Leistungen gewünscht, so wählt der Kunde die Lagerung mit dem niedrigsten Preis. Dies ist nicht im Interesse der Lagerbetriebe.
– Nur mit in hoher Qualität und großer Zuverlässigkeit erbrachten zusätzlichen Leistungen (Mehrwertdienste) kann der Lagerhalter sich von seinen Konkurrenten abheben, bei seinen Kunden profilieren und ihre besondere Wertschätzung erlangen. Jetzt werden sie auch bereit sein, höhere Leistung mit einem angemessenen Preis zu honorieren.

219. Aufgabe

Beispiel:
- große Halle mit befahrbarem Boden
- staubfreier Boden, Hallenraum, klimatisiert
- gegenüberliegende Tore für ankommende und abgehende Verkehre
- höhengleicher Übergang Halle–Lkw/Bahnwaggon
- Ein-/Ausgangsschleusen
- Stückgutförderanlage in der Halle zwischen Eingangs- und Ausgangs-(= Verlade-)bereich, deshalb Möglichkeit für die Direktverladung zwischen beiden Bereichen
- genügend Stapelplatz auf dem Hallenboden für die vorübergehende Bodenlagerung
- genügend Verkehrsflächen für Gabelstapler und Förderanlagen
- um die Umschlaghalle herum große Hofflächen zum Befahren und Abstellen von Fahrzeugen, Wechselbehältern und Containern
- lückenlose Dokumentation und Überwachung der Übernahme, des Umschlags und Versands
- Sicherung gegen Diebstahl

220. Aufgabe

Beispiele Umschlaglager:
- Wareneingangsbereich, Auslieferungs-/Kommissionierbereich
- relativ größere Verkehrsflächen
- Flurfördereinrichtungen vom Eingangs- bis zum Ausgangsbereich

Beispiele Dauerlager:
- Hochregale je nach Halle und Förderanlagen bis über 20 m
- ausgefeilte EDV zur Erfassung der Eingänge, Lagerplätze und Ausgänge
- eventuell automatische Bedienung der Hochregale

221. Aufgabe

Beispiel:
Auslieferungslager müssen nach den besonderen Anforderungen gestaltet werden, die die Lagerung, Kommissionierung und Auslieferung von Lagergütern spezieller Kunden erforderlich machen. Es sind aber **keine** allgemein gültigen Aussagen möglich. Deshalb einige Beispiele:
- Auslieferungsläger können Stückgut- aber auch Schwergut- oder Massengutläger sein. Das bedingt ganz andere Gebäude oder sogar nur Freiflächen.
- Bei Stückgutlagerung kommt es darauf an, ob große, mittlere oder kleinere Partien angeliefert werden und in welche Sendungsgröße kommissioniert werden soll: Päckchen, Pakete, Kartons, Einzelgebinde oder auf Paletten zusammengefasst. Die Art der Kommissionierung bedingt die erforderlichen Förder- und Verladeeinrichtungen.
- Je größer die Artikelzahl und je kleiner die auszuliefernden Sendungen, desto personalintensiver wird das Lager betrieben werden müssen.
- Soll neben der Kommissionierung auch noch eine Behandlung oder Bearbeitung des Lagerguts erfolgen? Dann werden bestimmte Produktionsanlagen erforderlich.
- Entwickelt sich das Auslieferungslager zu einem Logistiklager weiter?

222. Aufgabe

Baumaterialien: Steine, Splitt, Kies, Sand	Freilager, eventuell Silos
Zement, Fertigputz, Kalk, Gips	Hallenlager, Blocklagerung befahrbarer Boden für Lkw und Fördergeräte
Stahlträger, Stabstahl, Bleche	Hallenlager (Rost), Laufkatzen, Kräne usw. befahrbarer Boden für Lkw und Bahngleisanschluss
Fleisch, Fisch	Kühlhaus: Gefrierbereich, Kühlbereich temperierte Schleusen für Be- und Entladen
Obst, Gemüse	Hallenlager, temperaturgeführtes Lager klimatisierte Schleusen für Be- und Entladen
Sonstige trockene Lebensmittel wie Mehl, Zucker usw.	Hallenlager: Blocklager oder auch Palettenhochregallager mit Schleusen für trockenes Be- und Entladen, evtl. Silos

223. Aufgabe

Beispiel:
Palettenhochregallager
- hohe Investitionskosten, aber hohe Auslastung der Hallenfläche bei Regalhöhen, z.T. über 14 bis 20 m
- nur Lagerung von Paletten, keine Lagerung von loser Ware, unverpackten Kleinteilen, sperrigen oder unverpackten Gütern
- sorgfältige Lagerverwaltung durch EDV erforderlich
- chaotische Lagerung und First-In-First-Out (FIFO) möglich
- schnelles Ein- und Auslagern mit Gabelstaplern oder Fördereinrichtungen auch gleichzeitig mit mehreren Geräten
- relativ geringer Personalbedarf

Fachbodenregallager
- geringere Investitionskosten, geringere Regalhöhen, da Handbedienung erforderlich
- Fachböden können den Güterarten angepasst werden.
- überwiegend verpackte Kleinteile und lose nicht palettierbare Ware
- Handbedienung nur bis Mannhöhe möglich, schwieriges Arbeiten von Leitern aus, daher nicht alle Lagergüter gleich gut erreichbar
- Mehrere Personen können gleichzeitig einsortieren oder kommissionieren.
- Gefahr, dass später eingelagerte Güter vor länger eingelagerte gestellt werden und dass dadurch das First-In-First-Out-Prinzip (FIFO) nicht beachtet wird.

---

224. Aufgabe

- Barcodetechnik: digitale Erfassung und grafische Verschlüsselung von Sendungsdaten. Typisch sind Aufkleber mit Balken (englisch: „bars"). In der Logistik hat sich der Barcodetyp „EAN128" etabliert. Die durchgängige Verwendung der Barcodes über alle Formen und Stufen der Beförderung erlaubt eine optimale Statusbestimmung und Sendungsverfolgung.
- RFID: Funkfrequenzidentifizierung (englisch: **R**adio **F**requency **Id**entification) von Sendungen durch Chips, die alle Sendungsdaten enthalten. Durch diese Technik werden die Überwachung (englisch: „monitoring") des Waren- und Informationsflusses in der Logistikkette maximiert und die Organisations- und Interventionskosten minimiert.

---

225. Aufgabe

- Nach Ziff. 3.1 ADSp sind Aufträge formlos gültig. Es ist deshalb zulässig, telefonisch erteilte Weisungen auszuführen.
- Nach Ziff. 3.3 ADSp ist aber zu erfragen, ob es sich um gefährliche Güter – was hier sicher nicht zutrifft – oder besonders wertvolle und diebstahlsgefährdete Güter (hier zu erfragen) oder Güter mit einem Wert von mehr als 50,00 EUR/kg (hier nicht der Fall) handelt, denn dann muss ein schriftlicher Transport- und Lagerauftrag erfolgen.

---

226. Aufgabe

Es handelt sich hier um einen nur unvollständig erteilten Auftrag, der vermutlich über viele Monate läuft. Um ihn ordentlich abzuwickeln und damit den Kunden letztlich auch zufriedenzustellen, ist eine Reihe von weiteren Informationen erforderlich, z.B. ist zu prüfen, ob nach Ziff. 3.3 ADSp ein schriftlicher Auftrag erforderlich ist.
Ferner sind weitere Informationen erforderlich: die Modalitäten der Abholung, der Lagerung, der Termine, der Preise, der Verpackung usw. Es ist deshalb sinnvoll, mit dem Kunden intensive Verkaufsgespräche zu führen und die Ergebnisse schriftlich festzuhalten, denn die Beweislast für den Inhalt des telefonischen Auftrages trägt, wer sich darauf beruft. Die schriftliche Erteilung des Auftrags und die schriftliche Bestätigung des Vereinbarten vermeidet nachträgliche Streitigkeiten und ist die beste Form der Auftragserteilung/Auftragsbestätigung.

---

227. Aufgabe

Die Kabefra muss Angaben des Auftraggebers sowie die Echtheit von Unterschriften und Dokumenten nach Ziff. 3.8 und 3.9 nicht nachprüfen. Wenn aber eine Empfangsquittung gegeben wird, so gelten die Bestimmungen der ADSp über die Kontrollpflichten des Spediteurs und Lagerhalters (in diesem Heft nicht abgedruckt). Danach ist der Lagerhalter verpflichtet die Paletten auf Vollzähligkeit und Identität sowie äußerlich erkennbare Schäden sowie die Unversehrtheit von Plomben und Verschlüssen zu überprüfen und Unregelmäßigkeiten zu dokumentieren. Er ist nicht verpflichtet, nachzuwiegen.

228. Aufgabe

– Als Erstes lässt er sich auf dem Frachtpapier vom Fahrer schriftlich bestätigen, dass eine Palette fehlt. Er achtet darauf, dass entsprechend den Markierungen an den Paletten und den angegebenen Bezeichnungen im Frachtpapier die fehlende Palette möglichst genau bezeichnet wird.
– Er quittiert auf den Frachtpapieren den Empfang der übrigen Paletten.
– Er lässt sich das Originalfrachtpapier mit dem Fehlvermerk des Fahrers aushändigen. Der Fahrer behält ein Doppel des Frachtpapiers.
– Er informiert den Lagersachbearbeiter und lässt ein korrigiertes oder neues Lagerpapier ausstellen.
– Er händigt dem Fahrer das korrigierte Lagerpapier als Quittung aus.

229. Aufgabe

Beispiel:
– Er informiert unverzüglich den Auftraggeber und bittet um Auskunft, z. B. ob die fehlende Palette nachgeliefert wird.
– Er teilt ihm mit, dass nur sieben Paletten eingelagert und entsprechende Papiere ausgestellt bzw. quittiert werden.
– Er veranlasst eine entsprechende Aufnahme der Sendung im Lagerbuch (meist EDV) und eine entsprechende Bestandsbuchung.
– Er sorgt für die Lagergeldberechnung und die Rechnungserteilung an den Kunden.

230. Aufgabe

– mündliche oder schriftliche Beauftragung durch den Kunden: im Nahverkehr abholen, auf Lager nehmen
– Erstellen einer Auftragsbestätigung (auch Fax) für den Kunden
– Abholauftrag an die eigene Nahverkehrsabteilung oder den eigenen Fuhrpark
– Abholen des Lagerguts beim Auftraggeber, Schnittstellenkontrolle, Bestätigen auf dem Frachtpapier, Aushändigung einer Frachtquittung
– Entladen des Lkw an der Halle durch das Lagerpersonal, Schnittstellenkontrolle
– Empfangsquittung auf einer Kopie des Frachtpapiers, Original des Frachtpapiers an Sachbearbeiter im Lagerbüro schicken, Einlagern der Ware
– Eingangsmeldung/Lagerquittung an den Auftraggeber durch Lagersachbearbeiter
– Aufnahme in Bestandsliste/Lagerbuch (meist per EDV), Zuweisung eines Lagerplatzes
– Berechnen der Einlagerungskosten, des Lagergeldes und meistens auch der Auslagerungskosten

231. Aufgabe

Beispiel:
– Lagerempfangsschein (Lageraufnahmeschein, Lagerquittung) ist eine Quittung der Kabefra für den Einlagerer, welche Güter in welcher Menge mit welchen Eigenschaften und zu welchen Konditionen eingelagert wurden. Eine Quittung ist kein Wertpapier. Wenn sie beim Abholen vorgelegt wird, gilt der Abholer als der Berechtigte. Eine Quittung gilt jedoch nicht absolut. Bei Zweifeln bleibt der Kabefra ein Nachprüfungsrecht.
– Lagerscheine sind Urkunden und Warenwertpapiere. Sie sind nicht nur eine Quittung für den Einlagerer, sondern sie verbriefen das Eigentum an der Ware. „Wer Inhaber des Lagerscheins ist, ist Eigentümer der Ware." Die Kabefra garantiert, nur an den Berechtigten auszuliefern. Es werden drei Arten von Lagerscheinen unterschieden:

Inhaberlagerschein: Wer Inhaber des Papiers ist, gilt als der Eigentümer. Das Papier kann ohne Formalitäten weiter übertragen werden.

Namenslagerschein: Nur der eingetragene Inhaber kann über die Ware verfügen. Eine Weitergabe des Lagerscheins und damit der Ware ist nur zusammen mit einer besonderen schriftlichen Abtretungserklärung möglich (Abtretung = Zession).

Orderlagerschein: enthält den Namen des Einlagerers und die Orderklausel „an Order" und kann durch Indossamente (Weitergabevermerke) weitergegeben werden, die auf der Rückseite des Papiers angebracht werden.

Lagerscheine können bei Banken als Sicherheit (Pfand) für erhaltene Kredite hinterlegt werden. Diesen Vorgang nennt man Lombardierung.

232. Aufgabe

– Ein nachlässiger Lagerhalter könnte bei Vorlage des Empfangsscheins ausliefern.
– Da er aber eine Sorgfaltspflicht gegenüber seinem Kunden hat, sollte er die Berechtigung des Abholers nachprüfen.
– Dies geschieht am besten durch einen Anruf beim Einlagerer.

233. Aufgabe

	Berechnung	Sätze in EUR	EUR	
Abholen/Zustellen				
Einlagern				
Lagern	41[1] x	1,90	77	90
Auslagern/Kommissionieren				
Summe netto				
Umsatzsteuer	19 %		14	80
Bitte überweisen Sie			92	70

[1] Die Lagergeldsätze gelten pro angefangene 100 kg und je angefangenem Kalendermonat. Das Lagergeld wird vom Bestand am Anfang des Monats = 4005 kg berechnet.

234. Aufgabe

	Berechnung	Sätze in EUR	EUR	
Abholen/Zustellen	2500 kg		70	00
Einlagern	25 x	2,20	55	00
Lagern	25 x[1]	1,90	47	50
Auslagern/Kommissionieren	25 x	2,80	70	00
Summe netto			242	50
Umsatzsteuer	19 %		46	08
Bitte überweisen Sie			288	58

[1] Das Lagergeld jeder Sendung wird sofort beim Einlagern berechnet. Lagerbestand jetzt 4005 kg + 2450 kg = 6455 kg

235. Aufgabe

	Berechnung	Sätze in EUR	EUR	
Abholen/Zustellen	2 000 kg		60	00
Einlagern	1			
Lagern	2			
Auslagern/Kommissionieren				
Summe netto			60	00
Umsatzsteuer	19 %		11	40
Bitte überweisen Sie			71	40

¹ Lagerbestand am 30. Juni = 4 255 kg + 1 750 kg = 6 005 kg
² Lagergeld für Juni ist bereits zum 1. Juni berechnet.

236. Aufgabe

Beispiel:
Lagerung in einem Block auf dem Hallenboden:
– Auf dem Hallenboden wird relativ viel Platz benötigt, weil die Paletten nicht stapelbar sind.
– Die Blocklagerung ist günstig, wenn der Paletteninhalt aller Paletten gleich ist, weil dann nicht umgesetzt werden muss. Nur dann sind alle Produkte jederzeit schnell erreichbar.
– eventuell Beschädigungsgefahr durch Transporte anderer Güter in der Halle
– Nur gut verpackte, verschlossene und gesicherte Paletten und Kartons sind sicher.

Lagerung im Palettenhochregallager:
– relativ sichere Lagerung
– Jede Palette ist jederzeit einzeln erreichbar und abrufbar.

Empfehlung für den Kunden:
– Entscheidend für eine Empfehlung ist, ob alle Paletten und Kartons mit gleichartigen oder verschiedenen Produkten bestückt sind. Bei verschiedenartigen Produkten, die zu unterschiedlichen Terminen abgerufen werden, ist Regallagerung zu empfehlen, sonst genügt – insbesondere bei unempfindlichen Gütern – Blocklagerung.

237. Aufgabe

– Die Kabefra als Spediteur haftet, wenn nicht Frachtführerrecht gilt, mit 5,00 EUR Bruttokilogramm. Dies entspricht auch der Haftung als Lagerhalter.
– Hinzu kommt für den Lagerhalter eine Haftung bei Inventurdifferenzen bis zu 25 000,00 EUR.
– Der Spediteur haftet für Schäden, die nicht Güterschäden sind (Vermögensschäden) bis zum Dreifachen des Betrags, der bei Verlust zu zahlen wäre, der Lagerhalter nur bis zu 5 000,00 EUR je Schadensfall.
– Die Höchsthaftung pro Schadensfall beträgt für den Spediteur 1 Mio EUR, für den Lagerhalter nur 5 000,00 EUR.
– Die Höchsthaftung je Schadensereignis ist im Speditions- und Lagergeschäft mit 2 Mio. EUR gleich.

238. Aufgabe

Nach § 475 HGB würde die Kabefra für alle in ihrer Obhut am Gut entstandenen Schäden in unbeschränkter Höhe haften, es sei denn, sie könnte beweisen, dass sie den Schaden auch durch die Sorgfalt eines ordentlichen Kaufmanns nicht abwenden konnte.
Ein Kilogramm des Gutes hat bereits einen Wert von 9,25 EUR. Ihm stehen aber Lagerentgelte von hier nur 3,90 bis 5,00 EUR pro Palette (= 250 kg!) entgegen. Es besteht ein krasses Missverhältnis zwischen Entgelten und Risiko. Der Vorschlag sollte unbedingt abgelehnt werden.

Lösungen und Lösungshinweise: Leistungserstellung – verkehrsträgerübergreifend

239. Aufgabe

Hinweis: Die Aufgabe enthält drei Fragestellungen, die nacheinander und miteinander in Beziehung gesetzt beantwortet werden müssen.

– Der Wert des Guts pro Kilogramm beträgt 9,25 EUR/kg, der Lagerhalter haftet höchstens bis zu 5,00 EUR/kg. In diesem Rahmen springt auch die Verkehrshaftungsversicherung des Lagerhalters ein.
– Der Lagerhalter haftet nicht für Feuer-, Einbruchdiebstahl-, Leitungswasser- und Sturmschäden. Will sich der Einlagerer dagegen schützen, muss er eine besondere Lagerversicherung abschließen.
– Ohne eine besondere Weisung ist der Lagerhalter nicht verpflichtet, im Namen des Kunden eine solche Versicherung abzuschließen.
– Als Lagerversicherung des Auftraggebers kommt eine Transportversicherung infrage, in der das stationäre Risiko als versichertes Risiko benannt ist. Nur dann übernimmt die Transportversicherung auch die Risiken der Dauerlagerung, da sie sonst nur Risiken beim Transport abdeckt.
– Bei einer Transportversicherung sind alle Gefahren gegen entsprechendes Entgelt versicherbar, auch Schäden aus Feuer, Einbruchdiebstahl, Leitungswasser und Sturm. Es kann auch ein Warenwert versichert werden, der über den Haftungsgrenzen des Lagerhalters liegt.

240. Aufgabe

Kunde	Palettenzahl			Bewertung	
	Eingänge	Ausgänge	Umsatz	Rangfolge	Kategorie
Konrad, Offenbach	15	14	29	12	
Großkurth, Ffm-Ost	122	110	232	6	
Selbmann, Hanau	72	61	133	8	
Bethge, Raunheim	28	25	53	11	
Anthes, Frankfurt-West	440	410	850	5	
Albert, Bockenheim	2 100	1 950	4 050	2	
Kasperzyk, Isenburg	410	490	900	4	
Leppert, Frankfurt	10	8	18	13	
Karmann, Langen	62	55	117	9	
Felbert, Ffm-Ost	3 600	3 210	6 810	1	
Zielke und Voss	480	440	920	3	
Zellekens, Frankfurt	85	81	166	7	
Ebenrath und Weise	43	38	81	10	
	7 467	6 892	14 359		

241. Aufgabe

Kunde	Palettenzahl			Bewertung	
	Eingänge	Ausgänge	Umsatz	Rangfolge	Kategorie
Konrad, Offenbach	15	14	29	12	C
Großkurth, Ffm-Ost	122	110	232	6	B
Selbmann, Hanau	72	61	133	8	C
Bethge, Raunheim	28	25	53	11	C
Anthes, Frankfurt-West	440	410	850	5	B
Albert, Bockenheim	2 100	1 950	4 050	2	A
Kasperzyk, Isenburg	410	490	900	4	B
Leppert, Frankfurt	10	8	18	13	C
Karmann, Langen	62	55	117	9	C
Felbert, Ffm-Ost	3 600	3 210	6 810	1	A
Zielke und Voss	480	440	920	3	B
Zellekens, Frankfurt	85	81	166	7	C
Ebenrath und Weise	43	38	81	10	C
	7 467	6 892	14 359		

Begründung:
Die Kunden werden entsprechend der Bedeutung für die Kabefra den Gruppen A, B, C zugeordnet. In diesem Beispiel ergibt sich folgende sinnvolle Gruppenzuordnung:
– Die wichtigsten Kunden (A-Kunden) erzielen Umsätze von über 4000 Paletten pro Jahr.
– C-Kunden sind Kleinkunden mit Umsätzen von unter 100 Paletten pro Jahr.
– Die B-Kunden erzielen Umsätze von ca. 100 bis unter 1 000 Paletten pro Jahr, wobei jeder Betrieb die Abgrenzung nach eigenen Maßstäben durchführen muss.

242. Aufgabe

10 860 Paletten von insgesamt 14 359 Paletten = 75,63 %

243. Aufgabe

Beispiel:
A-Kunden
– Sie sind die wichtigsten Kunden und müssen unbedingt mit der Arbeit der Kabefra zufrieden sein, denn wenn einer dieser Kunden abspringt, verliert die Kabefra einen großen Teil ihrer Umsätze.
– Deshalb sind laufende sorgfältige Überwachung der Auftragsdurchführung und der Kundenzufriedenheit sowie zusätzliche Maßnahmen der Kundenpflege erforderlich.

B-Kunden
– Um die Abhängigkeit von den A-Kunden zu verringern, sollten die Beziehungen zu den B-Kunden gepflegt und zusätzlich neue B-Kunden gewonnen werden (Akquisition, Werbung, Marketing).
– Die Leistungserstellung für die B-Kunden und ihre Kundenzufriedenheit sollten laufend überwacht werden.

C-Kunden
– Kleinkunden haben ein nur geringes Mengenaufkommen oder die Kabefra ist nur von Fall zu Fall für sie tätig.
– Es gefährdet nicht den Bestand der Kabefra, wenn ein solcher Kunde abspringt. Sie hat als Vertragspartner eine stärkere Stellung als bei den A-Kunden.
– Dennoch bemüht sie sich auch hier um Kundenzufriedenheit, weil ein Weiterempfehlen die beste Werbung ist und Kleinkunden sich zu größeren Kunden entwickeln können.

1.4 Logistische Dienstleistungen

244. Aufgabe

Für das Be- und Entladen ist der Absender verantwortlich. Da der Absender die Ware nicht selbst zum Lager bringt, ist es jedoch zweckmäßig, dass entweder der Frachtführer oder besser der Lagerhalter gegen Entgelt den Umschlag Lkw-Lager übernimmt.

---

245. Aufgabe

Bei einer Kopframpe kann ein Lkw nur von der Rückseite aus be- oder entladen werden. Das ist z.B. bei Sattelzügen mit Kofferaufbauten der Normalfall. Über eine Seitenrampe kann der Lkw auf der vollen Länge geladen werden. Dies kann erhebliche Zeitersparnisse bringen (Curtain-Sider).

---

246. Aufgabe

a) – Es müssen 1800 Kartons geladen werden.
b) – Die Kartons werden hochkant in 4 Schichten = 2,00 m Höhe gestapelt.
 – Die Innenbreite eines Laderaums von etwas mehr als 2,40 m kann am besten ausgenutzt werden, wenn 6 × der Kartonbreite (6 × 0,40 cm = 2,40 m) nach verladen wird. Es befinden sich 6 Stapel in jeder Reihe.
c) – Jede Reihe ist deshalb 2,40 m lang, 0,25 m breit, 2,00 m hoch und enthält 24 Kartons.
 – Für 1800 Kartons werden 75 Reihen benötigt (1800 Kartons : 24 Kartons = 75 Reihen)
 – Jede Reihe erfordert eine Ladelänge von 0,25 m, zusammen 75 × 0,25 m = 18,75 m.

---

247. Aufgabe

18 000 kg : 600 kg = 30 Stunden

---

248. Aufgabe

– Weil nur eine Kopframpe vorhanden ist, kann immer nur eine Ladeeinheit beladen werden. Wegen der sich daraus ergebenden extrem langen Ladezeit von 30 Stunden ist es unrationell, einen oder eventuell mehrere Sattel- oder Hängerzüge einzusetzen.
– Für eine Ladelänge von 18,75 m werden entweder drei Motorwagen benötigt, deren Ladelänge jeweils mindestens 6,25 m beträgt und die in der Regel 6–7 t aufnehmen können, oder drei Wechselkoffer alter Bauart, die eine Ladelänge von 7,15 m haben.
– Zu empfehlen ist die Lösung mit den Wechselkoffern, weil dann Fahrzeuge nicht unnötigerweise 30 Stunden blockiert werden. Der erste leere Wechselkoffer wird an der Rampe zum Beladen bereitgestellt und beim Abholen jeweils durch einen anderen leeren Wechselkoffer ersetzt. Es wären daher vier Lkw-Fahrten erforderlich.

---

249. Aufgabe

Die Kabefra wird Ladepersonal in den Betrieb schicken, welches die Kartons zunächst auf Euro-Paletten packt, damit die langen Lkw-Standzeiten vermieden werden. Die beladenen Paletten können dann durch Personal der Kabefra unter Einsatz eines mitgebrachten Gabelhubwagens in Lkws verladen und von dort relativ schnell über die Rampe der Kabefra ins Lager übernommen werden.

Lösungen und Lösungshinweise: Leistungserstellung – verkehrsträgerübergreifend

250. Aufgabe

– 1 800 Kartons : 36 Kartons = 50 Euro-Paletten müssen gestellt werden.

251. Aufgabe

– Jede Palette wiegt 385 kg (Kartons 360 kg, Palette 25 kg)
– Benötigt wird ein Sattelzug, der 33 Paletten aufnehmen kann und zusätzlich ein schwerer Motorwagen (bei 17 Paletten 6,6 t Nutzlast erforderlich; zusätzlich Gewicht und Platz für Gabelhubwagen) mit einer Ladelänge von ca. 7,82 m, der 17 Paletten und den Hubwagen befördern kann.

252. Aufgabe

50 Paletten : 15 Paletten = 3 1/3 Std. oder 3 Std. 20 Min. Hinzu kommt der Umschlag Lkw - Lager mit Gabelstapler: 50 Paletten : 20 Paletten = 2 1/2 Std., zusammen 5 Std. 50 Min, gerundet 6 Std. Die Vertragsbedingungen für den Güterkraftverkehrs-, Speditions- und Logistikunternehmer (VBGL) sehen, falls nichts anderes vereinbart ist, eine Ladezeit von maximal zwei Stunden für einen 40-t-Zug vor. Dieselben Zeiten werden für den Umschlag ins Lager benötigt. Diese Zeiten sind, wenn nicht wie hier andere Vereinbarungen getroffen wurden, gebührenfrei.

253. Aufgabe

Leistungen der Kabefra	Einzelpreis in EUR	Gesamtpreis in EUR
Antransport des Gabelhubwagens		45,00
30 Ladepersonalstunden für Palettenpacken (vgl. Aufgabe 4)	22,00	660,00
Bebändern von 50 Euro-Paletten	2,00	100,00
3 1/2 Std. Beladen der Lkws	22,00	55,00
desgleichen Umschlag Kabefra 2 1/2 Std.	22,00	55,00
3 1/2 und 2 1/2 Std. = 6 Std. Gabelhubwagen und Gabelstapler	5,00	30,00
Transportpreis zwei Lkws und Antransport der Paletten	300,00	900,00
Liefern von 50 gebrauchten Paletten	6,50	325,00
Summe netto		2 192,00

254. Aufgabe

Maßnahme (Beispiele)	Erzielbare Ersparnis am Beispiel dieser Sendung in EUR
Der Kunde lässt die verschlossenen Kartons direkt auf Euro-Paletten stauen; Verbesserung des innerbetrieblichen Transportablaufs.	660,00
innerbetrieblicher Transport der Paletten mit Gabelstapler oder Gabelhubwagen und ins Lager des Kunden; Verbesserung und Beschleunigung des innerbetrieblichen Transportablaufs	von Kabefra nicht kalkulierbar
Bebändern oder Verschweißen durch eigenes Personal mit eigenem Gerät bedeutet zusätzlichen Schutz der gelagerten Ware. nur vom Kunden kalkulierbar, aber Einsparung der Fremdkosten	100,00
Vermeidung des Antransports leerer Paletten in besonderem Lkw, Transport in leerer Wechselbrücke	300,00
Alternativ: Abstellen der beladenen Paletten nicht im Lager, sondern sofort in von der Kabefra bereitgestellten Wechselkoffern erspart einen Zwischentransport und volle Beladekosten.	77,00
Das Entgelt für Gabelstapler oder Gabelhubwagen 6 Stunden entfällt.	20,00
Summe der möglichen Ersparnis	1167,00
Kostenersparnis in % 2192,00 EUR = 100%; 1167,00 EUR = ?%	53,24%

255. Aufgabe

Beispiel:
- Lagerung in bereitgestelltem Wechselkoffer
- Abholen und Einlagern der Paletten bei der Kabefra täglich oder öfter nach Bedarf
- Abholen zu fest vereinbarten (garantierten) Terminen (Tageszeiten)
- dadurch starke Verminderung des Lagerplatzbedarfs beim Hersteller
- bei regelmäßigem Abholen größerer Mengen günstige Abholpreise der Kabefra
- Vereinbarung von Palettentausch

256. Aufgabe

Beispiel:
- Wareneingangskontrolle
- Einlagerung der abgeholten Ware in Palettenregalen
- falls erforderlich: Umpacken und Lagern in Fachbodenregalen
- Zusammenstellen von Waren zum Versand nach Lieferscheinen des Auftraggebers
- Verpacken, Bezetteln, Verschließen, Erstellen der Versandpapiere nach Lieferscheinen
- Organisation des Transports, Selbsteintritt oder Beschaffung der Frachtführer
- Beschaffung von Transport- und Lagerversicherungen
- Schnittstellenkontrolle bei Übergabe an Frachtführer
- Lagerbestandskontrolle und Lagerbuchführung,
- eventuell Bestandsmeldungen an Hersteller
- Auslieferung entsprechend Kundenwunsch nach FIFO, LIFO oder HIFO
- feste Zeitfenster für die Kommissionierung und die Übergabe zum Transport
- Zertifizierung des Betriebs nach DIN EN ISO-9001

257. Aufgabe

Verbrauchsfolgeverfahren:
- FIFO (First in – First out): Die zuerst eingelagerte Ware wird zuerst ausgelagert. Zweck: Es soll eine Überalterung von Teilen der Warenbestände verhindert werden.
- LIFO (Last in – First out): Die zuletzt eingelagerte Ware wird zuerst ausgelagert. Zweck: Es wird zum Beispiel die zuletzt und am teuersten eingekaufte Ware zuerst ausgelagert.
- HIFO (Highest in – First out): Die am teuersten eingekaufte Ware wird zuerst ausgelagert. Es soll verhindert werden, dass bei erwarteten Preissenkungen zu teure Waren im Lager verbleiben, die dann nicht mehr abgesetzt werden können.

258. Aufgabe

- „Logistik", ein Modewort, wird heute teilweise auf alle Tätigkeiten in Spedition, Transport und Lagerung verwendet, soweit sie irgendwie zusammenhängen.
- Die Zusammenarbeit zwischen Kunde und Spediteur/Lagerhalter in traditioneller Funktion kann bereits recht weit gehen, bevor man notwendigerweise von einer logistischen Kooperation sprechen muss, denn als Logistik sollte man die eigene Tätigkeit als Spediteur/Lagerhalter/Transporteur nur dann bezeichnen, wenn sie durch weitere Aufgaben für den Kunden erweitert wird, die nicht durch die traditionelle Rolle abgedeckt sind.
- Logistik bedeutet für unser Beispiel die Planung, Durchführung, Abrechnung und Kontrolle des Produktions- und Absatzverfahrens „from Order to Payment" = vom Kauf bis zur Zahlung der Ware.

259. Aufgabe

Beispiel:
Sie übernimmt und steuert den gesamten Warenfluss ihres Auftraggebers zu seinen Kunden in enger Abstimmung mit ihm, wobei Verkauf, Rechnungserteilung, Transport, Lagerung, Kommissionierung, Versand, Zahlung usw. als ein einheitlicher Vorgang betrachtet werden.
Die Kabefra und alle von ihr eingeschalteten Dienstleister sowie der Auftraggeber und der/die Empfänger werden Teil einer Informationskette. Das könnte für die Kabefra z. B. bedeuten:
- laufender Austausch von Daten zwischen ihr und ihrem Auftraggeber, in der Regel nur im Rahmen der DV möglich
- selbstständiges Abholen der Fertigprodukte nach Datenvorgabe des Auftraggebers (EDV)
- wenn nicht bereits beim Auftraggeber geschehen: erneute Erfassung der Sendungsdaten durch Barcode oder RFID (Radio-Frequenz-Identifikation), Abgleichung mit den bereits übermittelten Daten im System
- Lager- und Bestandsbuchführung, Meldung der Lagerbestände an den Auftraggeber per EDV, im Idealfall Lagerbestände durch Auftraggeber abrufbar, Veranlassen von Bestandsaufstockungen
- Lagerentnahme, Kommissionierung, Verpacken, Bezetteln/Bezeichnen nach Vorgaben des Auftraggebers oder direkt aufgrund von unmittelbaren Bestellungen seiner Kunden
- automatische Bereitstellung der Bestell-, Ausliefer- und Versanddaten an Auftraggeber
- ggf. Rechnungserstellung, Buchführung, Inkasso mit Zahlungsüberwachung und Forderungseinzug
- Bearbeiten von Kundenreklamationen
- Abrechnung und Controlling

260. Aufgabe

Der Kunde überträgt der Kabefra alle Vorgänge der Lagerung und des Versands der verkaufsfertigen Produkte und lagert damit einen Teil seiner betrieblichen Funktionen aus.

261. Aufgabe

Beispiel:
- Einsparung von Lagerraum und Einrichtungen für das Kommissionieren
- Bezetteln, Verpacken, Lagern vor dem Versand
- keine eigenen Lkws für Versand erforderlich, Aufgaben der Transportorganisation und -überwachung entfallen
- Eventuell können Abteilungen, die für Lagerung und Versand zuständig sind, geschlossen werden.
- Die outgesourcten Funktionen werden nun von Spezialisten ausgeführt.
- Dadurch treten Kostenersparnisse ein.

262. Aufgabe

ECR: Efficient Consumer Response bedeutet eine Lieferung aufgrund einer Kundenbestellung auszuführen, wobei im Idealfall nicht auf Lagerbestände zurückgegriffen wird, sondern die Kundenbestellung eine sofortige Produktion nach sich zieht (Just-in-time-Produktion und Lieferung).

Just-in-time: Die Abnehmer der Zuckschwert AG bestellen nur bei unmittelbarem Bedarf. Dieser muss bei einer Bestellung sofort gedeckt werden, sonst stoppt ihre Produktion oder ihr Verkauf. Die Kabefra als Logistiker ist an enge Zeitfenster gebunden und muss ihrem Auftraggeber sofortige, termingebundene, schnelle, zuverlässige (keine Störung des Waren- und Informationsstroms) und vor allem pünktliche Abwicklung garantieren.

263. Aufgabe

– Beim **Push-Verfahren** geht die Initiative des Liefervorgangs vom Hersteller eines Produkts – hier der Zuckschwert AG – aus. Er beauftragt die Kabefra, für ihn bestimmte Leistungen bei Transport, Lagerung, Kommissionierung, Verpackung usw. zu erfüllen. Die Kabefra wird in diesem Fall im Rahmen der Distributionslogistik (Absatz-, Verkaufslogistik) tätig.

– Beim **Pull-Verfahren** löst der Käufer der Zuckschwert AG den Logistikvorgang aus (ECR). Das kann einmal deshalb geschehen, weil die Zuckschwert AG ihre Distributionslogistik auf ECR eingestellt hat, oder auch, weil der Käufer (Handelskette, großer Industriebetrieb z.B. Autohersteller) seine Lieferanten, Vorlieferanten und Dienstleister in das System seiner Beschaffungslogistik mit ECR und Just-in-time-Produktion/-Lieferung integriert hat.

264. Aufgabe

Bedenken von Kunden der Spedition (Beispiele)	Bedenken der Spediteure selbst (Beispiele)
Ein fremder Betrieb erhält Einblick in das eigene Betriebsgeschehen.	Teure Investitionen in Logistikläger, Anlagen und ggf. Fahrzeuge binden viel Kapital.
Ein Spediteur verfügt über die Daten des Auftraggebers.	Abhängigkeit von logistischen Großkunden
Der Auftraggeber muss das EDV-System der Spedition übernehmen.	Die Steuerung der logistischen Wertschöpfungskette erfordert großes Können und birgt hohe Risiken.
Abstimmungsschwierigkeiten zwischen den Logistikpartnern belasten die Zusammenarbeit und verursachen hohe Risiken.	Abstimmungsschwierigkeiten zwischen den Logistikpartnern belasten die Zusammenarbeit und verursachen hohe Kosten.
Der Betrieb wird von seinem Spediteur als Logistiker abhängig.	Oft ist es nur schwer möglich, die eigene DV den unterschiedlichen Anforderungen verschiedener Auftraggeber anzupassen.
Frachtführer können nicht mehr frei ausgewählt werden.	

265. Aufgabe

Das Supply-Chain-Management verbindet mehrere Betriebe – z.B. Industriebetriebe mehrerer Produktionsstufen oder Handelsbetriebe mit ihren Lieferanten und Produzenten – zu einer Wertschöpfungskette, die optimiert werden soll. Da hierbei sehr stark in innerbetriebliche Produktionsprozesse eingegriffen wird, liegt die Führung der Supply-Chain meist in den Händen des stärksten Produzenten oder Handelsbetriebs, nicht der Spedition. Dies muss für den Spediteur/Lagerhalter kein Nachteil sein, erfordert von ihm aber eine starke Anpassung an die Forderungen der Auftraggeber und erhöht das Risiko von Fehlinvestitionen.

266. Aufgabe

Die ADSp gelten nach Ziffer 2.1 auch für speditionsübliche logistische Leistungen. Nach Anmerkung[2] des Textauszugs der ADSp ist das eng auszulegen. Ganz sicher sind Aus- und Umpacken, Neutralisieren, Kommissionieren speditionsübliche Tätigkeiten. Ist aber z. B. das Beseitigen von Produktionsfehlern, Aufbügeln, Knöpfe annähen, Etiketten einnähen nicht eher eine reine Produktionstätigkeit? Die ADSp lassen hier Unklarheiten.
Die Kabefra sollte deshalb keine Risiken eingehen und entweder mit der Textinex einen kompletten, neuen Logistikvertrag abschließen oder aber die in den ADSp unklar gebliebenen Punkte durch eine Zusatzvereinbarung abdecken.

---

267. Aufgabe

Dann gelten HGB und das Produkthaftungsgesetz.

---

268. Aufgabe

– Nach HGB § 347 haftet die Kabefra als Produktionsbetrieb unmittelbar für alle entstehenden Schäden, die durch die Verletzung ihrer Sorgfaltspflicht entstehen, in unbeschränkter Höhe: sowohl für Sachschäden als auch für Vermögensschäden (Imageschäden, Verspätungsschäden, Lieferausfall, Verkaufsausfall durch Kundenreklamationen usw.).
– Nach Produkthaftungsgesetz haftet sie eventuell noch zwei Jahre lang für Produktions- und von ihr nicht bemerkte Qualitätsmängel, weil sie selbst als Hersteller behandelt wird.

---

269. Aufgabe

Die VBGL, die insbesondere für Lkw-Speditionen und Güterkraftverkehrsbetriebe geschaffen wurden, beziehen ausdrücklich alle logistischen Dienstleistungen mit ein, die in einem Zusammenhang mit der Beförderung und Lagerung von Gütern stehen (§ 1 (1) Abschnitt 3), auch wenn sie nicht speditionsüblich sind. Stehen aber Produktionstätigkeiten – hier das Nacharbeiten von Herren- und Damenkonfektion oder in anderen Fällen die Montage von Lkws und Pkws – noch im Zusammenhang mit Beförderung und Lagerung? Auch nach den VBGL bleiben Unklarheiten, die durch besondere Vereinbarungen ausgeschlossen werden müssen. Die Kabefra als Spediteur wird deshalb bei den ADSp bleiben.

---

270. Aufgabe

– Die Haftung ist auf die Begrenzungen von ADSp und VBGL eingeschränkt, bei Transporten auf die Beschränkungen durch Gesetze und internationale Vereinbarungen.
– Es steht die Verkehrshaftungsversicherung zur Verfügung, welche die durch den Spediteur zu tragenden Schäden unter Berücksichtigung seiner Selbstbeteiligung übernimmt.

---

271. Aufgabe

– Versichert sind nach Ziffer 1.1 Verkehrsverträge (Fracht-, Speditions-, Lagerverträge) sowie nach Ziffer 1.2 die hierzu gehörenden Tätigkeiten, aber nach Ziffer 1.3 nicht Produktions-, werkvertragliche oder sonstige Leistungen, die über die primäre (= normale) Vertragspflicht des Spediteurs hinausgehen.
– Dazu gehören die meisten Logistikgeschäfte. Sie sind deshalb nicht versichert. Der Spediteur kann jedoch – gegen eine höhere, dem Risiko angepasste Prämie – bei seinem Versicherer auch diese Risiken abdecken.

---

272. Aufgabe

– Es ist nicht erforderlich, dass die Spediteure für jeden neuen Logistikvertrag einen neuen Vertragstext erarbeiten.
– Die Frage der Haftung und Haftungshöhe ist eindeutig und so geregelt, dass der Spediteur auch das im Verhältnis zu seinen relativ niedrigen Entgelten hohe Risiko tragen kann.
– Die eventuelle Haftung von Speditions- und Logistikbetrieben kann bei speziellen Verkehrshaftungsversicherungen abgedeckt werden.
– Die Regulierung von Logistikschäden ist nicht an die Zahlungsfähigkeit eines Spediteurs gebunden, sondern wird von einer Versicherung übernommen.

273. Aufgabe

90 Paletten

Anfangsbestand + Nachlieferungen − Auslieferungen = Endbestand
90 Paletten + 60 Paletten − 60 Paletten (3 Paletten, 20 Arbeitstage) = 90 Paletten

274. Aufgabe

90 Paletten

$$\frac{\text{Anfangsbestand} + 12 \text{ Monatsendbestände}}{13} = \frac{90 + (12 \times 90)}{13} = 90$$

275. Aufgabe

− Im Durchschnitt werden monatlich 60 Paletten ausgeliefert, wobei um den 26. herum eine Nachlieferung erfolgt. Ein durchschnittlicher Lagerbestand von 90 Paletten reicht aus.
− Das Vorsichtsprinzip erfordert, Liefer- und Produktionsrisiken so weit wie möglich auszuschalten. Bei einem monatlichen Anfangsbestand von 90 Paletten ist die Auslieferung auch ohne Wiederauffüllen des Lagers 1 1/2 Monate gewährleistet.

276. Aufgabe

50 Tage

$$\frac{\text{Lagerbestand (in Paletten)} + \text{erwartete Nachlieferungen für März}}{\text{Lagerabgang pro Tag}} = \frac{90 + 60}{3} = 50{,}0$$

Die Zahl 50 bedeutet eine Lieferbereitschaft von 50 Tagen. Bei 20 Arbeitstagen pro Monat bedeutet dies 2 1/2 Monate.

277. Aufgabe

− Mit dem vorhandenen monatlichen Anfangsbestand und den für den Monat jeweils zugesagten Nachlieferungen ist die Kabefra bei normalem Verkaufsverlauf für 50 Tage = 2 1/2 Monate kommissionier- und lieferbereit.
− Die Kennziffer spielt ferner eine wichtige Rolle bei der Planung der Produktion und der Wiederauffüllung des Lagers. Sie zeigt an, wie viel Zeit hierfür unter Berücksichtigung der Transport- und Abfertigungsvorgänge höchstens zur Verfügung steht, wenn die Lieferbereitschaft immer gewährleistet sein soll.

Zusatzinformation:
In einem Beschaffungslager bei der Planung von Einkäufen zeigt die Kennziffer an, wie viel Zeit höchstens noch für die Neubestellung und das Abwarten der Belieferung zur Verfügung steht.

278. Aufgabe

− Der monatliche Anfangsbestand geteilt durch die Abgänge pro Tag zeigt die Lieferbereitschaft bei sofortigem Ausfall von Produktion bzw. Nachlieferung an.
− Ab Monatsanfang ist der Kunde noch 30 Tage − bei 20 Arbeitstagen im Monat = 1 1/2 Monate − lieferbereit, was ausreichend sein kann.
− Eine geringere Lieferbereitschaft vermindert auch die Lagerkosten des Kunden.
− Die Entscheidung, wie hoch die Lieferbereitschaft sein soll, trifft letztlich der Kunde, nicht die Kabefra als Dienstleister.

1.5 Gefahrgut

279. Aufgabe

Beispiel:

1	zwei orangefarbene Warntafeln
2	einen oder mehrere Feuerlöscher mit einem Fassungsvermögen von zusammen 12 kg Pulver oder mehr
3	mindestens ein Unterlegkeil je Fahrzeug
4	zwei selbststehende Warnzeichen/Warnblinkleuchten
5	Warnweste oder Warnkleidung für jedes Fahrzeugmitglied
6	Schaufel
7	Auffangbehälter/Abdeckfolie
8	Atemschutz für den Fahrer
9	Gefahrgutkoffer mit Schutzkleidung, Augenspülflasche usw.

280. Aufgabe

Beispiel:
- Lichtbildausweis (Personalausweis, wo vorgeschrieben Pass)
- Gefahrgutführerschein (ADR-Bescheinigung)
- Zulassungsbescheinigung (für Fahrzeug bei bestimmten gefährlichen Gütern)
- CMR-Frachtbrief mit genauer Gefahrgutbezeichnung des Guts
- Gefahrgutbezettelung
- schriftliche Weisungen (Gefahrgutmerkblätter)

281. Aufgabe

- Die Bescheinigung über die Gefahrgutschulung gilt fünf Jahre. Werner Lutz darf daher die Fahrt durchführen.
- Innerhalb des letzten Jahres vor Ablauf der Bescheinigung muss er aber einen Auffrischungskurs besuchen. Der Disponent oder besser der Gefahrgutbeauftragte der Kabefra sollte ihn unverzüglich hierzu anmelden.

282. Aufgabe

Papiere/Unterlagen:
CMR-Frachtbrief: Es ist Aufgabe des Absenders, die Güter im Frachtbrief entsprechend den Gefahrgutvorschriften richtig zu bezeichnen und zu klassifizieren sowie die erforderlichen Gefahrgutmerkblätter (= schriftliche Weisungen) in der erforderlichen Anzahl mitzugeben und sie gefahrgutgerecht zu bezetteln.
Soll die Kabefra die Papiere selbst erstellen?
- Der Absender haftet für eine falsche Bezeichnung von Gefahrgütern und die daraus entstehenden Gefahren.
- Da die Expedienten der Kabefra weder den genauen Inhalt der Sendung noch die Beschaffenheit des Gutes kennen oder überprüfen können, sollten sie nicht die Risiken des Absenders übernehmen.
- Daher wird die Kabefra Gefahrgutsendungen niemals selbst klassifizieren, in den Papieren bezeichnen oder im Frachtbrief als Absender auftreten.

283. Aufgabe

Die Weisungen sind in einer oder mehreren Sprachen bereit zu stellen, die jedes Mitgliedsland und die beteiligten Fahrer lesen und verstehen können. Für die Fahrt nach Smolensk am besten in Deutsch, Polnisch, Russisch und Lettisch.

284. Aufgabe

1. Blatt: Tarifkontrolle	2. Blatt: Absender	3. Blatt: Empfänger	4. Blatt: Frachtführer

1 Absender (Name, Anschrift, Land)
a

INTERNATIONALER FRACHTBRIEF
LETTRE DE VOITURE INTERNATIONAL

Diese Beförderung unterliegt trotz einer gegenteiligen Abmachung den Bestimmungen des Übereinkommens über den Beförderungsvertrag im internat. Straßengüterverkehr (CMR).

Ce transport est soumis, nonobstant toute clause contraire, à la Convention relative au contrat de transport international de marchandises par route (CMR).

2 Empfänger (Name, Anschrift, Land)

16 Frachtführer (Name, Anschrift, Land)

(CMR)

3 Auslieferungsort des Gutes — Ort / Land / Datum

17 Nachfolgende Frachtführer (Name, Anschrift, Land)

4 Ort und Tag der Übernahme des Gutes — Ort / Land / Datum

18 Vorbehalte und Bemerkungen der Frachtführer

5 Beigefügte Dokumente

6 Kennzeichen und Nummern	7 Anzahl der Packstücke	8 Art der Verpackung	9 Bezeichnung des Gutes	10 Statistiknummer	11 Bruttogewicht in kg	12 Umfang in m³
D- FRA-Loss	25	Europaletten	Kartons in Folie		23.500,—	
(15)			verschweißt			
UN 1133 Klebstoffe mit entzündbarem flüssigen Stoff, §, VG III						

Klasse   Ziffer   Buchstabe   (ADR)

13 Anweisungen des Absenders (Zoll- und sonstige amtliche Behandlung)

19 zu zahlen vom	Absender	Währung	Empfänger
Fracht			
Ermäßigungen			
Zwischensumme			
Zuschläge			
Nebengebühren			
Sonstiges			
Zu zahlende Gesamtsumme			

14 Rückerstattung

15 Frachtzahlungsanweisungen — Frei / Unfrei

20 Besondere Vereinbarungen

21 Ausgefertigt in ___ am ___ 20

24 Gut empfangen — Datum ___ am ___ 20

22   **23**

Unterschrift und Stempel des Absenders   Unterschrift und Stempel des Frachtführers   Unterschrift und Stempel des Empfängers

25 Angaben zur Ermittlung der Tarifentfernung			28 Berechnung des Beförderungsentgelts					
von	bis	km	frachtpfl. Gewicht kg	Tarifstelle: Sonderabmachung	Güterarten	Währung	Frachtsatz	Beförderungsentgelt

26 Vertragspartner des Frachtführers ist – kein – Hilfsgewerbetreibender im Sinne des anzuwendenden Tarifs.

27	Amtl. Kennzeichen	Nutzlast in kg						
Kfz								
Anhänger							Summe	
Benutzte Gen.-Nr.			☐ National	☐ Bilateral	☐ EG	☐ CEMT		

Lösungshinweis:

In das Beförderungspapier müssen der Reihenfolge nach eingetragen werden: a) die Bezeichnung UN und die UN-Nummer, b) die Bezeichnung des Guts nach ADR (vgl. Tabelle A der ADR), c) Für Stoffe der Klasse 1 (hier nicht der Fall) den Klassifizierungscode nach Sp. (3b) und, wenn keine Gefahrzettel nach Klasse 1, sondern einer anderen Klasse vorgeschrieben sind, in Klammern die Nummer dieser Klasse; bei Stoffen aller anderen Gefahrgutklassen ist diese aus Sp. (3a) zu übernehmen und einzutragen. d) Ggf. die Verpackungsgruppe; oft wird ihr zur leichteren Erkennbarkeit ein „VG" vorangestellt.

Lösungen und Lösungshinweise: Leistungserstellung – verkehrsträgerübergreifend

285. Aufgabe

– die Anzahl und die Beschreibung der Versandstücke
– die Gesamtmenge des gefährlichen Guts mit unterschiedlichen UN-Nummern, unterschiedlicher Benennung oder unterschiedlicher Verpackungsgruppe
– den Namen und die Anschrift des Absenders
– den Namen und die Anschrift des Empfängers

286. Aufgabe

Der Absender wird als der besonders Verantwortliche gekennzeichnet, der für die Schäden haftet, die daraus entstanden sind, dass beim Versand die erforderlichen Bestimmungen der Gefahrgutvorschriften nicht beachtet wurden. Deshalb ist er verpflichtet, die Sendung nach ADR richtig bezeichnet und bezettelt zur Beförderung zu übergeben und die erforderlichen Informationen bereitzustellen.

Hierzu gehören z. B.:
– die richtige Klassifizierung
– die Prüfung, ob die Güter überhaupt zur Beförderung zugelassen sind
– das richtige Ausfüllen des Frachtbriefs
– das Bereitstellen der erforderlichen Begleitpapiere, Gefahrgutmerkblätter, Informationen
– der ausschließliche Einsatz von zugelassenen Verpackungen
– das Beachten der Einschränkungen über Versandarten und -beschränkungen

287. Aufgabe

Beispiel:
– Er darf die Annahme des Guts nicht ohne zwingenden Grund verzögern.
– Er muss beim Entladen prüfen, ob die Gefahrgutvorschriften eingehalten werden.
– Er hat für das ggf. erforderliche Reinigen und Entgiften der Lade- und Beförderungsmittel zu sorgen.
– Er muss alte Gefahrgutbezettelungen entfernen.

288. Aufgabe

– Die Kabefra prüft anhand der vorgelegten Beförderungs- und Begleitpapiere, ob die vom Absender erteilten Informationen vollständig sind.
– Anhand der Papiere prüft sie, ob die Beförderung nach ADR zulässig ist bzw. welche Bestimmungen eingehalten werden müssen.
– Anhand der Papiere und Unterlagen stellt sie sicher, dass dem Lkw-Fahrer die für die jeweilige Gefahrgutbeförderung vorgeschriebenen Papiere und Unterlagen (insbesondere Frachtbrief und Gefahrgutmerkblätter) mitgegeben werden.
– Anhand der schriftlichen Weisungen (Gefahrgutmerkblätter) überprüft sie, ob das Fahrzeug die erforderliche Gefahrgutausrüstung besitzt.
– Sie nimmt eine Sichtprüfung der Ladung und des beladenen Fahrzeug vor und prüft dabei: Mängel am Fahrzeugs oder der Ladung, beförderungs- und betriebssichere Beladung, Überladung.
– Überprüfung, ob an den Versandstücken und dem Lkw die erforderlichen Bezettelungen, beim Lkw ggf. Warntafeln, angebracht sind

289. Aufgabe

Gefahrzettel nach Klasse 3 (Symbol schwarze oder weiße Flamme auf rotem Grund mit der Klassenbezeichnung 3 in der unteren Ecke)

Begründung:
– Dies ist in der Tabelle A so vorgeschrieben.
– Es handelt sich um einen entzündbaren flüssigen Stoff.

290. Aufgabe

der Leiter des Unternehmens oder der von ihm beauftragte Sicherheitsberater (= Gefahrgutbeauftragter)

291. Aufgabe

– Jedes Unternehmen, das gefährliche Güter befördert oder lagert, muss einen Sicherheitsberater ernennen.
– Handelt es sich um ein größeres Unternehmen mit mehreren Niederlassungen benötigt es, je einen Gefahrgutbeauftragten für jede Niederlassung.
– Gefahrgutbeauftragter kann der Unternehmer oder ein von ihm bestellter Angestellter sein.
– Der Gefahrgutbeauftragte muss den sogenannten Gefahrgutführerschein für die Straße besitzen und zusätzlich eine Schulung durchlaufen, die mit einer Prüfung zum Gefahrgutbeauftragten abschließt.
– Das Prüfungszeugnis gilt fünf Jahre und wird nach Bestehen eines Tests um weitere fünf Jahre verlängert.
– Der Gefahrgutbeauftragte arbeitet in seinem Arbeitsgebiet weitgehend selbstständig, ist aber an die Weisungen der Firmenleitung gebunden (manchmal Interessenkonflikte!).

---

292. Aufgabe

– Beratung des Unternehmens über die Einhaltung der gefahrgutrechtlichen Bestimmungen, die beim Kauf und der Unterhaltung von Beförderungs- und Lademitteln zu beachten sind
– (Organisation der) Schulung und Überwachung des Personals
– Aufklärungs- und Fortbildungsmaßnahmen für das Personal
– Führung eines Nachweises über die durchgeführten Überwachungs-, Schulungs- und Fortbildungsmaßnahmen
– Vermerke von Fortbildungen und Schulungen der Mitarbeiter in den Personalakten
– Sofortmaßnahmen bei Unfällen oder Zwischenfällen, Meldepflichten an das Unternehmen und Behörden
– Maßnahmen zur Verhütung von Gefahrgutunfällen
– Ansprechpartner der Firmenleitung und der Mitarbeiter in Gefahrgutfragen
– Aufstellen eines Sicherungsplans

---

293. Aufgabe

Wenn dieser Klebstoff in einem Kanister oder einzelnen Kilogrammdosen verpackt mit anderen Gütern zusammen befördert wird, dann dürfen entweder je Innenverpackung oder insgesamt je Versandstück nicht mehr als 5 l Klebstoff befördert werden. Bedingung ist allerdings, dass jedes Versandstück mit der UN-Nummer des Gefahrguts bezeichnet ist. Die ganze Sendung gilt nicht als Gefahrgut.

---

294. Aufgabe

Gesetz über die Beförderung gefährlicher Güter (GGBefG):
Rahmengesetz für alle deutschen Gefahrguttransporte; gilt für alle Verkehrsträger, Rechtsgrundlage für die Überführung internationaler oder europäischer Regelungen in deutsches Recht, deutsche Besonderheiten
Europäisches Übereinkommen über die internationale Beförderung von Gütern auf der Straße (ADR):
Vorschriften der Klassifizierung, Verpackung, Kennzeichnung, Dokumentation, Aufgaben der am Transport Beteiligten
Verordnung über die innerstaatliche und grenzüberschreitende Beförderung gefährlicher Güter auf der Straße, mit Eisenbahnen und auf Binnengewässern (GGVSEB):
nationale Gefahrgutverordnung Straße, Eisenbahn und Binnenschifffahrt, Regelung der Zuständigkeiten, Pflichten und Ordnungswidrigkeiten

---

295. Aufgabe

Gesetz über die Beförderung gefährlicher Güter (GGBefG):
Rahmengesetz für alle deutschen Gefahrguttransporte; gilt für alle Verkehrsträger, Rechtsgrundlage für die Überführung internationaler oder europäischer Regelungen in deutsches Recht, deutsche Besonderheiten
Ordnung über die internationale Eisenbahnbeförderung gefährlicher Güter (RID):
entspricht dem ADR, enthält ebenfalls Vorschriften über Verpackung, Kennzeichnung, Dokumentation, Aufgaben der am Transport Beteiligten
Verordnung über die innerstaatliche und grenzüberschreitende Beförderung gefährlicher Güter auf der Straße, mit Eisenbahnen und auf Binnengewässern (GGVSEB):
nationale Gefahrgutverordnung Straße, Eisenbahn und Binnenschifffahrt, Regelung der Zuständigkeiten, Pflichten und Ordnungswidrigkeiten

296. Aufgabe

Gesetz über die Beförderung gefährlicher Güter (GGBefG):
Rahmengesetz für alle deutschen Gefahrguttransporte; gilt für alle Verkehrsträger, Rechtsgrundlage für die Überführung internationaler oder europäischer Regelungen in deutsches Recht, deutsche Besonderheiten

Der Internationale Code für die Beförderung gefährlicher Güter mit Seeschiffen (IMDG-Code):
Basisregelwerk des Seeverkehrs; entspricht in seiner Bedeutung dem ADR oder der RID

Verordnung über die Beförderung gefährlicher Güter mit Seeschiffen (GGVSee):
Basis für die Umsetzung des IMDG-Codes in deutsches Recht, Regelung der Zuständigkeiten, Pflichten, Ordnungswidrigkeiten

---

297. Aufgabe

Gesetz über die Beförderung gefährlicher Güter (GGBefG):
Rahmengesetz für alle deutschen Gefahrguttransporte; gilt für alle Verkehrsträger, Rechtsgrundlage für die Überführung internationaler oder europäischer Regelungen in deutsches Recht, deutsche Besonderheiten

Verordnung über die Beförderung gefährlicher Güter auf dem Rhein (ADNR):
entspricht in ihrer Bedeutung den ADR, dem RID oder dem IMDG-Code, zusätzlich Stauvorschriften, Geltungsbereich durch Verordnung auf alle deutschen Wasserstraßen erweitert

Verordnung über die Beförderung gefährlicher Güter auf Binnengewässern:
Umsetzung der ADNR in deutsches Recht, Regelungen der Zuständigkeiten, Pflichten und Ordnungswidrigkeiten

---

298. Aufgabe

Es handelt sich um Gefahrgut, das nicht ausreichend bezeichnet ist. Ferner fehlt die Shipper's Declaration.

---

299. Aufgabe

– Ja, seit 01.01.2005 ist dies erlaubt.
– Voraussetzungen: Die Kabefra arbeitet im Auftrag des Versenders, übernimmt die Verantwortung für die Vorbereitung der Sendung und das Personal der Kabefra verfügt über die Qualifikationen.
– Da das Risiko (damit auch die Haftung) für die falsche Bezeichnung und Abfertigung des Guts die Kabefra zu tragen hätte, ist ein solches Verfahren im Normalfall nicht sinnvoll.

---

300. Aufgabe

– UN 1715 Essigsäureanhydrid, 8 (3), II
– Essigsäureanhydrid, 8 (3), UN 1715, II

Lösungshinweis:

Die Vorschriften für die Bezeichnung des Guts entsprechen denen der ADR:

a) Normalfall mit dieser Reihenfolge: die beiden Buchstaben UN, dann die UN-Nummer, die genaue Bezeichnung des Gefahrguts, die Gefahrgutklasse, dann in Klammer die Nebengefahr(en) und zuletzt die Verpackungsgruppe, oder

b) die genaue Bezeichnung des Guts mit Gefahrgutklasse und Nebengefahr in Klammern, dann die Buchstaben UN und die UN-Nummer, schließlich die Verpackungsgruppe

2 Leistungserstellung in Spedition und Logistik – verkehrsträgerspezifisch

2.1 Lkw-Verkehr

301. Aufgabe

Die Basis jeder Preisermittlung ist immer der Marktpreis. Liegt das Angebot des Unternehmens über dieser Grenze, so geht es das Risiko ein, den Auftrag nicht zu erhalten.

Der Preis ist meist die wichtigste Größe im Standardangebot. Höhere Preise können nur erzielt werden, wenn eine höhere Transport- und Leistungsqualität als marktüblich gefordert und angeboten wird: z. B. Sicherheit, besondere Pünktlichkeit oder Termintreue, temperierte Güter, erforderliche Spezialausrüstung des Lkw (Länge, Kühlzonen, Befestigungsarten usw.).

Höhere Leistungen des Lkw-Betriebs und damit höhere Kosten lohnen sich nur dann, wenn damit ein auskömmlicher Preis erzielt werden kann.

Die Preiskalkulation dient in erster Linie der Ermittlung der unteren Preisgrenze, zu der der Lkw-Unternehmer noch bereit ist, den Transport durchzuführen. Ausschließlich kostenkalkulierte Preise werden nur dann verwendet, wenn keine Marktpreise vorliegen.

302. Aufgabe

833,33 km

Lösungshinweis:

200 000 km : 240 Arbeitstage = 833,33 km/Arbeitstag

303. Aufgabe

30 % des Lkw-Werts werden zeitabhängig, 70 % in Abhängigkeit von den gefahrenen Kilometern abgeschrieben, denn bei der hohen täglichen Fahrleistung dieses Lastzugs wird die Fahrzeugkombination hauptsächlich durch die Fahrleistung und weniger durch das zeitliche Veralten entwertet. Die Entscheidung über die Abschreibungsprozentsätze trifft die Unternehmensleitung.

304. Aufgabe

Es ist nicht der Listenpreis zu nehmen, sondern der niedrigere wirkliche Anschaffungspreis. Er ist um den Ersatzpreis der Reifen zu vermindern, weil die Reifenabnutzung wegen der im Vergleich zum Lkw oder dem Hänger geringeren Lebensdauer getrennt verrechnet wird. Der Basiswert für die Abschreibung beträgt 107 591,00 EUR − 2 914,00 EUR = 104 677,00 EUR.

305. Aufgabe

6,11 EUR

Lösungshinweise:

– 70 % von 104 677,00 EUR werden kilometer-/leistungsabhängig abgeschrieben = 73 273,90 EUR.
– Der Lkw wird 72 Monate oder sechs Jahre genutzt und legt in dieser Zeit 1 200 000 km zurück.
– Die Abschreibung pro 100 km beträgt deshalb 73 273,90 EUR : 1 200 000 km × 100 km = 6,11 EUR.

306. Aufgabe

27,20 EUR

Lösungshinweis:

34 l/100 km: 34 × 0,80 EUR = 27,20 EUR

307. Aufgabe

0,82 EUR

Lösungshinweis:

3% von 27,20 EUR = 0,82 EUR

---

308. Aufgabe

2,01 EUR

Lösungshinweis:

Reifenpreis 2914,00 EUR : 145000 km Laufleistung × 100 km = 2,01 EUR

---

309. Aufgabe

46,37 EUR

---

310. Aufgabe

Summe der variablen Kosten pro 100 km = 2,65 EUR

Lösungshinweis:

– keine Leistungsabschreibungen, Kraftstoffkosten und Schmierstoffkosten,
  Reifenkosten von 1,35 EUR (1841,00 EUR : 136000 km × 100 km = 1,35 EUR)
– Summe der variablen Kosten: 1,35 EUR + 1,30 EUR = 2,65 EUR

---

311. Aufgabe

5233,85 EUR

Lösungshinweis:

– Anschaffungspreis ohne Reifen, davon 30% verteilt auf sechs Jahre:
  30% von 104677,00 EUR = 31403,10 EUR : 6 = 5233,85 EUR
– Die Kosten sind nicht von der Fahrleistung, sondern nur von der Zeit abhängig und deshalb fix.

---

312. Aufgabe

4303,64 EUR

Lösungshinweis:

– Wenn der Lkw mit Fremdkapital finanziert wird, sind Fremdkapitalzinsen zu verrechnen.
– Wurde mit Eigenkapital finanziert, so hätte dies statt im eigenen Betrieb auch anderweitig erfolgreich eingesetzt
  werden können. Der so entgangene Zinsgewinn ist als kalkulatorischer Zins zu verrechnen.
– Für die Kostenkalkulation wird hier (kalkulatorisch) mit einem einheitlichen Zins von 8% (Zeile 11) für Eigen- und/
  oder Fremdkapital gerechnet.
– Basiswert ist der Anschaffungspreis einschließlich der Reifen.
– Da in jedem Jahr der Wert des Lkw durch Abschreibungen sinkt, ist mit jedem Jahr weniger Kapital gebunden,
  im Durchschnitt die Hälfte des Anschaffungspreises von 107591,00 EUR = 53795,50 EUR.
– 8% von 53795,50 EUR = 4303,64 EUR

---

313. Aufgabe

Summe der Zeilen 25–30 = 17257,49 EUR

314. Aufgabe

- **Zeitabschreibung 2 815,90 EUR:**
 30 000,00 EUR − Reifenpreis von 1 841,00 EUR = 28 159,00 EUR,
 10 Jahre Nutzungsdauer, deshalb 28 159,00 EUR : 10 = 2 815,90 EUR pro Jahr
- **kalkulatorischer Zins 1 200,00 EUR:**
 30 000,00 EUR (einschl. der Reifen!) : 2 = 15 000,00 EUR = durchschnittlich gebundenes Kapital, davon 8 % = 1 200,00 EUR
- **Summe der Fixkosten** (Zeilen 25–30) = 5 104,90 EUR

---

315. Aufgabe

– Motorwagen: 71,91 EUR (Summe der Fixkosten 17 257,49 EUR : 240 Einsatztage)
– Hänger: 21,27 EUR (Summe der Fixkosten 5 304,90 EUR : 240 Einsatztage)

---

316. Aufgabe

Motorwagen: 109 997,49 EUR, Hänger: 10 404,90 EUR

Lösungshinweis:

Motorwagen:	variable Kosten pro 100 km = 46,37 EUR, pro 200 000 km =	92 740,00 EUR
	fixe Kosten pro Jahr =	17 257,49 EUR
	gesamt =	109 997,49 EUR
Hänger:	variable Kosten pro 100 km = 2,65 EUR, pro 200 000 km =	5 300,00 EUR
	fixe Kosten pro Jahr =	5 104,90 EUR
	gesamt =	10 404,90 EUR

---

317. Aufgabe

Motorwagen: 458,32 EUR, Hänger: 43,35 EUR

Lösungshinweis:

Summe der jährlichen Gesamtkosten jeweils von Motorwagen und Hänger geteilt durch 240 Arbeitstage:
– **Motorwagen:** jährliche variable Kosten bei 200 000 km Laufleistung: 46,37 EUR : 100 km × 200 000 km
– **Hänger:** jährliche variable Kosten bei 200 000 km Laufleistung: 2,65 EUR : 100 km × 200 000 km

Lösungen zu den Aufgaben 301–317

Fahrzeugkalkulation eines Hängerzuges in EUR		
Fahrzeugdaten		
01 Fahrzeugart	Motorwagen	Hänger
02 zul. Gesamtzuggewicht	40 000 kg	
03 Leistung in kW/PS/Hubraum	315/430/121	
04 Motorart	Turbodiesel	
05 Reifenzahl	6 × 12/R 22,5	6 × 385/65 R 22,5
Berechnungsbasis		
06 Listenpreis netto	135 000,00	35 000,00
07 Anschaffungspreis netto	107 591,00	30 000,00
08 Ersatzpreis Reifen	2 914,00	1 841,00
09 Kalkul. Kraftstoffverbr./100 km	341	0,00
10 Kraftstoffpreis	0,80 EUR	0,00
11 Kalkulatorischer Zins	8,0 %	8,0 %
12 Zeit-/Leistungsabschreibung	30/70	100/0
13 Einsatztage im Jahr	240	240
14 Auslastung %	100	100
15 Nutzungsdauer in Monaten	72	120
16 Jahreslaufleistung km/Jahr	200 000	200 000
17 Reifenlaufleistung in km	145 000	136 000
18 Wartungs-/Reparaturkosten	8 500,00	2 600,00
Variable Kosten EUR/100 km		
19 Leistungsabschreibung	6,11	0,00
20 Kraftstoffkosten	27,20	0,00
21 Schmierstoffkosten	0,82	0,00
22 Reifenkosten	2,01	1,35
23 Wartungs-/Reparaturkost.	10,23	1,30
24 Summe variable Kosten	46,37	2,65
Fixkosten EUR/Jahr		
25 Zeitabschreibung	5 233,85	2 815,90
26 Kalkulatorischer Zins	4 303,64	1 200,00
27 Kfz-Steuer	665,00	650,00
28 Haftpflichtversicherung	3 900,00	49,00
29 Kaskoversicherung	1 835,00	390,00
30 Sonstige Kosten	1 320,00	0,00
31 Summe Fixkosten	17 257,49	5 104,90
Auswertung		
32 Fixkosten in EUR/Tag	71,91	21,27
33 Gesamtkosten/Jahr	109 997,49	10 404,90
35 Gesamtkosten/Tag	458,32	43,35

Nach Nutzfahrzeuge-Katalog 04/05, Vogel-Verlag, 2005

318. Aufgabe

Bei geringerer Kilometerleistung als 200 000 km fallen weniger, bei höherer Kilometerleistung mehr variable Kosten an und die errechneten „Kostenpreise" stimmen nicht mehr. Ferner verteilen sich die Fixkosten auf mehr oder weniger gefahrene Kilometer. Eine „richtige" Kostenkalkulation ist daher nur bei einem Einsatz des Zugs von genau 200 000 km möglich. Da die Kosten einer Tour von ihrer Dauer und den jeweiligen gefahrenen Kilometern unmittelbar abhängen, sollte mit fixen Kosten pro Zeitabschnitt (Tag, halber Tag) und den jeweiligen variablen Kosten der entsprechenden Fahrleistung gearbeitet werden. Auch das Rechnen mit Fixkosten pro Stunde führt dann zu falschen Ergebnissen, wenn dabei die Stunden des Nichteinsatzes unberücksichtigt bleiben.

319. Aufgabe

93,18 EUR

Lösungshinweis:

Motorwagen 71,91 EUR + Hänger 21,27 EUR
Diese Kosten entstehen täglich auch dann, wenn der Zug nicht eingesetzt wird. Verständlich wird hier der Begriff Fixkosten: Fixkosten sind von der Zeit abhängig und in ihrer Höhe unabhängig von der Fahrleistung.
Wichtig ist aber auch folgender Zusammenhang: Liegt am Tag nur ein Auftrag mit einer Fahrleistung von 100 km vor, so hätte er die vollen Fixkosten von 93,18 EUR (pro Kilometer 9,32 EUR) zu tragen. Werden jedoch 1 000 km zurückgelegt, so fallen die gleichen Fixkosten an. Umgerechnet auf einen gefahrenen Kilometer sind das nur 1/10 oder 0,93 EUR. In der Betriebswirtschaftslehre spricht man von Kostendegression durch Massenproduktion.

320. Aufgabe

Lohnkosten:	sind Fixkosten, wenn es sich um Einsätze in der Regelarbeitszeit handelt, und variable Kosten, wenn sie z. B. für Überstunden anfallen. Wenn eine korrekte Abgrenzung zwischen Fixkosten und variablen Kosten gewünscht wird, ist es zweckmäßig, die Lohnkosten nicht in die Fuhrparkkosten einzubeziehen, sondern gesondert zu kalkulieren.
Straßenmaut:	ist in derDeutschland abhängig von den auf den Autobahnen gefahrenen Kilometern. Daher handelt es sich um variable Kosten.
Straßenbenutzungsgebühren:	werden noch in den meisten Ländern der EU erhoben und beziehen sich auf einen Zeitraum von einem Jahr, einem Monat oder einer Woche. Sie sind nicht kilometerabhängig und daher Fixkosten.
Anteilige Abteilungskosten und Verwaltungskosten des Betriebs:	– sind in der Regel zeitabhängig und können dem einzelnen gefahrenen Kilometer nicht zugerechnet werden. Es handelt sich daher um fixe Kosten.
Gewinnaufschlag:	– Es handelt sich nicht um Kosten. Gewinne müssen jedoch erzielt werden, um zum Beispiel Risiken abzudecken oder bei den meisten Unternehmensformen den Lebensunterhalt des Unternehmers zu bestreiten. Kalkulationsaufschläge für Gewinne werden als fix behandelt, da sie nicht kilometerabhängig sind.

321. Aufgabe

- Die Einsatzzeit des Fahrzeugs beträgt 10 Std. 45 Min. (Zeit, in der das Fahrzeug nicht anderweitig genutzt werden kann: von 03:00 bis 13:45 Uhr).
- Die Gesamtarbeitszeit des Fahrers beträgt 10 Std. (Einsatzzeit abzüglich 45 Min. Pause). Grundlage für die Berechnung der Fahrerlöhne ist nicht die Lenk- sondern die Schichtzeit, weil nur die Schichtzeit alle Arbeitszeiten enthält.

322. Aufgabe

- Der Rundlauf dieses Fahrzeugs nach/von Köln ergibt sich aus der Einsatzdauer des Lkw von 10 Std. 45 Min.
- Nach seiner Rückkehr nach Frankfurt wird der Lkw von einem anderen Fahrer auf einer weiteren Tour eingesetzt werden.
- Muss der Preis knapp kalkuliert werden, kann mit den halben Fixkosten pro Tag von Zugmaschine und Auflieger kalkuliert werden (vgl. Aufgabe 15): 79,00 EUR + 26,00 EUR : 2 = 52,50 EUR. Kann der Lkw nicht noch einmal eingesetzt werden, muss mit den vollen Fixkosten gerechnet werden. Bei schlechter Auftragslage müssten die Kunden demnach mit höheren, bei guter mit geringeren Fixkosten belastet werden. Fixkosten erschweren oder verhindern die erforderliche Anpassung an den Marktpreis, besonders bei schlechter Auftragslage.

323. Aufgabe

- variable Kilometerkosten des kompletten Zugs/100 km = 45,75 EUR, für 410 km = 187,58 EUR
- kilometerabhängige Maut von 0,204 EUR für 390 km Autobahnfahrt (2 × 195 km) = 79,56 EUR
- zusammen 267,14 EUR (Die Maut kann auch getrennt von den variablen Kosten unter dem Angebotspreis gesondert ausgewiesen werden. Dies erleichtert die Preisverhandlungen, hat aber auch den Nachteil, dass sie nicht in die Berechnung der Verwaltungskosten und des Gewinnaufschlags eingeht.)

324. Aufgabe

161,88 EUR

Lösungshinweis:

Maßgebend ist die geleistete Arbeitszeit von 10 Std. Schichtzeit (10 Std. 45 Min. Anwesenheitszeit abzüglich einer Pause von 45 Min.), denn Pausen und Ruhezeiten gehören nicht zur Arbeitszeit.
10 Std. × 17,50 EUR = 175,00 EUR

325. Aufgabe

fixe Fahrzeugkosten	52,50 EUR
variable Kosten[1]	267,14 EUR
Gesamtfahrzeugkosten	286,88 EUR
Lohnkosten	175,00 EUR
Einsatzkosten der Tour	461,88 EUR
Verwaltungskosten 15%	69,28 EUR
Summe	531,16 EUR
Gewinnaufschlag 5%	26,55 EUR
kalkulierter Gesamtpreis ohne USt.	557,72 EUR

[1] Einschließlich der Maut; diese kann getrennt erfasst werden und erscheint dann am Ende der Kalkulation vor der Berechnung der Umsatzsteuer.

326. Aufgabe

- Der Kunde hat Preisvorstellungen von 400,00 EUR pro Tour, unsere aufgrund einer speziellen Kalkulation für dieses Fahrzeug ermittelten Einsatzkosten betragen jedoch bereits 461,88 EUR.
- Ausnahmsweise kann ein Lkw auch einmal eingesetzt werden, wenn nicht alle Kosten gedeckt sind. Niemals jedoch fahren wir, wenn die variablen Kosten (267,14 EUR), die ja von den gefahrenen Kilometern abhängen und die anfallenden Lohnkosten (175,00 EUR) ungedeckt bleiben. Das sind hier 404,88 EUR.
- Wäre die Preisvorstellung des Kunden 450,00 EUR, so könnte wenigstens zusätzlich der größte Teil der täglich anfallenden Fixkosten des Lkw abgedeckt werden (Deckungsbeitrag). Eine solche Rechnung kann dann erforderlich werden, wenn der Betrieb kurzfristig eine Flaute im Ladungsaufkommen hat: Die Fahrzeuge sind vorhanden und sollen nicht aufgegeben werden, die Fixkosten fallen sowieso an und wenn durch eine Tour wenigstens ein Teil dieser Kosten abgedeckt wird, ist das eine Maßnahme zur Verminderung des entstehenden Verlusts.
- Hier handelt es sich aber um einen Auftrag, der über ein Jahr läuft. Würden wir arbeitstäglich einen Verlust von 61,88 EUR (461,68 EUR – 400,00 EUR) bei den Einsatzkosten pro Tour in Kauf nehmen, würde sich dies bei z.B. 240 Arbeitstagen im Jahr auf 14 851,12 EUR summieren. Für kleinere Betriebe könnte dies das finanzielle Ende bedeuten.
- Bei langfristigen Aufträgen sind immer mindestens die vollen Kosten einschließlich Verwaltungskosten zu erwirtschaften. Wenn möglich, ist auch noch der vorgesehene Gewinn zu erzielen, auf den man unter Umständen in Notzeiten verzichten kann. Für unser Beispiel bedeutet dies, dass nicht unter einem Preis von 531,16 EUR gefahren werden kann. Der Auftrag ist abzulehnen.

2.2 Eisenbahnverkehr

327. Aufgabe

Beispiel:

Argumente, die für den Schienentransport sprechen	Argumente, die gegen den Schienentransport sprechen
Umgehung von Wochenendfahrverboten und Behinderungen im Alpenverkehr	zeitlich weniger flexibel, an den Schienenfahrplan gebunden
Verringerung von Personalkosten und Einsparung von Fuhrparkkosten	zusätzliches Umschlagen zwischen Vor-/Haupt- sowie Haupt-/Nachlauf erforderlich
Vermeiden von Maut und Schwerverkehrsabgaben	eventuell Umfahren im Seehafen erforderlich
Nettogewichte der Ladung auch über 28 t	längere Transportzeiten

328. Aufgabe

DB Schenker Rail Deutschland AG"
1. Direktanfrage online: „DB SCHENKERrailog"
2. E-Mail-Anfrage: „railog@dbschenker.com"
3. Anfrage Post, Telefon, Fax: „Schenker Deutschland AG, Zentrale Rail Logistics and Forwarding, 65451 Kelsterbach"

329. Aufgabe

Tochterunternehmen der Muttergesellschaft „Deutsche Bahn AG"; zuständig für Schienenverkehr

330. Aufgabe

– DB Schenker Rail AG
– Kombiverkehr
– Transfracht
– ICF (Icfonline)

331. Aufgabe

Das Ganzzugangebot kann nicht genutzt werden, denn
– die Kabefra müsste täglich einen ganzen Zug von Frankfurt zu einem bestimmten Seehafen bezahlen,
– Ganzzüge mit Zuglängen bis zu 700 m und Bruttogewichten bis zu 5400 t sind Transportmittel für große Mengen – oft Massengüter – und lohnen sich für kleine Mengen nicht,
– die Container der Kabefra sind für verschiedene Seehäfen bestimmt. Schon deshalb kommt ein täglicher Ganzzug nicht infrage.

332. Aufgabe

– das Einzelwagenangebot der Railion
– die rollende Landstraße
– der kombinierte Verkehr

333. Aufgabe

– Sie muss einen Gleisanschluss besitzen, da Einzelwagen aus/zu ca. 4000 Gleisanschlüssen sowie von/zu Containerbahnhöfen und Containerumschlagplätzen (z. B. See- und Binnenhäfen) abgeholt/zugestellt werden.
– In einem Netz von 35000 km werden deutschlandweit alle oben genannten Punkte miteinander verbunden.
– Gleisanschlüsse, Containerbahnhöfe und -umschlagplätze

334. Aufgabe

– Classic, Quality und Prime
– Transportzeit, Transportdauerzusage, Transportinformation/Qualitätsreport

335. Aufgabe

– Abholzeit: Dienstag, 25. Juli, ab 17:20 Uhr
– Ankunft in Hamburg-Waltershof: Donnerstag, 27. Juli, bis 12:58 Uhr
– Beförderungsdauer: ca. 43 Std. 38 Min.

336. Aufgabe

Nein, es handelt sich hier um die Abholzeiten vom Güterbahnhof Frankfurt (Main) Osthafen. Die Güterwagen mit den beladenen Containern müssen jedoch schon früher aus den Gleisanschlüssen abgeholt werden. Die Zeiten hierfür ergeben sich aus entsprechenden Plänen für die Bedienung der Bahnhöfe und Gleisanschlüsse und Vereinbarungen mit den Besitzern von Gleisanschlüssen (Bedienpläne).

337. Aufgabe

– Die Bedienung des Gleisanschlusses in Frankfurt hat für den Kunden den Vorteil, dass er seinen Container noch bis in den Nachmittag hinein bei der Kabefra anliefern kann. Fast der ganze Arbeitstag steht noch für das Beladen der Container und die erforderlichen Vortransporte zur Verfügung. Auch für die Kabefra ist dies kein Nachteil, weil sie die Transportaufträge während ihrer Geschäftszeit bearbeiten kann.
– Nachteilig für die Kabefra: Spätestens ab 17:20 Uhr bis zum tatsächlichen zeitlich nicht genau festgelegten Abholen muss Personal für die Übergabe bereitstehen.
– Die Ankunftszeit bis 12:58 Uhr in Hamburg ist dann ungünstig, wenn die Container erst am nächsten Morgen in Hamburg weiter abgefertigt werden können.

338. Aufgabe

Die Auftragserteilungsfrist bezieht sich auf beladene, im Gleisanschluss abfahrbereit stehende Güterwagen. Der Transportauftrag für Railion kann spätestens bis zwei Stunden vor der im Bedienplan vorgesehenen Abholzeit erfolgen.
Nicht berücksichtigt sind die Zeiten, die für die Bestellung und Bereitstellung der erforderlichen Güterwagen notwendig sind.

339. Aufgabe

– Güterwagen können beim KundenServiceZentrum in Duisburg bestellt werden.
– Es sollte bis spätestens 10:00 Uhr vor dem Verladetag bestellt werden, besser jedoch zwei bis drei Tage vorher, damit auch wirklich der gewünschte Wagentyp verfügbar ist.

340. Aufgabe

Beispiel:
– Standardleistung im Einzelwagenverkehr
– deutschlandweite Transporte
– zwischen Gleisanschlüssen, Containerbahnhöfen, Containerumschlageinrichtungen
– Transportzeiten in der Regel ca. 48 Std.
– keine Transportdauerzusage
– keine Transportdauerüberwachung mit Kundeninformation
– preislich günstigstes Angebot

341. Aufgabe

Beispiel:
- Die Transportdauer beträgt wie beim Angebot Classic 48 Stunden.
- Die Kabefra erhält zusätzlich die Garantie, dass 95% der von ihr in einem Jahr aufgelieferten Wagen spätestens um 13:00 Uhr des Tages ankommen, an dem die 48-Stunden-Frist abläuft.
- Für jeden Wagen, für den Railion die Garantie nicht einhält, zahlt sie an die Kabefra eine Pauschale von 40,00 EUR.
- Railion informiert die Kabefra telefonisch, per Fax oder E-Mail über Verspätungen.
- Die Kabefra erhält monatlich und jährlich einen Qualitätsreport.

342. Aufgabe

- Abholzeit Frankfurt (Main) Osthafen: Dienstag, ab 17:20 Uhr
- Ankunftszeit Hamburg-Waltershof Container-Terminal Altenwerder: Donnerstag, bis 12:58 Uhr
- Beförderungszeit: 43 Std. 38 Min.

343. Aufgabe

Der Wagen wird am Tag A aufgeliefert und trifft am Tag C am Bestimmungsort ein.

344. Aufgabe

Es handelt sich hier um interne Fahrpläne von Railion, aus denen die Kunden ihre garantierte Transportzeit nicht ableiten können.

345. Aufgabe

Die garantierte Transportdauer von 48 Stunden bei Quality beginnt mit der Übergabe des Güterwagens am Dienstag um 17:20 Uhr oder, wenn vereinbart, schon früher im Gleisanschluss und endet 48 Stunden später, wobei Samstage und Sonntage unberücksichtigt bleiben.
Die Quality-Frist endet daher erst am Donnerstag um 17:20 Uhr. Nach Ziffer 3.2 der Bedingungen der DB Schenker Rail AG für das Einzelwagenprodukt „Quality" ist die Frist jedoch gewahrt, wenn der Wagen an dem Tag zugestellt wird, an dem die Frist endet.

346. Aufgabe

Glieder- und Sattelzüge	rollende Landstraße
See- und Binnencontainer	unbegleiteter kombinierter Verkehr
Wechselbrücken/-koffer	
Sattelauflieger	

347. Aufgabe

Es handelt sich hier um andere Begriffe für die rollende Landstraße: Komplette Lastzüge werden auf speziellen Tragwagen im Schienenverkehr befördert. Jeder Zug kann bis zu 22 Lkws befördern. Für die Fahrer steht im Zug ein Reisewagen bereit.

348. Aufgabe

- Der AlbatrosExpress und der Austria Container Express verbinden täglich über 21 Hauptterminals mit den deutschen Seehäfen.
- Über die Hauptterminals sind mehr als 15 000 Orte in Deutschland, Österreich und der Schweiz angeschlossen.
- teilweise mehrere tägliche Abfahrten, Transportzeiten zwischen 12 und 36 Stunden

349. Aufgabe

Alle mit dem Schiff in den deutschen Seehäfen ankommenden Güter werden zunächst nach Maschen abgefertigt und dort in Ganzzüge mit dem Ziel der Hauptterminals im Hinterland eingestellt; beim Export entsprechend umgekehrt.

---

350. Aufgabe

Die Kombiverkehr KG organisiert und vermarktet ein europaweites Netz für den kombinierten Verkehr. Ihre Gesellschafter sind die Stinnes AG als Vertreterin der DB und 230 Speditionen.

---

351. Aufgabe

– Ein Überseecontainer hat die Maße: L 12,192 m × B 2,50 m × H 2,60 m.
– Als Kennzahl lesen Sie bei „Wechselbehälter Eckhöhe 2,60 m" C 15 ab.
– Im Kombifahrplan finden Sie unter „Profile" bei „Wechselbehälter mit einer Breite bis zu 2,55 m" und dem Zielort Verona die Kennzahl C 70.
– Das bedeutet, dass alle Container bis zu dieser Kennzahl (daher auch die mit einer niedrigeren) auf dieser Verbindung befördert werden können.
– Möglich ist eine Höhe bis 3,15 m und eine Breite bis 2,55 m.

---

352. Aufgabe

– Bei einer Abfahrt am Tag 4 (= Donnerstag) ist der Container erst am Tag 5 (= Freitag) um 11:30 Uhr im Terminal Verona abladebereit.
– Um pünktlich bereitzustehen, muss er zum Abladeschluss um 18:45 Uhr am Tag 3 (= Mittwoch) in Ludwigshafen bereitstehen.

---

353. Aufgabe

Nein, denn bei der Abfahrt am Freitag ist der Container erst am Tag D (= Dienstag) in Verona abladebereit, bei der Abfahrt am Samstag am Tag C (= ebenso Dienstag).

---

354. Aufgabe

Beispiel:
– Die Sattelzüge haben nur die normale Nutzlast von 26 t, der Container aber ein Gewicht von 30 t. Er darf über diese lange Strecke nur mit Ausnahmegenehmigung befördert werden.
– Im Vor- und Nachlauf zum Schienentransport des kombinierten Verkehrs dagegen ist eine Überschreitung der üblichen Nutzlast um 4 t erlaubt, wenn die Bauart des Fahrzeugs dies zulässt.
– Bei Abfahrt Samstag kann auch während der Zeiten des Wochenend-Fahrverbots transportiert werden.

---

355. Aufgabe

„Frei Fracht einschließlich Absetzen im Container-Terminal"

---

356. Aufgabe

– Private Paletten, Ladegeräte und Lademittel werden im Volllauf bis zu 10% des wirklichen Gewichts des Guts frachtfrei befördert, wenn ihr Gewicht im Frachtbrief getrennt angegeben ist.
– EUR-Paletten im Volllauf zum Tausch werden frachtfrei befördert, wenn ihr Gewicht im Frachtbrief getrennt vom Gewicht des Ladeguts angegeben ist.

---

357. Aufgabe

Railion haftet wie jeder Landfrachtführer mit 8,33 Rechnungseinheiten pro Bruttokilogramm. Die allgemeinen Leistungsbedingungen von Railion sehen jedoch im Gegensatz zur normalen Regelung im HGB eine Höchsthaftung von 1 Mio. EUR bzw. zwei Rechnungseinheiten vor, je nachdem, welcher Betrag höher ist.

Lösungen und Lösungshinweise: Leistungserstellung – verkehrsträgerspezifisch

358. Aufgabe

Abweichend vom Straßenverkehr gilt eine Sendung im nationalen und internationalen Eisenbahnverkehr 30 Tage nach Ablauf der Lieferfrist als verloren, im nationalen Lkw-Verkehr dagegen bereits nach 20 Tagen, im internationalen Lkw-Verkehr nach 30 Tagen.

---

359. Aufgabe

- Die Lieferfrist ist nach HGB die vereinbarte Frist, innerhalb der der Frachtführer das Gut abliefern muss. Ist keine Frist vereinbart, so ist es die Zeit, die einem sorgfältigen Frachtführer für den Transport vernünftigerweise zuzubilligen ist. Eine Transportdauerzusage ist keine Lieferfristzusage, sondern ein zusätzlicher Service von Railion gegenüber den Kunden.
- Beim Produkt Classic wird keine Transportdauerzusage gegeben. Die fahrplanmäßigen Transportzeiten betragen in der Regel 48 Stunden an den Werktagen Montag bis Freitag und können je nach den Umständen auch länger sein. Bei fehlenden Vereinbarungen über die Lieferfrist dürfte eine Woche realistisch sein.
- Bei den Produkten Quality und Prime werden Transportdauerzusagen von 48 bzw. 24 Stunden gegeben. Auch hier bedeuten die Transportdauerzusagen keine Lieferfristvereinbarungen. Falls keine Vereinbarungen bestehen, dürften vier bzw. zwei Tage realistisch sein.

---

360. Aufgabe

Es gilt das HGB, welches bei nachgewiesenen Schäden durch Lieferfristüberschreitung eine Entschädigung bis zur dreifachen Höhe der Fracht vorsieht. Dies gilt für alle Schienentransporte im Einzelwagenverkehr.
Darüber hinaus zahlt Railion bei den Produkten Quality und Prime pauschal einen finanziellen Ausgleich von 40,00 EUR pro in einer Relation verspätetem Wagen unterhalb der Erfüllungsquote von 95 %.

---

361. Aufgabe

114,00 EUR netto

Lösungshinweis:
Spalte A, 1.–7. Tag: 2 × 57,00 EUR = 114,00 EUR

---

362. Aufgabe

Sperrpapier: Wird zwischen Absender und Empfänger vereinbart, dass der Empfänger zahlt, sobald die Ware (Sendung) zum Transport aufgeliefert ist, dann geht der Empfänger das Risiko ein, dass er bereits gezahlt hat, der Absender ihm aber die Ware durch eine nachträgliche Verfügung entzieht. Der Empfänger muss geschützt werden.

Sperrfunktion: Geschützt ist er dann, wenn der Absender das Frachtbriefdoppel an den Empfänger abgibt. Dann kann er keine nachträglichen Weisungen mehr erteilen, wohl aber der Empfänger.

Lösungen und Lösungshinweise: Leistungserstellung – verkehrsträgerspezifisch

2.3 Luftfrachtverkehr

363. Aufgabe

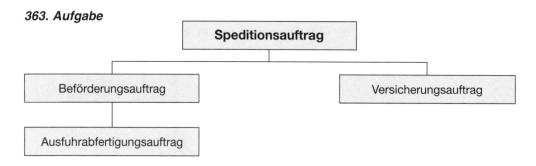

Lösungshinweis:

Die Polypyro AG will das „vollständige Versandpaket" der Kabefra GmbH und hat ihr daher richtigerweise einen umfassenden, übergeordneten „Speditionsauftrag" erteilt, der untergeordnet sämtliche „Beförderungsaufträge" bis zum Empfänger mit allen erforderlichen „Aufträgen zur Zwischenlagerung" umfasst und selbstverständlich auch einen Auftrag zur Durchführung der Ausfuhrabfertigung einschließt. Außerdem wird ein unklarer Auftrag zur Sicherstellung des vollen Ersatzes im Schadensfall erteilt. Dieser Auftrag wäre zu klären.

---

364. Aufgabe

Dispositionsblatt zum **Speditionsauftrag** 7890/LEx/Kunde *Polypyro* (Kd.-Nr. 6666)		
10 Kisten Feuerwerkskörper (Raketen), 823 kg, nach Rio de Janeiro an Tradaro S.A.		
Tag	**Abwicklungsschritte**	**Maßnahmen**
1	a) Erfassung des Auftrags; Zuteilung Sped.-Nr. (7890/LEx)	Eintrag ins Speditionsbuch
	b) Kunde über Verkehrshaftung und Transportversicherung aufklären und keinen Handlungsbedarf signalisieren c) Dokumente: • Handelsrechnung mit Ursprungserklärung Original • Shipper's Declaration for Dangerous Goods • Ausfuhranmeldung (Einheitspapier)	Brief (Fax) an Kunde *Polypyro* schreiben und: ▶ anfordern ▶ anfordern
2	Sendung als Gefahrgut bei Luftverkehrsgesellschaft anmelden und Flug für Tag 5 oder Tag 6 buchen	E-Mail an Fluggesellschaft schreiben
4 5 (6)	Luftfrachtbrief vorbereiten, Label bereithalten a) Sendung/Dokumente bei Kunde *Polypyro* abholen b) Sendung labeln (AWB Nr./Gefahrgutaufkleber)	AWB schreiben/reißen Abholfahrzeug anfordern/einteilen
	c) Sendung bei Fluggesellschaft anliefern/AWB abgeben	AWB quittieren lassen
6	blaues AWB-Original + FCR an *Polypyro* schicken	Brief (Post) mit AWB

---

365. Aufgabe

Jeder Auftrag erhält nach Eingang eine fortlaufende Nummer, die ihn eindeutig kennzeichnet und von der Annahme bis zur Ausführung und Zahlungsabwicklung – ggf. auch Schadensabwicklung – begleitet. Die Speditionsnummer wird auch in der Geschäfts- und Betriebsbuchhaltung verwendet.

---

366. Aufgabe

Die „Speditionsnummer" ist die interne Ordnungsnummer im Speditionsbetrieb, die „Kundennummer" die interne Ordnungsnummer in den Betrieben der Auftraggeber. Häufig erteilen Kunden unter ihrer Nummer den Speditionsauftrag (Speditionsauftragsnummer). Zwecks Kommunikation nennt der Spediteur dem Kunden die Kundennummer, der Auftraggeber dem Spediteur die Speditionsnummer.

367. Aufgabe

Das Speditionsbuch besteht nur noch selten – in Kleinbetrieben – als gebundenes Buch. Meist handelt es sich um eine systematische Sammlung loser Blätter (im PC) und später im Hebelordner. Das klassische Speditionsbuch umfasst („links") die Daten des Auftrags (Sped.-Nr.) und („rechts") die zurechenbaren Ausgaben und Einnahmen. Das Speditionsbuch gehört zur Betriebsbuchhaltung.

368. Aufgabe

labeln = Bekleben der Packstücke mit Adress-, Nummern- und Hinweisaufklebern
reißen = Zerlegen des Frachtbriefsatzes und Zuordnung der Teile an die Adressaten

369. Aufgabe

a) Der **Spediteur** haftet mit höchstens 5,00 EUR je kg brutto, also maximal 4 115,00 EUR (= 823 × 5).
b) Die **Fluggesellschaft** haftet, obgleich Gefahrgut vorliegt, wie bei jedem anderen Gut.
   Die Höchsthaftung je kg brutto beträgt in Abhängigkeit von der Vertragsgrundlage:
   ba) nach Warschauer Abkommen (Haager Protokoll) 27,35 EUR × 823 kg = 22 509,05 EUR
   bb) nach Montrealer Abkommen 17 SZR (rund 20,00 EUR) 20,00 EUR × 823 kg = 16 460,00 EUR; seit dem 1. Jan. 2010 liegt die Höchsthaftung nach dem Montrealer Übereinkommen bei 19 SZR je kg brutto. Da der SZR-Kurs Ende 2009 etwa 1,06 für 1,00 EUR betrug, kann weiterhin von „rund 20,00 EUR" Höchsthaftung ausgegangen werden.

Lösungshinweis:
Bei a) oder b) wird nie mehr als der Warenwert in Höhe von 4 000,00 EUR (= 5 000 Raketen × 0,80 EUR) ersetzt.

370. Aufgabe

Kabefra GmbH — *Internationale Spedition und Logistik*

Seilerstraße 32
60313 Frankfurt/Main
Telefon: 069/88 88 88 88
E-Mail: kabefraff@line.de

KABEFRA GMBH, 60313 FRANKFURT/MAIN

PolyPyro AG
Herrn Prok. Ingo Meier
Wasserweg 21
60888 Frankfurt/Main

Ort	Frankfurt
Datum	Tag 1 (10:00 Uhr)

Ihr Speditionsauftrag: 6666
unsere Speditions-Nummer: 7890/LEx

Sehr geehrter Herr Meier,

vielen Dank für Ihren Auftrag, den wir gern und bestens ausführen werden.

Zu Ihrer Weisung der „Sicherstellung des vollen Wertersatzes" können wir Ihnen bestätigen, dass Ihnen hinsichtlich der **Verkehrshaftung** schon jetzt ohne Weiteres der volle Warenwert von 4 000,– EUR bei einem Totalschaden erstattet würde. Dies gilt sowohl für unsere Haftung nach den ADSp beim Lkw-Vortransport zum Flughafen als auch für die Haftung der Fluggesellschaft beim Lufttransport.

Allerdings ist zu bedenken, dass eine Haftung nur übernommen werden kann, wenn bei uns oder bei dem Frachtführer ein Verschulden vorliegt. Die Verschuldenshaftung des Luftfrachtführers gründet sich auf das Warschauer Abkommen bzw. das Haager Protokoll. Gilt aber für den Lufttransport als neue Vertragsgrundlage das Montrealer Abkommen, dann liegt jedoch eine verschuldensunabhängige erweiterte Obhutshaftung vor.

Jedoch erlischt in beiden Fällen die Haftung der Fluggesellschaft nach Auslieferung der Sendung in Rio.

Wenn Sie diese „Haftungslücken" nicht in Kauf nehmen möchten, ist es ratsam, eine **Transportversicherung** abzuschließen, die bei jedem Sachschaden – unabhängig von der Verursachung und des Verschuldens – Erstatz leistet; und zwar auch von Haus zu Haus.

Bei dieser Sendung (*CPT Rio*) ist für den Lufttransport Ihrerseits eine Versicherung nicht erforderlich.

Wir erbitten per Fax vorab die **Gefahrgutdaten** und dann mit der Sendung im Original:
Handelsrechnung, Gefahrguterklärung (IATA Shipper's Declaration for Dangerous Goods) sowie Ausfuhranmeldung.

Mit freundlichen Grüßen,

Kabefra GmbH
Frankfurt/Main
Abteilung Export/Luft

i. A.

Wir arbeiten nur nach den ADSp.

Für Luftfrachtsendungen gelten die IATA-Bedingungen und das WA (HP) bzw. MA.

Verkehrs-Bank eG
Kto: 77777, BLZ: 500 133 99

371. Aufgabe

Die Abkürzung CPT steht für „**C**arriage **P**aid **T**o ..." (Frachtkosten bezahlt bis ...) benannter Bestimmungsort (hier: Rio de Janeiro). Mit dieser Lieferungs- und Zahlungsklausel, die der Verkäufer Polypyro AG und der Käufer Tradaro S.A. im Kaufvertrag vereinbarten, ist festgelegt, dass der Exporteur alle Versandkosten (ohne Transportversicherungsprämie) bis zum Bestimmungsflughafen übernimmt. Da bei der Klausel „CPT" der Gefahrenübergang bei der Übernahme der Sendung durch die Fluggesellschaft im Abgangsflughafen liegt, sind alle Schäden, die in der Luftfrachtführer-Obhut entstehen, Angelegenheit des Importeurs. Deswegen müsste die Tradaro S.A. bei Interesse an einem umfassenden Schutz selbst eine Transportversicherung abschließen. Somit ist der Polypyro AG nur dann zur Transportversicherung zu raten, wenn sie die Risiken des Vortransports voll abdecken will.

372. Aufgabe

Die Klausel CIP (**C**arriage and **I**nsurance **P**aid to) verpflichtete den Verkäufer, die Polypyro AG, zusätzlich eine Transportversicherung bis zum Haus/Betrieb des Käufers, der Tradaro S.A., abzuschließen. Die Versicherung sollte zweckmäßigerweise zugunsten der Tradaro S.A. lauten.

373. Aufgabe

Die Klauseln CPT und CIP sind zwei von 13 Klauseln der Incoterms, der **In**ternational **Co**mmercial **Terms**, die die ICC (International Chamber of Commerce = Internationale Handelskammer in Paris) herausgab, um die Lieferungs- und Zahlungsbedingungen im weltweiten Handel zu klären und zu vereinheitlichen. Weil bei CPT und CIP Kostenübergang und Gefahrenübergang auseinanderfallen, spricht man (bei allen C-Klauseln) von Zweipunktklauseln.

374. Aufgabe

a) ADSp = Allgemeine Deutsche Spediteurbedingungen (Speditions-Geschäftsbedingungen)
b) IATA = International Air Transport Association (Internationaler Lufttransporteur Verband)
c) WA = Warschauer Abkommen von 1929 (Vertragsrecht für internationalen Lufttransport)
d) HP = Haager Protokoll von 1955 (Ergänzung des WA; auch „WA neuer Fassung" genannt)
e) MA = Montrealer Abkommen von 1999 (neues Vertragsrecht für internationalen Lufttransport)

375. Aufgabe

Das FCR-Dokument wird in allen Speditions-Sparten im ausgehenden Verkehr verwendet.

376. Aufgabe

a) Der internationale Verband der nationalen Spediteurorganisationen „FIATA" (= Fédération Internationale des Associations des Transitaires et Assimilés) hat weltweit einheitliche Speditionsdokumente geschaffen, zuerst das FCR (= FIATA Forwarders Certificate of Receipt). Das FCR ist eine internationale Spediteurübernahmebescheinigung, mit der Spediteure versichern, dass sie die darin aufgeführten Sendungen (in einwandfreiem Zustand) erhalten haben und diese unwiderruflich an den benannten Empfänger befördern bzw. diesem aushändigen werden. Nur durch Rückgabe des Original FCR-Dokuments kann der Versender diese Garantie aufheben. Erhält der Empfänger das FCR, dann ist ihm die Lieferung sicher.

b) Für die Polypyro AG macht das FCR nur im Verhältnis zum Käufer Tradaro S.A. Sinn. Beide hätten im Kaufvertrag „Zahlung gegen FCR" vereinbaren können. Dann hätte die Tradaro S.A. am besten bei einer Bank am Ort des Verkäufers, in Frankfurt am Main, die Kaufsumme bereitstellen lassen, mit der Maßgabe, die 4 000,00 EUR gegen Einreichung des FCR an die Polypyro AG auszuzahlen.

Lösungshinweis:
Weitere FIATA-Dokumente:
– FBL = Negotiable FIATA Multimodal Transport Bill of Lading (Konnossement)
– FWB = FIATA Multimodal Transport Waybill (Frachtbrief)
– FWR = FIATA Warehouse Receipt (Lagerschein)
– FIATA SDT = Shipper's Declaration for the Transport of Dangerous Goods (Gefahrgut)
– FCT = Forwarders Certificate of Transport (Transportbescheinigung)

377. Aufgabe

a) Die IATA hat die DGR (Dangerous Goods Regulations = Gefahrgutvorschriften) aufgestellt, die von allen Beteiligten bei der Luftfrachtbeförderung gefährlicher Güter zwingend einzuhalten sind. Sie dienen der Sicherheit im Luftverkehr. Aufgrund dessen sind bestimmte Güter gänzlich vom Lufttransport ausgeschlossen und andere nur unter strengen Auflagen hinsichtlich Verpackung, Mengen, Markierung, Bezettelung zugelassen. Alle Gefahrgüter sind Gefahrenklassen zugeordnet, die mit ihren (UN-)Ziffern zu deklarieren sind.

b) Der Versender, von dessen Gütern ja die „Gefahren" ausgehen und der deswegen auch von diesen beste Kenntnis haben sollte, ist der Hauptverantwortliche. Daher muss die Polypyro AG auch die „Shipper's Declaration for Dangerous Goods" ausstellen und in diesem Vordruck die Güter beschreiben, klassifizieren und versichern, dass die DGR genau eingehalten wurden. Die Kabefra GmbH wird diese Erklärungen in den Luftfrachtbrief übernehmen.

378. Aufgabe

Klasse 1, Aufkleber „Explosive 1.4S"

379. Aufgabe

Der TACT (= The Air Cargo Tariff) ist der Luftfrachttarif der IATA. Der Tarif besteht – entsprechend dem allgemeinen Tarifbegriff – aus Bedingungen (Regeln) und Preisen. Die Preise beziehen sich immer auf eine Einheit (Gewicht oder Lademittel) und heißen „Raten". Allerdings sind die Raten in zwei Bänden veröffentlicht, wobei der eine Band ausschließlich für den großen Markt Nordamerika gilt. Der TACT besteht also aus drei Büchern: „TACT rates worldwide (except North America)", „TACT rates North America" und „TACT rules". Aus den „rules" ist zu entnehmen, dass sich die Raten grundsätzlich auf das Kilogewicht brutto beziehen, ausnahmsweise aber auf das „Volumengewicht", wenn der kubische Raum einer Sendung 6 dm^3 je kg übersteigt und somit Sperrigkeit gegeben ist. In den „rates" werden die Raten unterschieden in „nationale" und „internationale" Raten. Jeweils wird dann weiter untergliedert in ULD-Raten (Preise für Containerladungen; ULD = Unit Load Devices = Lademittel) und in Gewichtsraten als allgemeine Raten, Warenklassenraten und Spezialraten. Bei den ULD-Raten ist der Grundpreis faktisch Minimum; bei den Gewichtsraten gibt es jeweils Minima, die bei Kleinsendungen zu zahlen sind.

380. Aufgabe

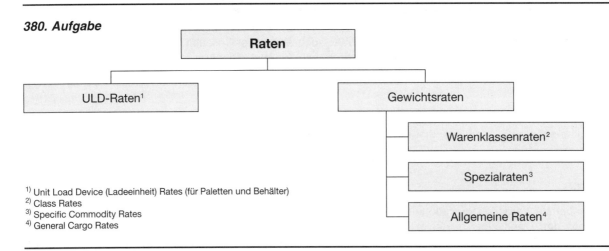

[1] Unit Load Device (Ladeeinheit) Rates (für Paletten und Behälter)
[2] Class Rates
[3] Specific Commodity Rates
[4] General Cargo Rates

381. Aufgabe

From	= von (Abflughafen)
To	= nach (Bestimmungsflughafen)
DE	= Deutschland
FRA	= Frankfurt am Main
BR	= Brasilien
item	= Punkt einer Gliederung (hier: Kennnummer von Spezialraten)
min. wght.	= minimum weight (Mindestgewicht)
local currency	= Landeswährung (TACT enthält die Raten in der Währung des Abflughafens)
M	= Minimum (Mindestfrachtbetrag)
N	= Normalrate

45 (quantity) Mengenrabattrate ab 45 kg; 100, 300, 500 jeweils Mindestgewichte für die dafür angegebene Rate. Diese Raten sind ohne weitere Bedingungen anwendbar. Spezialraten hingegen haben nicht nur Mindestgewichte (hier: 800, 300, 2 000), sondern gelten auch nur für die unter der Nummer angegebene Ware; hier: Spezialraten: 1199 = Pelze ...; 4203 = Fahrzeuge ...; 9338 = pyrotechnische Artikel ...

382. Aufgabe

Kiste (Packstück) jeweils rechtwinklig vermessen: Länge cm × Breite cm × Höhe cm
Sendung: (150 cm × 90 cm × 110 cm) × 10 Kisten : 6000 = 2475 kg Raumgewicht

383. Aufgabe

Gemäß Ratenpriorität ist zunächst zu prüfen, ob eine Warenklassenrate (Class Rate) anzusetzen ist. Warenklassenraten stehen nicht ausgerechnet im TACT, sondern sind durch Zuschläge auf oder Abschläge von allgemeinen Raten zu bilden. Warenklassenraten sind nur für wenige Warengruppen vorgeschrieben bzw. vorgegeben, insbesondere für Wertfracht (Ratenbildung durch Zuschläge) und für Druckerzeugnisse (Ratenbildung durch Abschläge). Feuerwerkskörper („fireworks") gehören zu keiner Warenklasse. Also ist keine Class Rate für Rio de Janeiro möglich.

384. Aufgabe

In der Tat sind Feuerwerkskörper mit der Kennnummer (item) 9338 (Spezialrate) im TACT für die Beförderung von Frankfurt am Main nach Rio de Janeiro aufgeführt. Deshalb darf diese – absolut niedrigste – Rate angewandt werden. Allerdings ist die Fracht wenigstens für das Mindestgewicht von 2000 kg zu zahlen, wenn sich nicht nach den allgemeinen Raten eine niedrigere Fracht ergibt, was hier – auf den ersten Blick erkennbar – nicht der Fall ist.

a) **Fracht nach dem tatsächlichen Gewicht**
   Stets ist vom Rohgewicht (Bruttogewicht) auszugehen, wobei angefangene Kilogramm auf volle halbe aufzurunden sind. Die Aufrundung erfolgt aber immer nur für die Sendung insgesamt.
   Also: 10 Kisten × 82,3 kg = 823 kg
   Aber Mindestgewicht: 2000 kg × 0,55 EUR = 1100,00 EUR

b) **Fracht nach dem frachtpflichtigen Gewicht**
   Allerdings ist die Sendung sperrig, weil sie ein Raumgewicht von 2475 kg hat. Dieses höhere Gewicht muss zugrunde gelegt werden. Somit ergibt sich: 2475 kg × 0,55 EUR = 1361,25 EUR als günstigste Fracht.

385. Aufgabe

Raumgewicht

386. Aufgabe

Sperrgut beansprucht Laderaum, der für andere zahlende Sendungen nicht mehr verfügbar ist.

387. Aufgabe

AWB = Air Waybill = Luftfrachtbrief

388. Aufgabe

Der AWB besteht aus drei Originalen. In der Reihenfolge eines AWB-Satzes sind dies:
– 3. Original (blau); erhält der Absender mit der Annahmequittung der Fluggesellschaft
– 1. Original (grün); verbleibt (mit Unterschrift des Absenders) beim Luftfrachtführer
– 2. Original (rot); erhält der Empfänger zusammen mit der Sendung
Daneben enthält ein Satz noch einige Kopien für den Zoll und für sonstige Verwendungen.

389. Aufgabe

Jeder Luftfrachtbrief hat eine Nummer, die nur einmal vergeben ist. Die gesamte Nummer besteht aus einer Vornummer (Code-Nummer) der Fluggesellschaft („Prefix") und einer laufenden Nummer. So hat z.B. die Lufthansa Cargo AG die Vornummer „020". Die Vornummern aller Carrier sind im Flugplan „OAG" (= Official Airways Guide) aufgeführt.

390. Aufgabe

Prefix	Issued at	AWB-Number
234	FRA	1234 5678

Complete AWB-Number: 234 - 1234 5678

Shipper's Name and Address | Shipper's account Number | Not negotiable
Air Waybill
(Air Consignment note)

Issued by

391. Aufgabe

Prefix	Issued at	AWB-Number			Complete AWB-Number
234	FRA	1234 5678			234 – 1234 5678

Shipper's Name and Address	Shipper's account Number	Not negotiable
PolyPyro AG Wasserweg 21 60888 Frankfurt/Main – Germany		**Air Waybill** (Air Consignment note) Issued by Deutsche Flughansa AG, Frankfurt – Germany Copies 1, 2 and 3 of this Air Waybill are originals and have the same validity

Consignee's Name and Address	Consignee's account Number	
Tradaro S. A. Rua Amazonas 123 Rio de Janeiro – Brasil		It is agreed that the goods described herein are accepted in apparent good order and condition (except as noted) for carriage SUBJECT TO THE CONDITIONS OF CONTRACT ON THE REVERSE HEREOF. ALL GOODS MAY BE CARRIED BY ANY OTHER MEANS INCLUDING ROAD OR ANY OTHER CARRIER UNLESS SPECIFIC CONTRARY INSTRUCTIONS ARE GIVEN HEREON BY THE SHIPPER. THE SHIPPER'S ATTENTION IS DRAWN TO THE NOTICE CONCERNING CARRIER'S LIMIT OF LIABILITY. Shipper may increase such limitation of liability by declaring a higher value for carriage and paying a supplemental charge if required.

Issuing Carrier Agent Name and City	Accounting Information
Deutsche Flughansa AG, Frankfurt – Germany	

Agent's IATA Code	Account No.
67432	7890/LEx

Airport of Departure (Addr. of first Carrier) and requested Routing: Frankfurt/Main

to	By first Carrier	Routing and Destination	to	by	to	by	Currency	CHGS Code	WT/VAL PPD COLL	Other PP CC	Declared Value for Carriage	Declared Value for Customs
RIO	Flughansa						EUR			pp	NVD	EUR 4 000,00

Airport of Destination	Flight/Date	For Carrier Use only / Flight/Date	Amount of Insurance	INSURANCE - If carrier offers insurance and such insurance is requested in accordance with conditions on reverse hereof, indicate amount to be insured in figures in box marked amount of insurance.
Rio de Janeiro	FH 987	Tag „5"	NVD	

Handling Information:
Dangerous Goods
commercial invoice attached
AE No. 000000

No. of Pieces RCP	Gross Weight	kg lb	Rate Class / Commodity Item No.	Chargeable Weight	Rate / Charge	Total	Nature and Quantity of Goods (incl. Dimensions or Volume)
10 cases PO 1–10	823	kg	C 9338	2475	EUR 0,55	EUR 1 361,25	Fireworks – 5 000 rockets 150 x 90 x 110 cm x 10 cases = 14 850 000 cm3 : 6000 = 2 475 Volumen kg

Prepaid / Weight Charge / Collect	Other Charges
1 361,25	AWB fee 20,00

Valuation Charge

Tax

Total other Charges Due Agent	Shipper certifies that the particulars on the face hereof are correct and that insofar as any part of the consignment contains dangerous goods, such part is properly described by name and is in proper condition for carriage by air according to the applicable Dangerous Goods Regulations.
20,00	
Total other Charges Due Carrier	PolyPyro AG – as agent: Kabefra GmbH i. V. Signature of Shipper or its Agent

Total prepaid	Total collect	Deutsche Flughansa AG – as agent: Kabefra GmbH i. V.
1 381,25		Tag 4, Frankfurt am Main
Currency Conversion Rates	cc charges in Dest. Currency	Executed on (Date) at (Place) Signature of Issuing Carrier or its Agent
For Carrier's Use only at Destination	Charges at Destination / Total collect Charges	

392. Aufgabe

„NVD" = „no value declared" = kein Wert erklärt (keine Wertangabe)

393. Aufgabe

a) „NVD" führt zu keiner höheren Haftung. Die Grundhaftung des Carriers besteht unverändert fort.
b) „NVD" bewirkt, dass kein Versicherungsschutz (aus Carrier-Transportversicherung) besteht.

394. Aufgabe

„Not negotiable" heißt „nicht handelbar". Das bedeutet, dass der AWB kein Warenwertpapier ist (wie das B/L), sondern nur ein Frachtbrief, der nur eine Sperrfunktion hat. Der Absender kann den AWB also nicht verkaufen, aber er kann mit seinem („3., blauen") Original nachträglich über die Sendung verfügen. Hat er sein Original aus der Hand gegeben (z. B. zum Zahlungserhalt), ist ihm dieses Recht versperrt. Die Sperrfunktion nützt dem Empfänger.

395. Aufgabe

Gemäß dem Montrealer Abkommen hätten sich keine Rechtsfolgen ergeben, weil hiernach statt des (papiermäßigen) AWBs auch „andere Aufzeichnungen" („elektronischer AWB") erlaubt sind.

396. Aufgabe

– Beweisurkunde: über den Frachtvertrag zwischen Absender und Frachtführer
– Sperrpapier: zugunsten des Empfängers
– Begleitpapier: für den Empfänger
– Zolldokument: für den Einfuhr- und Kostennachweis bei der Zollabfertigung

Lösungshinweis:
Weitere Funktionen des AWB:
Frachtdokument/Frachturkunde, Rechnung (Fracht/Kosten), Versicherungsnachweis
Weitere Verwendungen/Bedeutungen des AWB:
Abschluss des Luftfrachtbeförderungsvertrages, Versicherungszertifikat, Verfügungsrecht für den Absender, Empfangsbestätigung der Fluggesellschaft, Einverständnis des Absenders/Spediteurs mit den Vertragsbedingungen

397. Aufgabe

„SSC" = security surcharge = Sicherheitszuschlag. Wird von den Fluglinien für erhöhten Sicherheitsaufwand seit dem Terroranschlag vom 11. Sept. 2001 erhoben.

398. Aufgabe

„FSC" = fuel surcharge = (variabler) Treibstoffzuschlag der Fluggesellschaften

399. Aufgabe

ICAO = International Civil Aviation Organization = Internationale Zivil-Luftfahrt-Organisation

400. Aufgabe

Die ICAO ist eine (autonome) Sonderorganisation der Vereinten Nationen (UNO), die vor allem sowohl für die „Freiheit" (Freiheiten der Luft) als auch für die „Sicherheit" im zivilen Luftverkehr zuständig ist. Die ICAO wurde durch das „Chicagoer Abkommen" 1944 gründet.

401. Aufgabe

„SCI" = special customs information = Zollstatus

402. Aufgabe

„X" = Export in ein Drittland, wenn Sendung in EU-Land ginge, dann „C"

2.4 Binnenschifffahrt

403. Aufgabe

Mosel und Saar, Main, Neckar

404. Aufgabe

Kanal	von	bis
Wesel-Datteln-Kanal	Wesel	Datteln
Rhein-Herne-Kanal	Duisburg	Datteln
Dortmund-Ems-Kanal	Datteln	Papenburg
Mittelland-Kanal	Dortmund-Ems-Kanal (Bergeshövede)	Magdeburg
Küstenkanal	Ems (Dörpen)	Weser (Elsfleth)

405. Aufgabe

– Entgelte für Lade- und Löschzeiten, Meldetage des Schiffs
– Bereithaltungskosten
– Fortbewegungskosten
– Schifffahrtsabgaben
– Entgelte für Laden und Löschen

406. Aufgabe

Bei den Bereithaltungskosten handelt es sich um feste bzw. fixe Kosten, die nicht von der Fahrleistung abhängen. Sie müssen aufgewendet werden, um das Schiff während eines Jahres einsatzbereit zu halten, auch wenn es nicht fortbewegt wird.
Die Fortbewegungskosten sind abhängig von der Fahrleistung unter den jeweiligen Bedingungen des Schiffs und deshalb bewegliche bzw. variable Kosten.

407. Aufgabe

Eine aussagefähige Lkw-Fahrzeugkalkulation beschränkt sich zunächst nur auf die reinen Fahrzeug- und Fahrtkosten. Bei der Tourenplanung werden erst anschließend die Löhne als Entgelte der Fahrer einschließlich der Sozialabgaben entsprechend dem benötigten Zeitaufwand, die allgemeinen Verwaltungskosten und eventuell noch der Unternehmerlohn, ein Risiko- und nicht zuletzt ein Gewinnzuschlag hinzugefügt. Die Kalkulation der fixen Kosten in der Binnenschifffahrt umfasst neben den reinen Fahrzeugkosten auch die Personalkosten einschließlich der Sozialaufwendungen und die Privatentnahmen des Eigners. Die Personalkosten enthalten ein Entgelt für den Eigner, für angestelltes Personal sowie mitarbeitende Familienangehörige. Dies lässt sich damit begründen, dass der Eigner und seine Familie fast immer auf dem Schiff leben und arbeiten.

408. Aufgabe

Beispiel:
- Fachliteratur
- geschäftliche Pkw-Nutzung
- Hafengelder
- Materialkosten
- Portokosten
- Reisekosten
- Steuerberatungskosten
- Telefon- und Computerkosten
- Verbandsbeiträge

409. Aufgabe

50 000,00 EUR
(650 000,00 EUR : 13 Nutzungsjahre)

410. Aufgabe

26 000,00 EUR
(650 000,00 EUR : 2 = 325 000,00 EUR = durchschnittlich gebundenes Kapital, davon 8%)

411. Aufgabe

Summe der Zeilen 1 bis 6 der Tabelle = 247 050,00 EUR

412. Aufgabe

823,50 EUR
- Summe der Bereithaltungskosten : 300 Einsatztage
- Das Schiff verursacht pro Tag fixe Kosten von 823,50 EUR, auch wenn es nicht fährt.

413. Aufgabe

58,82 EUR
Tagessatz : 14 Stunden Einsatzzeit

414. Aufgabe

Beispiel:
Der Schiffseigner sowie seine Familie und Angestellten sind fast immer an Bord, denn sie leben auf dem Schiff. Ferner haben Lade- und Löschzeiten einen erheblichen Anteil an der gesamten Transportzeit und gelten als Einsatzzeit, obwohl sie dem Schiffer nicht vergütet werden. Sinnvoll ist deshalb auch eine Regelung, bei der die jährlichen Fixkosten auf die erwarteten tatsächlichen Reisetage umgelegt werden.

415. Aufgabe

1 Knoten = 1,852 km/h, 11 Knoten sind daher 20,37 km/h.

Das Schiff kann pro Stunde ca. 20 km zurücklegen.

416. Aufgabe

Entfernung Köln-Rotterdam: 313 km
313 km : 20 = 15,65 Stunden, ca. 16 Stunden

Da der Rhein eine starke Strömung hat und die Fahrt nicht durch Schleusen behindert wird, kann damit gerechnet werden, dass das Schiff bei Talfahrt mindestens 20 km/h fahren kann, dort, wo die Strömung stärker ist, eventuell auch schneller.

417. Aufgabe

Wo dies auf dem Markt durchsetzbar ist, muss unbedingt Leerfracht erhoben werden, weil für die Anfahrt nach Rotterdam fast 16 Stunden benötigt werden, mehr als ein Arbeitstag mit 14 Stunden.

418. Aufgabe

Da das Schiff beladen ist und gegen den Strom fährt, wird die Geschwindigkeit erheblich niedriger sein. Voraussichtlich werden nur ca. 10–15 km/h erreicht werden, in einigen Flussstrecken auch weniger.

419. Aufgabe

503 km

420. Aufgabe

Entfernung 503 km : 13 = 38,7 Std. = ca. 39 Std. = 1 Tag 15 Stunden

421. Aufgabe

Der Main ist ein kanalisierter Fluss. Bis Würzburg sind 20 Staustufen und Schleusen zu überwinden. Dies verlangsamt tendenziell die Reisegeschwindigkeit. Andererseits ist auch die Strömungsgeschwindigkeit des Flusses verlangsamt, was die Reisegeschwindigkeit bei Bergfahrt wiederum erhöht.

422. Aufgabe

Tabelle	km
Fahrzeiten- und Entfernungstabelle Main	252
ausgewählte Entfernungen	250

Erklärung zu Fahrzeiten- und Entfernungstabelle Main:
– Zu benutzen ist der Tabellenteil „beladen zu Berg".
– Bei den angegebenen Entfernungen der zweiten Spalte handelt es sich um Entfernungen von Hafen zu Hafen, aus denen jeweils die Summe zu bilden ist.

423. Aufgabe

48,5 Stunden; abzulesen in der oberen Tabelle bei „beladen zu Berg", s. Spalte 4

424. Aufgabe

Strecke	km	Std.
Köln – Rotterdam	313	15,65
Rotterdam – Mainz	503	38,70
Mainmündung – Würzburg	252	48,50
Summe	1 068	102,85

425. Aufgabe

- Die Ladezeit beginnt nach Ablauf des Tages (Freitag), an dem der Frachtführer die Ladebereitschaft angezeigt hat; das ist der Samstag mit Arbeitsbeginn um 06:00 Uhr.
- Der erste Tag (Freitag), an dem das Schiff im Hafen angekommen ist und an dem die Ladebereitschaft angezeigt wird, gehört noch nicht zur Ladezeit (Meldetag).

426. Aufgabe

- 22 Stunden (980 t : 45 t = 21,78 Std. oder 21 Std. 47 Min., aber meist gerundet), da die Ladezeit eine Stunde für 45 t beträgt.
- Der Meldetag und die Lade- und Löschzeiten werden dem Kunden nicht gesondert in Rechnung gestellt. Die Kosten hierfür müssen jedoch in den Preis für den Kunden einkalkuliert werden.

427. Aufgabe

- Die Ladezeit beträgt 22 Stunden.
- Gearbeitet wird an Werktagen von 06:00 bis 20:00 Uhr, also 14 Stunden.
- Die Ladezeit endet deshalb am Montag um 14:00 Uhr.

428. Aufgabe

405,00 EUR (bei 6 Std. Überliegezeit)

Lösungshinweis:

(1350 × 0,05 EUR = 67,50 EUR × 6 = 405,00 EUR)

429. Aufgabe

- Nach § 1 Abs. 3 beginnt die Ladefrist mit dem Zeitpunkt des Entladens um 11:00 Uhr.
- Ladezeit: Freitag, 11:00 Uhr bis 20:00 Uhr = 9 Std.
- Ladezeit: Samstag von 06:00 Uhr bis 19:00 Uhr = 13 Std.

430. Aufgabe

Die Ladefrist beginnt zwei Stunden nach der in der Voranmeldung genannten Zeit (Freitag, 06:00 Uhr) am Freitag um 08:00 Uhr. Sie endet deshalb am Samstag um 16:00 Uhr (Freitag 12 Std., Samstag 10 Std.).

431. Aufgabe

103 (Std.) × 50 (Liter) × 0,85 EUR = 4377,50 EUR

432. Aufgabe

5% von 4377,50 EUR = 218,88 EUR

433. Aufgabe

4377,50 EUR (Treibstoffkosten) + 218,88 EUR (Schmierstoffkosten) = 4596,38 EUR

434. Aufgabe

Gütertransporte sind von Schleusungsgebühren innerhalb der festgesetzten Schleusenbetriebszeiten befreit, müssen aber Befahrungsabgaben leisten.

435. Aufgabe

Güterschiffe ohne Ladung nach TS 1003 und leere Güterschiffe nach TS 1009 sind von Befahrungsabgaben befreit.

436. Aufgabe

252 km

437. Aufgabe

Güterklasse V

Lösungshinweis:

Pflanzliche und mineralische Futtermittel nach Tarifstelle 616 und 617, dazu gehört auch Sojaschrot, sowie Sojaschrot nach der Tarifstelle 618 gehören zu Güterklasse V.

438. Aufgabe

0,488 Cent je Gewichtstonne und Tarifkilometer nach Tarifklasse V unter der Tarifstelle 055 von 181–384 km

439. Aufgabe

– Im Verkehr nach den Häfen, die zwischen Tarifkilometer 148 und 301 liegen, ist die Tarifstelle 616 anzuwenden, weil die Entfernung Mainmündung-Würzburg in dieser Zone liegt.
– Die Tarifstelle 617 ist erst für die Häfen oberhalb Tarifkilometer 301 anwendbar.
– Die Tarifstelle 618 gilt nur für Fahrten zwischen dem Rhein und Häfen der Donau.

440. Aufgabe

0,291 Ct. × 980 t × 252 km = 71 580,36 Ct. = 718,65 EUR

441. Aufgabe

Benötigte Zeit in Stunden		
Fahrzeit Köln–Rotterdam–Mainz–Würzburg	Aufgabe 22	102,85
Meldetag Rotterdam	Arbeitsstunden	14,00
Ladezeit Rotterdam (wie Löschzeit Würzburg)	Aufgabe 24, dezimal	21,78
Meldetag Würzburg	Arbeitsstunden	14,00
Löschen Würzburg	Aufgabe 24, dezimal	21,78
insgesamt benötigte Zeit in Stunden		174,41
Ermittlung der Bereithaltungskosten des Transports in Euro		
174,41 Stunden × Stundensatz	Aufgabe 11	10 258,00
Fortbewegungskosten	Aufgabe 31	4 596,62
Befahrungsabgaben Main	Aufgabe 38	718,87
Summe		15 574,29
Gewinn-/Risikoaufschlag 3%		467,23
Angebotspreis		16 041,52
Preis pro Tonne (980 t)		16,37

442. Aufgabe

– Es kann niemals mehr verlangt oder erzielt werden als der Marktpreis. Er bildet normalerweise die Preisobergrenze.
– Die Preisuntergrenze ergibt sich aus den vom Binnenschiffer ermittelten Kosten. Eventuell kann kurzzeitig die Deckungsbeitragsrechnung angewendet werden.
– Als Vergütungsformen der Leistungen der Binnenschifffahrt kommen beispielsweise infrage: Kilometer, Volumen, Gewicht, Stück (Container), Kunden, Tages- oder Stundenpauschalen, Haustarife, Absprachen je Auftrag.

443. Aufgabe

1. Speditionsvertrag nach ADSp (Allgemeine Deutsche Spediteurbedingungen)
2. Frachtvertrag nach Binnenschifffahrtsgesetz bzw. HGB oder Konnossementbedingungen

---

Handlungssituation 9

444. Aufgabe

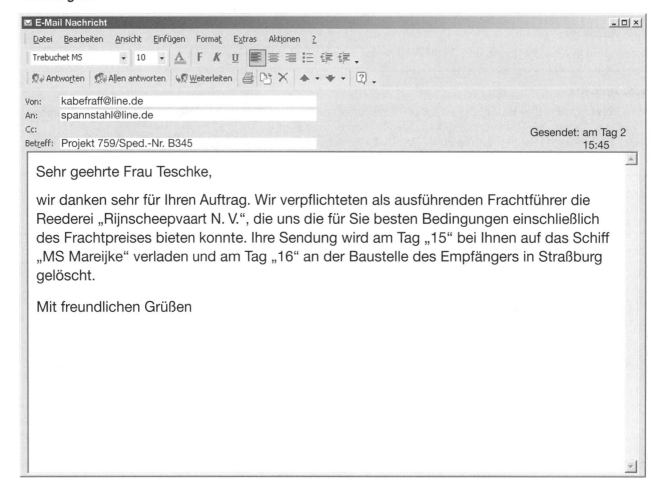

Von: kabefraff@line.de
An: spannstahl@line.de
Cc:
Betreff: Projekt 759/Sped.-Nr. B345

Gesendet: am Tag 2
15:45

Sehr geehrte Frau Teschke,

wir danken sehr für Ihren Auftrag. Wir verpflichteten als ausführenden Frachtführer die Reederei „Rijnscheepvaart N. V.", die uns die für Sie besten Bedingungen einschließlich des Frachtpreises bieten konnte. Ihre Sendung wird am Tag „15" bei Ihnen auf das Schiff „MS Mareijke" verladen und am Tag „16" an der Baustelle des Empfängers in Straßburg gelöscht.

Mit freundlichen Grüßen

445. Aufgabe

Spannstahl AG	Auftraggeber des Speditionsvertrags	
Kabefra GmbH	Spediteur (Beauftragter) des Speditionsvertrags	Absender (Verpflichteter) des Frachtvertrags
Rijnscheepvaart N. V.		Frachtführer (Verpflichteter) des Frachtvertrags
PontConstruct S. A.		Empfänger (Begünstigter des Frachtvertrags)

446. Aufgabe

„Internationale Verlade- und Transportbedingungen für die Binnenschifffahrt" (IVTB) des „Verein für europäische Binnenschifffahrt und Wasserstraßen e. V." (Sitz Duisburg)

447. Aufgabe

Mündlich oder schriftlich (auch elektronisch per E-Mail) durch Konnossement (Ladeschein) oder Frachtbrief

448. Aufgabe

Das Konnossement (Ladeschein) ist – ebenso wie der Frachtbrief – Beweisurkunde über den Abschluss des Frachtvertrags und darüber hinaus Warenwertpapier und daher bei Ablieferung vom Empfänger gegen Empfangnahme der Ladung an den Frachtführer zurückzugeben.

449. Aufgabe

Nach Art der Sendung (maßgefertigte Brückenteile für ein ganz bestimmtes Bauvorhaben) ist davon auszugehen, dass die Sendung von keinem anderen als dem Empfänger von Wert und Interesse sein kann. Von daher ist die Sicherheit des Ladescheins als Wertpapier entbehrlich.

450. Aufgabe

Nach Art der Zahlung (z. B. Akkreditiv-Vereinbarung: Auszahlung des Kaufpreises von 180 000,00 EUR durch die Hanauer Bank an die Spannstahl AG gegen Einreichung handelbarer Verschiffungs-Dokumente) ist die Ausfertigung eines Konnossementes (Ladescheins) nötig.

451. Aufgabe

Die Sendung der Brückenbogen ist nur für ein bestimmtes Projekt (Bauvorhaben im Hafen von Straßburg) geeignet und nur für einen bestimmten Empfänger (PontConstruct S. A.) von Interesse. Ein Weiterverkauf durch das auftraggebende Département Bas-Rhin ist praktisch ausgeschlossen. Daher wäre ein besser und leichter handelbares/übertragbares Order-Konnossement entbehrlich und somit ein Namens-Konnossement durchaus genügend.

452. Aufgabe

Nach „IVTB" haftet der Frachtführer (auch für den Kapitän als Erfüllungsgehilfen) mit höchstens 10,00 EUR je 100 kg oder höchstens 200,00 EUR je Frachteinheit. Wenn Brückenbogen Frachteinheiten sind, dann wäre der Haftungsbetrag hier 200,00 EUR, obgleich der tatsächliche Sachschaden 30 000,00 EUR ist. Dieser Betrag wäre auch nach der Gewichtshaftung nicht zu zahlen, weil die Rijnscheepvaart N. V. nur mit 21 000,00 EUR (210 000 kg : 100 × 10,00 EUR) haften würde.

453. Aufgabe

a) **gesetzliche Haftung:**
Zunächst gilt das Binnenschifffahrtsgesetz (BinSchG) als Vertrags- und Haftungsgrundlage. Es verweist jedoch auf das HGB, das in § 431 die Haftung auf 8,33 Sonderziehungsrechte (1 SZR entspricht etwa 1,20 EUR) beschränkt. Allerdings erlaubt das HGB § 449 (2) abweichende Höchsthaftungen zwischen 2 SZR und 40 SZR (= „Haftungskorridor") in AGBs.

b) **vertragliche Haftung:**
Die Konnossements- oder Verschiffungsbedingungen der Reedereien machen generell vom Haftungskorridor, meist von der Höchsthaftung 2 SZR je kg brutto, Gebrauch. Auch die IVTB setzen höchstens 2 SZR je kg brutto fest, falls nach deutschem Recht gehaftet würde. Die vertraglich vereinbarte Haftungsregelung geht der gesetzlichen grundsätzlich vor.

454. Aufgabe

Der „Maxauer Pegel" gibt den Wasserstand des Rheins im Stromabschnitt um Karlsruhe an. Bei niedrigen Pegelständen (ab 4,40 m und weniger) kann die MS Mareijke nicht mehr voll beladen werden und der Frachtführer Rijnscheepvaart N. V. könnte (nach IVTB) prozentuale Kleinwasserzuschläge (KWZ), die mit abnehmenden Wassertiefen zunehmend gestaffelt sind, auf die vereinbarte Fracht erheben. Wenn der „Maxauer Pegel" auf 3,60 m und darunter sinkt, erlischt sogar die vertragliche Transportpflicht für die Rijnscheepvaart N. V.

455. Aufgabe

Offenbach am Main, Frankfurt am Main, Mainz, Mannheim, Karlsruhe

456. Aufgabe

Der Schiffstyp „Johann Welker Europaschiff" hat eine Nutzlast von 1 000 bis 1 500 Tonnen. Die Ladung Brückenbogen der Spannstahl AG hat ein Gewicht von 1 260 Tonnen. Somit müsste die MS Mareijke mindestens ein Europaschiff mit wenigstens 1 260 t Nutzlast sein.

457. Aufgabe

Der Transport von Hanau/Deutschland nach Straßburg/Frankreich ist grenzüberschreitend. Internationale Beförderungen auf dem Rhein sind seit 1868 aufgrund des Staatsvertrages der damaligen Rheinanliegerstaaten, der in Mannheim besiegelt wurde, für Schiffe aus diesen Staaten genehmigungsfrei. Die „Zentralkommission", mit Sitz in Straßburg, überwacht und entwickelt die „Mannheimer Akte", die heute auch (revidierte) „Rheinschifffahrtsakte" heißt, weiter. Nach dieser Akte ist die Reise der MS Mareijke auf dem Rhein genehmigungs- und abgabenfrei. Auf dem Main, von Hanau bis Mainz, fallen aber Schifffahrtsabgaben an.

2.5 Seeschifffahrt

458. Aufgabe

Marketing ist das unternehmerische Denken vom Markt, vom Kunden her. Beim Marketing geht es nicht mehr vorrangig darum, vorhandene Produktionsmöglichkeiten und Produkte zu verkaufen, sondern aus der Sicht des Kunden bedarfsgerechte Produkte bzw. Dienstleistungen zu entwickeln. Da die Kabefra GmbH ihre Vorweg-Beratung in den Vordergrund stellt, betreibt sie grundlegend Marketing. Denn sie erhofft sich, mit der Anfrage möglicher Kunden nicht nur deren „Bedürfnisse" zu erfahren, sondern diesen daraufhin maßgeschneiderte Lösungen anbieten zu können.

459. Aufgabe

Der Ausbau der Weltmarktposition erfordert, dass auch der Weltmarktpreis stimmt. Optimal ist die Klausel „CIF" oder auch „CFR". Danach zahlt der Verkäufer, die Maschinex AG, alle Versandkosten – bei CIF einschließlich See-Transportversicherung – bis zum Bestimmungshafen. Gründe:
– Der neue Kaufinteressent in San Francisco, der Angebote weltweit einholt, hat eine sichere Vergleichsgrundlage, weil alle Preise alle Kosten bis zu seinem Bestimmungshafen enthalten. Das Käuferinteresse entspräche dem Interesse des Verkäufers Maschinex AG.
– „CIF" ermöglicht der Maschinex AG, durch eigene Entscheidungen beim Versand (Wahl der besten Verkehrsmöglichkeiten und ggf. der besten See-Transportversicherung) die Qualitätspolitik bis zum Bestimmungshafen umzusetzen.
– Die Kabefra GmbH könnte den Transport bis zum Bestimmungshafen fast vollständig organisieren und daran maximal verdienen.

Lösungshinweis:

(A) Unter Kostengesichtspunkten wäre auch DES möglich, weil diese Klausel preismäßig praktisch mit CIF oder CFR identisch ist. Allerdings liegt bei der Ankunftsklausel DES der Gefahrenübergang im Bestimmungshafen, wohingegen der Gefahrenübergang bei CFR und CIF im Verschiffungshafen bleibt. Bei DES hätte also im Falle eines Schadens, der häufig erst beim Löschen der Ladung im Bestimmungshafen festgestellt wird, der Verkäufer die schwere Aufgabe, vom fernen Ausfuhrland aus die Schadensabwicklung zu betreiben.
Die Maschinex AG wäre somit (wie in der Lösung ausgeführt) mit einer C-Klausel besser beraten.
(B) Grundsätzlich sind nur die Klauseln FAS, FOB, CFR, CIF, DES und DEQ für den Binnen- und Seeschifftransport geeignet, die übrigen Klauseln für andere Beförderungsarten. Selbstverständlich können sich Exporteur und Importeur beim Kaufvertrag über diese Empfehlung hinwegsetzen, können Klauseln nur teilweise verwenden oder ändern. Aber dann geben sie den Vorteil auf, der zur Schaffung der Klauseln geführt hat: Klarheit und weltweite Rechtssicherheit.
(C) Die Incoterms werden von der Internationalen Handelskammer in Paris (ICC = International Chamber of Commerce) herausgegeben und den Außenhändlern zur Anwendung empfohlen. Die Incoterms werden in größeren Zeitabständen an die veränderten Gegebenheiten und Bedürfnisse im Welthandel angepasst. Die ICC hat die Incoterms zuletzt im Jahre 2000 neu aufgelegt.
Wenn die Maschinex AG die neuesten Incoterms zugrunde legen will, sollte sie auf die Käufer einwirken, um sie in die Kaufverträge aufzunehmen: „Es gelten die Incoterms 2000."

INCOTERMS 2000

Inhalte Gruppen/Klauseln		Beschreibung	Kostenübergang	Gefahrenübergang
Gruppe E *Abholklausel*	EXW	ab Werk Ex Works	Der Verkäufer hat die Ware nur versandfertig zu verpacken und zahlt sonst nichts.	mit Übergabe (auf dem Werksgelände) beim Verkäufer **benannter Ort**
Gruppe F *Haupttransport vom Verkäufer nicht bezahlt*	FCA	frei Frachtführer Free Carrier	Übergabe der Ware an den Frachtführer einschließlich Ausfuhrabfertigung am benannten Ort	mit Übergabe an (ersten) Frachtführer oder Abfertiger **benannter Ort**
	FAS	frei Längsseite Seeschiff Free Alongside Ship	Der Verkäufer zahlt bis zum Beilegen des Binnenschiffs an das Seeschiff.	Längsseite Schiff im Verschiffungshafen (also zwischen den Schiffen) **benannter V-Hafen**
	FOB	frei an Bord Free On Board	Der Verkäufer hat bis in das Schiff hinein den Umschlag zu zahlen.	beim Überqueren der Reling (Mitte) im Verschiffungshafen **benannter V-Hafen**
Gruppe C *Haupttransport vom Verkäufer bezahlt*	CFR	Kosten und Fracht Cost and Freight	Der Verkäufer zahlt bis zum Seeschiff im Verschiffungshafen plus Seefracht bis zum **benannten B-Hafen**.	beim Überqueren der Reling (Mitte) im Verschiffungshafen **benannter V-Hafen**
	CIF	Kosten, Versicherung und Fracht Cost, Insurance and Freight	Der Verkäufer zahlt bis zum Seeschiff im Verschiffungshafen plus Seefracht plus See-Transportversicherung bis zum benannten B-Hafen.	beim Überqueren der Reling (Mitte) im Verschiffungshafen **benannter V-Hafen**
	CPT	Frachtfrei Carriage Paid To	Der Verkäufer zahlt bis zur Übergabe an den ersten Frachtführer plus Fracht bis Bestimmungsort.	mit Übergabe an (ersten) Frachtführer oder Abfertiger **benannter Ort**
	CIP	frachtfrei, versichert Carriage and Insurance Paid To	Der Verkäufer zahlt bis Übergabe an den ersten Frachtführer plus Fracht bis Bestimmungsort plus Transportversicherung.	mit Übergabe an (ersten) Frachtführer oder Abfertiger **benannter Ort**
Gruppe D *Ankunftsklauseln*	DAF	geliefert Grenze Delivered At Frontier	Der Käufer zahlt ab dem benannten Lieferort an der Grenze einschließlich Einfuhrabfertigung.	benannter Lieferort an der Grenze (kein Umschlag) **benannter Ort**
	DES	geliefert ab Schiff Delivered Ex Ship	Der Käufer zahlt ab Bord des Seeschiffes im Bestimmungshafen.	beim Überqueren der Reling (Mitte) im Bestimmungshafen **benannter B-Hafen**
	DEQ	geliefert ab Kai Delivered Ex Quay	Der Käufer zahlt ab Kai im Bestimmungshafen.	ab Zurverfügungstellung am Kai im Löschhafen **benannter B-Hafen**
	DDU	geliefert unverzollt Delivered Duty Unpaid	Der Käufer zahlt ab dem Bestimmungsort im Einfuhrland mit Zoll.	bei Übernahme am Bestimmungsort des Einfuhrlandes **benannter Ort**
	DDP	geliefert verzollt Delivered Duty Paid	Der Käufer zahlt ab dem Bestimmungsort im Einfuhrland ohne Zoll.	bei Übernahme am Bestimmungsort des Einfuhrlandes **benannter Ort**

Lösungen und Lösungshinweise: Leistungserstellung – verkehrsträgerspezifisch

460. Aufgabe

Da bei „CIF" nur eine See-Transportversicherung gefordert wird, besteht vor und nach dem Seetransport kein Versicherungsschutz. Somit müsste bis Reling Verschiffungshafen der Verkäufer Maschinex AG die Lücke hinnehmen, ab Reling Bestimmungshafen der Käufer in Kalifornien.

461. Aufgabe

Haus-Haus-Transportversicherung

462. Aufgabe

Bei der Klausel „DAF" muss zwischen der Grenze des Ausfuhrlandes – „DAF (I)" – und der des Einfuhrlandes – „DAF (II)" unterschieden werden. Hieraus ergeben sich nicht nur Kostenunterschiede, sondern auch Gefahrverlagerungen.

463. Aufgabe

„Transitsendungen", weil mindestens zwei Grenzen überschritten werden und daher die gemeinte Grenze genau genannt werden muss.

464. Aufgabe

Beispiel:
– Ostküste: New Jersey (New York), Boston
– Südküste: New Orleans, Houston
– Westküste: Oakland (San Francisco), Long Beach (L.A.)

465. Aufgabe

Hafen	Vorteile	Nachteile
New Jersey (New York)	kürzester Seeweg; billigste Seefracht (auch wegen häufiger Schiffsverbindungen/Konkurrenz)	längster Landweg – bei guten Verkehrsmöglichkeiten mit Bahn + Lkw; hohe Landfracht
New Orleans	günstige Frachten (auch wegen des Einsatzes größter Seeschiffe); Lash-Verkehr[1] auf Mississippi teilweise möglich	Der Lash-Verkehr[1] dauert lange und erhöht ggf. Risiken durch häufigeren Umschlag.
Oakland (San Francisco)	durchgängige Seeverbindung; minimale Umschlagsrisiken; geringe Nachlauffracht	längster Seeweg; höchste See-Fracht (Panamakanal)

Lösungshinweis:
[1] „Lash"-Verkehr (Lighter aboard ship = Leichter an Bord eines Seeschiffes) bedeutet, dass Schwimmcontainer (für Massengut), die im Schubverband auf Binnengewässern eingesetzt werden, im Überseeverkehr auf Lash-Mutterschiffe (durch Einschwimmen oder Einheben) übernommen werden. Lash-Verkehr besteht z.B. zwischen Rotterdam und New Orleans.

466. Aufgabe

a) „M/G" ist die Abkürzung für „Maß/Gewicht" (gleichbedeutend mit dem englischen „w/m" = „weight/measurement"). Die Abkürzungen bedeuten, dass der Reeder nach seiner Wahl („in ship's option") die Rate entweder auf das Gewicht (1 000 kg) oder den Raum (1 000 cdm) bezieht. Das jeweils höhere wird zur Frachtberechnung herangezogen und daher spricht man von Frachttonnen.
   aa) Gewichtsberechnung:
       5,678 Tonnen × 4 Verschläge × 90,00 $ = 2 044,08 $
   ab) Maßberechnung:
       2,80 m × 1,98 m × 2,00 m = 11,088 m³ = Frachttonnen (Frt.)
       11,088 Frt. × 4 Verschläge × 90,00 $ = 3 991,68 $
b) Die Quotierung „ad valorem" (= vom Warenwert) ist selten. In diesem Fall wäre zu berechnen:
   Wertfracht: 125 000,00 EUR × 4 Verschläge × 0,0065 = 3 250,00 EUR

Der Reeder würde die höchste Seefracht, also 3 991,68 $ × 0,9 = 3 592,51 EUR, in Rechnung stellen.

---

467. Aufgabe

CAF = Currency Adjustment Factor: Währungszuschlag (auf die Grundfracht)
BAF = Bunker Adjustment Factor: Bunkerölzuschlag (auf die Grundfracht/Extrarate)
ISPS = International Ship and Port Facility Security: Sicherheitszuschlag
THC = Terminal Handling Charge: Entgelt für Bewegung/Umschlag von FCL-Containern

---

468. Aufgabe

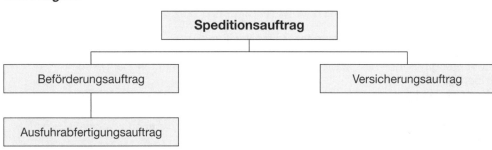

Lösungshinweis:
Die Maschinex AG wollte das „vollständige Versandpaket" von der Kabefra GmbH und hat daher einen umfassenden, übergeordneten **Speditionsauftrag** erteilt, der untergeordnet nicht nur sämtliche Beförderungsaufträge, einschließlich **Verschiffungsauftrag** bis – mit allen Aufträgen zur Zwischenlagerung – zum Empfangshafen umfasst, sondern auch einen Versicherungsauftrag beinhaltet und weitere nötige Unteraufträge (Container-Mietauftrag) als erteilt erscheinen lässt.

---

469. Aufgabe

Unmittelbar entsteht nur ein Speditionsvertrag. Dieser verpflichtet Sie, die Beförderung mit der Sorgfalt eines ordentlichen Spediteurs im Interesse Ihres Kunden zu besorgen sowie die darin enthaltenen Aufträge zu erfüllen. Sie können also die Unteraufträge weitergeben, woraus sich dann ebenfalls Verträge ergeben: Beförderungsverträge mit Frachtführern (einschließlich Seefrachtvertrag mit Verfrachtern) sowie ein Versicherungsvertrag mit Versicherern.

---

470. Aufgabe

1. ADSp
2. HGB
3. BGB

Der Blick in HGB bzw. BGB ist nur erforderlich, falls nicht alle Fragen aus den ADSp bzw. dann aus dem HGB beantwortet werden können.

471. Aufgabe

a) Ausfuhranmeldung
b) statistische Anmeldung (da Warenwert über 1 000,00 EUR)
c) Handelsrechnung (mit Ursprungserklärung)
d) Packliste

---

472. Aufgabe

Der Ausführer (Exporteur/Verkäufer) müsste bei seiner Ausfuhrzollstelle die Ausfuhrabfertigung (bei über 3 000,00 EUR Warenwert) veranlassen, indem er dort die Sendung mit einem Ausfuhrschein, die Ausfuhranmeldung heißt, gestellt („erklärt"). Der Ausführer kann die Ausfuhranmeldung auch durch einen Bevollmächtigten durchführen lassen. Also hat der Ausführer, die Maschinex AG, die Ausfuhranmeldung vorzunehmen, kann sich jedoch auch durch die Kabefra GmbH vertreten lassen. Die Ausfuhranmeldung besteht aus drei Blättern des COM-Papiers (Einheitspapiers), die bestimmt sind für die Ausfuhrzollstelle (Exemplar 1), das Statistische Bundesamt (Exemplar 2) und – abgestempelt zurück – für den Ausführer (Exemplar 3). Somit hat die Maschinex AG nur Exemplar 3 der Ausfuhranmeldung als Ausfuhrschein mitzugeben, mit dem die Sendung zum deutschen Seehafen befördert wird und dort der Ausgangszollstelle zur Ausgangsabfertigung erneut zu gestellen ist.

---

473. Aufgabe

„Punktezettel" für das Telefongespräch mit Versandleiter Beyer am Tag 101

a) Bei den hochwertigen Werkzeugmaschinen ist stabiler Umschließungsschutz geboten, der gerade durch den Stahlmantel eines Containers gegeben ist.
b) Aufgrund des hohen Warenwertes fallen auch die gegebenenfalls anfallenden Mehrkosten für die Anmietung des Containers kaum ins Gewicht.
c) Bei Containerverladung sind die Verschläge entweder ganz entbehrlich oder sie können weniger „seefest" und damit kostengünstiger sein.
d) Kosten können darüber hinaus bei der Transportversicherung wegen der größeren Sicherheit bei Containerverladung gespart werden.
e) Da die Maschinex AG in jedem Fall die Erstverladung selbst vorzunehmen hat, bietet ein Container darüber hinaus den Vorteil, dass die fachmännische Verladung durch den Versender bis zum Empfänger BayTool „trägt", weil jeder Umschlag des Containers nicht mehr die Sicherheit der Werkzeugmaschinen beeinträchtigt.

Ziel: Versandleiter Beyer vom Vorzug der Containerverladung überzeugen!

Datum: _____ Uhrzeit des Gesprächs: _____ Ihr Name: _____

---

474. Aufgabe

Mit „FCL" (= Full Container Load) wird die Vollauslastung eines Containers durch einen Absender, eine komplette Containerladung also, mit „LCL" (= Less than Container Load) nur die Teilauslastung eines Containers durch einen Absender, Containerstückgut sozusagen, bezeichnet. Wird der Container dem Absender in seinem Betrieb zur alleinigen Verfügung gestellt und soll der ganze Container nur mit dessen Sendung vollständig dem Empfänger zugeführt werden, dann spricht man von „FCL/FCL" (Haus/Haus). Wird aber die Sendung eines Absenders erst zu einem Containerzentrum gebracht und dort dann in einen Container geladen und im Empfangshafen dem Container wieder entnommen und dem Empfänger „konventionell" zugestellt, so liegt die Kombination „LCL/LCL" (Pier/Pier) vor. Mischformen, z. B. „FCL/LCL", sind weniger häufig.

475. Aufgabe (siehe Tabelle Seite 119)

Die ISO (= International Standardization Organization) hat auch die Containerabmessungen besonders für den Überseeverkehr genormt. Zwanzig- und Vierzig-Fuß-Container sind im Querschnitt identisch: Breite und maximale Höhe sind gleich. Sie unterscheiden sich aber in der Länge: 20-Fuß-Container sind fast halb so lang wie 40-Fuß-Container. 40-Fuß-Container können jedoch bei Weitem nicht das doppelte Ladegewicht tragen, weil die größere Länge weniger Belastung pro Meter aushält.

476. Aufgabe

1. **Container-Typ:**
   a) 20-Fuß-Container: Jeweils zwei Werkzeugmaschinen könnten in zwei 20-Fuß-Container geladen werden, denn 2 × 2,80 m = 5,60 m, und somit wäre die Innenlänge des Containers gut ausgenutzt. Wenn die Be- und Entladung der Container gleichzeitig erfolgt, dann könnten die Ladezeiten minimiert werden. Kann nur nacheinander geladen werden, dauert der Vorgang länger.
   b) 40-Fuß-Container: Alle vier Werkzeugmaschinen können hintereinander in einem 40-Fuß-Container gestaut werden, denn 4 × 2,80 m = 11,20 m, und der Innenraum ist damit maximal ausgelastet. Und die Zuladung von 4 × 5,678 t = 22,712 t liegt weit unter dem höchsten Ladegewicht von gut 27 t. Bei Engpässen an der Laderampe ist der 40-Fuß-Container schneller.
   Ergebnis: Sie entscheiden sich für den 40-Fuß-Container, weil die Frachtpreise niedriger sind.

2. **Container-Verfahren:**
   Sie entscheiden sich für FCL/FCL, weil dies die schnellste (wenigste Umschlagvorgänge) und sicherste (Container-Schutz von Haus zu Haus) Variante ist. Der leere Container wird auf Veranlassung der Kabefra GmbH zur Maschinex AG ins Werk gebracht. Dort kann der Verlader seine Werkzeugmaschinen im Container so stauen, dass sie beförderungssicher sind und die Ware unversehrt ihr Ziel erreichen kann. Erst beim Endempfänger in den USA werden die Werkzeugmaschinen aus dem Container entladen.

477. Aufgabe

Es handelt sich um Containerbrücken im Containerhafen. Die landseitig per Bahn und Lkw ankommenden Container werden im Containerterminal abgesetzt. Das dort ankommende Stückgut wird in der CFS (Container Freight Station) in Container gestaut. Die umschlagfertigen Container werden mit Förderfahrzeugen an die Containerbrücken herangebracht, von diesen aufgenommen, horizontal bewegt und dann auf das Containerschiff geladen. Eine Containerbrücke verlädt bis zu 50 Container pro Stunde. Der Umschlag auch großer Containerschiffe ist innerhalb eines Tages abgewickelt, wodurch die teuren Liegezeiten im Hafen minimiert werden.

478. Aufgabe

Frankfurt am Main ist ein Verkehrsknotenpunkt für Binnenschiff, Bahn und Lkw (Flugzeug kommt hier als Verkehrsmittel nicht infrage). Aus ökologischen Gründen wären Binnenschiff und Bahn zu bevorzugen. Allerdings ist der Lkw (im Ladungsverkehr) an keinen Fahrplan gebunden, jederzeit einsetzbar, schnell (rund 60 km/h Durchschnittsgeschwindigkeit sowie durchgängig bis Seehafen) und – aufgrund des harten Wettbewerbs – auch preisgünstig.

Ergebnis: Sie entscheiden sich für den Lkw (Sattelzug mit Auflieger für 40-Fuß-Container). Das Gewicht des beladenen Containers überschreitet nicht die Nutzlast eines Lkw von 25 bis 27 Tonnen.

479. Aufgabe

Für alle Überseehäfen ist natürlich die größtmögliche Nähe zum Meer entscheidend, zugleich aber auch eine gewisse „Ferne", die ohne Schleusen (Tidehafen) vor Gezeiten schützt. Hamburg und Bremen sowie Bremerhaven liegen weit im Landesinneren. Dagegen sind Rotterdam und Antwerpen meeresnäher und (Antwerpen) auf Schleusen und Seekanäle angewiesen. Für den Hafenstandort ist darüber hinaus die (möglichst kurze/schnelle/preiswerte) Verkehrsanbindung an das Hinterland wichtig. Daher entstanden die größten Seehäfen an den Strömen Elbe (Hamburg), Weser (Bremen/Bremerhaven), Rhein/Schelde (Rotterdam und Antwerpen). Heutzutage ist auch die Auto-/Bahnanbindung für den Vor- und Nachlauf bedeutsam.

480. Aufgabe

„Range" (engl.: Reihe/Kette/Bereich/Reichweite) drückt die große räumliche Nähe dieser Häfen zueinander aus. Aus überseeischem Blickwinkel erscheinen sie praktisch als „ein" Hafen, ab dem in der Regel „gleiche" Frachtraten gelten. Dennoch stehen diese Häfen, von denen jeder sehr leistungsfähig ist, über die Leistungen im Hafen in scharfem Wettbewerb miteinander.

Lösungen und Lösungshinweise: Leistungserstellung – verkehrsträgerspezifisch

481. Aufgabe

Die Vorgabe der Maschinex AG im Speditionsauftrag „CIF Oakland" bezieht sich auf den Empfangshafen, nicht auf den Verschiffungshafen, über den hier zu entscheiden ist. Möglich sind: Antwerpen, Rotterdam, Bremen, Bremerhaven und Hamburg.

a) **Entfernung zum Seehafen**
   Nach den Straßenentfernungen liegt Antwerpen (Belgien) mit 394 km am nächsten. Dann folgt Bremen mit 441 km und an dritter Stelle liegt Rotterdam (Niederlande) mit 456 km. An vierter Stelle ist Hamburg (Waltershof/Containerhafen) mit 493 km. Bremerhaven ist 494 km entfernt. Die Entfernungen wirken sich auf die Transportzeit aus, jedoch nicht unbedingt auf die Frachten. Also könnte das weit entfernte Hamburg auf der umkämpften Strecke ab Frankfurt am billigsten sein.

b) **Vorzüge im Seehafen**
   Für die deutschen Häfen spricht der Sprachvorteil. Hamburg liegt zwar am weitesten weg, weist aber vergleichsweise schnelle und häufige Containerverkehre auf. Im konkreten Fall könnte durchaus eine Rolle spielen, dass die Kabefra GmbH ein eigenes Seefrachtbüro in Hamburg hat.

c) **Raten der Seehäfen**
   Die Seefrachtraten sind in den jeweiligen Häfen im europäischen Nahverkehrsraum je nach Zielhafen unterschiedlich hoch. Bei einer Seereise um die halbe Welt spielt dagegen meist keine Rolle, ab welchem Nordseehafen verschifft wird. Wir gehen davon aus, dass die Raten ab jedem Hafen gleich sind. Von daher könnte die Entscheidung ohne Weiteres für Hamburg fallen.

482. Aufgabe

ETS = Expected/Estimated Time of Sailing: planmäßige Schiffsabfahrtszeit
ETA = Expected/Estimated Time of Arrival: planmäßige Schiffsankunftszeit

483. Aufgabe

Schiffslisten (früher auch: Segellisten) heißen die Fahrpläne der Schiffe im Linienverkehr. Die Fachzeitung DVZ gibt für Abfahrten ab Hamburg die „Hamburger Schiffsliste" und für Abfahrten ab Bremen, Bremerhaven und Weserhäfen die „Bremer Schiffsliste" heraus. Die Schiffslisten sind geografisch nach Zielgebieten gegliedert und enthalten für die jeweiligen Zielhäfen (auch abgekürzt mit einem Drei-Buchstaben-Code) die Abfahrtsdaten zeitlich geordnet. Den Schiffen sind die jeweiligen Ankunftszeiten sowie die Liegeplätze im Verschiffungshafen mit zugehörigem Reeder und Makler zugeordnet. Schiffslisten sind unverbindlich. Daher sind Bestätigungen ratsam.

484. Aufgabe

Die Speditionsnummer (auch: Referenznummer/reference number) des Erstspediteurs, der Kabefra GmbH in Frankfurt, erlaubt, jede Sendung klar als Auftrag zu erfassen und in der gesamten Transportkette schnell zu finden. Dies setzt voraus, dass die Speditionsnummer nicht nur an den Versender, die Maschinex AG, sondern möglichst auch an alle einbezogenen Verkehrsbetriebe weitergegeben wird, die sich darauf beziehen.

485. Aufgabe

a) **Eintragung**

Die MS Seapearl ist (wenn sie zur deutschen Handelsflotte gehört) in Hamburg (wenn die Hamburg Lloyd AG dort ihren Sitz hat) in das gerichtliche Schiffsregister eingetragen. Über die Eintragung des Schiffes in das Schiffsregister wird ein Schiffsbrief (ähnlich dem Kfz-Brief) ausgestellt, aus dem die Eigentumsverhältnisse am Schiff hervorgehen. Die MS Seapearl führt am Heck die deutsche Flagge. Die MS Seapearl ist als deutsches Seeschiff (weltweit) Teil des deutschen Staatsgebietes.

b) **Ladefähigkeit**

Die MS Seapearl ist ein Motor-Schiff, das ausschließlich Container befördert und deswegen Vollcontainerschiff genannt wird. Schiffe, die sowohl Container als auch Stückgut befördern, heißen dagegen Semicontainerschiffe. Die MS Seapearl fasst als Schiff der „4. Generation" 4000 TEU (= Twenty Foot Equivalent Unit = Zwanzig-Fuß-Äquivalenz-Einheit), was bedeutet, dass es entweder 4000 Zwanzig-Fuß-Container oder 2000 Vierzig-Fuß-Container aufnehmen kann. Ein Vierzig-Fuß-Container entspricht also 2 TEU. Das Fassungsvermögen der (Voll-)Containerschiffe wird demzufolge in TEU gemessen. Jeder „Generation" sind 1000 TEU (mehr) zugeordnet.

c) **Fahrtüchtigkeit**

Die MS Seapearl muss den Panamakanal durchfahren können und somit bezüglich Breite und Tiefe (Tiefgang) sowie auch Länge kanaltauglich sein.

486. Aufgabe

Die Hamburg Lloyd AG ist als Reederei Eigentümerin des Schiffes „MS Seapearl" (und möglicherweise weiterer Schiffe). Zugleich bietet sie ihr(e) Schiff(e) als Beförderer an und ist insoweit auch Verfrachter von Seeschiffen, der mit Befrachtern (Verladern) Seefrachtverträge abschließt. Die Reederei Hamburg Lloyd AG ist Mitglied in einer Schifffahrtskonferenz.

487. Aufgabe

a) **Konferenz** oder **Schifffahrtskonferenz** ist die Bezeichnung für ein Kartell, in dem Reeder für ein bestimmtes Fahrtgebiet Preise und Konditionen einheitlich festlegen. Für international tätige und organisierte Kartelle gelten die einschränkenden Vorschriften des deutschen und europäischen Kartellrechts (Verbotsprinzip) nicht.

b) **Konferenztarif** ist ein Verzeichnis von Preisen und Bedingungen für standardisierte Leistungen im Linienverkehr zur See. Konferenztarife werden in der Regel nicht veröffentlicht.

488. Aufgabe

San Francisco ist eine Hafenstadt, die meerabgewandt im Bay von San Francisco liegt und Zugang (durch das „Golden Gate") zum Stillen Ozean (Pazifik) hat. Allerdings wird San Francisco selbst überwiegend von Fahrgastschiffen angelaufen. Ein Großteil des Güterverkehrs wird über die ebenfalls im Bay gelegene Stadt Oakland abgewickelt. Dort sind auch große Container-Umschlaganlagen. Zwischen Oakland und San Francisco erstreckt sich eine weitgespannte, mehrspurige Brücke (Bay-Bridge) für Straße und Schiene.
Die Entscheidung für Oakland war verkehrstechnisch/kaufmännisch richtig.

489. Aufgabe

Zwischen 15 und 16

490. Aufgabe

15 = Los Angeles (Long Beach); 16 = Seattle; 19 = New York (New Jersey); 20 = Boston; 21 = Savannah; 22 = Houston (oder auch New Orleans)

491. Aufgabe

Die Klausel CIF ist eine von 13 Klauseln der Incoterms, der International Commercial Terms, die die ICC (International Chamber of Commerce = Internationale Handelskammer in Paris) herausgebracht hat, um die Lieferungs- und Zahlungsbedingungen im weltweiten Handel zu klären und zu vereinheitlichen. Weil bei CIF Kostenübergang und Gefahrenübergang auseinanderfallen, spricht man – wie bei allen anderen C-Klauseln – von einer Zweipunktklausel.

492. Aufgabe

Die Kabefra GmbH ist wohl nur im weiten Sinne ein Schiffsmakler. Wenn die Kabefra GmbH allerdings nicht als Vermittler, sondern als Vertreter der Reederei Hamburg Lloyd AG auftritt, ist sie handelsrechtlich ein Handelsvertreter – oder internationaler ausgedrückt – ein „Agent". In diesem Fall also ein Reedereiagent, der im Namen der Hamburg Lloyd AG die Konnossemente (Ladescheine) für den Verfrachter zeichnet und die Interessen der Hamburg Lloyd AG zu vertreten hat. Die Kabefra GmbH übernimmt daher in diesem Fall zwei Rollen: Zum einen ist sie Verschiffungsspediteur, der auf der Seite des Befrachters steht, und zum anderen Reedereiagent. Solche Doppelrollen sind üblich und wegen der Einheitlichkeit der Geschäftsausübung durchaus sinnvoll.

---

493. Aufgabe

Befrachter
(Vertragspartner beim Seefrachtvertrag – Absender)

Verfrachter
(Vertragspartner beim Seefrachtvertrag – „Frachtführer" (Reeder))

Ablader
(liefert Sendung beim Verfrachter an und sorgt für die Konnossemente)
Der Ablader kann der Befrachter sein, aber auch eine dritte Person.

---

494. Aufgabe

Wenn die Kabefra GmbH im Auftrag des Versenders den Seefrachtvertrag schließt, dann ist sie Befrachter. Wenn die Kabefra GmbH zugleich die Sendung dem Verfrachter übergibt und dafür die Konnossemente erhält, dann ist sie Ablader.

---

495. Aufgabe

Ablader wird nur, wer die Sendung gegen Übergabe der Konnossemente dem Verfrachter übergibt.

---

496. Aufgabe

Die Kabefra GmbH erlöst aus der Vermittlungstätigkeit eine zusätzliche Einnahme, kann dem Kunden, der Maschinex AG, sofortigen Deckungsschutz gewähren und ihm aus der prämiengünstigen Generalpolice („großer" Versicherungsvertrag zwischen der Kabefra GmbH und der Neptun AG) Beitragsvorteile einräumen.

---

497. Aufgabe

Die Maschinex AG hat sich im Kaufvertrag mit der BayTool Inc. auf die Klausel „CIF" geeinigt und sich damit verpflichtet, für den reinen Seetransport eine Transportversicherung abzuschließen. Da bei dieser Zweipunktklausel der Gefahrenübergang im Verschiffungshafen Hamburg liegt, kann somit nur der Empfänger, der Käufer BayTool Inc., der Nutznießer im Falle eines Seetransport-Schadens sein.

---

498. Aufgabe

Der Hauptversicherungsvertrag wird mit einer „Police" begründet (DTV 11.1).
Unterversicherungsverträge werden mit einem „Zertifikat" dokumentiert (DTV 15.3.1).
Der Hauptversicherungsvertrag aufgrund einer Generalpolice besteht zwischen der Neptun AG und der Kabefra GmbH. Der sich darauf beziehende Unterversicherungsvertrag mittels Zertifikat besteht zwischen der Kabefra GmbH und der Maschinex AG.

---

499. Aufgabe

Die Versicherungssumme wäre niedriger als der Versicherungswert, sodass eine Unterversicherung mit nur verhältnismäßiger Ersatzleistung vorgelegen hätte (DTV 17.5).

500. Aufgabe

Jede Transportversicherung, damit auch die gemäß „DTV (Deutscher Transportversicherungs-Verband) Güter 2000", leistet gerade auch für den Fall der höheren Gewalt, weil dann ja keine Haftung (eines Verkehrsbetriebes) greift. Bei höherer Gewalt (= Fälle, in denen gefährliche Ereignisse unabsehbar und unabwendbar sind) wird bei jedem nachgewiesenen (Sach-)Schaden der Versicherungsnehmer bzw. der Begünstigte der Transportversicherung entschädigt. (DTV 2.1: Versicherer trägt alle Gefahren)

501. Aufgabe

Die **volle Deckung** (DTV 2.1) schließt alle Gefahren (ausgenommen politische Risiken, wie z.B. Krieg usw., die aber durch DTV-Zusatzklauseln versicherbar sind) ein, die auf die Ware einwirken.
Bei **eingeschränkter Deckung** muss die Beschädigung oder Vernichtung der Ware vor allem durch vorausgehende Schäden an Fahrzeugen (z.B. Strandung von Schiffen) und Gebäuden (z.B. Einsturz von Lagerhallen) erfolgen.
Ein Diebstahl würde bei voller Deckung („all risks") zur Leistung der Versicherung führen, nicht aber bei eingeschränkter Deckung („limited cover").

502. Aufgabe

a) Erklärung:
Ein Konnossement (englisch: Bill of Lading, abgekürzt B/L; deutsch: Ladeschein gemäß HGB) ist eine Urkunde, die dem rechtmäßigen Inhaber des Dokuments das Eigentums- und/oder Besitzrecht an der darin aufgeführten (Seefracht-) Sendung zusichert und somit ein Warenwertpapier ist.

b) Funktionen:
Das Konnossement ist:
– Warenwertpapier (verbrieft den Auslieferungsanspruch und somit das Verfügungsrecht)
Das Konnossement erfüllt diesen Anspruch nur durch die Erklärungen des Verfrachters:
– Empfangsbescheinigung (Text im B/L: RECEIVED IN APPARENT GOOD ORDER AND CONDITION)
– Beförderungsversprechen vom Abladehafen (= Verschiffungshafen) bis Bestimmungshafen
– Auslieferungsversprechen an berechtigten B/L-Besitzer gegen Konnossement-Rückgabe
– Beweisurkunde über den Abschluss des Beförderungsvertrags (im Linienverkehr üblich)

503. Aufgabe

a) Konnossement/Ladeschein
b) Befrachter (Absender)
c) Empfänger
d) Meldeadresse
e) Übernahmeort
f) Auslieferungsort
g) Verfrachter (Frachtführer)
h) Verschiffungshafen oder Abladehafen
i) Bestimmungshafen oder Löschhafen
j) Seeschiff
k) Vorlauf und Nachlauf/Containerverfahren
l) Bruttogewicht
m) Geschäfts-/Aktenzeichen
n) Kosten (Gebühren)
o) Ausstellung
p) Inhalt
q) handelbar/übertragbar

504. Aufgabe

Der Verschiffungsspediteur hat nach der Buchung – als Ablader – die Bordlieferung zu veranlassen, worüber ihm der Kapitän einen Bordempfangsschein (Mate's Receipt) ausstellt. Diese Verschiffungsbestätigung (Shipping Confirmation) lässt der Ablader beim Befrachter in ein Konnossement eintauschen bzw. ein Übernahmekonnossement in ein Bordkonnossement stempeln. Die Kabefra GmbH erhält also Provision für Andienung der Sendung und Beschaffung der Dokumente.

505. Aufgabe

Die Maschinex AG, Frankfurt am Main, ist handelsrechtlich (gemäß HGB) der Befrachter (entspricht dem Absender), vertreten durch die Spedition Kabefra GmbH, Frankfurt am Main, die mit dem Verfrachter (entspricht dem Frachtführer), der Reederei Hamburg Lloyd AG, vertreten durch seinen Agenten, die Kabefra GmbH, Hamburg, den Seefrachtvertrag zugunsten eines Dritten abgeschlossen hat. Begünstigt ist somit der Empfänger, die BayTool Inc., San Francisco, durch die Lieferung. Gegenstand des Frachtvertrags ist die Beförderung der Werkzeugmaschinen von Hamburg in die USA.

506. Aufgabe

Im B/L ist der Frachtvertrag eingeschlossen; das Konnossement ist jedoch darüber hinaus und vor allem Warenwertpapier. Daher kann der Empfänger (CONSIGNEE), wenn er vorab (durch Briefpost) in den Besitz des B/L gelangt, mit dem („negotiable") Dokument so verfügen, als ob er die Ware besäße. Er kann die Ware weiterverkaufen und das Eigentum durch Indossierung (OR ORDER) des B/L an den neuen Käufer übertragen.

---

507. Aufgabe

Die Kabefra GmbH, Frankfurt am Main, hätte das B/L nicht an die Maschinex AG, Frankfurt am Main, zur Weiterleitung an die BayTool Inc., San Francisco, sondern an die Kabefra Inc., Oakland, schicken müssen. Die Kabefra Inc. wäre (formal) Verfügungsberechtigter geworden und hätte die Sendung ggf. schneller auslösen können.

Bill of Lading		negotiable
SHIPPER Spedition Kabefra GmbH Seilerstraße 32 60313 Frankfurt am Main Germany	**B/L NUMBER** 45678	
	SHIPPERS REFERENCE NUMBER S 123/987	
CONSIGNEE OR ORDER Spedition Kabefra Inc. Goldrush Ave. 123 94022 Oakland/California USA	**CARRIER** Reederei Hamburg Lloyd AG Überseehafen 18 20345 Hamburg Germany	
NOTIFY ADDRESS Bay Tool Inc. Yosemite St. 120 94010 San Francisco USA	**PLACE OF RECEIPT** Hamburg	
	PLACE OF DELIVERY Oakland/California/USA	
OCEAN VESSEL MS Seapearl	**PORT OF LOADING** Hamburg	

PORT OF DISCHARGE
Oakland/California/USA
	ex: Maschinex AG
	    Industriestraße 48
	    60111 Frankfurt am Main
	    Germany	

---

508. Aufgabe

a) Im realisierten Fall ist auch Notify Kabefra Inc., Oakland, durch den Reeder bzw. seinen Agenten von der Ankunft des Schiffs MS Seapearl zu informieren, der dann die Sendung bei der BayTool Inc. avisiert und versuchen wird, die Einfuhrabfertigung und Zustellung von diesem übertragen zu erhalten. Die BayTool Inc. müsste zuvor das per Post erhaltene B/L auf die Kabefra Inc. indossieren.

b) Im fiktiven Fall wäre Notify BayTool Inc. durch den Reeder von der Ankunft der Sendung in Kenntnis zu setzen. Die BayTool Inc. müsste nichts weiter unternehmen, weil der Empfänger, die Kabefra Inc., die Sendung aufgrund des durch Briefpost erhaltenen B/L auslösen und ggf. abfertigen könnte.

509. Aufgabe

Der Verfrachter, die Hamburg Lloyd AG, darf die Sendung nur gegen Rückgabe mindestens eines Originals des Konnossements an den Empfänger, die BayTool Inc., San Francisco, ausliefern. Text im B/L: ONE OF THE BILLS OF LADING MUST BE SURRENDERED ... IN EXCHANGE FOR THE GOODS. Es besteht also ein zwingendes Austauschverhältnis zwischen Dokument und Ware. Ohne B/L hat der Empfänger also keinen Anspruch auf Herausgabe der Sendung. Kam das B/L abhanden, dann kann der Begünstigte nur mittels eines (aufwendigen) Gerichtsverfahrens Besitz und Eigentum an der Ware erlangen.

---

510. Aufgabe

Durch den Vermerk (Stempel: „Shipped on Board") bestätigt der Verfrachter Hamburg Lloyd AG, dass sich die Sendung Container Werkzeugmaschinen an Bord der MS Seapearl befindet. Damit ist das B/L ein Bordkonnossement geworden (und nicht ein bloßes Übernahmekonnossement („Received for Shipment"), das zwar die Inbesitznahme der Sendung durch den Verfrachter, aber noch nicht den **gefahrvollen** Umschlag bescheinigt). Da keine Schäden/Mängel an der Sendung (Text im B/L: UNLESS OTHERWISE NOTED HEREIN) im B/L stehen (sogenannte „Abschreibungen"), gilt die allgemeine Erklärung der Unversehrtheit (Text im B/L: RECEIVED IN APPARENT GOOD ORDER AND CONDITION) und das Dokument ist damit zugleich ein reines (clean) Konnossement geworden. Reine Bordkonnossemente sind daher von erster Güte.

---

511. Aufgabe

Konnossemente mit dem Vermerk „an Order" (Text im B/L: CONSIGNEE OR ORDER sowie ENDORSED [= indossiert]) heißen Order-Konnossemente, weil sie es dem Begünstigten der Urkunde erlauben, durch Indossament (= Übertragungserklärung „auf der Rückseite") seine aus dem B/L hervorgehenden Rechte (Besitz und auch Eigentum) auf einen Dritten zu übertragen. Bei der Containerverladung ist der Dritte der Empfänger der Werkzeugmaschinen, die BayTool Inc.

Würde die Klausel „an Order" ersatzlos fehlen, dann läge ein Namens-Konnossement vor. Stünde an Stelle von „or order" die Klausel „or bearer", so wäre es ein (seltenes) Inhaber-Konnossement. Namens-Konnossemente werden durch Zession (= Forderungsabtretung) übertragen, wobei natürlich nur das übertragen werden kann, was zum Zeitpunkt der Abtretung noch zu fordern ist. Insoweit können Namens-Konnossemente (aufgrund von aufrechenbaren Gegenforderungen) weniger wert sein, als das Dokument ausweist. Inhaber-Konnossemente werden durch bloße Übergabe übertragen. Somit besitzen Order-Konnossemente höchste Güte und Sicherheit und sind daher am ehesten handelbar (negotiable).

Lösungshinweis:

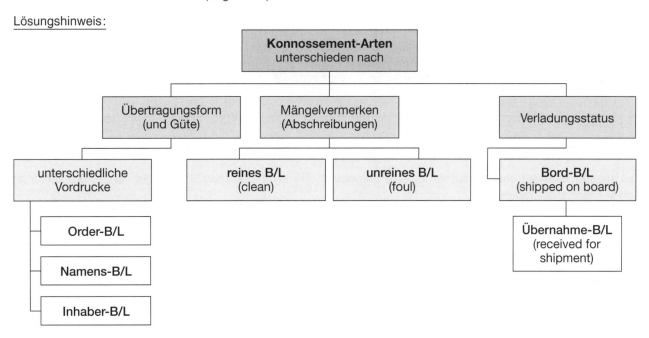

512. Aufgabe

Durch zwischenstaatliche Übereinkommen wurde 1922 (Haager Regeln) und 1968 (Visby-Rules) internationales Seefrachtrecht geschaffen, das durch Ratifizierung (= Annahme im Reichstag bzw. im Bundestag) auch deutsches Recht wurde, welches später im HGB aufging. Aufgrund der (auch weltweit) herrschenden Vertragsfreiheit sind die gesetzlichen Regelungen nicht zwingend und werden im Allgemeinen ersetzt durch die Verfrachtungsbedingungen (oder: Konnossementsbedingungen) der jeweiligen Reedereien bzw. Schifffahrtskonferenzen. Allerdings sind viele Begriffe und Inhalte der Haager-Visby-Regeln in die jeweiligen Konferenzbedingungen eingeflossen. Nichtsdestoweniger wird der Wortlaut des HGB im Streitfall erst dann zur Klärung herangezogen, wenn die Vertragsbedingungen (normalerweise auf der Rückseite des B/L wiedergegeben) nicht hinreichend sind. Bei unserer Containerverschiffung seien die Vertragsbedingungen auch hinten klein gedruckt.

---

513. Aufgabe

Kernstück des HGB für den Seefrachtvertrag ist die Haftung. Diese wird beschränkt auf höchstens 666,67 SZR (= Kunstwährung: Sonderziehungsrechte) je Packstück bzw. Ladungseinheit oder wahlweise auf 2 SZR je kg brutto. Bei Containerverladung gilt der Container als eine Ladungseinheit. Wenn der Containerinhalt packstückweise einzeln aufgeführt ist, dann bezieht sich die Höchsthaftung auf die jeweiligen Inhaltspackstücke. Die Haftung des Verfrachters wird durch gesetzliche Haftungsausschlüsse und Freizeichnungen auch dem Grunde nach erheblich begrenzt.
In unserem Fall hat die Hamburg Lloyd AG maximal mit 666,67 × 4 = 2666,68 SZR nach dem HGB zu haften, was rund einem Betrag von 3000,00 EUR entspricht. Allerdings ist der Wert der Sendung von 500000,00 EUR zuzüglich Gewinn durch die Transportversicherung voll abgedeckt.

---

514. Aufgabe

Beispiel:
europäische Häfen: Rotterdam, Antwerpen, Portsmouth
amerikanische Häfen: Atlantik: Charleston, Miami
Golf von Mexiko: New Orleans
Pazifik: San Diego, Long Beach (Los Angeles)

---

515. Aufgabe

– Nordsee, Ärmelkanal, Golf von Biskaya = Meeresteile des Atlantik
– Golf von Mexiko, Karibisches Meer (Karibik) = Meeresteile des Atlantik
– Panamakanal, Golf von Panama = Meeresteile des Pazifik
– Pazifik (Pazifischer oder Stiller Ozean), Atlantik = Weltmeere

---

516. Aufgabe

Die engste Stelle des amerikanischen Erdteils und eine Reihe von natürlichen Seen waren für den Kanalbau an dieser Stelle entscheidend.
Der Panamakanal ist rund 80 km lang. Die Durchfahrtszeit beträgt durchschnittlich acht Stunden.

---

517. Aufgabe

Wegersparnis 16000 km
16000 : 26000 × 100 = 61,5 %

518. Aufgabe

Verkürzung des Seewegs (keine Reise um die Südspitze Südamerikas – Kap Hoorn)

Vorteile:
– weniger Frachtkosten (kürzere Transportdauer)
– weniger Versicherungsprämie (kürzere Risikozeit)
– weniger Zinsen (kürzere Kapitalbindung)

Nachteil:
höhere Frachtkosten (Kalkulation der Kanal-/Schleusen-/Lotsengebühren im Tarif)

Lösungshinweis:
Obgleich die Meeresspiegel vor und hinter dem Panamakanal fast gleich sind, befinden sich drei Schleusen im Kanal, mit denen der Höhenunterschied des Landes von 26 m überwunden wird. Der Panamakanal darf nur von Schiffen der „Panamamax-Klasse" und darunter und nur mit Lotsen befahren werden.

---

519. Aufgabe

Nur Schiffe bis zu einer bestimmten Länge, Breite und Tiefe (bis 12 Meter) dürfen den Panamakanal mit seinen drei Schleusen befahren. Zur Feststellung der Kanaltauglichkeit und zur Ermittlung der Gebühren sind vorzulegen:

a) **Messbrief:** dokumentiert die technischen Maße des Schiffs (Rauminhalt sowie Länge, Breite und Tiefe) (vergleichbar mit dem Kfz-Schein)

b) **Klassenzertifikat:** dokumentiert den baulichen Zustand und die Tauglichkeit zum Befahren von Wasserstraßen (vergleichbar mit der TÜV-Bescheinigung beim Kraftfahrzeug)

3 Kaufmännische Steuerung und Kontrolle

520.	40 740,00 EUR	544.	Der Nettospeditionsgewinn (Reingewinn) beträgt 26,07 EUR.	589.	1
521.	8 148,00 EUR			590.	6 160 m^2, 77 %
522.	712,95 EUR			591.	4 m^2
523.	13 810,95 EUR	545.	302,11 EUR	592.	5,19 m^2
524.	24 000,00 EUR	546.	2	593.	30 %
525.	47,26 EUR	547.	15 000,00 EUR	594.	24,89 EUR
526.	156,25 EUR	548.	4	595.	11,06 EUR
527.	0,00 EUR (keine Kosten)	549.	46 000,00 EUR	596.	48 %
528.	57,72 EUR	550.	512 000,00 EUR	597.	a) 2 1/2 Stunden b) 8 Stunden
529.	Frachtpreis ist „Haus-Haus-Preis", von Haus des Absenders bis zum Haus des Empfängers.	551.	292 Aufträge		
		552.	71 Abfertigungen	598.	198,88 EUR
		553.	50 400,00 EUR	599.	26,88 EUR
		554.	40 400,00 EUR	600.	22,04 EUR
530.	Dem Versandspediteur	555.	25 000,00 EUR	601.	421,50 EUR
531.	Für die Sendungen der Position 2 und 4, weil es sich um „Unfrei-Sendungen" handelt.	556.	350 Sendungen	602.	7,03 EUR
		557.	250	603.	31,03 EUR
		558.	12	604.	a) 60,10 EUR b) 6,00 EUR
		559.	17		
532.	Gesamtentgelt (drei Versender) 1.200,00 EUR	560.	100 Abfertigungen	605.	5
		561.	24 998,83 EUR	606.	2
533.	Gesamtentgelt als Frachtnachnahmen an den Empfangsspediteur 683,00 EUR	562.	12,50 EUR	607.	175 070,00 EUR
		563.	58,00 EUR	608.	2
		564.	104,16 EUR	609.	1
534.	Umschlagskosten 86,00 EUR	565.	379,47 EUR	610.	2
		566.	2	611.	5
535.	Abholungskosten (4 Sendungen) insgesamt 461,00 EUR	567.	180 000,00 EUR	612.	4
		568.	135 000,00 EUR	613.	5
		569.	110 000,00 EUR	614.	2
536.	Der Empfangsspediteur berechnet uns für seine Leistungen in Form einer Rückrechnung einen Gesamtbetrag von 559,00 EUR.	570.	a) 3 960 000,00 EUR b) 440 000,00 EUR	615.	3
				616.	8 303,00 EUR
		571.	33 000,00 EUR	617.	3, 4, 6, 9, 7, 1, 5, 8, 2
		572.	604 400,00 EUR	618.	4
		573.	290 000,00 EUR	619.	4
537.	Bruttospeditionsgewinn der Gesamtverladung 297,00 EUR	574.	47,98 %	620.	28 000,00 EUR
		575.	76 %	621.	2
		576.	6,30 EUR	622.	5
538.	Bruttospeditionsgewinn 113,70 EUR	577.	4,50 EUR	623.	1
		578.	5,62 EUR	624.	88,50 EUR
539.	Kurzfristige Preisuntergrenze 226,30 EUR	579.	1,12 EUR/100 kg	625.	3
		580.	4, 1, 3	626.	8 000,00 EUR
540.	Langfristige Preisuntergrenze 239,26 EUR	581.	33 Stunden	627.	21 000,00 EUR
		582.	5 Stapler	628.	0,47 EUR
541.	Nettospeditionsgewinn 100,74 EUR	583.	27 Paletten	629.	0,11 EUR
		584.	7 Arbeitskräfte	630.	4
542.	Bruttospeditionsgewinn 49,26 EUR	585.	56 Stunden	631.	335,00 EUR
		586.	4 Std. 39 Min.	632.	0,52 EUR
543.	Kurzfristige Preisuntergrenze 370,74 EUR	587.	4	633.	0,48 EUR
		588.	4	634.	1,00 EUR

Lösungshinweise

520. Aufgabe

Anschaffungspreis durch Nutzungsdauer
40 740,00 EUR : 5 = 8 148,00 EUR
= lineare Abschreibung

521. Aufgabe

Anschaffungspreis durch Nutzungsdauer
40 740,00 EUR : 5 = 8 148,00 EUR
= lineare Abschreibung

522. Aufgabe

3,5% vom halben Anschaffungspreis
Man geht von der Annahme aus, dass der Lkw entweder fremd finanziert ist (dann muss der tatsächliche Fremdkapitalzins verrechnet werden) oder mit eigenen Mitteln bezahlt wurde. Das hierfür eingesetzte Kapital muss ebenfalls eine Rendite erzielen.

523. Aufgabe

Der Listenpreis eines Lkw (7,5 t/Nutzlast 3,0 t) beträgt 84 000,00 EUR. Beim Kauf werden 3% Skonto eingeräumt. Die variablen Kosten betragen 60,00 EUR/100 km bei einer Laufleistung von 80 000 km im Jahr und einer Nutzung von fünf Jahren. Als Lohnkosten für das Nahverkehrsfahrzeug entstehen 75 600,00 EUR pro Jahr. Es liegen folgende weitere Kalkulationsdaten vor:

Abschreibungen 20% auf den Anschaffungspreis	8 148,00 EUR
kalkulatorische Zinsen 3,5% auf den Anschaffungspreis	712,95 EUR
Kfz-Steuer pro Jahr	750,00 EUR
Kfz-Versicherungen pro Jahr	4 200,00 EUR
Summe der fixen Kosten	13 810,95 EUR

524. Aufgabe

30,00 EUR/100 km × 800 = 24 000,00 EUR

525. Aufgabe

13 810,95 EUR : 80 000 (Jahreskilometer) × 100 = 17,26 EUR/100 km
zusammen mit den variablen Kosten von 30,00 EUR/100 km ergeben sich 47,26 EUR

526. Aufgabe

37 500,00 EUR : 240 = 156,25 EUR

527. Aufgabe

Keine Kosten, weil die Fracht vom Empfänger getragen wird.

528. Aufgabe

Haus-Haus-Preis: 48,50 EUR + 9,22 EUR (19% USt.) = 57,72 EUR

529. Aufgabe

Weil es sich bei dem vorgegebenen Abrechnungstarif um einen Haus-Haus-Entgelt-Tarif handelt, dessen Entgelte (Haus-Haus-Preis) die Leistungen Vor-, Nach-, Hauptlauf und Umschlag der Sendung beinhalten.

530. Aufgabe

Seinem Auftraggeber, dem Versandspediteur. Für ihn hat er Abrechnungsvereinbarungen getroffen für Umschlag und Zustellung der Eingangssendungen. Diese Entgelte stellt er dem Versandspediteur in Rechnung (Sammelgut-Rückrechnung).

531. Aufgabe

Die Frachten für Unfrei-Sendungen werden dem Empfangsspediteur berechnet, der diese dann wieder vom Empfänger bei der Zustellung einkassiert.

532. Aufgabe

Die Frachten der Frei Haus-Sendungen und die Direktpartie werden den Versendern in Rechnung gestellt.

Pos	kg	km	Bestimmungsort	Frankatur	Frachtentgelt in EUR
1	710	405	Celle	Frei Haus	340,00
3	1 270	411	Celle	Frei Haus	420,00
5	14 500	375	Hannover	Frei	440,00
			Insgesamt:		1 200,00

533. Aufgabe

Die Frachten der Unfrei-Sendungen werden unserem Partner (Empfangsspediteur) auf dem Bordero als Frachtnachnahmen in Rechnung gestellt.

Pos	kg	km	Bestimmungsort	Frankatur	Frachtentgelt in EUR
2	980	393	Celle	Unfrei	331,00
4	1 160	374	Braunschweig	Unfrei	352,00
			Insgesamt		683,00

534. Aufgabe

Jede einzelne Sendung pro angefangene 100 kg 2,00 EUR, d. h. 43 × 2,00 EUR = 86,00 EUR

Lösungen und Lösungshinweise: Kaufmännische Steuerung und Kontrolle

535. Aufgabe

Abholungen von	Abrechnung, **jede Sendung**	Frachtkosten
Frankfurt/Main	10,00 EUR pro angefangene 100 kg	10 × 12 = 120,00 EUR
Nahbereich Frankfurt /Main	11,00 EUR pro angefangene 100 kg	11 × 31 = 341,00 EUR
	Insgesamt	461,00 EUR

536. Aufgabe

Für jede eingehende Sendung wird einzeln abgerechnet:
1. Entladen und Verteilen pro angefangene 100 kg 2,00 EUR
2. Zustellen der Stückgutsendungen an die jeweiligen Empfänger im Nahbereich von Hannover pro angefangene 100 kg 11,00 EUR

Pos	Gewicht kg	Versendeort	Bestimmungsort	Frankatur	E + V EUR	Zustellen EUR
1	710	Darmstadt	Celle	Frei Haus	16,00	88,00
2	980	Mainz	Braunschweig	Unfrei	20,00	110,00
3	1 270	Gelnhausen	Celle	Frei Haus	26,00	143,00
4	1 160	Frankfurt	Braunschweig	Unfrei	24,00	132,00
5	14 500	Hannover	Hannover	Frei	-.-.-.-.-.- 86,00	-.-.-.-.-.- 473,00
		Insgesamt:				559,00 EUR

537. Aufgabe

	Gewinnermittlung: Gesamtverladung Frankfurt - Hannover	Ausgaben (EUR) Speditionskosten	Einnahmen (EUR) Speditionserlöse
1	Erstellte Ausgangsrechnungen an die Versender, Aufgabe 532	-.-.-.-.-.-.-.-	1 200,00
2	Bordero Frachtnachnahmen an den Empfangsspediteur, Aufgabe 533	-.-.-.-.-.-.-.	683,00
3	Interne Speditionskosten: Umschlag Aufgabe 534	86,00	-.-.-.-.-.-.-
4	Interne Speditionskosten: Nahverkehr Aufgabe 535	461,00	-.-.-.-.-.-.-.
5	Externe Speditionskosten, Rückrechnung des Empfangsspediteurs Aufgabe 536	559,00	-.-.-.-.-.-.-
6	Externe Speditionskosten, Frachtführerpreis, gemäß Vereinbarung (Situationsbeschreibung)	480,00	
	Insgesamt	1 586,00	1 883,00
	Bruttospeditionsgewinn	297,00 EUR	

Lösungen und Lösungshinweise: Kaufmännische Steuerung und Kontrolle

538. Aufgabe

Sendung 710 kg für Celle	Speditionskosten EUR	Speditionserlöse EUR
Ausgangsrechnung		340,00
Umschlagskosten (intern)	16,00	
Abholung (intern)	88,00	
Kosten Empfangsspediteur	104,00	
Frachtanteil für 710 kg, 480 EUR: 18 620 kg × 710 kg = 18,30 EUR	18,30	
	226,30	340,00
Bruttospeditionsgewinn	113,70	

539. Aufgabe

Alle variablen Kosten bzw. auftragsbedingte Speditionskosten = 226,30 EUR

540. Aufgabe

Gesamtkosten = 226,30 EUR, plus Fixkostenanteil: 340 EUR: 18.620kg × 710 = 12,96 EUR = 239,26 EUR

542. Aufgabe

Sendung 1 270 kg für Celle	Speditionskosten EUR	Speditionserlöse EUR
Ausgangsrechnung		420,00
Umschlagskosten (intern)	26,00	
Abholung (intern)	143,00	
Kosten Empfangsspediteur	169,00	
Frachtanteil für 1 270 kg; 480: 18 620 × 1270 = 32,74 EUR	32,74	
	370,74	420,00
Bruttospeditionsgewinn	49,26	

544. Aufgabe

Bruttospeditionsgewinn (siehe Aufgabe 23) = 49,26 EUR
− Fixkostenanteil: Fixkosten pro Lkw 340,00 EUR : 18 620 × 1 270 = 23,19 EUR
Nettospeditionsgewinn: 26,07 EUR

545. Aufgabe

Zusammenstellung der (intern und extern) auftragsbedingten Speditionskosten

---

546. Aufgabe

Der Break-even-Point wird erreicht, wenn die Deckungsbeitragslinie die Betriebskostenlinie bei der 29. Lkw-Verladung schneidet. Die Deckungsbeiträge der einzelnen Sendungen decken bereits die auftragsbedingten Speditionskosten und gleichzeitig in ihrer Summe (kumuliert) den Betriebskostenblock. Also sind am Break-even-Point *alle* Kosten gedeckt, sodass ab diesem Punkt der Speditionsabteilung bzw. dem Speditionsbetrieb Reingewinne entstehen. Deswegen heißt der Break-even-Point auch Gewinnschwelle.

---

547. Aufgabe

Ab dem Break-even-Point erwirtschaftet die Abteilung Nettospeditionsgewinne, d.h. die Break-Even-Analyse zeigt, ab welchem zeitlichen Punkt (Break-even-Point) die erwirtschafteten Deckungsbeiträge (Bruttospeditionsgewinne) = Nettospeditionsgewinne sind, da bereits alle Kosten gedeckt sind.
Insgesamt wurden 41 000,00 EUR an Bruttospeditionsgewinn erbracht, durch Abzug der Betriebskosten von 26 000,00 EUR ergibt sich ein Nettospeditionsgewinn von 15 000,00 EUR.

---

548. Aufgabe

Nach welchen Prinzipien ein Unternehmen einen Betriebsabrechnungsbogen erstellt, ist jedem Betrieb selbst überlassen. Das Theorie- und Begriffsinstrumentarium der Hochschulen kann dabei nur helfen und als Orientierung ihren Beitrag leisten (nicht aber bestimmen, nach welchen Kriterien der Betrieb den BAB zu erstellen hat).
Die Kabefra GmbH hat die Selbstkosten der Allgemeinen Kostenstellen nach dem Schlüssel Angestellte der Erwerbsabteilungen auf die Hauptkostenstellen verteilt. Die Controlling-Abteilung der Kabefra GmbH ist der Auffassung, dass Abteilungen mit mehr Personal, also größere und damit bedeutendere Abteilungen bei den Allgemeinen Kostenstellen auch mehr Arbeit und Kosten verursachen als kleinere Abteilungen mit weniger Personal.
Also: Die Erwerbsabteilungen verfügen über insgesamt 74 Arbeitskräfte in den Büros, die den jeweiligen Abteilungsgewinn erwirtschaften. Die Allgemeinen Kostenstellen verursachen im Monat einen Betrag von 222 000,00 EUR an Betriebskosten, den die Erwerbsabteilungen neben ihren eigenen Kostenblöcken (Selbstkosten) durch die Erwirtschaftung von Rohgewinn gleichfalls decken müssen. D.h.: 222 000,00 EUR : 74 = 3 000,00 EUR je Angestellten der Erwerbsabteilungen. Verteilung: siehe BAB.

---

549. Aufgabe

Der erwirtschaftete Deckungsbeitrag beträgt 88 000,00 EUR und ist die Differenz zwischen Speditionserlösen und Speditionskosten. Um den Reingewinn zu ermitteln, müssen darüber hinaus die errechneten Gesamtkosten der Abteilung gemäß Betriebsabrechnungsbogen von 42 000,00 EUR davon abgezogen werden (also: 46 000,00 EUR).

550. Aufgabe

Rohgewinn	1 500 000,00 EUR
./. Gesamtbetriebskosten	988 000,00 EUR
Reingewinn	512 000,00 EUR

551. Aufgabe

Laut BAB ist die Abteilung Seeschifffahrt mit einem monatlichen Betriebskostenblock von 73 000,00 EUR belastet. Um diesen Betrag als Ausdruck des Break-even-Points zu erreichen, benötigt die Abteilung insgesamt 292 Aufträge.

552. Aufgabe

Gemäß BAB entfällt auf die Export-Luft-Abteilung ein Betriebskostenblock von 71 000,00 EUR. Die Abteilung erwirtschaftet im Durchschnitt pro Consol-Abfertigung einen Bruttospeditionsgewinn (Deckungsbeitrag) von 1 000,00 EUR (120 000,00 EUR : 120 = 1 000,00 EUR). Der Break-even-Point befindet sich an der Stelle, an der die kumulierten Deckungsbeiträge (Bruttospeditionsgewinne) die Betriebskostenkurve (Gerade) schneidet (71 000,00 EUR : 1 000,00 = 71 Abfertigungen).

553. Aufgabe

300,00 EUR − 160,00 EUR = 140,00 EUR × 360 = 50 400,00 EUR
Bruttospeditionsgewinn = Deckungsbeitrag, d. h. wir bringen die variablen Kosten von den Speditionserlösen in Abzug und erhalten den Deckungsbeitrag bzw. den Bruttospeditionsgewinn, allerdings pro Sendung. Deshalb multiplizieren wir diesen Deckungsbeitrag (pro Sendung) mit der Anzahl der abgefertigten Sendungen des Monats und erhalten das Monatsergebnis der Abteilung Export Land.

554. Aufgabe

Die Deckungsbeiträge pro Sendung betragen in der Abteilung Ausgang EU 100,00 EUR und in der Abteilung Export Land 140,00 EUR. Insgesamt auf den Monat Dezember bezogen: 100,00 EUR × 600 = 60 000,00 EUR und 140,00 EUR × 360 = 50 400,00 EUR, also insgesamt 110 400,00 EUR Bruttospeditionsgewinn (Deckungsbeitrag). Um den Reingewinn zu ermitteln, werden die Fixkosten (bzw. Betriebskosten) noch zusätzlich in Abzug gebracht: 110 400,00 EUR − 70 000,00 EUR = 40 400,00 EUR Reingewinn.

555. Aufgabe

Da die Fixkosten im Verhältnis 1:1 aufgeteilt werden, wird der Abteilung Ausgang EU ein Betriebskostenblock von 35 000,00 EUR zugeteilt.
Reingewinn der Abteilung Ausgang EU: 240,00 EUR − 140,00 EUR = 100,00 EUR Deckungsbeitrag pro Sendung.
100,00 EUR × 600 = 60 000,00 EUR Deckungsbeitrag im Monat Dezember
60 000,00 EUR − 35 000,00 EUR = 25 000,00 EUR Reingewinn

556. Aufgabe

Der Break-even-Point (BEP; Gewinnschwelle) ist der Punkt, an dem alle Kosten (fixe und variable Kosten) gedeckt sind und die Abteilung beginnt, Reingewinn zu erwirtschaften. Da im Deckungsbetrag bereits die variablen Kosten (auftragsbedingte Kosten) berücksichtigt sind bzw. in Abzug gebracht wurden, muss dieser nun in Bezug gesetzt werden zu den Betriebskosten, d. h. Betriebskostenblock (Fixkosten).

Betriebskostenblock der Abteilung: 35 000,00 EUR
Deckungsbeitrag pro Sendung 100,00 EUR
25 000,00 EUR : 100 = 350 Sendungen, d. h. die Abteilung muss 350 Sendungen abfertigen, um den BEP zu erreichen.

557. Aufgabe

Betriebskostenblock 35 000,00 EUR
Deckungsbeitrag pro Sendung 140,00 EUR
35 000,00 EUR : 140,00 EUR = 250 Sendungen, d.h. die Abteilung muss 250 Sendungen abfertigen, um den BEP zu erreichen.

558. Aufgabe

Betriebskostenblock der Abteilung: 35 000,00 EUR
Deckungsbeitrag pro Sendung 100,00 EUR
35 000,00 EUR : 100 = 350 Sendungen, d.h. die Abteilung muss 350 Sendungen abfertigen, um den BEP zu erreichen.
Da pro Tag 30 Sendungen bearbeitet werden, benötigt die Abteilung 350 : 30 = 11,666 Tage, d.h. ab dem 12. Tag erwirtschaftet die Abteilung Reingewinn.

559. Aufgabe

Betriebskostenblock 35 000,00 EUR
Deckungsbeitrag pro Sendung 140,00 EUR
35 000,00 EUR : 140,00 EUR = 250 Sendungen, d.h. die Abteilung muss 250 Sendungen abfertigen, um den BEP zu erreichen.
Da die Abteilung 15 Sendungen pro Tag bearbeitet, benötigt sie: 250 : 15 = 16,666 Tage, bzw. 17 Tage, d.h. um den BEP zu erreichen, den Zeitpunkt, an dem alle Kosten gedeckt sind.

560. Aufgabe

Durch 120 Abfertigungen erwirtschaftet die Abteilung einen Bruttospeditionsgewinn von 96 000,00 EUR. Pro Consolidation-Abfertigung erhält die Abteilung einen Bruttospeditionsgewinn von 96 000,00 EUR : 120 = 800,00 EUR. Damit sind gleichzeitig die variablen Kosten gedeckt.
Wie viele Abfertigungen muss die Abteilung bearbeiten, um ebenfalls auch den Fixkostenblock zu decken?
Fixkostenblock 80 000,00 EUR : 800,00 EUR = 100 Abfertigungen.
Mit 100 Consolidation-Abfertigungen hat die Abteilung den Punkt erreicht, an dem alle Kosten (fixe und variable Kosten) gedeckt sind.

561. Aufgabe

Zeile 33: Fixkosten von 18 953,83 EUR + 6 045,00 EUR = 24 998,83 EUR

562. Aufgabe

24 998,83 EUR : 200 000 (km vgl. Zeile 17) × 100 = 12,50 EUR
oder Zeile 35:
9,48 EUR + 3,02 EUR = 12,50 EUR

563. Aufgabe

Zeile 25:   42,77 EUR + 2,73 EUR = 45,50 EUR
Zeile 35:   9,48 EUR + 2,02 EUR = 12,50 EUR
Summe   58,00 EUR
oder Zeile 36:   52,25 EUR + 5,75 EUR = 58,00 EUR

Durch Rundungen ergeben sich Differenzen, die sich nur durch Rechnen mit zusätzlichen Stellen hinter dem Komma verringern lassen.

564. Aufgabe

Tabelle Fahrzeugkalkulation Zeile 34: 78,97 EUR + 25,19 EUR = 104,16 EUR
Diese Zahl bezieht sich auf 240 Einsatztage im Jahr. Auch wenn der Lastzug nicht eingesetzt ist, verursacht er diese Kosten.

565. Aufgabe

Zeile 14 Fahrzeugkalkulation: 240 Einsatztage
Zeile 17 Fahrzeugkalkulation: 200 000 km/Jahr
pro Einsatztag daher 833,33 km = 834 km, die nicht mit einem Fahrer bewältigt werden können.
Zeile 25: variable Kosten für Motorwagen und Hänger pro 100 km = 45,50 EUR
für 834 km = 379,47 EUR

566. Aufgabe

Er verursacht nur die fixen Kosten für Motorwagen und Hänger. Nicht berücksichtigt sind hier die Personalkosten, die ganz überwiegend ebenfalls zu den fixen Kosten gehören. In der Höhe gibt es große Unterschiede. 150,00 EUR bis 175,00 EUR pro Tag ist ein realistischer Wert.

567. Aufgabe

Anschaffungspreis : Nutzungsdauer
3 600 000,00 EUR : 20 (Jahre) = 180 000,00 EUR

568. Aufgabe

7,5 % von 1 800 000,00 EUR = 135 000,00 EUR pro Jahr

569. Aufgabe

880 000,00 EUR : 8 (Jahre) = 110 000,00 EUR pro Jahr

570. Aufgabe

Zahl der Teiler: Jahre + 1. Im ersten Jahr muss zusätzlich der Anfangsbestand von 880 000,00 EUR einbezogen werden, daher + „1".

		Abschreibung	Anschaffungspreis/Restwert	Zahl der Teiler
01.01.1999			880 000,00 EUR	1
31.12.1999		110 000,00 EUR	770 000,00 EUR	2
31.12.2000		110 000,00 EUR	660 000,00 EUR	3
31.12.2001		110 000,00 EUR	550 000,00 EUR	4
31.12.2002		110 000,00 EUR	440 000,00 EUR	5
31.12.2003		110 000,00 EUR	330 000,00 EUR	6
31.12.2004		110 000,00 EUR	220 000,00 EUR	7
31.12.2005		110 000,00 EUR	110 000,00 EUR	8
31.12.2006		110 000,00 EUR	0,00 EUR	9
a) Summe des gebundenen Kapitals			3 960 000,00 EUR	
b) : 9 = durchschnittlich gebundenes Kapital			440 000,00 EUR	

Bei gleichbleibenden Abschreibungsbeträgen kann die Summe des durchschnittlich gebundenen Kapitals bequemer errechnet werden: Anfangsbestand zum 01.01.1999 + Endbestand zum 31.12.2006 : 2 = 880 000,00 EUR + 0,00 EUR : 2 = 440 000,00 EUR

571. Aufgabe

7,5 % von 440 000,00 EUR (gebundenes Kapital) = 33 000,00 EUR
In der Praxis sind beim Fremdkapital die wirklich entstehenden Zinsen anzusetzen. Wird Eigenkapital im Betrieb eingesetzt, so muss in einer vollständigen Kostenrechnung auch dafür ein Zins als kalkulatorischer Zins veranschlagt werden.

572. Aufgabe

Zusammenstellung der Lagerkosten pro Jahr		
	Kosten pro Jahr	Anteile in % an der Summe aller Kosten
1. Gebäudekosten:		
Abschreibungen	180.000,00 EUR	
Verzinsung	135.000,00 EUR	
2. Kosten der Lagereinrichtung:		
Abschreibungen	110.000,00 EUR	
Verzinsung	33.000,00 EUR	
3. Reparaturkosten		
4. Versicherungskosten		
5. Energiekosten	80.400,00 EUR	
6. Reinigungskosten		
7. Sonstige Gebäudekosten		
8. Anteil an Allgem. Verwaltungskosten	66.000,00 EUR	
Summe der Lagerkosten	604.400,00 EUR	

573. Aufgabe

Abschreibung auf Gebäude 180 000,00 EUR (3 600 000,00 EUR : 20 (Jahre)
Abschreibung auf Lagereinrichtungen 110 000,00 EUR (880 000,00 EUR : 8 (Jahre)

574. Aufgabe

29,78 % + 18,20 %
Bei anderer Berechnungsweise ergeben sich Rundungsdifferenzen.

Zusammenstellung der Lagerkosten pro Jahr		
	Kosten pro Jahr	Anteile in % an der Summe aller Kosten
1. Gebäudekosten:		
Abschreibungen	180.000,00 EUR	29,78 %
Verzinsung	135.000,00 EUR	
2. Kosten der Lagereinrichtung:		
Abschreibungen	110.000,00 EUR	18,20 %
Verzinsung	33.000,00 EUR	
3. Reparaturkosten		
4. Versicherungskosten		
5. Energiekosten	80.400,00 EUR	
6. Reinigungskosten		
7. Sonstige Gebäudekosten		
8. Anteil an Allgem. Verwaltungskosten	66.000,00 EUR	
Summe der Lagerkosten	604.400,00 EUR	100,00 %

575. Aufgabe

vgl. 382. Aufgabe
29,78 % + 22,34 % + 18,20 % + 5,46 % = 75,78 %

Lösungen und Lösungshinweise: Kaufmännische Steuerung und Kontrolle

576. Aufgabe

604 400,00 EUR : 12 (Monate) = 50 366,67 EUR Lagerkosten pro Monat
Lagerkosten pro Monat : 8 000 (m²) = 6,30 EUR

<u>Lagerungskosten pro Monat</u>
      Nutzfläche

---

577. Aufgabe

604 400,00 EUR : 12 (Monate) = 50 366,67 EUR monatlich
50 366,67 EUR (monatliche Kosten) : 11 200,00 (Stellplätze) = 4,50 EUR

<u>Lagerkosten pro Monat</u>
    Palettenstellplätze

---

578. Aufgabe

80 % von 11 200 Stellplätzen = 8 960 Stellplätze
50 366,67 EUR : 8 960 = 5,62 EUR

---

579. Aufgabe

5,62 EUR : 500 (kg) × 100 (kg) = 1,12 EUR

---

580. Aufgabe

Personalkosten:
– Bruttolöhne oder Bruttogehälter
– gesetzliche soziale Aufwendungen
Beiträge zur Berufsgenossenschaft und freiwillige soziale Leistungen
Umschlaggerätekosten:
– kalkulatorische Abschreibungen
– kalkulatorische Verzinsung
– Reparaturkosten
– Energie und Wasser
Versicherungskosten

sonstige Umschlagkosten:
– Vorhalten von Ladehilfsmitteln (Paletten)
– Vorhalten von Verpackungen und Verpackungsgerät
Anteilige Kosten für die Hauptgänge
– werden nicht den Raum-, sondern den Umschlagkosten zugerechnet.
allgemeine Verwaltungskosten:
– anteilige Kosten des Gesamtbetriebs für allgemeine Verwaltung (Overhead)

---

581. Aufgabe

900 (Paletten) × 2,2 Minuten : 60 = 33 Stunden

---

582. Aufgabe

33 Stunden : 8 Arbeitsstunden = 4,125 Stapler = 5 Stapler

---

583. Aufgabe

60 Minuten : 2,2 Minuten pro Palette = 27,27 Paletten = 27 Paletten

---

584. Aufgabe

Die Kabefra GmbH muss für einen Lagerarbeiter im Jahr bei einer täglichen Arbeitszeit von acht Stunden insgesamt 2 080 Stunden bezahlen, erhält aber als Gegenleistung nur 1 338 Leistungsstunden. Als effektive Arbeitszeit bleiben von einem 8-Stunden-Tag nur 5,4 Stunden übrig. Hierbei sind die anteiligen Zeiten für Urlaub, Krankheit, gesetzliche Feiertage und Leerzeiten während der Arbeitszeit berücksichtigt. 33 Gabelstaplerstunden : 5,4 Std./Lagerarbeiter = 6,11 Arbeiter = 7 Arbeiter

Lösungen und Lösungshinweise: Kaufmännische Steuerung und Kontrolle

585. Aufgabe

7 Arbeiter × 8 Stunden

---

586. Aufgabe

4500 kg : 970 kg/Std. = 4,639 Std. = 4 Std. 39 Minuten (38,34 Minuten)

1 Std. = 60 Min.
0,639 Std. = x Min.

$$x = \frac{60 \text{ Min.} + 0{,}639 \text{ Std.}}{1 \text{ Std.}} = 38{,}34 \text{ Min.}$$

---

587. Aufgabe

Eine bessere Ausnutzung der Geräte ist nur bei einer Nutzung der Geräte von mehr als 8 Stunden erreichbar. Die Stundenleistungen können fast immer nur durch bauliche Änderungen im Lager verändert werden.

---

588. Aufgabe

Es handelt sich hier um das Bewegen der Güter bei der Ein- und Auslagerung in ein/aus einem Dauerlager, nicht aber bei verkehrsbedingter Vor-, Zwischen- und Nachlagerung.

---

589. Aufgabe

Alle Güter, die eingelagert werden, müssen irgendwann auch wieder ausgelagert werden. Deshalb werden beide Entgelte aus Vereinfachungsgründen fast immer bei der Einlagerung und zusammen mit dem Lagergeld für den ersten Monat berechnet. Lagergeld wird immer pro angefangenem Monat berechnet.

---

590. Aufgabe

8000 m² − 23 % (1840 m²) = 6160 m² = 77 %

---

591. Aufgabe

1900 kg : 475 kg/m² = 4 m²

---

592. Aufgabe

vgl. 405. und 406. Aufgabe, Nettolagerfläche = 77 %
77 % = 4 m², 100 % = 5,19 m²

---

593. Aufgabe

30 %
Nettolagerfläche = 4,00 m² = 100 %
Bruttolagerfläche = 5,19 m² = 129,75 %
Aufschlag 30 %

---

594. Aufgabe

a) 5,4 Leistungsstunden = 100 %
    8 Arbeitsstunden = 148,14 %
    Aufschlag 48,14 %
    16,80 EUR + 48,14 % (8,09 EUR) = 24,89 EUR

b) 8 (Stunden) × 16,80 EUR : 5,4 (Leistungsstunden) = 24,89 EUR

595. Aufgabe

180% = 24,89 EUR
 80% = 11,06 EUR

596. Aufgabe

16,80 EUR = 100%
24,89 EUR = 148,15%

597. Aufgabe

	Zeitbedarf für das Einlagern (Überlagernahme)	
	Gabelstapler (Stunden)	Lagerarbeiter (Leistungsstunden)
Entladen	1 1/2 Stunden	2 Arbeiter à 1 1/2 Stunden
Einlagern	1 Stunde	2 Arbeiter à 2 1/2 Stunden
Summe	2 1/2 Stunden	8 Stunden

598. Aufgabe

16,80 EUR + 48% = 24,86 EUR
24,86 EUR × 8 (Std.) = 198,88 EUR
(Man hätte auch die Leistungsstunden zuerst in normale Arbeitsstunden umrechnen und dann mit dem Stundenlohn von 16,80 EUR multiplizieren können.)

599. Aufgabe

10,75 EUR × 2,5 (Stunden) = 26,88 EUR

600. Aufgabe

198,88 EUR + 26,88 EUR = 225,76 EUR
225,76 EUR : 20 (t) = 11,29 EUR + 10,75 EUR = 22,04 EUR

601. Aufgabe

60 000 kg : 400 kg = 150 (benötigte Palettenstellplätze)
150 (Stellplätze) × 2,81 EUR = 421,50 EUR

602. Aufgabe

421,50 EUR : 60 (t) = 7,03 EUR

603. Aufgabe

Für eine Palette, 400 kg, werden 15 Minuten benötigt, für eine Tonne = 37,5 Min.
Arbeitslohn   24,89 EUR : 60 Minuten × 37,5 Minuten = 15,56 EUR
Gabelstapler   10,75 EUR : 60 Minuten × 37,5 Minuten = 6,72 EUR
zusammen   = 22,28 EUR
+ Verwaltungskosten   = 8,75 EUR
Kosten pro Tonne gesamt   = 31,03 EUR

604. Aufgabe

Entgelt für	pro Tonne in EUR		pro 100 kg in EUR	
Einlagern		22,04		2,20
Lagern		7,03		0,70
Auslagern und Kommissionieren		31,03		3,10
Gesamtentgelt	a)	60,10	b)	6,00*

* Durch Runden ergeben sich Differenzen.

605. Aufgabe

Die Gewinnerwartungen müssen sich auf dem Markt realisieren lassen.

606. Aufgabe

Kalkulatorische Kosten sind nicht mit Ausgaben verbunden. Die pagatorischen Kosten dagegen lösen immer einen Zahlungsvorgang aus!

607. Aufgabe

Fixkosten:	310,30 EUR × 260 (Tage) =	80 678,00 EUR
variable Kosten:	13 800 (km) × 12 × 0,57 EUR =	94 392,00 EUR
zusammen	=	175 070,00 EUR

608. Aufgabe

Die Betriebsergebnisrechnung wird in der Betriebsbuchhaltung bzw. Controlling-Abteilung durchgeführt.

609. Aufgabe

Weitere Kostenträger können sein: angefangene 100 kg, Sendung, Verladung, Relationen, etc.

610. Aufgabe

Es gibt drei Kategorien von Kostenstellen:
– allgemeine Kostenstellen
– Hauptkostenstellen
– Hilfskostenstellen

611. Aufgabe

In der Fahrzeugkostenkalkulation sind nur die hier genannten Treibstoffkosten von der Beschäftigung, d. h. von der Kilometerleistung abhängig.

612. Aufgabe

Die Halbierung des Anschaffungspreises als jeweilige Abschreibungsgrundlage entspricht betrieblichen Erfahrungssätzen (Annahmen). Vergleiche auch die Aufstellung über die Fahrzeugkostenrechnung.

613. Aufgabe

Abgeleitet aus der Kosten- und Leistungsrechnungstheorie des Produktionsbetriebs sind die Kosten „bewerteter Güterverzehr".

Lösungen und Lösungshinweise: Kaufmännische Steuerung und Kontrolle

614. Aufgabe
Stelleneinzelkosten lassen sich direkt einer Kostenstelle zurechnen.

615. Aufgabe
Die Stellengesamtkosten ergeben sich nach Umlage der übrigen Kosten.

616. Aufgabe
Stellengesamtkosten − Stelleneinzelkosten (Löhne/Gehälter, gesetzlich soziale Abgaben) = Stellengemeinkosten
43 403,00 EUR − 35 100,00 EUR = 8 303,00 EUR

617. Aufgabe
Die Arbeitsschritte im BAB sind prinzipiell in jedem Betrieb gleich.

1. Übertragen der Kostenarten der Kontenklasse 4 in den BAB
2. Zuordnen der Kostenarten zu Haupt- und Hilfskostenstellen aufgrund von Aufzeichnungen oder Kostenschlüsseln
3. Aufteilen der Kosten der Hilfskostenstellen auf die Hauptkostenstellen
4. Ermitteln der Gesamtkosten (Stellengesamtkosten) einer Kostenstelle
5. Übertragen der Abteilungsrohgewinne in den BAB
6. Errechnen des Abteilungsergebnisses jeder Kostenstelle
7. Division der Stellengesamtkosten durch die Zahl der Sendungen und Errechnen der durchschnittlichen Sendungskosten
8. Vergleich der durchschnittlichen Sendungskosten mit den Roherlösen einzelner Sendungen
9. Folgerungen bei der Auftragsannahme und Auftragsabwicklung aus der wechselnden Differenz zwischen durchschnittlichen Sendungskosten und Roherlösen

618. Aufgabe
Durchlaufend heißt:
1. bezahlte USt. (= VSt.) wird vom Finanzamt zurückerstattet.
2. vereinnahmte USt. muss ans Finanzamt abgeführt werden.

619. Aufgabe
In der Spedition wird unter Beschäftigungsgrad das Sendungsaufkommen (= Zahl der Aufträge) verstanden.

620. Aufgabe
180 000,00 EUR : 18 = 10 000,00 EUR × 5 = 50 000,00 EUR für Fuhrpark
108 000,00 EUR ./. 50 000,00 EUR = 58 000,00 EUR ./. 30 000,00 EUR (Werkstatt) = 28 000,00 EUR
Hauptkostenstellen = Erwerbsabteilungen, erwirtschaften Gewinn
Allgemeine Kostenstellen = Verwaltung, arbeitet für alle Kostenstellen
Hilfskostenstellen = arbeiten für bestimmte Hauptkostenstellen (hier: Werkstatt für Fuhrpark)

Kostenarten \ Kostenstelle	Verwaltung	Ausgang EU	Eingang EU	Lager	Logistik	Fuhrpark	Kfz-Werkstatt
Speditionserlöse		91 000	110 000	80 000	121 800	328 000	
Speditionskosten		50 000	60 000	30 000	88 000	220 000	
Bruttospeditionskosten		41 000	50 000	50 000	33 800	108 000	
Umlage: Allgem. Kostenstelle	180 000	20 000	30 000	30 000	20 000	50 000	30 000
Umlage: Hilfskostenstelle						30 000	
Abteilungsergebnis						28 000	

621. Aufgabe

Rechenweg: 529 km × 1,15 EUR = 608,35 EUR (variable Kosten) plus 220,00 EUR (Fixkosten) = 828,35 EUR
Langfristige Preisuntergrenze: Deckung aller Kosten (fixe und variable Kosten)
Kurzfristige Preisuntergrenze: Deckung der variablen Kosten

622. Aufgabe

Fixe Kosten 240,00 EUR × 5 Tage	=	1 200,00 EUR
Variable Kosten 1,10 EUR × 1 670 km	=	1 837,00 EUR
Insgesamt:		3 037,00 EUR

623. Aufgabe

Die Höhe der Abschreibung ist von der Km-Leistung des Lkw abhängig.

624. Aufgabe

Differenz-Fahrerstunden:	2 = 2 × 36,00 EUR =	72,00 EUR
Differenz Km:	15 = 15 × 1,10 EUR =	16,50 EUR
		88,50 EUR

625. Aufgabe

In größeren Betrieben werden die Daten für den BAB durch die Betriebsbuchhaltung geliefert.

626. Aufgabe

$$\frac{40\,000,00\ \text{EUR} \times 400\ \text{qm}}{2\,000} = 8\,000,00\ \text{EUR}$$

Der Schlüssel Personal ist hier nicht heranzuziehen, weil die Höhe der Miete nicht von der Personalstärke abhängig ist.

627. Aufgabe

	Umsatz (Speditionserlöse)	
		95 000,00 EUR
./.	Betriebskosten	40 250,00 EUR
./.	Speditionskosten	33 750,00 EUR
	Betriebsergebnis	21 000,00 EUR

628. Aufgabe

$$\frac{280\,000}{600\,000} = 0,47\ \text{EUR}$$

629. Aufgabe

$$\frac{10\,560}{100\,000} = 0,11\ \text{EUR}$$

630. Aufgabe

Kein Hinweis erforderlich

631. Aufgabe

67 000,00 EUR : 200 Arbeitstage = 335,00 EUR

632. Aufgabe

67 000,00 EUR : 130 000 km = 0,52 EUR

633. Aufgabe

63 000,00 EUR : 130 000 km = 0,48 EUR

634. Aufgabe

Fixkosten/km plus variable Kosten/km:
0,52 EUR + 0,48 EUR = 1,00 EUR

Sachwortverzeichnis

Fettgedruckte Ziffern geben die Seitenzahlen, die normal gedruckten Ziffern hinter dem Komma geben die Aufgabennummern an.

A

ABC-Analyse **63**, 29, 30, 31
Abdeckung der Gesamtkosten, Zeitbedarf in Tagen **142**, 40
Abdeckung des Fixkostenblocks durch Sendungen **141**, 38
Abdeckung des Fixkostenblocks, Zeitbedarf in Tagen **141**, 39/**142**, 40
Abfertigung zum freien Verkehr **25**, 76
Abholzeiten im Eisenbahnverkehr **85**, 9
Ablader **123**, 36/**124**, 37
Abrechnung nach Ledemetern **135**, 17
Abschreibung auf die Lagereinrichtung **144**, 50
Abschreibung auf Lagergebäude **144**, 51
Abschreibungsmethode **151**, 93
Abteilungsgliederung einer Spedition **11/12**, 1–8
Abwicklung eines Luftfrachtauftrags **92**, 2
ADSp **92**, 12
Akkreditiv **22**, 57, 58/**23**, 60, 61
Alpenübergänge **33**, 9/**34**, 10, 11
Ankunftszeiten im Eisenbahnverkehr **85**, 9
Annahme einer Sendung **49**, 77, 78, 79, 81
Anschaffungspreis **79**, 4/**131**, 1
Antwerpen-Hamburg-Range **121**, 23
Arbeiten der Controlling-Abteilung **141**, 34–39/**142**, 40, 41
Arbeitsstundenbedarf für Entladen und Umschlag **147**, 67
Arbeitsstundenbedarf im Lager **147**, 66
ATLAS-Versandverfahren **53**, 93
Auftrag im Luftfrachtverkehr **92**, 1
Auftrag in der Binnenschifffahrt **111**, 42
Aufträge in der Seeschifffahrt **118**, 11
Auftragsgebundene Speditionskosten **38**, 25
Ausfuhranmeldung **25**, 75/**118**, 15
Ausfuhrpapiere **118**, 14
Ausgang EU Siehe EU-Verkehr Ausgang
Ausgleichsfunktion eines Lagers **56**, 2
Auslieferungslager **57**, 9
Auswahl von Transportmitteln **35**, 14
Auswertung des BAB **139**, 29, 30, 31/**140**, 32, 33/**152**, 95, **153**, 96–98
AWB **95**, 25, 26, 27, 28/**96**, 29/**97**, 30–34

B

B/L **128**, 45
BAB, Arbeitsschritte im **153**, 98
BAF **116**, 10
Barcode **58**, 12
Bau- und Einrichtung eines Auslieferungslagers **57**, 9

Be- und Enladen, Verantwortlichkeit **64**, 1
Be- und Entladen, Kostenüberlegungen **65**, 6
Bedeutung des Frachtbriefs **49**, 80
Bedienung von Gleisanschlüsen **85**, 10
Befahrungsabgaben **106**, 32, 33/**108**, 35, 36, 37, 38
Beförderungszeiten im Eisenbahnverkehr **85**, 9
Befrachter **123**, 36/**124**, 37/**128**, 50
Beginn der Ladezeit **104**, 28
Beladezeit im Eisenbahnverkehr **85**, 10
Bereithaltungskosten **98**, 4/**99**, 9
Bereitstellung von Güterwagen **86**, 13
Bereitstellungstermine **87**, 19
Betriebsabrechnung, Aufgaben **151**, 89
Betriebsabrechnungsbogen **152**, 95/**153**, 96–98/**155**, 106
Betriebsergebnis (Reingewinn) einer Spedition **141**, 35
Betriebsergebnis, Errechnung **156**, 108
Bilaterale Genehmigung **46**, 64, 67
Bill of Lading **128**, 45/**128**, 52
Binnenschifffahrt, Gesamtkalkulation einer Reise **108**, 39
Binnenschifffahrt, Grundsätze der Preisstellung **108**, 40
Binnenschifffahrt, Verträge und Rechtsgrundlagen **110**, 41/**111**, 43
Binnenschifffahrt, Vertragspartner **111**, 43
Binnenschifffahrtsabgaben **106**, 32, 33
Binnenschiffstransport, Gesamtkosten **98**, 3
Binnenschiffstypen **112**, 54
Binnenwasserstraßen **37**, 22, 23/**112**, 53
Blocklagerung **62**, 24
Bordero **13**, 13/**15**, 14/**29**, 91/**133**, 13/**135**, 17
Bordero, Freivermerke **15**, 15
Bordero, Zahl der Frachtbriefe **15**, 18
Break-even-Analyse **138**, 27/**139**, 28/**142**, 41
Brenner-Route **34**, 10
Bruttolagerfläche **148**, 73, 74
Bruttospeditionsgewinn des Gesamteingangs **20**, 40
Bruttospeditionsgewinn einer Abteilung **141**, 34
Bruttospeditionsgewinn einer Sendung **138**, 25
Buchhaltungsabteilung **11**, 4

C

CAF **116**, 10
Carnet ATA **25**, 73

Carnet-TIR **28**, 92/**29**, 97, 98/**56**, 105–111,
Carnet-TIR-Heft **29**, 99
Cash on delivery **22**, 59/**24**, 62
CEMT-Genehmigung **46**, 64, 65, 66
CFR **22**, 50, 51, 53
Chaotische Lagerung **61**, 24
CIF **22**, 49/**114**, 3, 4/**115**, 8/**116**, 9/**123**, 34
CIP **92**, 11
COD Siehe Cash on delivery
Consignee **128**, 46/**128**, 50
Container **37**, 17, 18, 19, 20, 21
Container auf der Schiene **84**, 6
Container-Terminal **120**, 20
Container-Terminal, Annahmeschluss **89**, 26, 27
Containerverladung in der Seeschifffahrt **119**, 16
CPT **92**, 11

D

DAF **22**, 54/**29**, 95
Dauerlager **57**, 8
DB-Konzern **83**, 3
DDP **22**, 55
DGR **93**, 16, 17
Direktsendungen – Stückgutsendungen **15**, 16
Disposition der Ladestellen **15**, 19, 20
Dispositionsblatt zum Speditionsauftrag **92**, 2
Dokumentenanforderung im Luftfrachtverkehr **92**, 8
Durchschnittlich gebundenes Kapital in der Binnenschifffahrt **99**, 8
Durchschnittlicher jährlicher Lagerbestand **70**, 31, 32

E

ECR **67**, 16
EFTA **51**, 88
EFTA-Staaten **51**, 89
Einfuhrabfertigung **53**, 92
Einfuhrabgaben **26**, 84/**27**, 90
Einfuhrumsatzsteuer **26**, 83/**27**, 89
Eingangsabteilung **20**, 39
Einheitspapier **25**, 76
Einlagerer, Nachprüfen seiner Angaben **59**, 15
Einlagern, Kosten **150**, 81
Einlagern, Zeitbedarf **149**, 78
Einlagerung, Handlungsablauf **59**, 18
Einsatztage in der Binnenschifffahrt **99**, 12
Einzelfahrtgenehmigung **46**, 67
Einzelwagenangebot von Railion **84**, 7, 8
Einzelwagenprodukt Classic, Merkmale **86**, 14

Einzelwagenprodukt Quality **86**, 15
Einzelwagenverkehr Classic **43**, 44, 45/**44**, 46/**85**, 9
Einzelwagenverkehr Classic, Auftragserteilungsfrist **85**, 12
Einzelwagenverkehr Prime **43**, 44, 45/**44**, 46
Einzelwagenverkehr Quality **43**, 44, 45/**44**, 46
Einzelwagenverkehr Quality, Abhol-, Ankunfts- und Beförderungszeiten **86**, 16
Einzelwagenverkehr Quality, A–C-Verbindungen **86**, 17
Einzelwagenverkehr Quality, Haftung der Bahn **89**, 31
Eisenbahnverkehr, Ansprechpartner **83**, 1, 4
Eisenbahnverkehr, Proaktive Kundeninformation **86**, 15
Eisenbahnverkehr, Transportdauerzusage **86**, 15
Eisenbahnverkehr; Qualitätsreport **86**, 15
Empfänger im Seefrachtvertrag **128**, 49, 50
Ende der Ladezeit **104**, 28
Entfernungstabellen in der Binnenschifffahrt **100**, 14, 17, 18/**103**, 20, 21, 22/**107**, 34
Entschädigung bei Überschreiten der Lieferfrist **90**, 34
Erlaubnis für den Güterkraftverkehr **45**, 60, 61, 62
Ermittlung der Befahrungsabgaben einer Reise **108**, 35, 36, 37, 38,
Ermittlung der Staplerkosten **149**, 80
Ermittlung der unteren Preisgrenze einer Tour **82**, 26
Ermittlung des Preises einer Lkw-Tour **82**, 25
ETA **121**, 25
ETS **121**, 25
EU-Lizenz **46**, 64/**53**, 97
Europa, Staaten **51**, 88/**54**, 104
Europäischer Wirtschaftsraum **51**, 91
Euro-Palette **39**, 30, 31, 32,
Europa-Schiff **112**, 54
Euro-Vignette **54**, 103
EUSt.-Wert **26**, 82/**27**, 88
EU-Verkehr Ausgang **11**, 1
EU-Verkehr Eingang **11**, 2/**19**, 37
EWR **51**, 91
Export **24**, 67
Export Land **12**, 8

F
Facharbeiterbedarf im Lager **147**, 65
Fachbodenregallagerung **58**, 11
Fahrerpapiere **46**, 68
Fahrtgenehmigungen, international **45**, 62/**46**, 63, 64, 65
Fahrtüchtigkeit **122**, 28
Fahrzeiten in der Binnenschifffahrt **100**, 14, 18, 19/**103**, 20, 21, 22
Fahrzeiten- und Entfernungstabelle Main **103**, 20, 21, 22
Fahrzeitenermittlung Siehe Tourenplan
Fahrzeugauswahl **38**, 26/**47**, 72/**65**, 8

Fahrzeugpapiere **47**, 69
FBL **24**, 66
FCA **22**, 52
FCL **119**, 17/**120**, 19
FCR Siehe Forwarding Agents Certificate of Receipt
FCR-Dokument **93**, 13, 14
FIATA Warehouse Receipt **24**, 65
FIFO **67**, 14
Fixe Fahrzeugkosten pro Tour **82**, 22
Fixe Kosten des Lkw **131**, 4
Fixe Kosten, Begriff **154**, 100
Fixe und variable Fahrzeugkosten pro 100 km **131**, 6
Fixkosten **38**, 25
Fixkosten pro Tag **80**, 19
Fixkosten von Motorwagen und Hänger **80**, 13, 14
Fixkostenblock und Reingewinn von Abteilungen **141**, 36
FOB **21**, 47
Form des Luftfrachtvertrags **97**, 33
Fortbewegungskosten **98**, 4
Forwarding Agents Certificate of Receipt **24**, 63, 64
Fracht für Leeranfahrt eines Binnenschiffs **100**, 15
Frachtberechnung nach TACT **94**, 22
Frachtbrief **15**, 18
Frachtbrief als Sperrpapier **90**, 36
Frachtbrief in der Binnenschifffahrt **112**, 46, 47
Frachtbrief, Annahme **49**, 76
Frachtbrief, Annahmevermerk **49**, 76, 77
Frachtbrief, Haftung für Angaben im **59**, 15
Frachtbrief, Prüfung bei der Annahme **49**, 78
Frachtnachnahme **19**, 38/**29**, 94
Frachtvertrag **50**, 84
Frachtvertrag in der Binnenschifffahrt **112**, 45
Frachtvertrag, mündlicher **49**, 80
Frankaturen **19**, 36
Frei Haus **19**, 36/**133**, 11
Freihandelszone **25**, 71/**51**, 88
Fuhrpark, eigener **38**, 24, 25
Funktionen des Bordero **13**, 13
FWR siehe FIATA Warehouse Receipt

G
Gabelstaplerbedarf **147**, 63, 68
Gabelstaplerstunden **147**, 62
Ganzzugangebot der Bahn **44**, 47/**84**, 5
Garantie von Beförderungszeiten im Eisenbahnverkehr **87**, 18
Garantieverpflichtungen von Railion **87**, 18
Gedeckter Güterwagen **40**, 41
Gefahrgut, Eintragungen im Frachtbrief **73**, 6, 7
Gefahrgut, Haftung des Auftraggebers **71**, 4/**73**, 8
Gefahrgut, Verpflichtungen des Empfängers **73**, 9
Gefahrgut, Verpflichtungen des Frachtführers **73**, 10
Gefahrgutausrüstung eines Lkw **71**, 1

Gefahrgutbeauftragter **76**, 12
Gefahrgutführerschein **71**, 3
Gefahrgutklasse **93**, 16
Gefahrgutmerkblätter **71**, 5
Gefahrgutpapiere der Ladung **71**, 2
Gefahrgutpapiere des Fahrers **71**, 2
Gefahrgutpapiere für das Fahrzeug **71**, 2
Gefahrgutrecht Binnenschifffahrt **77**, 19
Gefahrgutrecht Eisenbahn **77**, 17
Gefahrgutrecht für Lkw **77**, 16
Gefahrgutrecht im Luftfrachtverkehr **77**, 20–22
Gefahrgutrecht Seeverkehr **77**, 18
Gefährliches Gut, Bezeichnung im Frachtbrief **73**, 6, 7
Gemeinkosten, Verteilung auf Abteilungen **154**, 101
Gemeinsamer Binnenmarkt **51**, 90
Gesamtarbeitszeit des Fahrers **81**, 21
Gesamtkosten eines Zugs pro Jahr **80**, 16
Gesamtkosten eines Zugs pro Tag **80**, 17
Geschwindigkeit eines Binnenschiffs **100**, 13, 16
Getreidedauerlager **56**, 1
Gleisanschluss, Abhol- und Ankunftszeiten **85**, 11
Grenzübergänge **28**, 93/**34**, 12
Güterschaden nach HGB **49**, 83
Güterwagen **40**, 41, 42, 43
Güterwagen Laderaum **40**, 41
Güterwagen Lastgrenzen **40**, 41
Güterwagen, Bestellung **86**, 13

H
Haftung der Eisenbahn **89**, 31
Haftung des Lagerhalters **61**, 25/**62**, 26, 27
Haftung des Spediteurs **15**, 23/**16**, 24, 25, 26, 27/**17**, 17/**20**, 41
Haftung für Sachschäden **51**, 87
Haftung für Zeitschäden **51**, 87
Haftung im internationalen Lkw-Verkehr **17**, 32, 33, 34/**50**, 85, 86
Haftung im Luftverkehr **92**, 7
Haftung im Seeverkehr **129**, 56
Haftung im Umschlagslager **20**, 41
Haftung in der Binnenschifffahrt **112**, 50, 51
Haftung nach CMR, siehe Haftung im internationalen Lkw-Verkehr
Haftung nach HGB **50**, 85, 86
Haftungsprinzipien **51**, 87
Haftungsversicherung **15**, 22
Hauptplätze **133**, 13
Hausfracht **132**, 10/**133**, 13
Haus-Haus-Entgelt Siehe Haus-Haus-Preis
Haus-Haus-Preis **15**, 21/**17**, 28, 29, 30/**132**, 8
Haustarif **18**, 35, 36
HIFO **67**, 14
Höchstgeschwindigkeiten für Lkw **44**, 49
Höhere Gewalt **125**, 43
HP **92**, 12
Hub- und Spoke-Verkehr **21**, 42, 43
Huckepackverkehr **87**, 21

I

IATA **92**, 12
ID-Nummer **25**, 77
Import **24**, 67
Import Land **11**, 5
Incoterms **21**, 47, 48/**22**, 49, 50, 51, 52, 53, 54, 55/**114**, 5
Industriepaletten **44**, 48
Inhalt des Seekonnossements **128**, 46
Innenmaße Sattelauflieger **40**, 38
Internationaler Sammelgutverkehr **11**, 1, 2, 5
Interne Abrechnung **136**, 20
Interne Umschlagskosten Sammelgut **136**, 19
INTRASTAT **24**, 68, 69
ISO-Standard-Container **119**, 18/**120**, 19
ISPS **116**, 10
Ist-Sollkostenvergleich **155**, 105

J

Jahresabschreibung für ein Binnenschiff **99**, 7
Jahresabschreibung Lkw **131**, 2
Just-in-time-Lieferung **67**, 19

K

Kalkulatorische Abschreibung **156**, 110
Kalkulatorische Kosten im Lager **150**, 87
Kalkulatorische Zinsen **80**, 12/S **131**, 3
KEP-Dienste **21**, 44, 45, 46
Kilometer pro Arbeitstag **79**, 2
Knoten **100**, 13
Kombinierter Verkehr **87**, 20, 21, 22, 24, 25/**89**, 28
Kombiverkehr KG **87**, 24,
Kombiverkehr, Paletten, Ladegeräte, Lademittel **89**, 30
Kombiverkehr-Fahrplan **87**, 25/**89**, 26, 27
Kommissionierung **67**, 13
Konferenz **123**, 30
Konferenztarif **123**, 30
Konnossement im Seeverkehr **129**, 55
Konnossement in der Binnenschifffahrt **112**, 46, 48, 49
Konnossementsbedingungen in der Binnenschifffahrt **112**, 44
Kopframpe **64**, 2
Kosten des Kommissionierens und Umschlagens **150**, 84
Kostenbegriff **151**, 94
Kostengruppen in der Binnenschifffahrt **98**, 3
Kostenkalkulation in der Binnenschifffahrt **98**, 3–6/**99**, 7–12/**105**, 29/ **106**, 30, 31, 32, 33
Kostenschlüsselung **155**, 107
Kostenstellenrechnung **151**, 91
Kostenträgerrechnung **151**, 90
Kraftstoffkosten **79**, 6
KSE-Sammelguttarif Siehe Kundensatzentgelte
Kühlfahrzeuge **40**, 37
Kundennummer im Speditionsauftrag **92**, 4
Kundensatzentgelte **19**, 38/**132**, 8–11
Kurzfristige untere Preisgrenze **137**, 24

L

Labeln im Luftfrachtverkehr **92**, 6
Lade- und Löschzeiten **103**, 24
Ladefähigkeit **122**, 28
Ladefrist **104**, 27
Ladelänge **28**, 28/**39**, 29, 30, 31, 32/ **64**, 3
Ladeplan (Stauplan) **64**, 3
Ladezeit **65**, 4, 9/**103**, 23, 25/**104**, 27, 28
Ladungspapiere **53**, 96
Lager, Auswertung von Kalkulationszahlen **145**, 55, 56
Lager, durchschnittliche Verzinsung des Kapitals **144**, 52
Lager, Ermittlung kalkulatorischer Zinsen **144**, 49
Lager, Erstellen einer Entgelttabelle **150**, 85
Lager, Kostenarten und Kostengruppen **146**, 61
Lager, Summe der Anlageabschreibung **145**, 54
Lager, Summe des durchschnittlich gebundenen Kapitals **144**, 51
Lager, Summe des gebundenen Kapitals **144**, 51
Lager, Verzinsung des durchschnittlich gebundenen Kapitals **144**, 52
Lagerabteilung **11**, 7
Lagerarten **57**, 10
Lageraufträge, Form **58**, 13, 14
Lagerendbestand **70**, 30
Lagerentgelte, Berechnungsverfahren **148**, 70
Lagergeldabrechnung **60**, 21/**61**, 22, 23
Lagerhalter, Haftung **62**, 26, 27
Lagerhalter, Pflichten **59**, 20
Lagerkalkulation **144**, 48–52/**145**–150
Lagerkosten **150**, 82, 83
Lagerkosten pro 100 kg **146**, 60
Lagerkosten pro Monat und m² **146**, 57
Lagermeister, Pflichten **59**, 16
Lagernebenleistungen **57**, 4, 5, 6,
Lagerpapiere **59**, 19
Lagerreichweite **70**, 33, 34
Lagerübernahme, Unregelmäßigkeiten bei der **59**, 16, 17
LCL **119**, 17/**120**, 19
Leeranfahrt eines Binnenschiffs, Fracht für **100**, 15
Leere Binnenschiffe **106**, 33
Leere Container in der Binnenschifffahrt **106**, 33
Leistungsabschreibung pro 100 km **79**, 5
Leistungstunde **148**, 75/**149**, 76, 77
Lenkzeiten **45**, 56, 57, 58, 59
Lenkzeitunterbrechung **45**, 55, 56, 57, 59
Lieferbereitschaft **70**, 33, 34, 35
Lieferfristen im Einzelwagenverkehr **89**, 33
Lieferklausel Siehe Incoterms
Liegegeldberechnung **104**, 26
LIFO **67**, 14
Limited Quantities **77**, 15
Listenpreis **79**, 4
Lkw, Anschaffungspreis **131**, 1
Lkw, Erfolg einer Tour **156**, 111
Lkw, Ermittlung der Einsatzzeit **81**, 21
Lkw, Fahrzeugkosten pro 100 km **142**, 44
Lkw, fixe Kosten **131**, 4/**142**, 42
Lkw, fixe und variable Kosten pro 100 km **131**, 6/**142**, 43
Lkw, fixe und variable Kosten pro Jahr **131**, 5
Lkw, Fixkosten pro km **157**, 113
Lkw, Fixkosten pro Tag **142**, 45/**156**, 112
Lkw, Gesamtkosten pro Jahr **151**, 88
Lkw, Gesamtkosten pro km **157**, 115
Lkw, Höchstgeschwindigkeiten **44**, 49
Lkw, Jahresabschreibungen **131**, 2
Lkw, kalkulatorische Zinsen **131**, 3
Lkw, Kosten pro Tag **142**, 47
Lkw, langfristige untere Preisgrenze **155**, 103
Lkw, Listenpreis **131**, 1
Lkw, Lohnkosten **131**, 7
Lkw, Personalkosten **80**, 20
Lkw, Reisegeschwindigkeit **44**, 50
Lkw, untere Preisgrenze **154**, 102
Lkw, variable Kosten **131**, 5
Lkw, variable Kosten pro km **156**, 114
Lkw, variable Kosten pro Tag **142**, 46
Lkw, Verlustvermutung einer Sendung **89**, 32
Lkw, Verwaltungskosten **80**, 20
Lkw, Zeit-/Leistungsabschreibung **79**, 3
Lkw-Frachtbrief **49**, 74–81
Lkw-Kalkulation **79**, 1–20/**81**, 21–26/ **142**, 42–47,
Lkw-Maße **38**, 27/**39**, 29, 30, 31, 32
Logistik **67**, 15, 16
Logistik-AGB **69**, 29
Logistikauftrag, Kalkulieren eines **65**, 10, 11
Logistiker, Haftung nach ADSp **69**, 26, 27
Logistiker, Haftung nach HGB **69**, 25
Logistiker, Haftung nach Produkthaftungsgesetz **69**, 25
Logistiker, Haftung nach VBGL **69**, 26, 27
Logistikschäden, Versicherung von **69**, 29
Logistikverträge, Vertragsgrundlage **69**, 23–29
Logistische Kooperationen, Vor-/Nachteile **68**, 21
Lohnkosten einer Tour **82**, 24
Lohnkosten im Lager **149**, 79
Lohnkosten pro Tag **131**, 7
Lohnveredelung, passive **25**, 70
Luftfrachtbrief **95**, 25, 26, 27, 28/**96**, 29/**97**, 30–34
Luftfrachtbrief, Ausfüllen **96**, 29
Luftfrachttarif TACT **94**, 19, 21, 22,

M

MA **92**, 12
Main, Besonderheiten gegenüber Rhein **100**, 19
Mannheimer Akte **112**, 55

Marketing **113**, 1
Maße eines Lastzugs **38**, 27, 28/**39**, 29, 30, 31, 32
Maut **47**, 70, 71/**54**, 100, 101
Meere, Meeresteile **129**, 58
Meldetag **103**, 23
Monatliche Kosten eines Palettenstellplatzes **146**, 58, 59

N
Nahverkehr **11**, 3
Nebenfüsse des Rheins **97**, 1
Nebenplätze **133**, 13
Negotiable **128**, 46
Nettolagerfläche **148,** 71, 72
Notify-Adresse **128**, 46/**128**, 51

O
Orderkonnossement **128**, 54
Ortsklasse **133**, 13
Österreich **54**, 101
Outsourcing **67**, 17, 18

P
Palette, innerbetrieblich **67**, 12
Palettenhochregallager **57**, 8/**58**, 11
Panamakanal **129**, 59, 59/**130**, 60, 61, 62
Partner des Seefrachtvertrags **122**, 29
Passive Lohnveredelung **25**, 70
Pegel **112**, 52
Personalkosten in der Binnenschifffahrt **98**, 5
Planung von Lade- und Transportvorgängen **65**, 4, 5
Produktmerkmale des Einzelwagenverkehrs **43**, 44, 45
Profiltabelle des Kombiverkehrs **87**, 25
Pull-Verfahren **67**, 20
Push-Verfahren **67**, 20

R
Railion **83**, 3
Rangierbahnhof Maschen **87**, 23
Ratenpriorität **94**, 18
Raumgewicht im Luftfrachtverkehr **94**, 20
Rechtsgrundlagen des Sefrachtvertrags **118**, 13
Rechtsgrundlagen für Verkehrsträger **50**, 86
Regress **16**, 24
Reifenkosten **79**, 8
Reines Bordkonnossement **128**, 53
Reisegeschwindigkeit von Lkw **44**, 50
Relationen im Einzelwagenangebot **84**, 7
RFID **58**, 12
Rhein **35**, 15, 16
Rhein, Nebenflüsse **97**, 1
Rohgewinn der Sammelgutverladung **133**, 12–25
Rückrechnung **20**, 39
Rückrechnungskosten Sammelgut **136**, 21
Russland, Straßenverbindungen **35**, 13

S
Sammelgut, Bruttospeditionsgewinn einer Sendung **138**, 25
Sammelgut, interne Abrechnung **136**, 19, 20
Sammelgut, Rückrechnung **136**, 21
Sammelgut, Speditionserlöse **136**, 18
Sammelgut, Speditionsgewinn **137**, 22
Sammelgut, Unfrei-Sendungen **17**, 30/**135**, 14, 16
Sammelgut, Vermerk „frei" **135**, 15
Sammelgutabrechnung **18**, 35
Sammelgutdisposition **15**, 19, 20
Sammelguteingang **20**, 39
Sammelgutinkasso **132**, 8, 9
Sammelgutverkehr allgemein **21**, 43, 44, 45, 46
Sammelgutverladung, Ablauf **15**, 19
Sattelzüge und Auflieger **39**, 33/**40**, 36, 38
Schadenersatz **16**, 24
Schenker **83**, 3
Schiebewandwagen **40**, 42, 43
Schienentransport, Vor- und Nachteile **83**, 1
Schiffsliste **121**, 25, 26
Schleusengebühren **106**, 32, 33
Schmierstoffkosten **79**, 7
Schmierstoffkosten **106**, 30
Schweiz **53**, 98
Schwerverkehrsabgabe **54**, 99
Seefrachtrechnen **116**, 9, 10
Seefrachtvertrag, Partner **122**, 29/**128**, 48
Seefrachtvertrag, Rechtsgrundlagen **118**, 13
Seefrachtvertrag, Rechtsnormen **129**, 55
Seehäfen **115**, 7, 8/**120**, 22, 23/**121**, 24/**123**, 31, 32, 33/**129**, 57
Seehafenspediteur **53**, 95
Seekonnossement **128**, 45
Seeschifffahrt, Aufträge **118**, 11
Seeschifffahrt, Verträge **118**, 12
Seitenrampe **64**, 2
Shipper **128**, 46/**128**, 50
Shipper's Declaration for Dangerous Goods **93**, 15
Sicherheitsberater **77**, 13, 14
Sicherungsfunktion **56**, 2
Skontoabzug bei Zollwert **25**, 78
Sonstige Kosten in der Binnenschifffahrt **98**, 6
Sozialvorschriften im Straßenverkehr **44**, 51, 52, 53
Spediteur als Versicherungsagent **124**, 39
Speditionsauftrag **92**, 1
Speditionsbuch **92**, 5
Speditionserlöse **135**, 17/S **136**, 18
Speditionsnummer **92**, 3/**122**, 27
Speditionsvertrag **12**, 9, 10, 11/S **15**, 21/**50**, 84
Speditionsvertrag, Form des **12**, 10, 12
Spekulationsfunktion eines Lagers **56**, 2
Sperriges Stückgut **17**, 31
Sperrigkeit von Luftfrachtsendungen **94**, 24
Sperrpapier **90**, 36

St. Gotthard-Route **34**, 11
Statistischer Wert **26**, 81/**27**, 87
Stauplan **64**, 3, S **65**, 7
Stelleneinzelkosten **152**, 95
Stellengesamtkosten **153**, 96
Stinnes AG **83**, 3
Strellengemeinkosten **115**, 97
Stückgutlager **57**, 3
Stückgutsendungen – Direktsendungen **15**, 16, 17
Stückgutumschlaglager **57**, 7
Stundensatz eines Binnenschiffs **99**, 11
Summe der Fortbewegungskosten **106**, 31
Summe der Lagerkosten **145**, 53
Supply-Chain-Management **68**, 22

T
T 1 **29**, 96
TACT **93**, 17/**94**, 19
Tageskostensatz eines Binnenschiffs **99**, 10
Tageslenkzeiten und Pausen **45**, 55, 56
Terminplanung im Kombi-Verkehr **89**, 26, 27
THC **116**, 10
Tourenplanung für Lkw **44**, 51, 52, 53/**45**, 54/**47**, 73
Transfracht **87,** 22, 23
Transit **24**, 67
Transportdauerzusage im Einzelwagenverkehr **89**, 33
Transportmittelauswahl **35**, 14
Transportversicherung **15**, 22/**16**, 24/**18**, 34
Transportversicherung im Luftfrachtverkehr **92**, 9
Transportversicherung im Seeverkehr **124**, 39
Treibstoffkosten der Binnenschifffahrt **105**, 29

U
Überliegezeit **104**, 26
Überwachung der Sozialvorschriften **44**, 52
Umformungsfunktion eines Lagers **56**, 2
Umsatzsteuer als durchlaufender Posten **153**, 99
Umschlagskosten und Lagerentgelte **148**, 69
Umschlagsleistung eines Gabelstaplers **147**, 64
Unbegleiteter kombinierter Verkehr **87**, 22
Unfrei **17**, 30/**19**, 36/**19**, 38
UN-Nummer **73**, 6/**77**, 15
Untere Preisgrenze **137**, 24
Unterversicherung **125**, 42

V
Variable Kosten **151**, 92/**155**, 104
Variable Kosten einer Tour **82**, 23
Variable Kosten eines Hängerzugs **80**, 10
Variable Kosten eines Motorwagens **79**, 9/**131**, 5
VBGL **69,** 26, 27, 28